KB071343

동아시아에서
자유주의는 무엇인가

동아시아에서 자유주의는 무엇인가

강명희 지음

한울
아카데미

차례

중국근현대사학회 연구총서 간행사 / 8

책을 펴내며 / 11

들어가며 / 15

| 제1장 | 전근대의 '자유'

1. 고대적 자유   19

1) 약자의 자유를 보호한 고대법 / 19 2) 고대 그리스와 로마법에서의 자유 개념 / 20

2. 전통 시대 한자문화권의 자유자재   23

1) 역사서에 보이는 '자유' / 23 2) 노장사상의 무위와 불교의 자유자재 / 29 3) 그리스도교의 영향 / 30 4) 일본 근세의 상업발달과 자유 / 32

3. 유교의 자유정신   33

1) 유교와 자유 / 33 2) 자유정신 / 35

4. 사전류에 나타난 번역어로서의 자유   40

| 제2장 | 근대적 자유와 자유주의

1. 근대 서양의 자유주의의 발전   47

1) 자연권 개념: 서양 중세 / 47 2) 자유주의의 철학적 기초: 개인주의와 합리주의 / 48

3) 자유주의의 초기 발전 과정과 재산권 / 51 4) 프로테스탄트교회와 자유주의 / 54 5) 천부인권론과 사회계약론 / 56 6) 18세기 영국과 프랑스의 자유주의의 두 원류 / 59 7) 미국의 자유주의와 민주주의 / 77

2. 19세기 유럽의 자유주의와 신자유주의   79

1) 자유주의와 민주주의의 결합: 영국과 프랑스 / 79 2) 자유주의의 변모와 존 스튜어트 밀 / 84 3) 신자유주의(New Liberalism) / 86 4) 독일의 관료적 자유주의와 반개인주의 경향 / 89

|제3장| 일본의 자유주의

1. 19세기 후반 메이지 시기 일본의 초기 자유주의   98

1) '번역대국'의 문명개화 / 98 2) 후쿠자와 유키치 / 103 3) 나카무라 마사나오 / 111 4) 나카에 조민 / 114 5) 민권파의 두 갈래: 자유파와 개진파 / 116 6) 자유민권운동과 '자유대의(自由大義)' / 120 7) 사회진화론과 국가유기체설: 가토 히로유키를 중심으로 / 129

2. 일본 자유주의의 변용과 도전   137

11) 다이쇼 시기의 교양주의 / 137 2) 쇼와 시기의 전체주의와 신자유주의 / 141 3) 전후의 '주어진 자유' / 148

|제4장| 중국의 자유주의

1. 청 말 민국 초 자유주의의 개념: 옌푸와 량치차오를 중심으로   153

1) 자유주의의 소개 / 153 2) 자주, 자유, 자주지권: 공(公)과 정의 / 160 3) 민권론과 의회제 / 165 4) 사회진화론의 영향 / 169 5) 공리주의 지향 / 175 6) 개인의 자유와 국가의 자유 / 179 7) 능력으로서의 자유와 '국민 만들기' / 187 8) 국가주의와 강권론 / 192 9) 혁명파의 자유주의와 민국 초 민권 개념 / 200

2. 민국 시대의 자유주의 206

1) 5·4시기의 개인주의 / 206 2) 쑨원의 자유관과 이당치국(以黨治國) / 212 3) 국민정부 시기의 인권논쟁 / 217 4) 자유민족주의 / 223

3. 제3의 길: 1940년대 중국의 자유주의 중간노선 228

1) 진정한 자유주의? / 228 2) 사회주의적 자유주의·사회민주주의 / 230 3) 정치자유와 경제평등 / 234

|제5장| 한국의 자유주의

1. 1880년대 개화파의 자유주의 인식 243

1) ≪한성순보≫와 갑신정변의 자유주의 / 243 2) 박영효의 1888년 상소문 / 248 3) 유길준의 『서유견문』 / 255

2. ≪독립신문≫에 나타난 자유와 권리의식: 서재필과 윤치호를 중심으로 266

1) 인권과 민권 / 267 2) 법치의 중시 / 274 3) 참정권과 민주주의: 관민공동회와 만민공동회 / 278 4) 윤치호의 자유주의와 사회진화론 / 284

3. 20세기 초 자강기: 구국과 자유 사이 289

1) 법실증주의적 자유인권론 / 289 2) 경제진흥과 자유주의 지향 / 302

4. 일제 강점기의 사상적 교차 306

1) 개조론과 문화교양주의 / 306 2) 반전통사상과 개인주의 / 309 3) 개인주의와 민족주의 / 319 4) 사회적 자유주의 지향 / 326 5) 경제적 자유주의 / 329 6) 사회주의의 도전 / 333 7) 언론, 출판, 집회, 결사의 자유를 위한 투쟁 / 341

5. 해방 후 자유주의의 흥기와 좌절 347

1) 자유민주주의와 자유민족주의 / 347 2) 자유주의에 대한 비판과 중간노선의 추구 / 355

3) 제헌헌법에 반영된 자유주의 / 365

|제6장| 동아시아 자유주의의 좌절과 성취

1. 동서양의 문화전통의 차이   374

2. 사회주의의 공격으로 인한 자유주의의 곤경   378

3. 국가주의적으로 변용된 자유주의   380

4. 자유민족주의   383

5. 자유, 공화, 민주   386

6. 동아시아 자유주의의 성취   389

참고문헌   397
찾아보기   406

중국근현대사학회 연구총서 간행사

전통 시대부터 중국은 한국에 영향력이 가장 큰 나라이다. 중국은 19세기 중엽 이후 서구 열강의 침략을 받아 한때 '약소국'의 지위로 전락한 적이 있지만, 21세기 들어 세계 최강국 미국과 함께 G2의 반열에 오르면서 그 영향력은 전통 시대 이상으로 커졌다. 2017년 사드 사태 이후 현재까지 계속되고 있는 중국의 한국에 대한 일련의 제재 조치(限韓令)는 무지막지한 경우지만, 중국의 영향력이 얼마나 큰지를 실감 나게 보여주는 대목이다.

한국에 대한 중국의 영향력이 크면 클수록 우리가 중국을 정확하게 알아야 할 이유는 많아진다. 중국에 대한 학문적 접근에는 여러 가지가 있겠으나 시간적 안목을 가지고 전체적 모습을 그려보는 역사학적 접근은, 더 장기적이고 체계적으로 중국을 이해하려고 할 때 가장 적절한 방법 중 하나라고 하겠다. 그 가운데서도 오늘날의 중국과 직결되는 시대인 근현대 시기의 중국에 대한 연구, 곧 중국근현대사 연구는 현재의 중국과 함께 장래의 중국을 가늠하게 해주는 길잡이가 될 것이다.

한국에서의 중국 연구는 전통 시대부터 이어져 왔지만 과학적 방법으로서의 중국근현대사 연구가 본격적으로 등장한 것은 그리 오래된 일이 아니다. 1979년 이후 중국의 개혁·개방 정책이 본격화되면서 동아시아 지역의 경제적 협력에 대한 요구가 냉전체제의 변화를 가져오기 시작한 가운데 1990년부터 시작된 한국과 소련, 한국과 중국 간의 협력 체제 모색은 급기야 한소와 한중 국교 수립으로 이어졌다. 1980년대부터 우리 학계에 중국근현대사 연구가 하나의 학문 분야를 형성하기에 이르렀으며 이를 바탕으로 하여 1992년 1월 중국현대사학회가 만들어졌던 사실을 생각하면, 한국에서의 중국근현대사 연구의 본격 등장은 말 그대로 냉전체제 와해의 선물이었다고 말할 수 있다.

1992년 학회 성립 당시와 비교할 때, 오늘날 중국 자체의 변화나 한중 관계의 변화는 말 그대로 격세지감을 느낄 만하다. 많은 연구자들은 경제 총량(국민총생산)을 기준으로 할 때 2030년 이전에 중국이 미국을 추월하고 세계 최강국이 될 것으로 예상하고 있다. 이런 와중에서 한미동맹을 생존의 기반으로 삼고 있는 한국의 대중국 관계에는 험난한 앞날이 예견된다. 냉전체제 와해가 중국 근현대사 연구를 가능하게 했지만 최근에는 다시 냉전체제(신냉전)로의 복귀가 논의의 초점이 되고 있으며, 중국의 제국 회복 움직임(중국몽)도 등장하고 있다. 변화하고 있는 중국에 대한 정확한 이해가 어느 때보다 절실히 요구된다.

중국근현대사학회의 성립 시기와 비교해 보면 우리 학계의 모습 또한 많은 변화를 보여주고 있다. 전통적 연구 분야라고 할 정치사나 경제사·사상사에 대한 연구가 쇠퇴한 반면, 개념사·생활사·도시사 등 새로운 연구 분야가 속속 등장하고 있는 것으로도 그 변화의 크기를 짐작할 수 있다. 그럼에도 불구하고 우리 학계가 우리 사회의 중국에 대한 지식 수요를 충분히 채우고 있다고 말하기는 어렵다. 또 사료를 기반으로 하는 논증을 기본적 방법으로 삼아야 한다는 학문적 특성상 구체적인 연구에 매몰되어 시대상이라는 전체 그림을 그리지 못하는 '연구의 파편화' 또한 경계해야 할 문제로 지적되고 있다.

우리 학회에서 2013년부터 연구총서를 기획·출판하고 있는 것은, 바로 이러한 필요와 요구에 대한 대응이기도 하다. 단독 저서든 학술대회 개최 등 기획에 의한 연구서든, 포괄적 주제에 대한 체계적인 저술을 만들고 출판함으로써 연구의 파편화를 극복하고 근현대 중국에 대한 우리 사회의 지적 수요를 충족시키는 데 연구총서 출판의 기본 의도가 있는 것이다. 어려운 여건에도 학회의 기획 의도에 공감해 출간을 선뜻 맡아준 한울엠플러스(주)에 감사의 말씀을 드리며, 더 많은 연구자들이 연구총서 출판에 참여해 주기를 희망한다.

중국근현대사학회 총서간행위원회

책을 펴내며

  리버럴이라는 말을 학창 시절부터 공연히 좋아했다. 관대하고, 상대방을 존중하며, 편견 없는 개방적 이미지가 맘에 들었던 것은 당시 리버럴하지 않은 사회 분위기 속에서 무한한 사랑과 믿음으로 저자를 리버럴하게 키워주신 자애로운 부모님 덕분이랄까? 그러나 자유주의사상에 특별히 관심을 기울이지는 않았다.

  중국의 자유주의자라 부를 수 있는 인물들과 관련된 논문을 몇 편 썼지만 '어떤 근대국가를 건설할 것인가?'에 관한 연구의 일환이었다. 19세기 말 이래 20세기 중국에서 근대국민국가를 건설하려는 노력이 지속되었으며, 많은 중국인이 서양의 여러 나라와 일본을 모델로 각종 사상적 틀을 탐색하면서 어떤 제도나 체제가 좋은가 고심했다. 일본인이나 한국인도 시간적 차이가 있지만 같은 문제로 비슷한 고민을 하면서 비슷한 것에 관심을 기울였다. 이에 그 과정을 종합적으로 살펴보고 싶은 흥미가 생겼고, 개념사 연구가 바로 그러한 성격으로 보였다.

  저자는 사실 개념사가 어떤 것인지 깊이 알지 못한 채 개념사 연구에 뛰어들었다. 한림과학원이 HK사업으로서 한국개념사연구사업을 진행하기 시작한 초기에 근현대 중국사상사를 다소 연구한 이력으로 사업단의 언저리에 합류했고, 참여자들의 진지한 학문적 열기에 자극을 받아서 나도 개념사연구사업단에서 연구를 추진하는 리스트 중에 '자유주의' 항목을 덥석 맡았다.

한국의 개념사 연구는 서양의 개념들이 동아시아에 전해져서 어떻게 이해 되고 수용되며 개념을 형성했는지를 폭넓게 연구하지만, 궁극적으로 한국에 서의 그러한 개념이 형성되어 온 과정을 연구하는 것이다. 따라서 한국의 근 대사상과 그 자료 속에 담긴 세계에 대한 깊은 지식을 바탕으로 연구를 진행 해야 한다. 그런데 나는 중국 근현대사 연구자로서 한국 자료보다는 중국 자 료에 익숙한 편이다. 일본 사상사 자료 세계에는 무지하다시피 하며, 단지 연 구서들을 섭렵했을 뿐이다. 10년이 넘는 동안 줄곧 서양, 일본, 중국, 한국의 자유주의 사상과 제도에 관련된 연구를 읽고 자료를 찾았으나, 개념사 연구는 나에게는 역부족이었다. 집필 진도가 지지부진한 사이, 한림과학원의 개념사 사업이 끝이 나서 나는 오히려 자유롭게 저술 형식을 바꿀 수 있게 되었다.

개념사 연구가 서양의 개념, 동아시아에서 사용되던 용어, 번역어, 동아시 아에서의 개념의 형성 과정을 밝히는 것이다 보니, 자연히 서술의 범위가 광범 위할 수밖에 없다. 이에 나는 자유주의에 대한 독자들의 광범한 이해를 돕고 동아시아 3국에서 진행된 자유주의의 이해 과정과 번역어의 채택 과정, 일본· 중국·한국에서 형성된 자유주의의 개념과 사회적·정치적 의미를 종합적으로 소개하는 교양서 형태로 서술을 변경하고자 했다. 개념사에 관한 연구서라기 보다 교양인이 읽기에 좋은 동아시아 자유주의 사상사를 쓰고 싶었다.

오랜 시간 학습하면서 쟁쟁하고 위대한 인물들의 사상 세계를 공부하는 것 은 큰 즐거움이었다. 인간이란 어떤 존재인가 하는 인성론, 국가의 목적은 무 엇이고 국가의 주인은 누구인가, 개인과 사회 내지 국가와의 관계 등등 우리 의 존재를 둘러싼 근원적 문제에 대해 사상가들을 따라가며 성찰해 볼 수 있 었다.

재직 중이던 대학에서 자료를 구하는 데 어려움을 겪기도 했다. 많은 선후 배와 동학들, 나의 남편에게까지 도서관에서 책을 빌려달라, 인터넷상의 자료를 다운받아 달라는 등 수없이 요청했고, 모두들 기꺼이 도와주었다. 깊은 감사의 마음을 일일이 열거할 수 없지만 그들도 나의 노고가 책으로 나온 것을 기뻐해 주리라 믿는다. 한국사데이터베이스 같은 유용한 콘텐츠를 이용할 수 없었으면 이만큼도 연구를 진척시킬 수 없었을 것이다.

나는 1973년 서울대학교 동양사학과에 입학한 이래 나름 꾸준히 노력하며 연구해 왔지만, 학생들을 가르쳐서 그들이 건전한 시민으로 성숙하게 돕는 일 외에 나의 연구가 세상에 과연 도움이 될지에 대해 회의적인 편이었다. 더구나 자유주의는 한국을 비롯한 동아시아에서 성공하지 못한 사상 체계이다. 누구나 민주주의에 환호하며 그것을 지향하고 받들지, 자유주의에는 관심이 없다.

그러나 지난 1년간의 팬데믹을 겪으면서 나의 연구가 세상에 도움이 될 수 있겠다는 기대가 생겨났다. 기본적 자유를 제한해도 괜찮은 '필요한 통제'란 과연 어떤 것일까를 전 세계가 새삼 고심하기 시작한 것이다. 나라마다 상당한 차이가 있었다. '남에게 피해를 끼치지 않는 범위 내에서의 나의 자유'라는 대명제도 해석이 분분하다. 그러나 통제는 되도록 덜 하는 것이 개인뿐 아니라 사회를 위해서도 바람직하다는 것을 아무도 부인할 수 없을 것이다. 코로나19가 팬데믹이 된 것도 애초에 정보를 통제했던 것이 화근 아니었던가?

2020년 1월과 2월 사이에 우한에서 갑자기 전염병이 창궐했을 때 전해진 기가 막힌 사연들을 읽으면서, 중국에서 자유에 대한 요구가 크게 확산될 것으로 기대했다. 언론인과 지식인들이 자유와 민주를 제기했지만, 결과적으로는 팬데믹을 잘 통제한 공산체제에 대한 지지가 오히려 높아지는 현상이 나타났다. 사람들은 자유보다 목숨을 원한다는 것을 확인하는 것 같았다. 그러나 이번 팬데믹은 나라마다 가진 취약점을 잘 드러내 보여준다는 특성이 있다. 무엇보다 언론의 자유를 통제하는 것이 얼마나 심각한 문제를 야기하는지, 자유 없는 통제는 결국 내 목숨을 위협한다는 것을 누구라도 깨닫지 않을까?

이 책은 1850~1950년 100년간의 한·중·일 자유주의 사상사를 다뤘지만, 지금부터 약 100년 전에 관한 연구에 그치지 않는다고 생각한다. 자유주의라는 개념이 형성되었던 그 시기의 문제들이 아직도 거의 그대로 존재하면서 동아시아 각국의 정치사회 지형을 형성하고 있기 때문이다. 이기적 목적의 개인의 자유만 추구하는 것이 아닌, 인간의 존엄성을 위해 개인의 자유를 존중하고 보장하고자 정의롭지 않은 특권에 항의하는 자유주의적 가치를 재성찰해 보며, 그것을 토대로 하지 않으며 다수의 압제에 무방비한 민주주의의 위험성에 경고음의 역할을 할 수 있기를 바란다.

이 연구를 시작할 수 있도록 이끌어주고 지원해 준 한림과학원에 감사드린다. 중국근현대사학회의 연구총서로 간행하기 위해 긴 원고를 읽고 추천해 준 심사자들과 학회에 감사한다. 또한 치밀하지 못한 원고를 세세히 검토하고 확인해 가며 정성껏 편집해 준 한울엠플러스 관계자분들에게 깊은 감사를 보낸다. 지난 10년 이상 자유주의 연구에 대한 부담감으로 정신이 자유롭지 못한 날들이 많았지만, 그동안 재직하던 대학에서의 정년퇴임, 부모님의 소천, 자녀의 결혼과 출산, 손녀의 육아 도우미, 허리병과 망막수술 등 안팎으로 고단한 가운데서도 이 연구가 저자를 붙잡아 준 한 축이었음을 고백하고 싶다. 끝낼 수 없을 것 같았던 이 연구를 마치기까지 곁에서 응원해 준 가족과 친구들에게도 고마움을 표한다.

들어가며

"자유가 아니면 죽음을 달라!" 누구나 아는 매우 익숙한 구호이다.[1] 자유가 얼마나 소중한 것인지 깨우쳐 주고 있지만, 대부분 자기 자신이나 가까운 이가 부당하게 자유를 박탈당하고 탄압과 구속에 시달리는 것을 목도하기 전에는 '자유는 당연히 주어져 있는 공기'처럼 여기며 살아간다. 자유를 위해 목숨을 바칠지도 미지수이다.

구속과 억압이 아닌 자유를 원하는 것은 시대와 지역을 막론한 인간의 본성이며, 어떤 문명권에서도 자유정신을 지향하지 않은 곳은 없다. 그러나 어떠한 사회가 자유를 얼마나 중시하며 또 어떻게 실현하고 보장하고자 했는지, 그 정도나 방향은 시대와 지역에 따라 분명히 큰 차이가 있었다. 자유를 빼앗고 억압하는 주체는 언제나 권력(세력, power)을 잡은 측이기에 이에 대항하여 자유를 확보하는 것은 피치자(또는 약자)와 통치자 간의 치열한 투쟁 과정이다. 따라서 이러한 변화가 일어나기 위해서는 거대 권력에 대항할 수 있는

---

[1] 미국 버지니아의 정치가 패트릭 헨리(Patrick Henry)가 식민지인의 자유와 권리를 지키기 위해 투쟁해야 한다고 역설한 1775년의 연설에서 나온 말이다. 식민 본국인 영국과의 타협은 자유인이 되기를 포기하고 노예가 되기를 택하는 것이므로 안일한 평화를 구하기보다 자유를 위해서 목숨을 바치는 것도 불사해야 한다는 그의 연설은 독립전쟁을 지지하는 세력을 결집시킨 역사적인 결실을 맺었다. 후쿠자와 유기치(福澤諭吉)가 『서양사정(西洋事情)』에서 소개하여 동아시아에도 널리 알려진 구절이 되었다.

사회세력이 광범위하게 형성되고 이들이 조직되어야 하며, 그것을 뒷받침해 주는 사회의 문화와 세계관의 변화가 일어나야 한다.

동아시아와 서구문명이 직접 부딪치기 시작한 19세기 중후반, 근대 서구의 표상은 자유민주주의 제도였으며 그 제도가 동아시아에 강한 영향을 미쳤음은 주지의 사실이다. 서양의 근대 문물을 처음 접했던 중국이나 일본의 선각자들은 동서의 가장 근본적인 차이가 개인의 자유권 개념에서 비롯한다고 인식했다. 그렇다면 동아시아에는 서구의 자유주의와 같은 사상적·정치적 전통이 없었는가? 이 문제에 관해 그 점이 바로 동서양의 차이라고 인식하는 관점도 있고, 유사한 지적 풍토가 존재했음을 분석하는 연구도 있다. 나아가 어떠한 지적·사상적 경향이 있었다고 할지라도 그것이 그 사회에서 어떻게 작용했는가는 별개의 문제라고 할 수 있다. 아마도 자유주의적인 지적 풍토가 동아시아에 존재했다면 근대 서구의 자유주의를 수용하는 데 영향을 미쳤을 것이다.

사실 자유와 자유주의라는 단어의 역사는 상이하지만 자유의 개념을 떠나서 자유주의를 생각할 수 없고, 19세기 동아시아에 자유주의가 소개되지 않았다면 자유라는 번역어도 보급될 리가 없었을 것이다. 이 책은 근대 서양의 자유주의가 동아시아에서 어떻게 이해되고 수용되면서 개념을 형성했는가를 고찰하고자 한다. 이러한 목표를 위해서 근대 자유주의의 연원을 거슬러 올라갈 것이며, 서구 문명권의 자유의 개념과 정신을 살펴볼 예정이다. 또한 전통 시대 동아시아 문명권에서 자유 또는 자유와 유사한 용어가 어떻게 사용되었는지, 자유의 정신이 어떻게 표현되었는지 간단히 검토하고자 한다.

이 책에서 '자유주의'란 16~17세기 유럽사회의 역사적 발전에서 나타난 요소들, 예컨대 법에 입각한 지배, 개인의 자유와 인권의 중시, 사유재산권의 보호, (정치적·종교적) 관용의 법칙, 이성과 진보에 대한 신뢰, 다양한 가치의 존중, 회의론, 인간의 욕망에 대한 긍정 등으로 인해 기존의 전제적 지배와 비합리적 권위에 저항하여 새로운 질서를 세우고자 했던 이념적 지향을 지칭한다. 이 사상을 근거로 기존의 절대왕정 또는 봉건적 질서를 무너뜨린 시민혁명 과정은 17~19세기에 걸쳐 나라마다 또 시대에 따라 상이하게 진행되었으며, 사상적 전개 양상도 차이가 크다. 그럼에도 공통적으로 나타난 특성이 위와 같은 것들이며, 그것이 제도화되어 입헌제, 권력분립, 의회제 같은 모습으로 동아시아에 전해졌던 것이다.

유럽의 근대 사상이 동아시아에 전파됨에 따라 유럽언어의 많은 어휘가 수용, 번역되는 과정 중에 새로운 단어가 만들어지기도 했고, 전통 시대에 사용되던 단어가 차용되어 채택되기도 했다. 후자의 경우 그 단어가 원래 가지고 있던 함의가 그 채택에 영향을 미친 것은 물론, 그 채택이 다시 이 단어의 뜻과 의미 구성에 영향을 주었다. 그 결과 해당 유럽어가 가지고 있던 원래 의미가 곡해되어 상당히 상이한 개념으로 사용되는 경우가 적지 않았는데, 그 대표적인 사례가 '자유'가 아닌가 한다.

'자유'라는 단어는 근대 번역어로 사용되기 전부터 전통 시대 한·중·일의 역사서나 불교경전의 한역 문헌에 등장했고 간혹 시어(詩語)로서도 사용되고 있었다. 이처럼 고전에서 이미 사용되고 있던 단어가 번역어가 된 경우에는 그 어원의 전통적 용법에서 자유로울 수 없었다. '자유'라는 번역어 역시 그 채택, 보급, 확산, 유행에 따라 번역어로서의 역할에서 벗어나 당시 지역과 시대 상황을 반영하면서 새로운 의미로 변화·발전하는 양상이 나타났다.

언어가 인간을 지배할 때 매개가 되는 '의미'란 어떤 것인가? 언어는 언어로서 기능하기 위한 의미를 반드시 가져야 한다. 그런데 그 의미란 단어 안에 있는 것이 아니라 인간 내부에서 일어나는 의미적 반응을 말한다. 원래 다양한 의미를 내포하고 있던 유럽의 어휘인 '자유(liberty, freedom)'는 동아시아에 들어오면서 각기 다른 전통적 요소와 결합하고 각 시대 상황과 관계하며 의미를 형성해 갔다. 이를 분석하는 것이 이 책의 목표이다.

또 다른 문제는 시대와 지역에 따라 내용이 다기한 구미 자유주의 전통의 여러 상이한 요소 가운데 동아시아인들은 어떤 부분을 어떻게 이해하고 수용했는지에 대한 것이다. 이 책에서 시대와 지역, 그리고 사상가에 따라 다른 구미 자유주의의 사상적 전통과 발전의 방대한 내용을 모두 포괄해서 분석하기는 어려우므로, 주로 동아시아의 자유주의를 이해하는 데에 관건이 되는 맥락을 중심으로 고찰할 것이다. 또한 동아시아 각국의 근대 사상가들 중에 서구의 사상을 중시하고 개혁사상을 피력한 많은 사상가를 모두 섭렵하지는 못했지만 주로 근대 구미의 자유주의사상을 학습하고 수용하면서 일본, 중국, 한국의 자유주의가 개념을 형성하는 과정을 잘 보여주는 인물을 중심으로 분석해 보았다.

동아시아의 한·중·일 삼국이 19세기 후반에서 20세기 초에 처한 환경과 자신이 가진 문화전통이 각기 달랐기에 서구의 사상과 제도를 수용하는 양상도 달랐던 것은 충분히 예상할 수 있는 바이다. 그럼에도 매우 유사한 특성을 공유하는 근대적 자유민주주의가 진전되어 간 사실은 흥미로우며, 아마도 동아시아 문명에 내재한 강한 공통의 전통적 요인에서 기인하는 것이 아닐까 생각된다. 이 책의 주된 분석 대상 시기는 서양의 제도와 사상에 대한 관심과 이해가 시작된 1850년 전후부터 한·중·일 모두의 역사의 변곡점이 된 1945년 이후 그 풍파가 일단락된 1950년대까지의 100년이다. 지금으로부터 100년 전 동아시아의 자유주의 개념의 형성이 오늘날의 한국 사회에 던지는 의미는 무엇일까?

| 제1장 |

전근대의 '자유'

1. 고대적 자유

권력의 집중, 나아가 국가의 성립과 함께 나타난 문명의 탄생은 어느 곳에서나 법률의 제정도 함께 진행되었다. 제정된 법률에 근거한 공권력은 그 구성원을 보호하는 동시에 구속하므로 구성원의 자유는 제한될 수밖에 없다. 이 과정을 토머스 홉스(Thomas Hobbes)와 존 로크(John Locke)는 사회계약설로 설명했고, 이는 근대 자유주의 발전의 핵심적 이론이 되었다.

1) 약자의 자유를 보호한 고대법

자유를 희구하고 실현해 온 인류의 자유 쟁취의 역사를 여기서 다 다룰 수는 없지만, 동아시아 문명권과 여타 서아시아 문명권이 고대 이래 법 아래에서 그 구성원의 자유에 대해 상이한 태도를 보였던 사실에 주목해 보자. 동아시아 문명권에서 법률은 다분히 통치권의 입장에서 사회질서를 유지하는 취지에서 존재했다고 할 수 있다. 사회질서를 저해하는 어떤 구성원이나 집단의 처벌이 목적이었다고 해도 지나친 표현은 아닐 것이다.

한편 기원전 24세기에 이미 피고인의 생명과 재산을 보호하는 문제에 관심을 가지고 관련 규정을 문서화한 것은 메소포타미아 문명이었다. 수메르의 도시국가 라가시(Lagash)의 문서(쐐기문자로 쓰인 점토판) 중에는 피고인의 재산 매각을 강제하는 것을 금지함으로써 사회적·경제적 자유의 회복을 중시한 내용이 있다. 또한 이 문서에는 피고인을 체포하기 전에 혐의를 분명히 천명해야 한다는 규정이 함께 기록되어 있다. 이 역시 공권력의 자의적인 행사를 예방해 시민을 보호하기 위한 것이다. 라가시의 법은 인류가 프리덤(freedom)이라는 용어를 사용한 최초의 기록으로도 알려져 있다. 불우한 사람을 보호하는 이러한 법의 정신은 이후 함무라비법전에도 계승되었다.

페르시아제국과 마우리아왕조의 불교제국도 부자와 권력자로부터 시민을 보호하기 위한 법(legal code)을 확립했으며, 피고인의 재산과 인신을 보호하는 규정이 있었다. 페르시아제국은 종교의 자유를 부여하고 노예제를 폐지했다. 즉 서아시아 문명권의 고대적 자유는 소극적 자유(negative liberties) 개념으로서 약자를 보호하는 것이었다. 서양의 근대적 자유의 근원이면서도 그와 대비되는 성격을 띠는 고대적 자유로 주로 그리스와 로마의 자유를 일컫지만, 그 뿌리는 메소포타미아 문명까지 거슬러 올라갈 수 있는 것이다.

2) 고대 그리스와 로마법에서의 자유 개념

고대 그리스인들, 특히 기원전 5~4세기의 아테네인은 개인의 자유에 대한 이상을 인식하고 표현한 최초의 사람들이다. 사회가 개인으로 구성되고 개인이 집단보다 중요하다는 개인주의 관념이 그리스에서 싹튼 것이다. 근대적 자유 개념은 그리스의 자유와 노예상태의 개념에 기원을 두고 있다. 그리스에서 자유롭다는 것은 주인이 없거나 주인으로부터 독립되어 있음을 의미했다. 자유인은 자기 좋은 대로 살았지만 노예는 그렇지 못했고 자유인만이 민주정에의 참정권을 가졌으므로, 자유와 민주정은 밀접하게 관련되어 있었다. 이른바 '고대적 자유'(또는 '고대인의 자유')인 그리스의 정치 참여의 자유는 사실 폴리스 내 유기체적 사회의 집단적 자유의 성격을 지녔다고 할 수 있다.

고대인들은 자유를 '법 아래에서의 자유', 혹은 '법이 왕이 되는 상황'으로 이해했다. 초기 고전 시대에 이것은 '법 앞에서의 평등' 혹은 '동등지배(isonomia)'로 표현되었다. 고대인들에게 법은 국가의 침해로부터 시민의 사적 영역을 보호하는 것이었다. 자유는 국가 내에서 최고의 선으로 간주되었고 헌법은 개인이 획득한 재산을 보호하는 기능을 했다. 스토아학자들은 그러한 자유주의적 이상을 폴리스를 넘어 확대, 발전시켜서 모든 통치권을 제한하는 자연권으로 집약하고, 법 앞에서는 만인이 평등하다는 것을 대변했다.

스토아철학의 성실한 이성으로서의 자연 관념은 보편적 세계이성을 의미했다. 자연이 모든 인간의 사회적 공동생활(共同生活)을 규율한다는 생각이 고대 자연법사상이다. 이러한 생각은 통치의 밖에, 그리고 통치의 위에 존재하는 법에 대한 믿음으로 더욱 강화되었다. 유럽 대륙에서는 이를 자연법으로 이해했다. 그리스의 스토아철학은 로마의 스토아학파와 기독교사상에 영향을 미쳤다. 노예에 대한 비인간적 학대를 금지했고, 여성에게도 재산처분권을 부여할 수 있게 했다. 고대의 자연법사상이 근대의 인권 개념과 같지는 않지만, 전자가 후자의 근원이 되었다고 말할 수 있다.

그리스의 자유 이념은 주로 로마인들[마르쿠스 툴리우스 키케로(Marcus Tullius Cicero), 티투스 리비우스(Titus Livius) 등]을 거쳐 근대에 전해졌다. 예를 들어 키케로는 '자유로운 사회에서 권리와 재산을 손상시키는 것은 불법이다. 이 권리, 재산의 문제는 원로원, 인민, 법정 등의 판결에 따라 처리되어야 한다. 판결은 시민의 특권과 사유재산을 보호하며 이에 대한 위반을 다룬다'고 했다. 로마인들은 사적(私的) 소유 개념을 엄격히 해석하는 것을 중시했고, 로마법은 역사상 처음으로 단독소유권제도를 확립하여 그 법 개념을 정립했다.

그리하여 완전한 개인주의적 사법(私法)을 유럽 대륙에 전달했다. 이 법 속에는 절대적 사유권 개념과 함께 통치권력에 대한 제한이 함축되어 있었다.

로마법은 로마 시민에게 재판, 항소 등의 적극적 자유와 방해받지 않고 계약할 권리, 고문당하지 않을 권리인 소극적 자유를 누리도록 규정했다. 인류사에 대한 로마제국의 최대 공헌은 로마법이라 일컬어지는데, 그 안에 자유주의와 개인주의의 원리가 자리 잡고 있는 것이다. 로마시대의 공공성은 공동체적 사회관계로부터 독립된 개인의 경제적 토대를 발전시켜서, 개인 자산(property)에 대한 물질적 지배권과 통치의 절대권은 충돌할 수밖에 없었다.

홉스 이후 근대 자유주의자들은 고대의 고전공화주의가 지향한 자유는 개인의 이익을 추구하는 권리로서의 자유가 아니라 '국가의 자유'라 보았다. 공화주의적 자유로 명명된 로마의 자유권 개념은 중세에 귀족과 성직자 집단에 (집단적으로) 계승되었다. '법 아래에서의 자유'라는 고대 그리스와 로마의 이상은 중세 후반기 유럽에서 활성화되었다. 고대적 자유사상이 중세 자연법사상을 거치며 근대 자유주의의 정신적 토대를 형성한 것이다.

개개인의 소유권에 대한 국가, 사회, 타인의 간섭 불가라는 기초 위에 건립된 자유주의사상(liberalism)은 15세기 이래 개인주의, 합리주의, 계몽사상의 발전과 함께 숙성되어 갔고 18~19세기에 꽃을 피운다. 그러나 개인이 누려야 할 권리로서의 자유, 즉 자유권의 이념은 그리스·로마의 고대적 자유에 그 연원을 두고 있으며, 이는 다시 개인의 재산권과 기본적 자유를 보장하는 법제가 초보적으로 성립된 메소포타미아를 비롯한 몇몇 초기 문명권에 나타난 전통과 무관하지 않을 것이다.

2. 전통 시대 한자문화권의 자유자재

19세기 중후반 서양의 자유주의사상이 전래되기 전 한자문화권에는 '자유' 또는 그와 유사한 의미를 가진 어휘들이 어떤 것이 있었고 어떤 개념으로 사용되었을까? 전통 시대 동아시아의 '자유' 및 그 유사 어휘들의 용례를 살펴봄으로써 이것이 번역어로서 '자유'의 채택과 개념 구성에 어떻게 작용했는지, 또 근대 자유주의에 대한 이해와 수용 태도에 어떤 영향을 미쳤는지 살펴보고자 한다.

1) 역사서에 보이는 '자유'

동아시아 한자문화권에서 '스스로 말미암다'는 뜻의 '자유(自由)'는 중국의 고전어휘로서 '제한을 받지 않음', '자기 마음대로 함', '장애나 구속이 없이 자유자재'라는 의미, 즉 임의(任意), 수의(隨意), 자자(自恣), 자전(自專), 자작주장(自作主張)의 함의를 가지며, 제한, 제약, 구속에 대한 대응어로 사용되어 왔다. 『예기(禮記)』에도 "거지불감자유(去止不敢自由)", 즉 가고서는 것을 감히 마음대로 할 수 없다는 표현이 나온다.

역사서에서 '자유'라는 어휘가 사용된 용례는 적지 않다. 『후한서(後漢書)』 염황후기(閻皇后紀)에는 "(황후의) 형제들이 모두 권세와 요직을 차지하여 위세와 복을 맘대로 했다"라고 쓰여 있다.[1] 또 『후한서』 오행지(五行志)에는 "[적미(赤眉)의 세력인] 번숭 등이 유분자(劉盆子)를 세워 천자로 삼았다. 그러나 그를 어린아이같이 취급하여 온갖 일을 마음대로[百事自由] 했다"라는 기록이 있다.[2] 그 외에도 '종사자유(縱舍自由)'나 '수의자유(隨意自由)'라는 표현은 신

---

1) 『後漢書』 卷10下, 安思閻皇后, "兄弟權要 威福自由."

하가 권세를 이용하여 자기 마음대로(멋대로) 상벌을 정하고 권력을 수의로 남용하는 행태인 권세자재[權勢自在]를 의미한다. 또 "절도사가 (재정은) 마음대로 정할 수 없다(節度不得自由)"라는 구절도 나온다. '권(권력)을 오로지[專] 멋대로[專擅]'라는 표현과 수의(遂意), 방종(放縱) 등 자기 멋대로 한다는 말과 동의어로 자유가 사용되었고, 전정(專政), 전천(專擅) 같은 단어와 친화적으로 연결되어 사용되었다.3)

그러나 행위주체에 따라 정반대로 사용된 용례도 확인할 수 있다. 즉, 정통성을 가진 정당한 군주가 자기 마음대로 하고 싶어 한 사례를 기술한 것과 군주 주변의 친인척과 신하의 전횡에 대한 기술은 당연히 그 함의가 다르다. "환제가 자유하고자 하여 안으로 그것을 걱정했다"4)라는 기술은 외척의 전횡[專權, 專恣]에 대항하여 군주로서 당연한 일을 하고자 한 것으로서 자유를 긍정하는 용례이다. "요즘 권신들이 무리지어 있으니 악하기가 시장과 같다. 주상이 부자유하여 조명을 좌우에서 냈다"5)라는 구절은 조칙과 명령을 맘대로 발하는 주변 권신들로부터 부당하게 압박받아 자유롭지 못한 군주의 상황이 부당함을 지적하는 논조라 볼 수 있다.

일본의 고대문헌 『다이호율령(大寶律令)』, 『일본서기(日本書紀)』에서도 자유가 중국 고전에서와 유사한 의미로 사용되었는데, 훨씬 지속적으로 나타난다. 『일본서기』와 『속일본기(續日本紀)』에 보이는 세 가지 용례를 보면, "위세와 복을 맘대로(威福自由)", "권세자유로 관물을 비용했다(權勢自由 費用官物)",6)

---

2) 『後漢書』 志第13, 五行1, "樊崇等立劉盆子爲天子 然視之如小兒 百事自由 初不恤錄也." 적미의 난은 전한에서 신·후한 교체기에 농민반란 세력이 장안에서 황실 혈통인 소년 유분자를 황제로 세우고 왕망(王莽)의 신(新)나라에 저항한 반란을 말한다.
3) 『三國志』, 魏書, 毌丘儉傳; 『三國志』, 吳書, 朱桓傳; 『晉書』, 列傳12 등 참조.
4) 『後漢書』 志第16 五行4, "桓帝欲自由內患之". 양태후의 오빠 양기(梁冀)의 전횡으로 인해 환제가 부자유하여 근심함과 영수(永壽)년의 재해를 관련시켰다.
5) 『三國志』, 卷10, 魏書 賈詡傳 第10, "方今權宦群居 同惡如市 主上不自由 詔命出左右".
6) 小堀桂一郎, 『日本人の自由の歴史: 「大宝律令」から「明六雑誌」まで』(文藝春秋, 2010), pp. 23~27;

"정치를 혼자 독차지하여 뜻을 얻어, 관리의 승진과 강등을 맘대로 했다(政專 得志 乘降自由)"라는 구절이 나온다. 모두 권력쟁탈(쟁취) 과정에 관한 기술인 데 '마음대로', '멋대로'라는 부정적인 의미를 내포하며 사용되었다. 정통성이 없는 천황의 아들의 왕위 찬탈이나 신하의 정치적 반역과 관련된 전횡을 표현 한 것이다. 왕권 내지 관권의 부당한 행사를 서술하며, 그 결과 몰락하게 될 것이라는, 전조라는 함의가 있다.

일본에서는 천황에게서 전권을 위임받은 쇼토쿠태자(聖德太子)의 만기총섭 (萬機総攝)에 정통성을 부여했다. 그는 여자 천황 스이코(推古)의 섭정으로서 모든 사무를 총괄하는 권한을 위임받았고, 통치권의 정당성을 확보했다. 그 는 헌법 17조를 훈시하는 등 천황을 정점으로 하는 중앙집권국가 창출을 도 모했다. 천황은 스스로 통치권의 직접 행사자로 나타나지 않고 실제적 담당 자에게 의존하는 존재로서, '인주독천(人主獨擅, 군주의 독재)'와 자유의 관철을 제약하는 측면이 있다. 타자의 전천(專擅)에 대항하여 스스로의 자유를 욕구 하는 중국 사서의 '군주욕자유(君主欲自由)'도, 또는 스스로의 '술(術)'의 구사와 '그 뜻을 제약하는 바 없는' 경지를 목표로 한 한비자(韓非子)의 '인주독천(人主 獨擅)'[7]도 존재할 여지는 없었다.[8]

한국의 삼국이나 고대 일본의 지배층에게 중국의 사서는 자신들의 경험에 대해 보다 넓은 시야에서 일정한 의미를 부여할 수 있게 해주었으며, 일회적

宮村治雄, 『日本政治思想史: '自由'の觀念を軸にして』(放送大学教育振興会, 2006), pp.12~18 참조.

7) 한비자는 "인주독천소이(人主獨擅所以)" 즉 인주가 홀로 천단해야 하는 까닭을 말하며 군주 독 재(專擅)의 필요성을 제기하고는, 위(位)·덕(德)·제(制)·명(名)·당(黨) 등 지배를 위해 필요불 가결한 수단과 자원을 신하가 좌우하게 하지 말아야 한다고 강조했다. 인주의 독천을 확보하 기 위해 '법(法)'과 '술'을 구사할 것, 법령의 권위를 흔드는 '문학'을 철저히 억압할 것을 주장 했다. 이것이 후일 진시황의 분서갱유를 초래했다. 법술에 의한 무위이화(無爲而化), 즉 무구 속의 극한을 추구하여 표면적으로 무엇을 억지로 어떻게 하지 않아도 의도한 대로 되는 것을 말하며, 술에 의해 무위무사를 획득하라고 제시하여 도가와 연계되었다.

8) 宮村治雄, 『日本政治思想史: '自由'の觀念を軸にして』, pp.12~33.

인 것이라기보다 보편성을 띤 것으로 생각되었고 거기에 포함된 의미를 보다 깊이 이해해야 한다는 광범한 기대가 있었다. 이런 측면에서 일본 사서의 표현은 중국 사서의 용례를 충실히 답습했다.

한국의 경우 『고려사(高麗史)』 이자겸열전(李資謙列傳)에서는 외척 이자겸과 척준경(拓俊京)이 무소불위의 위세를 행사하는 가운데 군주 인종의 상황을 이렇게 서술했다. "왕이 스스로 서원에 거하는데 좌우에는 모두 이자겸의 무리이다. 국사를 스스로 듣고 결단할 수 없으며, 움직이는 것과 먹고 마시는 것이 모두 부자유했다. …… 이자겸과 척준경의 위세는 더욱 거세어져서 그 하는 바를 누구도 감히 뭐라 할 수 없었다."9) 왕이 국사를 스스로 듣고 결단할 수 없는 정도가 아니라 행동거지 모두가 부자유했다는 것이다.10)

『고려사』에서는 '자유'라는 말이 거의 사용되지 않았던 데 비해, 『조선왕조실록(朝鮮王朝實錄)』에는 비교적 자주 등장하고 있다. 태종은 출입을 제한당하는 데 대해 의정부를 힐문하며 "동정의 작은 일까지도 자유를 얻지 못한다고 하니 ……"라고 했고, 세조는 세자의 즉위를 촉구하며 자신을 "운이 간 영웅은 자유롭지 못한 것인데 ……"라고 말했다. 『성종실록(成宗實錄)』에는 "만약 한명회에게 견제당하여 자유롭게 할 수 없었다면 ……", [이창신(李昌臣)이라는 신하에 관해] "혹은 사나운 아내에게 눌리어 자유로 하지 못하는 소치라고 말했습니다만 ……"이라는 기록이 있고, 또 "한 몸의 진퇴를 어떻게 감히 자유롭게 할 수 있겠습니까"라는 기록이 있다. 『숙종실록(肅宗實錄)』에 나오는 복선군 반역사건에 관한 기사에서 "강신(强臣)에게 제어받아 자유로이 하지 못했다고

---

9) 『高麗史』 卷第40, 列傳, 叛逆1, "王自居西院 左右皆資謙黨 國事不自聽斷 動止飲食 皆不自由 百寮 移寓旁近寺館 備員而已 資謙俊京威勢益煽 其所施爲 無敢誰何."

10) 이자겸의 조부 이자연(李子淵)은 딸 셋을 문종의 비로, 이자겸도 딸 셋을 예종과 인종의 비로 들이고 명문대족으로서 80여 년간 막강한 권세를 휘둘렀다. 이자겸 세력의 전횡에 반대한 서경파의 지지를 받은 인종은 결국 무인 척준경을 이용하여 인종을 독살하려 한 이자겸의 난(1126)을 진압하고 그 무리를 제거했다.

말씀하시더니"라고 한 구절이나, 『영조실록(英祖實錄)』에 홍봉한(洪鳳漢)이 "신의 거취는 신이 자유로이 못하니 ……"라고 한 표현은 모두 맘대로 못한다는 부정어와 함께 쓰였다. 『비변사등록(備邊司謄錄)』에 17회 보이는 '자유'의 용례 역시 12회가 '부득자유(不得自由)'이고, 그 외에 '불능자유(不能自由)', '비자유(非自由)', '난자유(難自由)'같이 '맘대로 할 수 없다', '멋대로 해서는 안 된다'는 용례로 사용되었다.

물론 마음대로 해도 좋다는 긍정의 어의(語義)로 사용된 예들도 있다. 조선조에서는 명·청 또는 일본과의 의례 문제와 관련하여 원칙의 준수를 언급할 때 '자유'가 자주 등장했다. 조선 태조 원년(1392) 명나라에 조선왕조의 승인을 요청한 대목을 살펴보면 명 측에서 조선에 하늘의 뜻과 인심에 부합하는 교화(통치)를 알아서 하도록 재량권을 주면서 '성교자유(聲敎自由)'라 했다. 이는 명 측에서 조선 사신에게 내린 문서의 표현을 옮겨 실은 것으로 보이는데[11] 이 용례는 교화를 맘대로(자유로이) 하라는 긍정의 뜻으로 쓰인 경우이다. 『문종실록(文宗實錄)』에는 둔전과 군역 운영에 관해 도절제사에게 "구애받지 말고 자유를 얻도록" 하라는 기록이 있고, 『세조실록(世祖實錄)』에도 태극이 이(理)인지 기(氣)인지 이기(理氣)인지를 살피는 데 "마땅히 그릇된 점을 고쳐 실제에 따라 자유롭게 논하라"라고 했다. 『선조실록(宣祖實錄)』에는 "관대함과 엄격함도 스스로 마음대로 할 수 없다"라는 말에서 '불능자유'와 '부득자유'의 의미가 같은지 다른지에 관한 논란이 있어, 우의정 심희수(沈喜壽)가 "대저 문자 간에 부자유라는 말은 모두 다른 사람의 견제를 받는 뜻을 가지고 있다(凡文字間不自由之語 皆有受人牽制之意)", 즉 별 차이가 없다고 결론을 내렸다. 한편 『세조실록』에는 예조참판 강희맹(姜希孟)이 상서로운 기운을 보고하

---

11) 『太祖實錄』卷1, 元年 11月 甲辰條, "高麗限山隔海 天造東夷非我中國所治 尔禮部回文書聲敎自由 果能順天意合人心 以安東夷之民 不生邊釁則使命往來 實彼國之福也".

면서 '자유자재'로 움직이는 밝은 빛을 묘사하면서, 다분히 불교 용어로 사용되던 '자유자재'로 묘사한 점이 주목할 만하다.[12]

'자유'는 중국 법령 속에서도 통용되었다. 전근대 동아시아의 공통적 법률 체계로서 작동한 율령의 형벌 규정에는 5형이 있었는데 생명형(사형), 자유형(유형·도형), 체형(장형·태형)으로 구성되었다. 그중 자유형이란 도형(徒刑, 노역형)과 유형(流刑, 유배형) 형태로 소금 굽기, 쇳물 녹이기, 제지, 숯 만들기 등 중노동이나 1000리 이상 먼 곳으로 평생 귀양을 보내 범죄자의 자유를 박탈한 형벌이다. '자유형'이라는 명칭이 『당율(唐律)』부터 『송형통(宋刑統)』 등과 『당율』을 본떠서 만든 형법서인 『대명률』에서 일관되게 사용되었고, 이를 모델로 한 한국의 형법체계 속에서도 동일한 규정으로 집행되었다.

역사서 외에 시어로서 자유가 사용된 용례들이 있다. 유종원(柳宗元)의 시에는 "봄바람은 무한히 (호남성의) 소수(瀟水)와 상수(湘水)로 (소수와 상수의 아름다운 풍경으로) 불어 가고자 하고 (물속에서 흔들리는) 부평초 꽃(평화)을 꺾고자 하지만 뜻대로 안 되네(春風無限瀟湘意 欲採苹花不自由)"라는 구절이 있고, 백거이(白居易)의 고열시(苦熱詩)에는 "이 (더운) 날에 이르러서야 (매인 데 없이) 몸을 자유롭게(한가롭게) 살 수 있음을 비로소 부끄러워하네(始慚當此日 得作自由身)"에 보인다. 따라서 '자유'라는 어휘는 일상어는 아니더라도, 스스로의 뜻대로 무언가를 하든 하지 못하든 '자기 자신으로 말미암아', '자기 뜻대로'의 의미로 사용되고 있었음을 알 수 있다.

---

12) 이상의 『조선왕조실록』 인용은 태종 5년 6월 3일조, 문종 원년 8월 25일조, 세조 12년 3월 27일조·9월 2일조, 세조 14년 9월 7일조, 성종 12년 5월 5일조, 성종 20년 11월 17일조, 성종 23년 8월 18일조, 선조 39년 7월 2일·9일조, 숙종 6년 윤8월 20일조·9월 25일조, 영조 38년 8월 26일조를 참조.

2) 노장사상의 무위와 불교의 자유자재

불경과 기독교 문헌 또는 병학(兵學) 문헌에서도 자유가 사용되었는데, 한국이나 일본의 경우에는 이러한 전거 속의 '자유'들 역시 외래어 출신이다. 근대 번역어로서 '자유'의 수용을 분석하고자 할 때 이러한 오랜 역사를 염두에 두어야 할 것이다. 종교 관념으로서 자유의 개념은 우선 노장사상과 불교사상에 나타났다.

'자유'라는 용어를 사용하지는 않았지만 자유로운 경지를 가장 강조한 것은 노장사상이다. 천하에 금기, 규제, 법령이 많으면 민이 빈곤해지고 국가는 혼란해지며, 무위정치를 하면 민이 스스로 교화되고 부유해진다는 '무위(無爲)'의 사상은 민의 자치능력을 긍정하며 자주성을 함양하는 사상이다. 노자는 천하의 사물과 민의 상황을 모두 파악하는 성인의 존재를 상정하고 있다. 장자는 천하를 객관적으로 파악하고 주관적 편견은 배제할 수 있으며, 시간과 공간, 가치관이나 호오의 제한을 받지 않는 경지, 자연에 순응하며 사사로움이 없는 자유를 추구하는 절대자유의 세계를 논했다. 사심이 주재함으로써 나타나는 혼란에 대한 우려도 피력되었지만, 인성이 천지의 기운에 합쳐질 수 있다는 긍정적인 인식을 전제로 하고 있는 점에서 서양의 자유주의정신과 상통하는 바가 있다 하겠다.

무엇에도 구속을 받지 않는 자임자자(自任自态)의 얽매이지 않는 경지를 표현하며 자유해탈, 자유, 자주, 자유자재라는 말이 많이 사용된 경우는 불교 경전, 특히 선종 경전의 선승에 관한 기록이었다.13) 부처의 지혜를 가진 자재(自在)는 자유와 치환되는 단어이기도 하고 자유자재라는 숙어로서 자주 사용

---

13) 『오등회원(五燈會元)』에도 '자유자재'라는 표현이 사용되었다(馮天瑜, 「经济·社会·自由: 近代 汉字术语考释」, ≪江海学刊≫, 2003, p.25).

되었다. 부처에게 체현된 '지혜의 자재'는 일체의 집착으로부터 온전히 비제 약성을 획득하여 마음에 동요가 없고 얽매임이 없는 상태이다. 아미타불 신 앙에서도 범부의 부자유를 철저히 인식하고 신통한 자재자 부처의 절대성에 귀의하여 염불과 수행을 실시하는 자기규율을 통해 부처의 자유에 도달하는 것을 논했다. 불법은 세속적 이해 관심에서 일체 자립한 순수한 신앙이라는 자부심으로 탈세간적 자유함을 누리는 경지를 가르쳤다.

원효사상은 "일체의 거리낌이 없는 사람은 단번에 생사를 벗어난다(一切無 碍人 一道出生死)"는 경지를 가르쳤다. 또 선종 불교는 자유, 자재, 자유자재, 생사거주 탈착자유(生死去住 脫着自由)의 경지를 논했다. 자기규율을 통해 일 체의 제약으로부터 벗어난 무애(無碍)의 경지이자 절대자 부처의 경지인 도를 깨우치면 선승들도 자유자재한 경지에 이를 수 있다는 것이다.

일본의 중세 역시 불교의 유포를 통해 자유자재라는 말이 널리 유통되고 정착된 시대인데, 선종 불교에 친화적이었던 무사들은 수련을 통해 정신뿐 아 니라 '신체의 자유함'을 추구했다. 선종 불교사상의 중요한 개념이 일상용어 속에 들어와서 제약을 벗어난다는 의미로 사용된 경우가 나타나고, 차츰 일상 어로 자리 잡게 되었다. 세간의 상식이나 관습적 행동규범에 집착하지 않는 은자들의 태도에 관한 서술을 통해 자유의 세속화를 확인할 수 있다.

3) 그리스도교의 영향

일본의 중세적 자유자재의 개념에 변화를 가져온 중요한 계기는 16세기 그 리스도교의 전파였다. 프랑시스 사비에르(Francis Xavier)의 예수회는 16~17세 기 중반까지 약 100년간 중국과 일본에 포교하며 '이단'과 '이교', 특히 석가모니 와 아미타불 신앙을 공격하는 교의논쟁(종론)을 벌였다. 이들은 무에서 만물을 창조한 유일신의 전능성을 보여주는 어휘로 '자유자재'라는 용어를 전용하며,

그리스도교의 신을 불교적 자유자재의 연장선상에서 더 우월한 절대자로서 강조했다. 일본인들에게 익숙한 용어를 빌려 유일신의 전능성을 설파한 것이다.

그들은 부처의 자유자재를 넘어서는 절대적 존재에 대한 인식을 추가한 데 그치지 않고 그리스도교는 모든 구속으로부터 벗어남을 넘어서는 것, 즉 죄성(罪性)에의 예속으로부터 영혼이 해방된다는 의미의 자유 개념을 소개했다. 인간은 육체의 자유를 가지고 죄의 노예가 될 수 있고, 영혼의 자유인 심(心)의 자유는 죄에의 노예 상태에서 해방시키는 진리를 누리게 할 수도 있다는 것이다. 그리고 진실한 마음의 자유를 얻는 것은 오직 구세주 예수의 속죄 진리를 믿음으로써만 가능하며, 예수에 대한 믿음을 통해 심의 자유 즉 구원에 이를 수 있다는 것이다. "그리스도께서 우리를 자유롭게 하려고 자유를 주셨으니 …… 다시는 종의 멍에를 메지 마라", "진리가 너희를 자유롭게 하리라"라고 설파했다. 구원의 교의 중에 '자유에의 중요함'이 위치해 있다.

그런데 이 시기 일본의 자유 개념은 불교적 해탈로서의 자유와 연속성을 보여준다. '주 그리스도가 십자가 위에서 우리를 해탈시켰다. …… 해탈이란 무엇인가? …… 자유의 몸이 되는 것이다. …… 어떻게 사람이 자유롭게 되는가? 죄의 노예로부터 벗어나 해탈하여, 자유하게 되는 것이다'라고 설명했다.

심의 자유와 결부된 해방으로서의 자유는 '자유의 분별'의 주체로서 인간이 전제되어 있는 새로운 자유 관념이다. 그런데 신에 대한 충성이라는 사고와 봉건적 주종관계에 예속된 현실 상황 가운데서 해방으로서의 자유라는 기독교인의 자유에 친근함을 느꼈다면 세속에서 주종관계 내의 예속성이 더욱 대조적으로 부각되었을 것이다. 때문에 자유가 새로운 내면적 가치로서 자각되기 시작했지만, 이를 사상적으로 체득하려는 노력은 세속적 권력의 탄압으로 인해 성숙에 필요한 시간이 단절되었다. 그럼에도 자유의 새로운 용례로서 일본에서 유포되어 갔다.

이와 같이 일관하여 해방으로서의 의미를 내포하고 있었던 자유는 전국시대 말경부터 종교적 문맥을 떠나 사회적 해방의 의미를 가진 어휘로 사용되며 노복이 주인으로부터 해방되는 당시의 사회적 경험을 반영하게 되었다. '자유하게 되다', '자유롭게 하다' 같은 동사형으로서 사용되는 용례가 늘어났다.

중국의 경우도 일찍이 명 말에 이탈리아 예수회의 선교사가 쓴 『서학범(西學凡)』(1623) 서문에서 천주교의 교의를 설명하고 있는데, 여기서 천주(天主)는 "자주자존 하며, 지극한 사랑이 광대하며, 지극한 공정함이 삼엄하며, 비추어 보호하지 않는 사물이 없다(自主自尊 至愛廣博 至公森嚴 無物不照護)"라고 서술하고 있다. '자주자존'은 오늘날 자유의 의미에 근접한다고 볼 수 있다. 또 토마스 아퀴나스(Thomas Aquinas)가 지은 『신학대전(Summa Theologiae)』의 중국어 번역서 『초세학요(超世學要)』(1654)에 프리덤의 뜻으로 '자주(自主)' 또는 '자전(自專)'이 사용된 예가 있다.[14] 일본에서 유일신의 전능함을 주로 자유자재로 표현한 데 비해, 중국에서는 자주자존을 자주 사용했다는 차이가 있다. 그러나 일본과 달리 중국과 조선에서는 천주교 전파의 영향이 세속적 언어생활의 변화로까지 확대되지 못했다.

4) 일본 근세의 상업발달과 자유

도쿠가와 시대의 일본에서 도시와 상업이 크게 발달한 결과 이익과 부를 추구하는 상업에 대한 유교적 경시 관점은 소멸되다시피 했고, 만물을 유통시키고 사람들의 수요에 응하는 편리함을 실현하는 존재로서 상인을 긍정적으로 보게 되었다. 국학자 모토오리 노리나가(本居宣長)는 교역과 상인 모두 자유 실현을 위해 필요 불가결한 존재라 강조했는데, 여기서 '자유'는 여러 가지 물자와 인간의 막힘없는 이동으로 편리해지는 것을 의미한다. 그는 도시생활

---

14) 石田雄, 『近代日本思想における法と政治』(岩波書店, 1976), p.91.

에서 '자유편리'가 증대되는 현상을 긍정하며, 화폐경제의 확대로써 그것을 뒷받침하자고 주장했다.

물론 도시의 자유자재한 자유편리는 지방 농촌을 황폐화하는 폐단을 초래한다는 이유로 무사들의 비난의 대상이 되기도 했지만 대응할 수 있는 뾰족한 경세(經世)의 방책은 없었다. 다만 상인의 존재 이유를 긍정하지만 자유의 향수(享受)가 (상인들의) 권(權)의 남용이므로 권에 의해 통어할 필요성과 정당성이 제기된 점에는 주목할 필요가 있다. 이권(利權)이란 사물의 이로움[물(物)의 이(利)]을 자유로이 할 권세라며, 권의 회복 즉 상인의 손에 빼앗긴 '자유'를 되찾는 술(術)의 자유로운 구사를 설파하는 주장도 제기되었다.

막부 말기에는 권(權)과 역(力)을 구별하는 논의가 활발하게 개진되며 서구에서 유입되는 새로운 사상에 대한 관심, 이해, 수용에 적용되었다. 예컨대 메이지 초기 나카에 조민(中江兆民)은 리버티(liberty)란 인민이 자기가 좋아하는 바를 따를 수 있는 권력을 말한다고 이해하고 자유와 권력의 순환관계를 파악하여 이 용어를 자주지리(自主之理), 임의지권(任意之權)으로 번역했다.

3. 유교의 자유정신

1) 유교와 자유

유교 경전에서는 '자유'에 관해서 침묵했다는 사실을 생각해 볼 필요가 있다. 정치[政]의 근본은 올바름[正]이라는 관념에 입각하여, 군(君)이 어질면[仁] 어질지 않음이 없고, 군이 의로우면 의롭지 않음이 없고, 군이 바르면 바르지 않음이 없다는 것이 유가의 정치철학이다. 『맹자(孟子)』 이루편(離婁篇)에서는 군주를 바르게[正] 하면 나라도 안정된다[定] 했고, 올바른 정치를 하도록 올바름의 기준인 도(道)·예(禮)·덕(德)을 수양하고 실천하는 것이 군주의 존립 조건이라고 설명한다.

또 군주를 지지하는 군자라는 지배층의 구성원은 기본적으로 군신관계에서 규범을 공유해야 하며, 그것은 정치적 지배자가 가진 힘의 우월에 의존하지 않고 신하로부터 내면적 복종을 받아내는 근거를 제공한다. 내면화된 규범에 의해 통제될 수 있다는 생각은 법과 형벌 같은 힘에 의해 지지되는 외면적 규범에의 의존과는 다르며, 유가는 이러한 인식을 법가에 대한 사상적 우월의 근거로 믿었다. 유가사상은 적극적 복종의 한계를 획정하고 있기도 하므로 양날의 칼인 셈이다. 현실적 지배자가 정(正)에서 벗어난 경우 방벌(放伐)의 혁명이 정당화되는 결론에 다다르기 때문이다. 권·세·위·덕 관념을 지닌 덕치라는 정치이념은 권력의 지배에 대한 비판적 관점을 제공했고, 유교가 동아시아 문명에 기여한 역할이 바로 이것이라 할 수 있다.

중국의 자유주의적 정신과 태도의 토대에 대해 분석한 시어도어 드 배리 (Theodore de Bary)는 "공자는 자유주의적이었다"라고 주장했다. 인간 체험의 불변의 가치를 긍정한 점에서는 보수적이지만, 과거의 이상이나 규범들을 기존의 제도를 비판하기 위한 근거로 삼았는데 그런 이상이나 규범들이 하늘로부터 부여받은 인간성의 위대함을 인간 스스로가 깨닫게 해준다고 보았다는 점에서, 공자가 합법적이고 정당하게 충족시킬 수 있는 욕구와 기회를 사람들로부터 박탈하는 옳지 못한 기존의 제도에 대항해 맞서는 개혁자의 태도를 지녔다는 것이다. 보수주의와 자유주의는 서구에서도 모순된 개념이 아니라 상호 보완적으로 현실을 변혁시키려는 지속적 노력으로 간주되는데, 유교적 개혁주의 역시 인류 복지에 적극적으로 관여했다는 것이다.[15]

---

15) 이상의 내용은 시어도어 드 배리, 『중국의 '자유' 전통』, 표정훈 옮김(이산, 1998), 31~32쪽 참고했다.

유교는 권력자의 전횡, 천단뿐 아니라 어떤 형태의 자전(自專)이나 자재도 존립할 여지를 부여하지 않았다. 자기를 포섭하여 적용시키는 규범 안에서만 인간의 존립이 허락되었다면, 그로부터의 일탈은 근본적으로 인간 실격을 의미했다. 자기 맘대로, 즉 자유라는 어휘를 유교 경전에 쓰지 않았을 뿐 아니라 자유를 이상적인 군자상에 적대적인 것으로 간주한 근본적 이유이다. 내성외왕(內聖外王)의 군자상에 입각한 덕치주의 정치사상에서 군주나 권력을 견제하는 이론과 장치를 발전시키지 못한 것은 당연한 귀결이었다.

주자학의 성인 개념은 선종 불교의 자유자재, 임의자재, 무심(無心)에 대한 세속적 대응물이라 할 수 있다. 유교적 '수신(修身)'은 '지어지선(止於至善)'이라는 지극히 선한 경지에 도달하는 것, 즉 천리에 통하는 본연의 성(性)과 인욕에 연계된 기질의 성이 인간 본성인 심에 모두 포함되어 인욕을 억제함으로써 천리를 실현하는 것이다.

이러한 극기(克己)·수신의 논리는 사실 불교의 번뇌·해탈 사상과 상통한다. 심학(心學)에서도 인욕에 의해 본심에서 벗어난 심의 상태로부터 본심을 회복한 진정한 자기에의 갈망 즉, '주재(主宰)'에의 갈망이 제시되고 있다. 하늘이 부여한(天與)의 자유자재를 추구하는 일은 스스로 '보고 들어서 아는(見聞覺知) 자유'를 억제하는 더 큰 정신적 희생에 의하지 않고는 성립할 수 없는 것이다. 신유학은 전통적 유교 가치를 원용하여 자발적 정신을 고양하는 '자유주의적' 방향으로 발전시켜 나갔는데 그 측면에 관해서는 다음 절에서 다시 서술하기로 한다.

2) 자유정신

전통 시대 중국 내지 동아시아에서 개인의 권리로서의 자유권 개념은 발달하지 않았다 해도, 구미의 자유주의정신과 같은 자유정신의 전통은 영국의 자유주의를 중국에 소개한 옌푸(嚴復)가 일찍이 주목했다. 그는 중국사상과 서양사상의 차이점을 충분히 인식했지만, 각기 그 본체와 응용[체용(體用)]이 있으며 양측이 회통할 수 있음을 강조했다.

옌푸는 전통사상 중 노장사상과 양주(楊朱)의 '위아(爲我)'설을 주목했고, 유가사상에서도 유사한 개념을 발견했다. 도가사상 중에 속박을 받지 않고 물아의 대립을 초탈하는 정신자유뿐 아니라 도가의 무위 주장과 자유방임적 정치경제정책이 일맥상통한다고 보았다. 도가사상은 통치자가 인민에게 자유를 주어 방임하고 피치자는 이 자유를 이용하여 자아발전과 자립자강을 이룸으로써 책임과 의무를 다하는 '국민'이 되는 방임적 통치방법을 제시한다는 것이다. 장자의 재유(在宥) 관념은 아무것에도 의뢰하지 않는 정신이라고 보았다.

양주는 '머리털 하나를 뽑아 천하를 이롭게 한다 해도 하지 않겠다' 하여 일찍이 맹자로부터 홍수나 맹수같이 위험한 사상가로 지목되었고, 유가로부터 시종 비판을 받아왔다. 그러나 옌푸는, 양주가 "온 천하를 받들며 일생 다스리지 않는다(悉天下奉一生不取)"라고 한 일면을 사람들이 보려 하지 않는다고 비판했다. 양주에 대한 그러한 편벽되고 얕은 이해를 넘어서서 보면 양주의 '위기(爲己, 위아)'설은 나 자신의 사사로움만을 추구하는 것과 다르다는 것이다. 사람들이 모두 각기 스스로를 수련하고, 천하를 인위적으로 다스리지 않으면 천하가 저절로 다스려진다는 뜻이며, 사람들이 모두 스스로 수련하고 자기를 위하면 수고롭게 타인을 대신할 필요도 없다. 세상에는 남을 위하는 학설이 있지만, 이는 사람들이 자수자치(自修自治)를 알지 못하게 한다고 주장했다는 것이다. 자아의 가치를 긍정하는 '위아'설은 자아발전과 자신의 이익을 추구하면도 자사자리(自私自利)를 피할 수 있게 한다. 이처럼 옌푸는 장자와 양주에게서 서양의 개인주의와 유사한 정신을 발견했다.[16]

또 옌푸는 유가사상 중에서 서양의 '자유'와 가장 비슷한 개념어가 '서(恕)'

와 '혈구(絜矩)'라 보았지만 본질적 차이가 있음을 논했다. 자기로 미루어 남을 헤아리는 서와 혈구의 정신은 관용[관서(寬恕)]의 정신 내지 남의 자유를 해치지 않는 범위 내에서 나의 자유를 누린다는 자유의 원칙에 부합한다고 보았다. 그 이후 근대 중국학자들도 전통 시대 중국의 자유정신을 탐색하며 '나이 70에는 마음이 하고자 하는 바를 따라 해도 법도에 어긋남이 없다(七十而從心所欲不逾矩)'라는 공자의 어구에 주목하고 이것이 바로 자유의 경지라 이해했다. 방종이나 사심을 가지고 자기 맘대로 함[私心自用]이 자유로 간주되지만 그것은 거짓 자유이며, 한·송대 이래 특히 송·명대 정주(程朱)·육왕(陸王)이 발전시킨 성리학·심학·양명학이 모두 자유정신의 진보를 보여준다고 주장하기도 했다. 자유주의에 대해 치열하게 모색하던 1940년대 중국의 지식인들은 '자유주의는 인류문화의 주류이며, 중국과 서양의 문화 차이는 단지 정도의 차이이지 본질의 차이가 아니다'라며 자유정신의 진보를 강조했다.[17]

드 배리는 회의적·비판적 정신을 가지고 살펴본 바 유교사상과 자유주의의 유사성과 차이성을 동시에 긍정하면서, 유교 전통이 문화적 다양성 속에서 공유되고 있는 공통의 인간적 가치들에 대해 긍정적 관심을 가지는 태도에 주목했다. 그는 웹스터사전(Webster's Dictionary)에서 자유주의가 '진보의 신념에 기반을 두고, 인간성의 본질적인 선함과 개인의 자율성을 신뢰하며, 삶의 모든 영역에서 관용적 태도를 견지하면서, 독단적인 권위에 대해 개인의 자유를 주장하는 철학'이라고 정의된 것을 인용했다. 자유주의라는 말에서는 개인의 자율성과 자기 자신의 경향성에 따라야 한다는 생각, 다시 말해 사람은 자기 나름의 본래적인 자질과 성향을 마음껏 펼칠 수 있어야 한다는 생각을 강

---

16) 黃克武, 『自由的所以然: 嚴復對約翰彌爾自由思想的認識與批判』(允晨文化, 1998), pp.211~216.

17) 潘光旦, 『自由之路』(商務印書舘, 1946); 胡秋原, 『中西文化與文化復興』(重慶時代日報出版社, 1943)[章请, 「1940年代: 自由主义由背景走向前台」, 高瑞泉 主編, 『自由主义诸问题』(上海古籍出版社, 2012), pp.70~71 참조].

조하고 있는 것이다.

이미 널리 받아들여지고 있는 견해와 의식적으로 일정한 거리를 유지하며 섣부른 판단을 유보하고, 자신의 고유한 신념과 행동에 대해서도 과감하게 비판하는 습관을 가지고 자신의 견해와 반대되는 입장들을 기꺼이 수용하며 공론과 토론의 장으로 나아가는 데서 사상 관념의 자유가 시작되고, 제도적인 틀이나 법적 규정을 마련하여 상호 견제적인 권력구조를 세워 정보와 의견의 자유로운 교환에 대한 보장을 확립하는 것이 자유주의 발전이다.

유교 문헌에서는 자기비판과 자기갱신, 반성적 성찰을 중시했는데, 신유학이 전통적 유교 가치를 원용하여 그것을 '근대적', '자유주의적' 방향으로 발전시켜 나갔다. 신유학의 개념을 나타내는 위기지학(爲己之學), 자득(自得), 자임어도(自任於道) 같은 용어들은 개인의 자주성을 강조하고 자유주의적 교육과 자발적 정신을 고취한다. 자유의 자(自)는 자기, 기(己), 신(身), 사(私)와 결합되어 쓰인다. 기나 신이라는 말과 마찬가지로 '자'도 보통은 단순하게 자기(self)라 번역할 수 있다. 고전에서 자는 '그 자신으로부터', '그 자체 안에', '그 자신의' 등의 의미로 쓰였다. 자기 스스로에 기반을 두다, 자발적 동기에 따라 행동한다는 자의 의미가 '~으로부터'의 뜻을 지닌 유(由)와 결합되어 자신으로부터 말미암는다는 의미가 강조되었다. 자겸(自謙), 자기 등의 용어는 가치의 근원이 개인의 내부에 있으며, 자기 자신의 마음속 깊은 곳의 진솔한 감정에서 유발되는 태도로 사물과 일에 대처한다는 뜻을 내포하고 있다.

개인에 대한 특별한 강조가 서구적 태도와 특징이라 생각되지만, 개인의 자율성을 중시하고 자기 나름의 자질과 성향을 마음껏 펼칠 수 있어야 한다는 생각은 중국의 전통적인 사고방식에서 낯선 것이 아니었다는 것이다. 드 배리는 '자유'라는 번역어의 선택에 개인적 자유를 강조한 신유학의 편향이 작용했다고 보았다. 자유라는 말은 서구의 정치나 법사상의 맥락에서 쓰이는 리버티나 프리덤 개념의 다양한 함축과 측면을 전달한다는 것이다.[18]

드 배리는 절대권력의 전횡에 맞서 방효유(方孝孺)가 그랬듯이 감히 이의를 제기하는 전통도 중시했다.[19] 경연에서 황제나 황태자를 교육할 때 신하가 황제를 비판하는 일이 금지되어서는 안 되며 오히려 장려되어야 한다고 교육한 것은 절대권력에 대한 자유로운 비판을 보장하려는 취지의 제도였다. 황제권이 강했던 송·명대에 이러한 제도가 확립된 것은 신유학자들의 부단한 노력의 결과이자 개혁주의사상의 표현으로서, 송·원대 신유학의 발흥은 이러한 정신과 불가분 관계가 있다. 경연 외에 사관제도도 황제의 전제적 지배를 억제하는 데 공헌했다. 경연에서의 자유로운 토론과 궁정 사관들의 공정한 역사기록과 그 보존의 전통, 감찰제도, 나아가 지방의 서원들이 비판의 전통을 지켜나갔다. 명대 사상가들 사이에 개인주의사상의 경향이 나타났던 것도 우연이 아닌 것이다.

20세기 중국의 신문화 지식인들이 서구식 자유주의에서 말하는 개인의 자율성을 접했을 때, 그들에게는 이러한 관념이 과거 사대부 문화에서 중요한 가치로 간주되어 온 관념이었기에 이미 익숙한 것이었다. 물론 서구의 자유주의 사조가 전파되기 전에는 자유사상의 지평이 확장되지 못한 상태였음은 췌언을 요하지 않는다. 또한 자유사상이 어떤 사회를 이끌며 변화시키는 이념으로서의 자유주의가 되기 위해서는 정치 세력과 사회적 역량을 가진 조직이 필요하지만, 중국인의 '자유'정신 내지 '고결[청고(淸高)]'정신은 '조직'을 중시하는 지향과 근본적으로 충돌했다. 중국에서 자율을 중시하는 정신은 조직

---

18) 이상 신유학의 자유주의정신에 관한 분석에 대해서는 시어도어 드 배리, 『중국의 '자유' 전통』, 38~39쪽 참조.

19) 방효유는 왕도(王道)를 중시하는 학자로서 명나라 2대 황제인 건문제(혜제, 惠帝)를 섬겨 시강학사(侍講學士)로서 두터운 신임을 받았다. 1402년 연왕(燕王, 훗날의 영락제(永樂帝)]이 조카의 황위(皇位)를 찬탈한 뒤 그에게 즉위의 조(詔)를 기초하도록 명하자 붓을 땅에 내던지며 죽음을 각오하고 거부했다. 연왕은 노하여 그를 극형에 처했고, 일족과 친우·제자 등 수백 명이 연좌되어 죽임을 당했다.

되지 못하고 제도화되지 못했던 것이다.

그 결과 중국인들에게 낯설고 이질적인 것은 자유라는 관념 자체보다 이에 수반된 다른 여러 관념들, 예컨대 사람들의 자유를 더욱 넓고 굳건한 기초 위에서 보장해 줄 수 있는 법률이나 인권 같은 것이었다. 자유가 숨 쉴 수 있는 구체적인 제도적·법률적 기초에 대한 인식이 중국에서는 성장하지 못했던 것이다. 개인의 권리를 공공의 권위와 맞세워서 대비시키고 전자를 침해할 수 없는 것으로 존중하는 사고는 근대 자유주의 정치사상의 등장을 통해서 비로소 가능하게 되었다.

4. 사전류에 나타난 번역어로서의 자유

앞에서 살펴본 전통 시대 동아시아에서 나타난 '자유'와 '자유자재' 등의 용례를 염두에 두고, 서양과의 접촉 후 사회정치사상이자 철학으로서 수용된 구미 리버럴리즘의 직간접적 영향 속에서 'free', 'freedom', 'liberty', 'right' 등의 자유주 용어를 어떤 어휘로 표현했는지 알아보자. '자유'라는 번역어의 역사를 살펴보면 이 한자어의 선택 속에 동아시아인들의 자유에 대한 전통 시대 개념과 서양 자유주의에 대한 이해가 어떻게 반영되었는지 알 수 있기 때문이다. 또한 이 말을 사용하면서 사람들의 머릿속에 떠오르는 느낌이나 생각의 변화 속에 자유주의에 대한 관념의 변화가 나타나며, 그 과정에서 자유와 자유주의의 개념의 역사가 형성되어 왔다고 할 수 있는 것이다.

자유주의사상과 관련 철학, 제도를 접한 후에도 수십 년간 자유주의라는 용어를 사용하지 않았지만, 리버티와 프리덤에 대응하는 번역어로서 자주, 자존, 자유를 비롯한 여러 용어가 사용되다가 자유로 수렴되어 가는 과정을 사전류에 나타난 번역어를 중심으로 살펴보자. 사전류에 제시된 번역어가 해당

시기 그 지역인들의 서양 근대 자유주의사상의 이해를 반영하고 있는 것은 물론이다. 이 절에서는 주로 구미 선교사들이 자유주의 어휘들을 어떻게 한자어로 표현했고 그것이 중국과 일본의 번역어 정립에 어떠한 영향을 주었는지 검토하고자 한다. 일본과 중국의 계몽사상가들이 자유주의사상을 이해하고 표현하는 측면은 각각 3장과 4장에서 분석할 것이다.

동아시아에서 서양어의 번역어로서 '자유'라는 말이 최초로 사용된 용례는 일본에서 에도 시대가 막 시작될 무렵인 1595년『나포화역사전(羅葡和譯辭典)』에서 라틴어 libertas의 번역어로서 나타난 것이고, 그 후 포르투갈어 사전인 '남만학(南蠻學)' 사전에서도 liuremente가 자유로 번역되었다. 이에 앞서 크리스천[기리시탄(キリシタン)] 문서에 '자유'의 관념이 나타나기도 했었다. 막부 말기인 1810년에 간행된 네덜란드(화란)어 사전 『역건(譯鍵)』에서도 vrijheid를 '자유'로 번역했다. 『화란자회(和蘭字滙)』(1855~1858)에서도 네덜란드어 vrijheid에 대응하는 번역어는 '자유'였다. 『화란자회』에는 vrij가 '자유로운', vrijheid가 '자유 또는 걸리는 것 없는 것'이라 설명되어 있다. 막부 말기 일본이 접촉하고 있던 서양 국가인 네덜란드와 포르투갈의 문물을 통해 근대 사상이 유입되면서 번역어가 나타나고 있었던 것이다.

그러나 막부 시기 일본의 서양학자들인 난학자(蘭學者)들은 서구의 프리덤이나 리버티 개념을 표현할 적절한 단어가 일본어에 없다고 느꼈기 때문에 네덜란드어 발음을 그대로 옮겨 후레이헤이드(フレイヘイド)라고 표기했다. 이들은 『화란헌법(和蘭憲法)』 같은 서구의 법률문서를 번역하며 '후레이헤이드'라는 관념 내지 사고방식이 극히 중요함을 느끼고, 번역어로 옮기기보다 그대로 네덜란드어로 표현하는 방식을 택했다. 관련 일화로, 이 난학자들은 자신들이 탄압받던 시기에 술에 취해서 '후레이헤이드'라고 소리 지르며 부자유한 처지에 대한 불만을 풀었다고 한다. 한편 나가사키(長崎) 통사(通詞)의 1854년 보고서에는 vrijheid의 역어로서 '자유자재'가 사용되고 있음이 확인된다. [20]

앞에서 17세기 중국의 크리스천 문헌에서 '자주'가 프리덤의 뜻을 표현하며 사용되었음을 언급했듯이 근대 중국에서도 19세기 전반 선교사들에 의해 몇 가지 역어가 시도되었고, 중국과 일본은 번역어 성립에 상호 영향을 주고받았다. 중국에서 영어 freedom을 '자유', '자주', '자주지리'로 번역한 사람은 개신교 선교사 로버트 모리슨(Robert Morrison)이었다. 그는 『오거운부(五車韻府)』(『영화자전(英華字典)』의 초판본, 1822)에서 프리덤을 '자주지리'로, 재판본(1847~1848)에서는 '자주지리는 자기결정의 원리'라고 설명했다. 그리고 프리덤의 뜻은 법률의 범위 내에서 공민의 의지활동이 제한을 받지 않음을 가리킨다고 설명했다. 자유주의사상의 적극적·진보적 함의를 제시한 번역이었다.

1835년 광저우에서 발행된 ≪신문(新聞)≫에서는 '영국의 공회는 자주지리를 심히 추구'한다 했고, 자유의 개념과 의미를 '서민이 법률에 의지하여 방범'하는 것이라는 설명이 보인다. 1838년 선교사들이 발행한 잡지 ≪동서양고매월통기전(東西洋考每月統記傳)≫ 제3호에서는 영국의 정치원리를 자주지리로 소개했다. 1844년 새무얼 웰스 윌리엄스(Samuel Wells Williams)가 출판한 『영화운부역계(英華韻府歷階)』에서는 리버티를 자주, 불능임의(不能任意)로 설명했다.

선교사로서 활발한 문서선교활동을 했던 월터 메더스트(Walter Medhurst)가 1847년 편집한 『영한자전(英漢字典)』에는 리버티에 자주, 자주지권(自主之權)뿐 아니라 자유득의(自由得意), 임의천전(任意擅專, 자신의 뜻에 맡김), 유득자기자주지사(由得自己自主之事)라는 설명이 추가되어 나타났는데, 자유가 가진 두 가지 성격과 함의를 최초로 나타낸 것으로 평가되고 있다. 1857년 미국인 선교사 브리지먼(E. C. Bridgeman)이 지은 미국 역사서 『연방지략(聯邦志略)』에서는 미국의 「독립선언」을 소개하면서 리버티를 '자주자립'이라고 번역했

---

20) 石田雄, 『日本の政治と言葉 上: 「自由」と「福祉」』(東京大学出版会, 2000), p.34.

다. 이처럼 자주, 자립, 자중(自重) 등의 말이 사용되었지만, '자유'라는 역어는 보이지 않는다. 서양의 리버티, 프리덤 개념이 서양 선교사들에 의해 1820~1840년대에 중국에 처음 소개되며 '자유'도 번역어로 등장하기는 했지만 '자주'와 '자주지리'가 더 선호된 경향이 있었음을 알 수 있다. '제 멋대로'라는 자유의 함의로 인한 거부감이 작용했기 때문이다.

영향력이 컸던 빌헬름 로브샤이드(Wilhelm Lobscheid)의 『영화자전(英華字典)』(1866~1869)은 자주(self-determination), 자유(unrestrained), 치기지권(治己之權, right of self-government), 자조지권(自操之權, right of self-organization), 자주지리(principle of self-determination)를 제시했다. natural liberty는 임종심의(任從心意, 자신의 뜻을 따르도록 허함), civil liberty는 법중임행(法中任行), political liberty는 국가의 치기지권[國治己之權, right of state to govern itself]으로 설명했다. 1902년 발행되어 널리 사용된 『화영음운자전집성(華英音韻字典集成)』은 대개 로브샤이드의 해석을 따랐다고 한다.

1860년대에 발간된 사전에서야 '자유'가 리버티의 역어로서 초보적으로 확립되었다고 할 수 있다. 1872~1873년 발행된 『영화췌림운부(英華萃林韻府)』에는 리버티와 프리덤의 번역어로서 자주, 불능임의, 자유가 제시되며 자주지리, 임의천전, 자유득의, 유득자기(由得自己)라는 설명이 달렸다. 프리는 자유, 자주, 능주득의(能主得意), 유득자기주의(由得自己主意), 자행(自行), 자기자전(自己自專), 한연(閑然)으로, 프리덤은 임의천전으로, 프리먼(freeman)은 부위인노(不爲人奴), 자주지인(自主之人)으로 설명되었다. 1882년 쾅치자오(鄺其照)의 『화영자전집성(華英字典集成)』은 리버티를 스스로가 주인이 되어 다른 사람의 구속을 받지 않는다(自可作主 無別人拘束), 임의(任意), 탈신(脫身, 관계하던 곳에서 몸을 빼냄)으로, 프리는 자주, 자유, 자작주(自作主, 스스로 주인이 됨)로, 프리덤은 자기작주(自己作主), 무구속(無拘束)으로, 프리빌리지(privilege)는 자유, 우대받음(優待之處), 특별한 이익(格外之利益), 특별한 은혜(格外之恩)이라 썼다.

1908년 옌후이칭(顔惠慶) 등이 편집, 발행한 『영화대사전(英華大辭典)』은 프리덤과 리버티에 대한 해석을 다음과 같이 종합했다.

freedom: ① 자유, 남의 제한을 받지 않음(不受人節制), 작위(作爲) 자유, 자주, 노예가 되지 않음(不爲奴隷), ② 특권, 특허, 활면(豁免), ③ 자주, 선택자유, ④ 종용, 안일, 불박(不縛), 자유자재, ⑤ 마음속 생각을 드러냄(出腹心相示, 露腹心), 직언, 직백(直白), ⑥ 불기, 방종, 기방(棄放), 방사(放肆)

liberty: ① 자유, 자주, 자조지권, 자주지리, 자유자재, ② 윤허, 특허, 자유를 향유하도록 특별히 허락함(特許享自由), 특별한 은혜(格外恩), 권리, 자유지권, ③ 특별한 권리와 자유를 누리는 구역(享格外權利及自由之區域), 행동의 자유권리(行止自由之權利), ④ 보통의 예의를 넘어선 언행을 할 자유(逾平常禮義之言行自由), 서로 아무 허물없이 친함(親狎), 업신여김(狎侮), ⑤ (철학) 의지자유론(결정론, 필연론의 반대), 임의, 자기의 생각을 따름(從自己之義)

1862년 일본에서 간행된 『영화대역수진사서(英和對譯袖珍辭書)』는 앞에서 서술한 모리슨의 『영화자전』의 영향을 받아 해당 영어 단어를 '자유'로 번역했다. 또한 리버럴(liberal)을 '사치하다', '아끼지 않는다', '마음을 털어놓다', '자유로운'으로, 리버티는 '자유', '걸리는 바 없는 것'으로, 프리는 '자유로운', '정직한', '좋은', '지장 없는'으로, 프리덤은 '면허 허락을 얻는 것', '자유'로 번역, 설명했다.

1866년에 발간된 『개정증보영화대역수진사서(改正增補英和對譯袖珍辭書)』에서 리버티의 역어로 '자유'를 사용한 것으로 보아, 이 무렵부터 사전에 자유라는 역어가 일반적으로 쓰인 것으로 보인다. 메이지 초에 출판된 『개정증보화역영사서(改正增補和譯英辭書)』, 『영화자전(英和字典)』 등은 영어의 프리덤과 리버티를 자유로 번역했다.

후쿠자와도 당시 중국에서 프리덤의 역어로 '자주, 자전, 자득(自得), 자약(自若), 자주재(自主宰), 임의, 관용, 종용' 등의 말이 사용되고 있음을 밝혔는데 자유는 빠져 있다. 1866년 홍콩에서 발행된 『영화자전(英華字典)』은 리버티의 역어로 자주, 자유, 치기지권, 자조지권, 자주지리, 임종심의, 임종성이행(任從性而行)을, 또 프리덤의 역어로 '자주자', '치기지권', '임의행지권(任意行之權)'을, 프리의 역어로 자주, 자유, 자기작주(自己作主), 유치기지권(有治己之權)을 들고 있다. 이 외에도 불구(不拘), 수수편편(隨隨便便), 불기(不羈), 정직, 관대, 자연, 부괘려(不掛慮, 괘념치 않음), 부개의(不介意, 개의치 않음), 무훼손, 석방, 자득, 자약, 자요(自要), 종종용용(從從溶溶, 한가한 모양) 같은 어휘도 사용되었다. 1868년 미중 조약에서는 프리에 대응하는 단어로 자유를 사용하여 "양측의 이익을 위해 자유로 한다(Free for the benefit of both sides)"라고 번역하고 있다.

이와 같이 19세기 전반 중국에서 서양 선교사들에 의해 리버티, 프리덤, 프리 같은 단어가 자주, 자유, 자주지리 등등으로 번역되면서 그 어휘가 소개되고, 자유라는 단어도 점차 번역어로서 지위를 가지면서 일본의 번역어 정립에도 영향을 주었음을 확인했다.

17세기 초 이래 일본의 네덜란드어 사전류에서 거듭 '자유'를 번역어로 택한 것은 당시 '자유'가 상당히 익숙한 용어였기 때문일 것이다. 앞에서 살펴보았듯이 일본에는 불교의 '자유자재' 경지, 기독교 교리 중의 영혼의 자유함, 도쿠가와 시대 상업의 발전에 따른 '자유편리' 등의 개념이 이미 확산되어 있었다. 그러나 '자유'가 불러일으킬 오해의 우려가 컸기에 중국과 마찬가지로 자유 대신 자주 또는 자재, 자주지리 등을 사용하려는 시도가 현저했지만, 막부 말기에서 메이지 초기 일본의 논저에서는 '자유'가 점점 고전에서의 자자, 자전, 방임의 의미로부터 근대적 함의의 '자유'로 발전하면서 단일화되어 갔다.

한편 앞에서 중국 사서류에 번역어로서 자유가 자주, 자주지리와 함께 나타났지만 자유보다 자주나 자주지리가 선호되었음을 언급했다. 1860년대 이후 자유의 사용이 늘어났지만 19세기 후반 동안 줄곧 자주와 자주지리가 더 빈번히 사용되었다. 자유에 내포된 함의가 영향을 미친 것이다. 마찬가지로 일본에서도 '자유'는 '좋지 않은' 번역어였다.[21] 기독교 계통 문헌에는 "영혼이 …… '자유'를 얻는다"는 표현이 자주 나왔지만, 기독교 문헌 외에 자유가 사용된 경우는 '제멋대로' 한다는 느낌을 내포한 부정적 묘사가 대부분이었다. 압제에 대항하는 '사슬'로부터 해방되기 위한 운동은 종종 있었으나, 그러한 운동이 적극적으로 추구해야 할 가치관념을 콕 집어 표현해 낼 말이 없었던 상태였다.

막부 말기부터 메이지 시기 간 양학 번역의 열기 속에서 '자유'가 빈번히 사용되었지만, 메이지 초기에도 자유라는 번역어 대신 자주, 자재 자주지리를 사용하려는 경향이 강했던 것은 중국과 유사한 '제 멋대로'라는 전통관념에서 기인한 '자유'에 대한 저항감이 있었기 때문이다.

---

21) 야나부 아키라(柳父章), 『번역어 성립 사정』, 서해영 옮김(일빛, 2003), 170쪽.

제2장

근대적 자유와 자유주의

1. 근대 서양의 자유주의의 발전

1) 자연권 개념: 서양 중세

중세 서양철학은 신과 세계와 인간에 관한 통일적 질서를 규명하면서 인간의 자유와 존엄의 확실한 근거를 찾고자 했다. 인간이 가진 존엄성이나 가치도 인간만이 신의 형상대로 창조되었기 때문이라 생각했고, 이것이 천부인권설의 근거가 되기도 했다.

토마스 아퀴나스가 아리스토텔레스의 사상과 스토아철학을 기독교신학과 종합하면서, 또 16세기 프란시스코 수아레스(Francisco Suárez) 같은 스콜라철학자들을 거치면서 고대 자연법사상은 자연권 개념으로 바뀌어갔다. 자연법은 모든 민족에 공통된 것이고[1] 모든 인간은 자연법상 세계시민이라 간주되었다. 자연법사상은 개인의 사회적 삶을 지배하는 원칙이라는 관념으로부터

---

[1] 수아레스는 영원법에 기초하는 자연법과 밀접하지만 인정적 실정법인 만민법을 제시하여, 이것을 민족 내부의 법과 구별되는 불문법이라 했다.

차츰 개인이 사용할 수 있는 능력 및 권한과 관련된 의미로 변화하며 자연권 개념이 발전하게 된 것이다.

르네상스 시기 인문주의가 발전하면서, 인간의 존엄과 가치는 신이 부여한 것이 아니라 인간의 이성에 근거한다는 생각이 전개되었다. 그러나 인간의 이성 역시 신에 의해 각 개인에게 부여되었으므로 신의 뜻에 맞게 제대로 사용되어 궁극적으로는 신의 구원의 역사를 이루어야 했다.[2] 휘호 흐로티위스 (Hugo Grotius)와 토머스 홉스(Thomas Hobbes)에 이르러 자연법을 자연권으로 이해하게 되었고, 존 로크(John Locke), 샤를 드 몽테스키외(Charles de Montesquieu), 장 자크 루소(Jean Jacques Rousseau) 등 계몽사상가의 영향으로 사회계약설에 흡수되면서 자연권사상은 자유주의사상의 주요 구성 부분이 되었다.

2) 자유주의의 철학적 기초: 개인주의와 합리주의

서구에서 보편적 자유 이념이 정립되고 개인이 중시된 것은 계몽주의 시대라 할 수 있다. 그러나 이에 앞서 르네상스 시대에 인간의 능력, 가치와 존엄성을 인식하는 인간중심적·현세주의적·개인주의적 휴머니즘이 흥기했다. 중세인의 관심이 영혼과 내세의 영생에 있었다면 르네상스인은 현세의 삶과 육체에 관심을 옮겨 왔다. 중세 후기의 생산기술 발전, 화폐 사용과 교역의 확대로 인해 15세기 후반에는 사람들의 재화를 얻으려는 욕구, 즉 자본주의적 멘탈리티가 사회 전반을 지배하게 되었다. 부의 추구는 인간의 본성이라 해

---

[2] 토마스 아퀴나스는 경험적 방법과 신학적 사변을 종합하며 중세철학을 집대성했다. 신학자로서 그는 창조의 가르침에 근거한 존재의 형이상학으로서, 신 중심 입장에 서서 인간의 상대적 자율을 확립했다. 그러나 이는 결국 신앙과 신학을 배제하는 인간중심적·세속적 근대 사상의 발전에 기여했다.

도, 중세의 재부 축적은 공동체를 위한 재산의 청지기로서 내세의 영혼 구원에 합치되는 방법과 목표 위에서 이루어져야 했다. 그러나 르네상스 시기에 이르러 개인의 욕구 충족의 의미를 긍정적으로 바라보고, 부의 추구가 인간 활동의 주요한 동기로서 인정되는 인간중심적 현세주의가 현저한 집단심리로 자리 잡게 되었다.

새로운 세계관을 가지게 된 인간들은 낡은 전통에 반항하면서 자기이익과 생각에 합치되는 것을 추구하며 행동하고 거기에 맞는 새 질서를 수립하고자 했다. 즉 인간의 이성에 대한 신뢰를 토대로 다양성과 자유를 존중하는 태도를 갖게 되었는데, 이것이 근대정신이며 자유주의의 출발점이었다. 개인의 자유와 인간의 이성을 중시한 정신은 경험주의에 입각한 과학 발전으로 나타났다.

과학의 발전으로 인간은 온 우주와 자연이 보편적인 불변의 법칙에 의해 움직이는 하나의 기계와 같다는 사실을 알게 되었다. 이러한 법칙을 탐구하는 과학적 방법은 이성과 경험론적 사고를 진전시켰다. 자본주의적 경제의 발전은 공동체 의식을 해체하고 개인주의 관념과 사유재산 관념을 확장시켰으며, 자유주의의 물질적 기반이 준비되는 결과를 낳았다. 이 시기에 무역과 상업경제가 발전하면서 사유재산권을 지키려는 유산계급은 개인주의적 권리 사상에 적극적으로 호응했다.

르네상스, 종교개혁, 자본주의적 경제의 발전, 과학혁명은 모두 이러한 개인주의적·합리적 사고와 자유주의적 정신의 산물이면서 동시에 자유주의를 한층 촉진, 발전시키는 일련의 과정에 영향을 주었다. 르네상스는 주지하듯이 그리스 휴머니즘의 인간중심적 사고의 회복을 추구했고, 독립된 존재로서 개인을 중시했던 중세 스콜라철학은 르네상스 개인주의사상의 전개에 직결되었다. 근대적 자유 개념은 그리스의 자유 개념에 기원을 두고 있는 것이다.

르네상스의 개인주의적 사고는 종교개혁 과정을 거치며 일층 확고한 사조로 진전되었다. 성도 개개인이 하나님과 직접적인 관계를 맺을 수 있고 자아 성찰이나 신앙의 내면화를 통해 개인이 구원의 확증을 얻을 수 있다는 교회 개혁파의 주장은 사람들의 세계관을 바꾸었다. 당시 종교개혁파들이 신앙의 자유를 추구한 것은 아니었지만, 개인주의적 가치관의 확산과 개인의 권리의식은 되돌릴 수 없을 만큼 진전되어 갔다.

개인주의사상의 선구자라 할 수 있는 토머스 홉스는 완전히 자유롭고 평등한 자연상태에서의 '독립된 개인'을 상정하며, 자기 자신의 자연 즉 생명을 유지하기 위해서 각자 원하는 대로 자기의 힘을 사용하는 자유가 곧 자연권이라 보았다. 이러한 인간의 행동을 방향 짓는 원리는 종교나 도덕이 아니라 자기보존과 그것을 위한 자기의 힘의 확대이기에 자연상태는 전쟁상태와 같을 수밖에 없다. 전쟁 같은 자연상태로부터 벗어나게 하는 것이 이성이라는 자연법이라 할 수 있다.

자연법 지배하의 인간은 누구도 다른 사람의 생명, 건강, 자유, 소유물을 침해할 수 없는데, 홉스는 이러한 자유로운 개인들이 평화적 공존상태를 유지하기 위해 필요한 사회적 규제를 제도화하고 사회계약을 맺어 생존권의 일부를 군주에게 양도했다는 국가성립이론을 제시했다. 이 이론은 근대 개인주의적 자유주의의 발전에 기초가 되었다. 홉스는 군주정이든 민주정이든 정체와 무관하게, 자기보존을 위해 이익과 권리를 추구하는 데 장애물이 없는 상태를 '개인의 자유'로 규정하고, 권리보호가 국가의 기능이라 본 점에서 자유주의적이며 공리주의적이다. 외부의 강제가 없는 상태라는 홉스의 자유 개념은 영국 자유주의의 '소극적 자유' 특성을 구성하게 되었다

네덜란드인 바뤼흐 스피노자 역시 인간과 사회의 관계를 권력과 자연권의 틀 속에서 파악하여, 인간의 자기보존을 위한 능동성을 중시하고 개인의 자유를 옹호했으며 공화제를 지지했다. 그러나 홉스와 스피노자는 개인의 자유보호를 국가의 존재 이유로 볼 만큼 개인주의적 사상을 가지고 있었던 점에서

'자유주의적'이지만, 자유와 이성이 인간관계를 지배할 수 있다는 무한정한 진보를 믿지 않았고 인간 존재의 영원한 불완전성을 깊이 인식했다는 점에서 자유주의자라기보다 자유주의의 선구자로 칭해진다. 15, 16세기에 싹튼 '자유'의 정신은 홉스, 스피노자, 로크, 그리고 프랑스의 계몽사상가들을 거치며 성장·확장되어 갔고, 17~18세기 영국·미국·프랑스의 시민혁명 과정에서 그 이념의 실현 즉 제도화가 이루어졌다.

3) 자유주의의 초기 발전 과정과 재산권

자유주의는 다른 어떤 정치사회 이념보다 시기와 국가의 역사적 상황에 따라 다양한 모습으로 나타나 발전했고, 그러면서 여러 가지 특성을 지닌 다기한 사상이 되었다. 그러나 그 기본 틀은 개인의 가치와 권리를 중시하고 그것을 보장하기 위한 제도를 수립한다는 것이다. 여기에서는 자유주의 초기 발전 과정의 가장 중요한 측면인 재산권 문제를 검토해 보자.

자유주의는 역사적으로 중세의 사회원리에 대한 대항원리로서 등장했다. 중세사회는 농노에 대한 영주의 정치적·경제적·인격적 지배(영주제)를 바탕으로 하고 전체 사회에 대한 가톨릭교회의 관리를 이데올로기로 삼아, 영주제와 가톨릭교회의 복합체로 성립되어 있었다. 중세사회의 붕괴는 한편으로 영주제를 대신하는 새로운 생산양식의 전개와 다른 한편으로 가톨릭 통일교회제를 대신하는 새로운 신앙 형식의 전개, 이 두 동향이 결합되면서 그 계기가 만들어졌다. 생산력 향상과 화폐경제의 침투로 힘을 얻은 농노가 영주권력의 규제에서 벗어나 자주성을 획득하는 과정, 즉 자본제로의 이행 과정은 전통과 권위와 경제외적 강제로부터의 해방을 위한 물질적 기초를 제공했다.

초기 자유주의의 발전 과정에서 종교적 관용과 입헌주의, 공화정의 실행으로 중산계급이 주축이 된 평등한 사회를 성취한 것은 네덜란드였다. 유럽의 다른 나라들이 절대왕정체제하에 있던 17세기 초에 네덜란드인들은 스페인의 종교정책과 무역독점 및 증세정책에 대항하여 독립투쟁을 펼쳤다. 독립을 쟁취했을 뿐 아니라 종교적 관용과 상업적 번영, 언론출판의 자유를 보장하여 자유롭게 번성하는 공화국을 건설했다. 종교적 관용과 경제적 번영을 입헌주의 정치와 결합시켜 자유롭고 평등한 부르주아 공화국의 수립을 이루어낸 네덜란드의 성취는 유럽의 입헌주의자들에게도 놀라운 일이었다. 세습적 군주를 추대하지 않고 국민들 자신이 스스로의 힘으로 자신들을 다스리는 것이 불가능하다고 인식되던 당시 유럽에서 그것이 가능함을 증명했다고 받아들여졌다.

17세기 전반에 이룩된 부르주아 공화국 네덜란드는 상당히 평등한 사회적 계층질서를 가진 나라였다. 스페인에 대한 독립투쟁에서 가톨릭교도와 신교도(고이센)들이 합력할 수 있었던 데에는 종교적 상호 관용이 작용했다. 종교적·사상적 박해를 피해 유럽 각지에서 자산가, 신교도, 유대교도들이 네덜란드로 모여들었고 경제는 더욱 번영했다. 상업의 번영은 사람들을 더욱 개인주의적 인간으로 만들어갔다. 각자가 부담한다는 용어 '더치페이(dutch pay)'는 현재 중립적 개념이 되었지만, 17세기 말 더치(Dutch)라는 단어는 탐욕을 의미했다.

네덜란드의 경제적 번창을 흠모하면서 뒤쫓아 간 나라가 영국이다. 17세기 중후반 청교도혁명과 명예혁명을 거치면서 영국은 부르주아 가치관이 승리한 나라가 되었다. 17세기 말 영국은 도덕 면에서는 공리주의, 종교 면에서는 관용, 정치 면에서는 입헌정치가 승리했고, 경제적으로 상공업이 국가를 시녀로 만드는 데 성공했다. 국가의 전쟁도 왕권의 확대가 아니라 시장과 경제적 지배의 확대를 위해 벌어져서, 전쟁의 전리품인 식민지는 무역의 확대를 위한 시장이 되었다.[3]

개인의 독립을 위해 필수적인 것은 재산이고, 재산의 소유는 자신의 재물에 대한 권리뿐 아니라 국가를 관리할 수 있는 정치적 권리와 자유에 직결되며, 이러한 재산과 자유를 소유한 사람들이 자유신민(自由臣民)이었다. 따라서 17세기 자유주의운동은 사유재산권과 그 권리의 정치적 안정을 견고히 하는 투쟁이었다. 물론 당시에도 재산을 얻기 위한 '자유경쟁'은 결국 모든 인민과 온 세계를 분열시키고 전쟁과 유혈투쟁의 원인이 된다는 비판도 제기되었다. 개인적 이해의 추구와 사회 전체의 공공선이 양립할 수 있는가에 대해 논쟁이 없지 않았지만, 상공업자들이 자기의 개인적 이익을 위해 열심히 일하면 그만큼 사회 전체의 번영에 이바지할 수 있다는 것이 당시 대세를 이룬 사고방식이었다. 이러한 자유주의 사회철학은 상공인들의 지지를 받았고 자유로이 경쟁하는 상공인들이 경제적 번영을 견인하면서 이들의 정치적 권리를 신장하는 자유주의운동으로 진전된 것이다.

철학적으로 회의론, 경험론, 인식론의 새로운 경지를 개척하고 자유주의 정치이론을 확립하여 영국의 경험론과 프랑스의 계몽사상, 나아가 미국 독립혁명의 사상적 토대를 제공한 존 로크의 사상도 재산소유권을 옹호하는 데 치중했을 뿐이라는 비판을 받기도 한다. 왕권에 의한 귀족이나 평민의 재산권에 대한 침해가 당연시되던 시기에, 로크는 어떠한 최고 권력도 소유자의 재산을 그 사람의 동의 없이는 단 한 푼도 취할 수 없다며 사람들의 재산을 안전하게 보호하는 것이 국가의 설립 목적이자 그 존재 의미라고 주장했다. 구성원들의 공공복리를 추구하는 정치체인 코먼웰스(common-wealth)가 곧 국가라는 것이다. 개인의 재산권은 개인의 노동에서 기인하는 대가라는 사상은 세습 재산과 권리가 방대하던 당시에 매우 급진적인 사상이었다. 그러나 현실적으로 휘그당(Whig)은 토지소유자들의 재산권 확대를 소홀히 한 적이 없고, 토지뿐 아니라 상공업과 금융의 재산권도 확고히 했다. 극히 사소한 절도

---

3) 노명식, 『자유주의의 원리와 역사』(민음사, 1994), 120~121쪽.

사건에 대해서도 사형에 처하는 일이 비일비재할 정도로 재산권 침해에 대해
잔인하게 대처한 시기가 휘그당 권력의 절정기였다.

4) 프로테스탄트교회와 자유주의

자유주의가 정치적 원리로 성립되는 과정은 재산(소유권)을 지키려는 것이
1차적 목적이었기에 경제적 측면에서 자유권을 확립하려는 정치적 투쟁으로
나타났다. 그러나 이러한 자유주의 정치원리의 확립에 결정적으로 기여한 것
은 종교개혁의 전개 과정과 관련되어 있다. 앞에서 개인주의사상과 종교개혁
의 관계를 언급했는데, 개인의 영혼 구원을 강조하고 개인들이 성서를 해석할
수 있다는 생각은 개인주의 확장에 결정적 기여를 했지만 이것은 내적·정신
적 자유의 관념이었다.

종교개혁가들은 교황청의 권위를 부정했지만 종교와 교회의 권위 자체를
부정하려는 의도는 없었고, 양심에 의한 성서 해석을 주장했지만 사람들이 제
각기 성서 해석상에 이견을 제기할 것은 예상하지 못했다. 종교개혁가들은
이러한 이견 제기에 대해 절대로 관용이 없었으며 철저히 정죄하고 탄압했
다. 루터가 독일 농민전쟁을 비난하며 탄압을 지지한 것은 잘 알려진 사실로,
그는 민주주의적 지향을 경계했던 것이다.

그러나 자기성찰 경향이나 만인제사장설은 종교개혁가들의 의도와 상관없
이 결과적으로 개인주의와 평등사상을 확대시켰고 자본주의, 자유주의, 민주
주의의 추진력이 되었다. 통일교회의 권위에서 벗어나면서 종교개혁의 초기
과정에서 신도들의 자주적 결사와 상호계약으로 다양한 분파의 개혁교회들
이 성립되었다. 이로 인해 교회관의 전환이 일어났고, 이것은 국가관 전환에
큰 영향을 미쳤다.

그러나 서로 다른 신앙적 입장을 인정하는 신앙의 자유와는 거리가 먼 상

태에서 그 갈등을 극복하는 과정은 대규모 학살이나 치열한 전쟁으로 폭발할 수밖에 없었다. 프로테스탄트교회가 확장되면서 유럽의 각 나라 안에서 또는 나라 간에 생사를 건 전쟁이 발생했다. 16세기 말 프랑스의 위그노전쟁(1562~1598)은 왕권을 둘러싼 정치투쟁과 결부되어 있기는 했지만 36년간 지속된 구교와 신교 간 전쟁이었다. 영국에서도 헨리 8세의 국교(성공회) 선언 이후에도 가톨릭과 신교 사이에 갈등이 지속되었으며, 결국 17세기 중반 20년간 이어진 청교도혁명(1640~1660)으로 폭발했다. 네덜란드 독립전쟁(1572~1609)도 구교 수호자였던 에스파냐가 네덜란드 지역의 칼뱅파를 탄압한 것이 주요 인이었다. 독일을 중심으로 벌어진 30년전쟁(1618~1648)은 독일의 구교와 신교를 지원하던 선제후 귀족 세력 간 갈등뿐 아니라 덴마크, 스웨덴, 프랑스, 에스파냐까지 가세하며 벌어진 전쟁이었다.

16~17세기 동안에 각각 20~30여 년간 지속된 전쟁을 치르고 화의를 맺어 간 종교적·정치적 투쟁 과정에서 상대방의 생각과 입장을 인정할 수밖에 없었고, 이렇게 배양된 관용의 정신과 공존을 위한 타협을 제도적 장치로 확립하는 노력이 100여 년에 걸쳐 전개되었다. 이러한 전쟁·타협·조정의 경험을 통해서 신앙·사상·결사의 자유 등 자유주의의 기본 요소들이 정립되어 간 것이다. 신앙의 자유를 위한 투쟁과 그 획득 과정은 자유주의 정치제도의 발전 과정과 표리를 이루었다고 볼 수 있다. 개인, 교회, 사회 및 국가 간 관계가 변화한 그 시대에 개인의 존재 의미를 탐구하는 개인주의 철학이 발전했고 자유주의 정치사상과 제도가 진전되어 간 것이다. 앞에서 네덜란드 독립전쟁 과정에서의 종교적 관용과 경제적 번영, 그리고 그 공화국의 평등한 사회계층질서를 언급했다. 가장 앞서 나간 자유주의적 입헌공화국이 자유주의사상의 유효성을 실천적으로 증명하는 것 같았다.

종교개혁은 신앙의 내면화를 주장하며 민중의 지지를 받은 새로운 프로테스탄트교회가 통일교회의 권위를 뒤엎는 원동력이 되었고, 이후 중세사회의 두 축 즉 봉건적 영주제와 가톨릭교회의 보편적 지배체제가 붕괴되었다. 개혁교회는 사실 권위주의적이었지만 중세적 규범의 구속을 가장 효과적으로 분쇄하는 역설적 역사를 써나갔던 것이다.

5) 천부인권론과 사회계약론

근대의 구성 원리는 '개인'에서 출발하며, '독립된 개체'로서의 '개인(절대개인)의 발견' 내지 강조는 근대 자유주의의 기초라 할 수 있다. 근대 국가의 근본 틀인 권력과 자유의 관계가 이전 중세시대와 다른 새로운 틀로 만들어지는 과정에서 국가의 구성원인 '개인'이란 어떤 존재인가, 이들 개인이 어떻게 국가를 만들었는가를 규명하는 것은 개인과 국가의 관계를 규정한다고 볼 수 있다. 17세기 중엽 청교도혁명기에 홉스는, 인간은 태어나면서부터 자유와 평등의 권리(자연권)를 가진다고 주장했다. 하늘이 부여한 이러한 권리, 즉 천부인권을 가진 개인들의 서로에 대한 투쟁으로 야기되는 위험으로부터 자기를 보존하기 위해 개인들이 계약을 맺어 각자의 자연권을 포기하고 소수(혹은 한 사람)의 집단에 집중된 힘을 사용할 수 있도록 권리를 위탁했다. 이것이 자연상태에서 '사회'로의 이행을 설명하는 사회계약이론이다.

개인들의 권리를 위임받아 집중된 힘을 사용하는 주권자가 구성원의 자유나 생명의 안전을 보장하는 법률을 제정하면서 국가가 탄생된다. 홉스는 자연상태에서 '독립된 개인'을 상정하고, 이들이 (사회)계약을 맺어 생존권 일부를 군주에게 양도하며 사회를 형성했고, 이 과정에서 주권이 탄생하고 개인에게 의무가 부과되었다고 보았다. 홉스는 인민의 자유와 안전 확보를 위해 인민이 주권자에게 권력을 부여하고, 주권자의 명령인 법률에 인민은 복종해야 하지만, 인민 생명의 확보라는 목적에 어긋나는 입법은 무효라 했다. 그가 말한 주권자는 인민집합체의 대표 인격이다.

이와 같이 국가권력의 기초가 '인민의 동의'에 근거한다는 계약론적 사고방식은 이미 16세기 절대주의 시대 스페인, 프랑스, 이탈리아에서 제수이트파나 칼뱅파 등의 신학자, 법학자, 정치학자들에 의해 종종 제기되곤 했었다.[4] 그러나 홉스에 이르러 인간, 인민, 개인의 존재를 중심으로 정치와 권력의 문제를 검토하게 되었다는 의미에서 17세기에 이르러서야 근대적 정치이론의 초석이 놓이게 되었다고 할 수 있다. 모든 인간이 태어나면서 가지는 자유평등의 기본적 권리라는 천부인권 개념은 모든 개인의 존엄성을 확증했다. 봉건사회의 위계질서가 신으로부터 유래하는 인간의 본성과 우주의 질서에 조응한 것이라고 본 중세 자연법사상으로부터 근본적 전환을 이룩한 것이다.

17세기 후반기 명예혁명의 소용돌이 중심에 서 있던 로크도 자연상태하에서 인간을 자유롭고 평등한 상호 독립적 '개인'으로 파악하고 천부인권인 자연권을 가지고 있었다고 보았다. 그러나 홉스가 자연상태에 있는 개인들 간의 '만인의 만인에 대한 투쟁'을 상정한 데 비해, 로크는 욕망의 억제를 가르치는 자연법이 작동한 평화로운 상태로부터 투쟁상태가 된 것은 화폐의 발명과 사유재산의 축적 이후 투쟁, 강도, 사기가 생겨났기 때문이라고 보았다. 이로부터 소유권을 지키고자 사람들은 계약을 맺고 정치사회(커뮤니티)를 만들었다는 것이다. 소유권을 기본권으로 본 로크는 국가의 가장 중요한 임무가 재산권 보호라고 보았다.[5]

로크는 홉스에서 더 나아가 인민주권을 주장하고, 사회가 국가에 선행하며 자연권(생명, 자유, 재산)의 침범에 대한 방위를 위해 피치자의 동의라는 계약을 거쳐 국가가 성립되었다고 보았다. 정부의 성립과 변경은 인민의 동의와

---

4) 이들은 인민(국민)으로부터 유래하는 국왕의 세속권력은 신에 의해 임명되는 교황권의 우위에 복종해야 한다는 논리를 바탕으로 하면서 가톨릭군주와 프로테스탄트군주와 인민 간 관계의 문제를 논하는 취지였지만, 세속 군주의 권력은 인민에서 유래함을 전제로 하고 있었다.
5) 로크는 재산권이 정부가 보호해야 할 자연권이라고 옹호한 최초의 인물이다[이헌창, 『경제·경제학』(소화, 2015), 75쪽].

계약에 기초하는데, 지배자가 위탁받은 권한의 한계를 넘어설 때 이에 반항하는 것은 시민의 자연권에 속한다고 주장했다. 즉 혁명권을 포함한 최고 권력은 양도되지 않고 커뮤니티가 유보한다고 주장함으로써 왕당파에 대항하여 명예혁명의 정당성을 이론화했다.

홉스와 로크는 모두 개인이 자연권의 주체이며, 사회는 개인이 자신의 목적을 충족시키기 위해 계약을 통해 형성한 조직이라 보았다. 이러한 사회계약론의 출현은 각종 계서제적 사회유기체 관념을 붕괴시키는 기초가 되었고, 집단이 아니라 개인이 자연권의 최종 주체가 된 결과 개인이 권리를 소유하고 행사한다는 생각이 발전했다.

사회계약론이라는 용어를 처음 사용한 사람은 루소이지만[6] 실상 그는 개인들이 자연상태를 극복하기 위해 자연법에 따라 사회계약을 맺어 정치사회를 설립했다는 사회와 국가의 형성에 관한 이론을 논하지는 않았다. 그는 홉스나 로크처럼 인간의 자유나 사회적 평화가 정치사회를 통해 확립된다는 것에 대해 낙관하지 못했다. 로크보다 1세기 늦게 태어나 18세기 영국의 정치나 프랑스의 봉건사회를 바라본 그는 세상이 더 타락하고 불평등하고 자유를 잃게 되었다고 보았다. 법과 제도 모두 다수의 인민을 억압하기 위한 도구이므로 파괴하지 않으면 인민의 자유도 평등도 찾을 수 없다고 했다.

루소는 좋은 정치의 실현을 위한 인민 계몽을 목표로 하여 『사회계약론(Du contrat social)』(1762)을 집필한 것으로 보이는데, 그는 개인의 자유이익과 공공의 자유이익을 동시에 생각할 수 있는 시민이 계약을 맺어 '일반의지'를 가지는 정치사회를 확립하고 '일반의지'가 정한 법률에 의해 정치를 행할 것을 제안했다.

---

6) 홉스와 로크는 계약, 신약, 동의 같은 말만 썼고, 루소는 자연상태, 자연권, 자연법, 사회계약 같은 단어를 그의 정치론에서 사용했다.

루소의 일반의지가 형성된 정치사회, 홉스의 인민집합체의 대표 인격인 '주권(자)', 로크의 정치사회(커뮤니티)는 유사한 개념이지만, 루소는 계약을 맺은 전원의 의사를 주권자로 상정하고, 제한선거에 의해 구성된 영국의회는 '일반의지를 대행하지 않는다'며 민주주의가 아니라고 비판했다. 루소가 직접 민주제를 주장했다고 해석되기도 하지만, 그도 프랑스같이 큰 나라에서는 직접민주제가 사실상 불가능하다고 보았다. 그럼에도 전 국민의 의사를 대표할 수 있는 회의체 설립과 보통선거에 의한 인민주권론을 주장했다고 보아야 할 것이다. 이렇게 로크와 루소를 거치며 홉스의 사회계약설에 의회제 민주주의론과 인민주권론이 첨가되었다.

6) 18세기 영국과 프랑스의 자유주의의 두 원류

르네상스와 종교개혁을 거치며 진전된 인간의 이성과 개성에 대한 존중 정신은 개인주의와 합리주의 철학 내지 계몽사상을 발전시켰다. 이를 기초로 하여 발현된 자유주의정신이 17~18세기 영국, 미국, 프랑스의 시민혁명을 거치며 19세기 자유주의 정치제도로 정립되어 갔다. 이러한 서유럽의 자유주의 정치사조는 서로 다른 원천에서 유래한 두 가지 전통이 혼합된 것이다. 그 하나는 고대 그리스 시대의 '개인의 자유' 이념이 17세기 말에서 18세기 초 영국 휘그당의 정치이론으로 부활한 것이다. 유럽 자유주의 나라의 대부분은 이를 정치제도의 모델로 채용했다. 다른 하나는 대륙에서 자란 합리주의 시각이다. 자유주의 정치이념과 제도의 발전을 말할 때 흔히 영국과 프랑스에서 서로 다른 성격으로 전개된 사실을 논하는 것은 이러한 두 개의 상이한 원류와 무관하지 않다. 그러나 양측이 서로 긴밀한 영향을 주고받으며 구미 자유주의를 촉진시켰음도 놓쳐서는 안 될 사실이다.

(1) 개인주의와 자유주의: 로크와 영국 휘그당의 전통

고대 그리스와 로마의 법개념들은 16세기 말 예수회(Jesuit) 철학자들에 의해 경제 부문의 자유주의 정책원리로 만들어졌다. 그리고 18세기 스코틀랜드의 철학자들이 이를 재생시켰다. 이 외에도 이탈리아의 피렌체 같은 르네상스 시대의 도시와 네덜란드 등지에서 발생한 몇몇 이념의 초기 발전에 의존하여 17~18세기 영국의 이념들이 진전될 수 있었다.

자유주의는 개인주의 철학을 토대로 발전했는데, 개인주의는 특히 자기 목숨과 재산에 대한 소유 개념과 불가분하게 전개되었다. 그런데 이러한 소유와 재산은 결국 욕망에 의해 얻어지므로, 욕망이 인간행동의 동기라는 인간관은 자유주의의 특색을 형성했다. 그러나 선천적 욕망은 도덕에 의해 조절되어야 하며, 욕망에 의해 움직이는 인간들이 한 사회 안에서 함께 살려면 각 개인들 사이에 평등의 원리의 인정과 상호 인격 존중이 불가결하다는 자유주의의 기본 요소가 도출되었다. 적극적이고 낙관적인 이성관은 개인생활과 사회생활을 이성의 이상 위에 수립하여 개인과 공공의 선을 증진시키는 방향으로 발전시킬 수 있다고 믿었던 것이다.

로크는 천부의 권리로서 자연권을 가진 '자연상태'의 인간의 '자유'가 '방종의 상태'가 아니라 자연법의 구속하에 있는 '질서 있는 상호부조'의 자유상태라고 보았다.[7] 자신의 이성적 판단을 따르는 보편적이고 초월적인 법이라 할 수 있는 자연법하의 자유는 이성에의 복종과 같다. 인간이 '사회상태'에 들어가며 가지게 된 '사회적 자유'는 공동체의 동의에 의해 설립된 입법권이 제정한 공동의 법률에 복종하는 것, 즉 시민사회의 구속을 받아들이는 것이다. 어

---

7) 로크는 '유일하고 전지전능한 조물주의 작품'인 모든 인간은 자신에게 주어진 하나님의 뜻을 이해하고 그 뜻에 부합해서 살며 영원한 구원을 찾을 수 있도록 신이 인간에게 부여한 존재원리인 본성, 즉 이성을 부여받았다는 종교적 신념을 가지고 있었다.

떤 상태이든 자유는 이성 내지 법에의 '복종'을 의미한다. 이는 당시 로버트 필머(Robert Filmer)로 대변되는 절대주의 신봉자들이 자유를 '사람마다 각자 하고 싶은 대로 행동하고 기분 내키는 대로 살며 어떠한 법에도 구속되지 않는 것'으로 규정하면서 자연적 자유 관념에 기초한 인민주권과 인민저항권을 비판하는 데 대한 반론이었다.

로크는 자유를 '외부적 간섭의 부재'가 아니라 '절대적이고 자의적인 권력으로부터의 자유'로 이해했으므로 (자의적) 정치권력으로부터의 자유라는 말은 받아들일 수 있는 정당한 구속을 배제하지는 않은 것이었다. 또한 방종적인 자유로 인해 공동체 질서의 파괴를 초래할 것이라는 필머 측의 주장에 맞서 로크는 구성원의 동의에 기초한 법률의 구속을 받는 자유로 인해 공동체가 더욱 견고해질 수 있다며, 공동체의 정당한 기초를 놓는 문제를 중시했다.

17세기 영국의 청교도혁명은 입헌주의의 확립, 종교적 관용, 인민의 혁명권 확보를 목표로 내전을 수반한 치열한 투쟁과 논쟁 과정을 거치면서 '법에 의한 지배'라는 이념을 성립시켰다. 이것은 이후 1688년 명예혁명 이래 휘그당의 기본 원칙이 되었고 장기 집권한 휘그당에 의해 실행되었다.[8] 이러한 내용은 로크의 『시민정부론(The Second Treatise of Civil Government)』(1690)에 수록되어 있다. 이 책에서 로크는 '인간은 생명, 자유, 재산을 보호받기 위해 정부를 구성했다'고 주장하면서 경제적 자유와 사유재산을 정치적 자유와 연결시켰다.

로크는 홉스의 사상을 수용하여, 자연상태하의 자유롭고 평등한 상호 독립적인 '개인'은 천부인권인 자연권을 가지며 그 권리를 토대로 사회계약을 맺

---

8) 휘그당은 17세기 후반 이후 상인과 비국교도(非國敎徒)의 지지를 받아 구성된 반왕권적(反王權的) 성격이 강한 정치 그룹으로, 명예혁명 때 주도권을 쥐게 되면서 18세기 초반에 약 50년간 집권했다. 18세기 후반에는 토리당에 정권을 빼앗겼지만, 19세기에 들어서자 신흥시민층과 제휴하여 자유주의적 개혁을 목표로 선거법 개정 등을 실현했으며, 자유당으로 전환해 갔다.

었다고 주장하고, 이러한 천부의 평등한 권리를 근거로 시민의 정치 참여를 정당화했다. 그는 영국 명예혁명의 대변자로서, 제한된 왕권(王權)과 부르주아 의회의 조화를 꾀하는 입장에서 사회계약설을 제시했다. 로크는 특히 개인의 재산권과 개인적 자유의 관련성을 중시하여, 법의 지배하에서 보호되는 사유재산을 개인 독립의 전제라 보았다. 로크는 자유를 소유물에 대한 지배권으로 보았으며, 그 소유권의 근거는 자신의 노동이다. 생명, 자유, 자산을 포함하는 재산은 그것을 소유하는 사람의 자유의 표현인 셈이다.

이러한 자유주의사상은 귀족이나 군주전제에 맞서 자유를 쟁취하기 위한 부르주아의 투쟁을 이론적으로 뒷받침했다. 아직 자본주의의 구조적 모순이 노정되지 않았던 17세기, 자신의 노동 없이 막대한 부를 소유한 군주를 포함한 귀족의 특권에 대항하여 일반인의 이해를 대변하기 위해서였다. 재산권을 옹호하는 로크의 주장은 18세기 휘그당이 부르주아의 이해를 대변하고 19세기에 대두한 노동계층에 대한 제한적 선거권을 정당화하는 데 이용될 소지가 내포되어 있었다.9) 이렇듯 경제적 자유주의는 신앙의 자유를 위한 투쟁과 함께 자유주의의 핵심 요소였으며, 이를 정치적·법적으로 보장하는 제도의 발전이 자유주의의 확립 과정이었다.

로크는 명예혁명과 대의제 정부를 지지했지만, 명예혁명으로 곧장 민주주의 정부가 탄생하지는 않았다. 로크는 국가를 안전하게 유지하는 가장 중요한 정치기관이 입법부라 보고, 입법부가 행정부의 우위에 있다고 주장하여 의원내각제의 사상적 배경을 만들었다. 명예혁명은 주권을 의회에 부여했고 의회는 상층 계급을 대변했으며 그 결과 입헌군주제 방식으로 작동하는 귀족적 정부를 출범시켰다는 한계가 있다. 그러나 법에 의하지 않은 국왕의 자의적 지배나 신민의 생명과 재산에 대한 침해를 종식시켰다는 점에서 자유주의의

---

9) 문지영, 「'자유'의 자유주의적 맥락: 로크와 로크를 넘어」, ≪정치사상연구≫, 10-1(2004).

개가라 할 수 있다. 또한 로크는 나쁜 정부나 입법부를 바꿀 수 있다고 하여 인민의 동의와 계약에 기초하는 정부의 성립이라는 의회민주주의 정치사상의 발전에 기초를 놓았다.

자유주의의 발전은 절대군주의 주권을 국민이 탈취함으로써 이루어졌다고 볼 수 있는데, 이는 국민주권의 절대성에 대한 단순한 승인은 아니었다. 국민주권은 신앙의 자유와 사적 경제활동의 자유 같은 시민적 자유의 확보를 위한 수단일 뿐이었고, 국민의 신탁을 담당하는 통치기관의 권력남용을 방지하기 위한 감시가 필요했다. 권력분립에 의한 견제와 균형, 정교분리가 그러한 장치들이다.

주권이 절대군주의 손을 떠나 개인이 국민으로서 주권을 형성할 경우 개인의 자유와 국가주권도 모순이 아니며, 오히려 개인의 자유와 국가주권이 결합된 상태일 때 국민들이 자유를 누릴 수 있다고 생각하게 되었다. 권력은 국민의 것이며 국민에 의해 행사되어야 한다는 생각이 정치권력에 대한 적극적 태도로 나타났고, 정치에 대한 불신과 긍정이 역설적으로 결합되었다.

청교도혁명과 명예혁명을 거치며 입헌주의가 확립되었고, 군대의 통수권과 재정의 관리권이 입법부의 통제하에 들어갔으며, 인신보호율, 종교의 자유, 출판의 자유, 사법부의 독립 등이 안전하게 지켜졌고, 사유재산이 국가와 교회로부터 침탈받지 않는 안전이 확보되었다. 개인주의 사고방식이 정치적·사회적 제도로 구현된 자유주의제도가 확립된 것이다. 절대왕정하 프랑스 계몽사상가들에게 영국의 의회민주주의와 영국인들의 합리적·이성적·과학적 세계관은 선망의 대상이었다. 그러나 이른바 휘그적 자유주의라고도 불리는 영국 자유주의의 실체는 다른 무엇보다 유산계급의 재산을 보호하는 문제를 우선시했다. 자유란 사람들이 자기의 동의에 의하지 않고는 구속을 받지 않는 상태, 자기의 재산으로 자신을 실현할 수 있는 자유로운 상태이며, 재산의 안전한 보호를 보장받을 수 있는 것이 자유의 상태로 간주되었다.[10]

자기욕구의 충족을 위한 자율을 강조한 17세기 자유주의에 비해, 계몽사상적 이성의 힘을 신뢰하게 된 18세기의 자유주의는 독자적인 원자들이 하나의 질서와 조화의 체계를 이루듯 개인들도 이기적 욕망의 무정부적 경향을 억제하고 조화로운 전체 사회를 만들 수 있다는 새로운 신념을 발전시켰다. 영국의 자유주의운동과 신교도 상공업 종사자들 간에 긴밀한 관계가 맺어진 것도 이 시기이다. 일반적 규율을 정한 입법, 권력을 엄격하게 제한한 행정 등과 관련된 휘그당 이론은 18세기를 지나면서 영국적 전통의 특징이 되었다. 프랑스의 몽테스키외와 볼테르(Voltaire) 등 계몽사상가들은 로크의 사상과 영국의 사회제도 발전을 흠모하며 이러한 사실을 자신들의 저작에 남겼고, 이를 통해 영국적 자유주의 전통은 세상에 더욱 확산되었다. 모든 사람, 모든 사회에 적용되는 자연권, 평등권에 대한 로크의 생각은 식민지 시대 미국에서도 환영받았다.

영국에서는 데이비드 흄(David Hume)과 애덤 스미스(Adam Smith)가 로크의 생각을 더욱 발전시켰다. 흄은 자유주의적 법이론의 기초를 세웠고, 영국 역사를 법의 지배가 발전하는 과정으로 해석했다. 스미스는 적절한 법적 규율로 개개인을 제한하는 결과로 생길 수 있는 자율적 질서를 논했다. 그는『국부론(An Inquiry into the Nature and Causes of the Wealth of Nations)』(1776)에서 중상주의(mercantilism)를 국가가 승인한 독점권과 정부의 특혜로 점철된 불공정한 체계라고 비판했다. 그리고 모든 시민에게 공정하고 동등한 권리를 부여하는 자유경쟁이 중상주의보다 훨씬 바람직하다고 강조했다. 『국부론』은 모든 자의적 권력을 철저하게 불신하여, 국가권력의 제한이 곧 영국 경제 후생의

---

10) 청교도혁명도 자연권으로서 보편적 인권의 문제보다 인간이 만든 법에 의해 재산을 안전하게 보장하는 것을 중시했다. 크롬웰파는 1644년 논쟁에서 보통선거제를 주장한 수평파에 반대하여 유산자에게만 정치참여권을 부여하자고 주장했다(노명식,『자유주의의 원리와 역사』, 129~132쪽 참조).

주요 원천이 될 것이라는 가설을 제시했다. 흄, 스미스 등이 강조한 자생적 질서란 신이나 지배자의 의지에 의존하지 않고도 자연히 형성될 수 있는 질서를 말한다. 이 질서를 유지하면 사회구성원 각자의 자유로운 개별 행동이 '보이지 않는 손'으로 유도되어 공익을 증진시키는 결과를 낳는다고 본 것이다.[11]

스미스의 이론은 흔히 자유방임주의라 일컬어지는 자유주의 경제이론의 핵심인데, '보이지 않는 손'에 의해 조절된다는 단순하고 극단적인 표현은 중상주의적 독점이라는 극단적 경제정책을 바로잡기 위해 반대 방향으로 과장한 측면이 있었다. 스미스는 거대 독점상인들이 간섭주의적 정부의 규제하에 해외무역을 독점함으로써 국민경제를 지배하고 있었던 현실을 비판하고, 사회의 경제체제 자체가 자신의 고유한 자연법칙에 따라 효율적으로 발전할 수 있도록 자유주의적 질서를 택해야 한다고 주장한 것이었다. 그는 경제현상과 정치질서를 계급 관계의 관점에서 바라보고 상업사회를 계급사회로 파악했다. 또한 인간의 본성이 이기적임을 인정하면서 동시에 인간이 '동감(공감)'의 본성에 기초한 '공평한 관찰자'가 되려고 노력하는 사회적 존재임을 그의 저작 『도덕감정론(The Theory of Moral Sentiment)』에서 제시했다.[12] 당대 중상주의에 대한 비판의 의미를 넘어, 근대 시민사회에 대한 비판적 사회과학의 전통으로 스미스의 도덕철학·윤리학·법철학·국가론 등 이론이 중시되는 이유이다.

프랑스의 계몽주의와 달리 영국의 자유주의는 이성의 한계를 주장했다. 영국인들은 누가 무엇을 원하는지 어떻게 알고서 '이성에 맞게' 사회를 재조직하겠다는 것인지에 대해 회의감을 가졌다. 따라서 인간사회를 구체적 목적을 가지고 '이성에 따라' 조직화(이를테면 20세기의 블라디미르 레닌(Vladimir Lenin)이

---

11) 양동휴, 『대공황시대』(살림출판사, 2009), 48~52쪽.
12) 梁一模, 「淸末における自由の條件: 『原富』·『群己權界論』·『政治講義』を中心に」, 村田雄二郎 編, 『リベラリズムの中国』(有志舍, 2011), pp.127~128 참조.

이 작업을 가장 대대적으로 실행했다하는 작업을 크게 경계했다. 경험주의 성향을 가진 영국의 자유주의자들은 자생적 질서에 대한 자각, 그리고 이 자생적 질서의 활성화를 통해 인간의 자유와 발전 원리를 찾고자 노력했던 것이다.

이러한 영국의 자유주의운동도 프랑스혁명의 과격함과 폭력을 목도한 후 커다란 저항과 불신에 부딪혔고, 휘그당은 보수파와 자유파로 분열되었다. 이러한 저항은 대표적 보수주의자 에드먼드 버크(Edmund Burke)의 저작『프랑스혁명에 관한 고찰(Reflections on the Revolution in France)』(1790)로 표현되었다.13) 버크는 한편으로 노예제 폐지에 앞장섰고 식민지에서 영국의 권력남용을 비판한 자유주의자였지만, 동시에 다른 한편으로 프랑스혁명을 맹비난했다. 그는 모든 국민이 참여하는 민주주의를 '폭정'이라 규정하고 반민주주의라 인식하여 급진적 혁명에 반대하고 점진적 개혁을 지지하여 보수주의자의 특성을 보여주었다. 이렇게 안정된 사회를 옹호하는 태도는 개인의 이성을 불신한 세계관에서 기인한다. 그러나 영국의 자유주의자들 중 프랑스혁명을 지지하고 자유의 원리를 신봉한 찰스 폭스(Charles Fox)나 토머스 페인(Thomas Paine) 등 급진적 자유주의자들은 재산권을 옹호했으나, 정치적 권리가 재산에 의해 제한되어서는 안 된다는 권리의 평등을 주장하여 민주주의의 발전에 기여했다. 나폴레옹전쟁이 끝난 후, 휘그당과 애덤 스미스의 이론에 기초를 둔 자유주의의 발전이 다시 이어졌다.

---

13) 1774년 4월 의회에서 버크는 아메리카 식민지에 대한 과세정책에 반대했다. 식민지에 요구되는 지나친 과세정책은 오히려 반발을 불러일으키는 결과를 가져와 영국과 아메리카 모두에 이익이 되지 않는다고 경고했다. 식민지를 지배하는 영국의 권리와 법적인 권한보다 현지인과의 타협을 통해 보편적인 원리에 입각한 정책을 실현하는 것이 오히려 이익이 되며 정의롭다고 보았다. 동인도회사가 인도에서 벌인 사업으로 취한 막대한 이익도 현지인에 대한 정당하지 않은 권력남용으로 얻은 것이며, 이는 의회의 견제를 전혀 받지 않는 폐단이라고 비판하며 뱅골총독 워런 헤이스팅스(Warren Hastings)를 탄핵했다. 보수주의 정치가로서 그는 권력남용과 독재체제에 반대하고 정의와 자유를 주장한 인물이지만, 선거권 확대에는 반대했다.

19세기에 영국의 자유주의는 영국적 전통 위에 대륙의 전통을 적극적으로 수용하며 급진적 운동으로 성장했다. 17세기부터 발전해 온 공리주의는 행복을 추구하는 인간의 본성을 중시한 영국의 도덕철학으로, 자유주의사상의 발전에 합류한 주요 흐름이다. 영국에서는 일찍부터 한 인간으로서, 또 한 사회에서 무엇이 옳은 것이며 선한 것인가에 관한 도덕적 판단과 도덕 감정에 관한 인성론과 윤리철학이 오랜 기간 논의되어 왔다. 홉스도 일찍이 인성에 대하여 '쾌락이 선이고, 고통은 악'이라는 윤리철학을 피력했다.

17세기에 로크는 이성에 의해 진리를 인식한다는 르네 데카르트(René Descartes)의 영향도 받았지만 직관보다 경험적·감각적 지식을 중시했고 특히 그 당시에 발전한 자연과학에서의 실험적 방법에 매료되었다. 로크는 거대한 우주를 창조주의 무한한 권능과 지혜의 산물로 보고, 모든 사물에 내재하는 신적 법칙이 존재한다고 보았다. 이것이 신법 또는 자연법이자 정의의 불변적 기준이며, 인간은 이성으로서 자연법을 인식할 수 있다고 보았다. 로크는 이러한 전지전능한 존재로부터 인간의 의무와 행위에 관한 일반 규칙을 도출할 수 있다는 자연법사상을 제시했고, 이러한 자연법을 공리주의와 결합시켰다.

로크는 '생명, 건강, 안락 및 쾌락을 주는 자연물을 향유하고 피안의 삶을 즐겁게 소망함으로써 이 세상에서 행복해지는 것'이 인간의 삶의 목적이라며 '행복과 고통(비참함)은 인간행동의 두 가지 커다란 원천이다. …… 이 세상 사람들은 모두 행복을 추구하고 비참함을 피하고자 한다'고 했다. 국가도 구성원의 행복을 달성하는 수단에 불과할 뿐이므로 이 목적을 이루지 못하면 새로운 정부로 대체될 필요가 있다는 것, 생명·재산·자유에 대한 인간의 천부의 자연권을 정부가 보호해야 한다는 것은 로크사상의 핵심이며, 이는 자연법사상과 공리주의가 결합된 것이었다.

로크의 사상은 흄을 거쳐 18세기 후반에서 19세기 전반기에 제러미 벤담

(Jeremy Bentham)에 이르러 행복이나 비참함을 양적으로 측정할 수 있다는 계량적 공리주의로 발전하여 '최대 다수의 최대 행복'이라는 공리주의의 가치를 세웠다. 공리주의는 벤담의 친구 제임스 밀(James Mill)과 그의 아들 존 스튜어트 밀(John Stuart Mill)로 계승되면서, 더 많은 사람의 즐거움과 행복을 실현하고자 하는 평등주의적 사고를 진전시키며 민주주의의 발전에 기여했다. 현세에서의 행복이나 쾌락의 추구를 중시하는 사고는 신에 의한 구원의 섭리에 복종하는 것을 삶의 지침으로 삼고 영생을 추구해 온 인생관과 세계관을 근본적으로 전변시켰다.

현세의 행복을 선악의 기준으로 삼는 사고에 다수 인민의 행복과 쾌락을 고려하는 프랑스식 보편주의 영향이 더해지면서 벤담과 밀의 공리주의가 발전했다. 존 밀은 쾌락을 양적으로 계산하는 벤담의 이론에 질적 쾌락의 개념을 더하여 공리주의를 발전시켰다. 일찍이 흄도 사람들이 관대함, 자선, 절제, 정의, 준법, 신에 대한 충성의 가치를 인정하는 것은 그들의 유용성(utility) 때문이라 보았는데, 공리주의는 한 개인 차원의 쾌락을 넘어서서 사회 나아가 인류의 복지에 대한 유용성을 고려한 것이었다. 그럼에도 프랑스의 전통에서는 이러한 공리주의적 사고를 '진정한 도덕적 자유'를 추구하지 않는 쾌락주의적 도덕철학으로 간주하여 그다지 중시하지 않았다. 그러나 공리주의가 동아시아에 전해지면서 전통적·유교적·덕성론적 사유방식을 붕괴시켰고 자유주의의 사상과 제도를 수용하기 위한 도덕관념의 변화에 큰 영향을 미쳤다.

자유주의가 만개할 당시 자유의 개념은 '자유로운 인간은 어떠한 자의적 강제에도 예속되어 있지 않다'는 의미였다. 그러나 사회에서 살아가는 인간에게 이 개념을 적용할 때, 어떤 강제로부터 개인을 보호하려면 결국 모든 개인이 타인에게 어떠한 강제도 행사하지 못하게 하는 제한이 필요하다. 따라서 자유주의자에게 자유란, 법 아래에서의 자유였다. 그런 면에서 자유는 자신의 뜻에 반하는 것을 강요당하는 강제와 구속이 없는 상태라는 소극적 의미와 자기가 하고자 하는 것을 막는 장애가 없는 상태라는 적극적 의미의 두 가지 측면을 가지게 된다.

(2) 합리주의와 자유주의: 프랑스 계몽사상과 공화주의

서구 자유주의의 또 다른 기원은 대륙에서 자란 합리주의 시각이다. 영국과 달리 이 운동은 선명한 정치이론이라기보다 보편적인 정신적 태도였다. '인간은 모든 편견과 합리적으로 근거를 대서 설명할 수 없는 신념, 확신 등에서 벗어나야 한다. 동시에 가톨릭 신부나 왕의 후견 등과 결별해야 한다', '인간은 자유로운 존재이고 오로지 이성의 지지에 의해서만 살아간다'는 생각이다. 개인의 경험을 진리의 시금석으로 중시한 미셸 몽테뉴(Michel Montaigne), 의식하고 사유하는 개인의 존재를 천명한 데카르트 등이 체계화하여 프랑스의 계몽철학으로 발전했다. 데카르트는 직관(intuitus)과 연역(deductio)을 진리에 이르는 유일한 길로 보면서, '나는 생각한다. 그러므로 나는 존재한다'라는 명제를 제시했다. 중세적 스콜라철학의 신앙적 강압에 대항하여 '생각하는 나', 주체적 인간의 의식을 전면에 내놓았다는 점에서 근대 정신의 자기주장이라고 평가된다.

마음과 생각의 비판적 기능을 강조하고 지식의 확실성을 검증하는 자신의 태도를 데카르트는 합리주의라고 칭했다. 로크의 경험론 역시 각자가 가진 지식의 제일의 원천은 그 자신의 감각이라고 주장함으로써 개인주의 철학을 강화했다. 프랜시스 베이컨(Francis Bacon)의 경험론도 감각과 특수로부터 일반적 원리를 도출함으로써 진리에 도달할 수 있다고 보았다. 경험론이나 합리주의 모두 개인의 경험과 이치를 따지는 이성의 힘에 대한 신뢰에 기초하고 있다.

이성에 의한 사회의 변화와 발전의 가능성을 믿고 그것을 추구한 계몽사상가 중에서도 가장 강력한 대변인으로는 볼테르, 몽테스키외, 루소 등을 꼽을 수 있다. 이들의 생각은 사회 전체를 이성에 맞게 의도적으로 구성해야 한다는 주장으로 발전했고, 프랑스혁명에서 최고의 빛을 발했으며 이로부터 대륙적 형태의 자유주의가 도출되었다.

볼테르는 앙시앵레짐(ancien régime)하의 억압에 분노하며 이성·자유·관용을 옹호했고 법의 지배를 제도화하기 위해 투쟁하며 노력한 자유주의자였지만, 평생 영국의 경험주의를 자신의 방법론으로 삼고 로크를 존경하고 영국의 관용(특히 종교적 관용)과 의회민주주의를 찬양했다.[14] 그는 왕권이 주도하는 위로부터의 정치사회개혁을 지지했지만 좌절을 맞이하게 되었으며,[15] 봉건적 전제정치의 혁파를 희구하는 지성계의 정신적 지주의 한 사람으로 숭앙받았지만 문학작품 외에 정치이론을 체계적으로 정리한 저서를 남기지는 않았다.

그에 비해 몽테스키외는 몇몇 저술, 특히 『법의 정신(De l'esprit des lois)』을 통해 권력을 남용하고 극단적 불균등을 초래한 전제정을 혐오하고 이성으로 다스려지는 정치를 실현하는 방법을 탐구했다. 『법의 정신』은 그가 20년에 걸쳐 동서고금의 경험적·구체적 사례를 귀납법적 방법으로 연구한 결과물이다. 국민의 복종은 그들의 동의를 전제로 해야 한다는 것을 천명하고, 제도화된 권위 형태를 확립하여 여기에 의존함으로써만 합법적 질서를 세울 수 있다는 이념을 제시하여 자유주의적 민주주의정치의 발전에 탁월한 기여를 했다. 그리고 제도화된 권위로서 법에 의한 통치, 지배자에 대한 내외의 견제,

---

14) 볼테르는 영국의회의 상원이 힘이 없어지고 반면 하원이 실질적 권력기관이 되어 입헌군주제를 운영하는 모습을 평민과 귀족과 군주의 콘서트라고 찬양했다. 몽테스키외는 정치적 자유를 보장하며 삼권분립을 실행한 영국을 '왕정의 탈을 쓴 공화국'이라며 선망했다.
15) 볼테르는 가톨릭교회, 특히 예수회의 출판 검열, 위그노에 대한 박해 등 종교적 억압에 대해 분개한 데 비해, 절대왕정에 대해서는 개혁할 필요를 역설했지만 왕정 자체를 부정하지는 않아서 몽테스키외의 비판을 받았다.

이해관계의 자유경쟁에 의해 제약받는 권위 형태를 제시했다. 자유주의적 법치의 견제와 균형을 위한 토대가 되는 삼권분립론도 여기에서 비롯되었다.[16] 볼테르처럼 몽테스키외도 영국정치를 이러한 권위가 제도화된 모습으로 선망했다.

몽테스키외는 권력의 집중을 막을 수 있는 제도를 강구하고자 노력했지만, 정부란 본성적으로 자유주의적이지 않기 때문에 자유는 여건이 아니라 운영에 달렸다고 보았다. 헌법의 제정도 필요조건이지 충분조건은 아니라서, 자유에 기반한 정치를 위해서는 자유의 조건을 제도적으로 만드는 일과 함께 그 조건에 따라 국가 속 시민의 자유를 규정하고 작동하게 해야 한다고 보았다. 자유는 체제의 문제가 아니라는 것이다. 우리가 원하는 것이 마땅한 것으로 간주되며 그에 따라 할 수 있는 자유는 실정법을 필요로 한다. 즉 자유는 실정법을 매개로 법이 허용한 모든 것을 할 수 있는 권리이다. 자유의 실천뿐 아니라 그것이 내재적 본성에 따라 규범적 제약을 수반하는 측면을 몽테스키외는 주목했다.

몽테스키외는 공화정부의 최상 형태가 민주주의정부인 것은 사실이라고 보았다. 하지만 민주주의정체에서 인민은 자기가 원하는 것을 하고 있다고 여기는데, 그러한 생각이 실제는 아니기 때문에 그것은 지나친 착각이라고 지적했다. 정치적 자유란 자기가 원하는 것을 하는 것이 아니다. 이는 19세기 후반 동아시아에 자유주의가 수용되는 과정을 생각할 때 중요한 의미가 있다.

볼테르와 몽테스키외의 자유주의사상은 이들이 로크사상의 영향을 많이 받았고 영국정치를 매우 긍정적으로 평가했으며 그들의 사상과 학문이 경험론적 귀납법을 취했듯이 영국의 자유주의 전통과 확연히 구별되지는 않

---

16) 영국의 로크가 먼저 입법권과 집행권의 분립 필요성을 주장했으며, 몽테스키외가 『법의 정신』에서 입법·행정·사법의 삼권 분립을 주장했다.

는다. 그러나 명예혁명이라는 치열한 정치적 투쟁 과정에서 정립된 로크의 정치사상과 비교하면 프랑스 계몽철학의 거두인 볼테르와 몽테스키외의 주장은 현실의 불의를 강하게 배척했으되 합리적이고 이성적인 변화를 추구하는 경향이 있었다. 이들은 개인의 권리를 강조하기보다 사회적 존재인 인간으로서 시민법이라는 매개를 통해 안정된 정치적 공동체를 이루려는 지향을 보인다.17)

앵글로색슨의 자유주의와 다른 프랑스 자유주의의 특성은 루소의 인민주권론과 사회계약론에 잘 나타난다. 영국의 자유주의는 개인들의 이성의 힘에 대한 신뢰를 전제로 경험론적 개인주의철학의 측면에서 발전했지만, 정치권력으로부터 개인의 생명과 재산을 '보호'하는 데 중점을 두었다. 영국의 이러한 '소극적 자유'에 비해, 평등과 개인적 권리를 주장하는 자유주의 이념을 현실 정치에 실현하는 혁명을 실행한 프랑스는 전체로서 인민의 주권 내지 일반의지를 강조한 루소식의 평등에의 강한 지향과 이성적 설계에 의한 이상의 실현을 추구하는 '적극적 자유' 성향을 드러내었다. 정치적 권력의 행사는 (전체) 시민들의 동의하에 정당성을 가진다. 즉 정치적 권력을 위임받는 사람과 시민들 사이의 합의에 의해 이루어진다는 것이다.

고대의 직접민주주의를 동경한 루소는 '인민의 주권은 …… 누군가에 의해 대신 대의될 수 있는 것이 아니다'라며 영국식 의회제를 비판하고 인민주권론을 제기했다. 하지만 루소도 '직접민주주의는 아주 작은 규모의 국가를 전제로, 간단한 사안에 관해 사회적 지위와 재산 따위에서의 평등이 상당 정도 보장되어 있는 수준을 전제로 할 때나 가능한 것'임을 인지하여 '진정한 민주주의는 결코 존재한 적이 없으며 앞으로도 그러할 것이다'라고 확신했다.

---

17) 몽테스키외는 절도와 균형을 요하는 중용을 중시하고 공동체를 강조하여, 근대성의 한복판에 고대인의 정신을 가지고 등장했다는 평가를 받기도 한다.

루소는 자유를 자연적 자유(천연의 자유)와 사회적 자유로 구분했다. 사회계약을 경계로 계약 이전의 자연상태에서 남의 구속을 받지 않고 권리를 향유하는 '자연적 자유'와, 계약 후 국가 건설과 제도 설정에 의해 사회상태에 들어간 인류의 자유를 구별했다. 사회계약(민약)에 의해 '정식 권리에 근거한 소유권이 확정'되며 향유하는 권리는 보호·보증받고 '공의로 속박되는 사회적 자유'를 누리게 되는 사회상태로 진입하는 것이다.

자연상태의 편리함을 빼앗겼지만 사회상태에서 인간의 능력은 단련되고 발전했다. 사상이 열리고 감정도 고상해져서 영혼 전체가 이러한 경지로 제고되어 인간이 지혜의 동물이 되는 거대한 수확을 얻었다는 것이다. 루소는 인류가 사회계약으로 상실한 것은 천연의 자유와 모든 사물을 얻을 수 있는 무한한 권리이지만, 얻은 것은 사회적 자유와 한 개인이 갖게 된 일체 사물에 대한 소유권이라 했다. 천연자유는 개인의 역량을 한계로 한 자유이므로 향유하는 권리는 일시적이고 보증받을 수 없으나, 사회적 자유는 '공의'의 속박을 받는 자유이지만 향유하는 권리는 오히려 정식으로 보호받게 된다는 것이다.

루소는 사회적 자유를 얻으면서 동시에 도덕적 자유라고 불리는 또 다른 자유를 얻었다고 주장한다. 도덕적 자유를 가짐으로써 인류가 자기의 주인이 되는 과정은 다음과 같다. 사회상태에서 인류에게 주목할 만한 변화가 발생하는데, 정의가 본능을 대신하며, 행동에 전에 없던 도덕성이 부여되고, 의무를 담당하는 것이 생리적 충동을 대체하고, 권리가 기호를 대체한다는 것이다. 자기 자신만 생각하던 인류가 이제 부득불 다른 원칙에 따라 행동해야 하는 자신을 발견하며, 욕망에 따르기 전에 먼저 자기의 이성에 물어봐야 하게 되었다는 것이다. 자신이 자기를 위해 규정한 법률에 복종함으로써 비로소 사람이 진정으로 자기의 주인이 되는 자유를 가지게 된 것이다.

그렇다고 루소가 사회상태를 이상적이라고 보거나 자연상태를 투쟁상태라고 본 것은 아니다. 그는 자연상태를 조화로운 평화의 상태로 인식했다. 그러나 환경의 변화에 따라 자연상태의 평화를 스스로 지킬 수 없어 협력이 필요한 단계가 되었고, 이 공동의 목적을 위해 정치사회를 구성하게 된다고 보았다. 또 르네상스 이후 학문과 문화의 발달이 시민의 도덕성을 타락시켰다고 주장하며 고대의 덕성과 시민적 연대를 찬양했다.

루소는 사적인 존재로서의 인간과 공적인 시민의 차이를 인식했다. 근대는 욕망의 주체이면서 절대적인 자유를 요구하는 개인주의를 옹호하지만, 이런 자유주의가 고대 그리스 민주주의에 기반한 시민적 자유와 반드시 일치하지는 않는다. 고대적 자유와 근대적 자유 사이에 긴장과 갈등이 나타난 것인데, 루소가 인간과 공적 시민을 구분한 이유이다. 루소는 국민 개개인의 자유의사에 의해 상호 계약으로 성립된 국가를 그 계약에 의거하여 성립된 공적 인격의 의사, 즉 공적 주체로서 시민의 의지가 실현되는 상태로 상정했다. 일반의지라는 것은 이론적으로 구성원 전원이 자신의 이해를 배제하고 자유토론을 통해 공익, 즉 '전체의 이해'를 위한 공통의 의지인 '보편의지'를 도출한 결과이다. 이것이 정치에 반영된다면 개인과 사회와 주권이 완전히 대립 없이 일치하는 상태가 될 수 있다.

루소는 근대인이 고대인들 같은 공동체에 대한 헌신이나 조국애를 결여하고 있다며 고대 도시국가의 덕성을 찬양했다. 그러나 게오르크 헤겔(Georg Hegel)은 근대적 자율성이 더욱 중요하다고 보아, 고대 아테네가 '시민'을 중시했을 뿐 '인간'은 알지 못했다며 시민보다도 인간 그 자체가 신분적 차별과 억압으로부터 벗어나 자유로운 인격으로서의 개별성을 인정받아야 한다고 강조했다.

프랑스혁명의 그 유명한 '인간과 시민의 권리 선언(Déclaration des droits de l'Homme et du citoyen)'에는 개인주의적인 보편적 권리인 인간의 권리(인권)와 공동체의 일원으로서의 특수한 권리인 시민의 권리라는 주제가 혼재되어 있다. 혁명의 지도자들은 개인주의를 중화하기 위해 국민의 통합과 전체로서의 인민의 주권 내지 일반의지를 강조한 측면이 있다. 그것은 개인주의가 공동의지의 형성을 위협하고 있다는 생각을 반영하며, 아직 개인주의가 온전히 뿌리내리지 못한 상태를 드러내준다. 개인적 이해관계들이 자연스럽게 조화될 수 있다는 환상에서 아직 깨어나지 못했고, 개인을 공동체의 구성원으로 보는 개인관을 완전히 청산하지 못했기 때문이다.

시민의 권리는 모든 사람에게 속한다고 주장하면서도 법으로 제한적 자격을 규정하면서 사실상 투표권과 피선거권을 제한하는 의미를 내포했던 것이다. 부유하여 자유주의적 교육을 받을 수 있었던 소수가 실제로 '시민'을 구성했다. 프랑스혁명 당시에도 혁명지도자들은 정치적·경제적 자유와 특권 폐지에 만족하고 재산평등론에는 반대했지만, 구성원의 생명 유지에 불가결한 사회 전체의 공동재산, 식량가격 통제 등의 문제를 해결하는 과정에서 재산과 평등 및 권리의 문제들 사이에서 자유주의와 평등주의적 지향 간에 갈등이 노정되기 시작했다. 그리고 로베스피에르(Robespierre)는 루소식 인민주권론에 기반한 평등주의적 공화정 성격의 좌익독재를 실행했던 것이다.

프랑스혁명 후의 공포정치는 자유주의의 자기비판이었다고 해석되기도 하듯이 이성주의와 계몽주의의 낙관에 대한 절망을 초래했다. 민주주의에 대해 가지고 있던 자유주의적 희망을 좌절시켰고, 인민주권에 대한 자유주의의 공포를 첨예화했다. 일반의지라는 매개를 통해 형성된 전체주의적 민주주의 이론을 거부하게 된 것이다. 독재화된 공화정 이후 성립된 나폴레옹 제정과 1830년부터의 7월왕정을 거치면서 19세기 전반 프랑스의 자유주의 사상과 운동은 다기하고 복잡하게 얽히며 전개되었다.

영국과 프랑스의 자유주의정신 사조는 사상, 언론, 출판의 자유에 대한 요구 등의 면에서는 서로 일치한다. 그러나 '자유', '평등'이라는 말은 서로 다른 뜻으로 썼다. 영국의 전통은 '개인은 모든 자의적 폭력으로부터 법에 의해 보호받아야 한다'는 의미에서 주로 개인의 자유를 강조했다. 이에 반해 대륙에서는 '개인의 자유'를 추구하는 경향을 경시하며 '모든 개별 그룹은 그 국가 형태를 스스로 결정해야 한다'는 참정의 요구를 전면에 내세웠다. 이로써 대륙의 자유주의운동은 초기부터 이상의 실현을 위한 혁명이나 적극적 참정 등 민주주의운동으로 발전했고, 관심사가 영국적 자유주의 전통과는 달랐다. 국가주의적 자유주의 지향이 강한 흐름을 형성한 것도 같은 맥락에서 이해할 수 있다. 그러나 19세기 후반 영국의 자유주의도 민주주의운동을 포용하지 않을 수 없었다.

영국과 프랑스가 각각 보인 서로 다른 성향의 자유주의를 아이자이어 벌린(Isaiah Berlin)은 소극적 자유와 적극적 자유 개념으로 설명했다. 그는 자유라는 말의 적극적 의의는 개인이 자기의 주인이 되려는 기대와 희망에 근원한다고 보고, 나의 생활과 선택을 나 자신으로 말미암아 결정할 수 있고 어떤 외부 역량이 결정하는 것이 아닐 때 비로소 나는 타인의 노예가 아니라 자기의 주인이 된다고 했다. 그리고 적극적 자유의 핵심은 '자주'이며, 이는 사람들이 자기가 자기를 다스리려 하거나 혹은 자기가 생활하는 과정을 자신이 통제하려는 욕망에 기인한다고 주장했다. 소극적 자유는 한 개인이 남에게 방해받지 않고 자유롭게 행동할 수 있는 범위를 희구하는 욕망에 근원한다. 이러한 두 종류의 욕망이 구하는 것은 같지 않으므로 구별이 중요하다는 것이다.

적극적 자유 개념에서 자유는 '무엇을 면하는 자유'가 아니고 '무엇을 하는 자유', 규정되어 있는 생활 형식을 뛰어넘는 자유를 의미한다. 적극적 자유의 관점에서 보면, 사람이 무엇을 얻고자 할 때 이러한 욕구는 그의 '보다 높은 수준의 이지적 본성'에서 유래할 수 있는데 이것이 사람의 '진실한' '이상적' 혹은 '자주적' 자아이다. 이와 상대적인 것은 사람이 비이성적 충동, 통제되지 않는 욕망, 격정 같은 '비교적 저차원 본성'에 좌우되는 상태이다.

7) 미국의 자유주의와 민주주의

18세기 미국의 건국혁명 과정에서 선포된 「독립선언」은 작성자 토머스 제퍼슨(Thomas Jefferson)에게 로크의 자유주의사상이 강한 영향을 주었음을 보여주고 있다. 로크의 자연권, 사회계약, 동의에 의한 정부 수립(혁명권) 이론이 이 역사적인 문서에 그대로 반영되었다. 식민 본국인 영국에 대항하여 독립을 추구한 식민지 입장에서 로크의 혁명권 이론에 근거하여 독립과 자유를 쟁취하고자 했던 것이다. 그러나 독립 후 미국인들의 생각을 지배한 것은 개인주의적 자유주의였고, 이와 함께 공적인 미덕을 강조하고 공동체의 이익을 중시하는 공화주의적 사고도 병존하고 있었다.

미국의 자유주의 또한 건국 과정에서 민주주의적 자유주의와 휘그적 자유주의의 대립 양상이 나타났다. 독립혁명 과정에서 정치제도와 정치권력은 재산권을 반영해야 한다는 보수적 자유주의와 인민 전체가 정치에 참여하는 민주주의를 수립해야 한다는 생각이 대립했다. 제퍼슨을 필두로 하는 사람들은 부자만이 정치적 특권을 가져야 한다고 믿지 않았고 단원제 의회를 주장했다. 생명과 재산권을 안정되게 지키는 문제를 중시하는 보수적 입장에서는 양원제를 주장했다. 이들은 국민의 직접선거에 의한 단원제 의회는 재산과 사회적 안정을 확보하지 못하고 균형과 평형의 장치가 없어서 사회적 혼란을 야기하는 폭도의 지배와 다수의 독재로 전락할 우려가 있다고 보았다. 그리하여 민중민주주의를 두려워하여 민주주의제도를 도입하면서 동시에 양원제 등 다수의 독재를 막기 위한 균형과 평형 장치를 강구해 두면서 민중민주주의의 폐해를 막으려 했다. 행정·사법·입법의 삼부가 견제와 균형을 이루도록 하여 입법부에 정부권력이 집중되는 권력구조를 반대했고, 어느 계급도 마음대로 지배하지 못하도록 정치권력을 제약할 수 있는 장치를 고심했다.

미국은 이전 식민주의자들이 제정한 영국적 자유주의 성문헌법을 바탕으로

1791년 '10개조 수정'을 성립하여 자유주의 기본권을 확립했다. 미국의 건국 구상에 계급적 이해관계의 절충에 그치지 않고 보편적·영구적 진리로서 인간의 기본적 권리에 관한 원리가 선포된 것이 미국 독립혁명의 큰 의미이다.[18] 미국헌법에서는 인간의 기본 권리를 생명권, 자유권 및 재산권으로 정의했다. 유럽 대륙에서 발전한 자유주의사상은 유럽보다 미국에서 먼저 헌법에 천명되고 실행되는 개가를 거두어, 역으로 프랑스와 영국에 영향을 미쳤다.

미국의 민주주의를 연구한 알렉시 드 토크빌(Alexis de Tocqueville)은 미국에서 개인들이 자유와 독립 안에서 데모크라시를 실현하는 것을 확인했다. 미국에는 개인들이 사회적인 구속 없이 독립적으로 살아가며 스스로 결정하고 자신에 대해 책임을 지는 개인주의가 자리 잡고 있었다. 또한 토크빌은 사회적으로 실제적인 평등이 지배하고 있었으며 가난한 사람들도 투표함으로써 국민의 뜻에 의한 지배가 가능함을 보았다.

미국 사회를 관찰한 결과 토크빌은 인류의 역사가 민주주의의 자유와 평등을 반드시 실현할 것이라 예견했다. 그러나 대중민주주의 사회 내의 평등화 지향과 정치적 무관심, 자유의 위기를 발견하고 다수의 독재 가능성을 경고했다. 그리고 보통선거제는 평등화·민주화의 필연적 과정이지만, 역사적 필연에 대처할 수 있는 통치 계층의 도덕적 역량과 국민의 자각적인 자유정신의 중요성을 강조했다. 위험의 가능성은 있었지만 19세기 미국 자유주의는 공화주의 정신과 민주주의 제도의 틀 안에 영국식 개인의 자유와 프랑스식 평등이 배척되지 않고 병존할 수 있음을 증명했다고 볼 수 있다.

---

18) 미국 건국의 아버지들 중 보수적 입장의 알렉산더 해밀턴(Alexander Hamilton)도 "이 권리들은 낡은 양피지와 곰팡이 낀 기록에서나 찾아낼 수 있는 그런 것이 아니라, 인간성이라는 큰 책에 하나님 자신의 손으로 햇빛과 같은 붓으로 기록된 것이다. 그러므로 죽을 수밖에 없는 존재의 힘에 의해 지워지거나 흐려질 수는 결코 없다"라고 천명했다(노명식, 『자유주의의 원리와 역사』, 175쪽 참조).

영국과 프랑스의 자유주의사상은 지향과 성향에 차이가 있지만 서로 영향을 주고받았음을 앞에서 언급했다. 18세기 볼테르와 몽테스키외가 로크의 영향을 받은 것처럼, 영국의 벤담이나 밀 등도 시대의 변화에 대응하며 프랑스 철학의 영향을 받아 진보적 사상의 지형을 형성해 나갔다. '리버럴리즘(liberalism, 자유주의)'이라는 용어가 사용된 것은 19세기였지만, 17~18세기 동안 자유주의사상을 정치제도로 확립하기 위해 치열한 시민혁명 과정이 필요했다. 자유주의 시민혁명의 역사에서 미국은 유럽의 자유주의와 민주주의, 그리고 공화주의 전통을 결합시켜서 자유와 평등을 현실적으로 추구할 수 있는 제도를 창출해 냈다는 점에서 중요한 역사적 의미가 있다. 다음 절에서는 동아시아에 직접 영향을 미친 19세기 후반의 독일과 구미에서의 자유주의의 변용을 살펴보기로 한다.

2. 19세기 유럽의 자유주의와 신자유주의

1) 자유주의와 민주주의의 결합: 영국과 프랑스

19세기 영국은 서방 세계의 여러 나라 가운데 자유주의 이념을 가장 많이 실현한 나라였지만, 이 시기는 자유주의의 세기인 동시에 자유주의가 쇠퇴한 때이기도 하다. 17~18세기 동안 청교도혁명과 정부의 자의적 권력행사에 반대하는 자유주의운동이 진전된 결과 1830년에 근대적 정당이 성립되고 휘그당은 1842년 이후 자유당으로 발전했다. 영국에서 자유주의운동은 참정권을 확대하는 선거법을 통과시키고(1832), 곡물법을 철폐한 후(1846), 자유무역을 도입하는 데까지 발전했다.

자유무역에 대한 국가권력의 어떠한 확장도 거부하는 극단적 자유주의운동은 주로 해외에 대한 바람직스럽지 못한 간섭 때문에 국가 지출이 증대하고 있다는 비판으로까지 이어졌고, '평화, (국가 권력의) 제한, 개혁'을 그들의 표어로 내걸었다. 영국과 유럽에서 자유무역이 이루어졌고, 범세계적으로 자유무역에 대한 기대가 널리 확산되었다. 이 시기에 윌리엄 글래드스턴(William Gladstone)이나 허버트 스펜서(Herbert Spencer) 같은 영국 자유주의운동의 기수들은 개인주의적 작은 정부를 옹호하며 민주주의의 확대보다는 과거에 남용된 특권 철폐에 역점을 두었다.

그러나 루소식의 인민주권사상에 근거한 민주주의사상의 확산과 사회주의 사상의 대두는 성인 남자의 보통선거권에 대한 요구를 폭발시켰으며, 프랑스뿐 아니라 19세기 중반 영국에서도 첨예한 관심과 갈등을 불러일으키고 있었다. 자유주의자들도 민주주의적 요구를 받아들이는 급진 민주주의적 자유주의자와 보통선거권이 초래할 위험을 경계하는 보수주의적 자유주의자로 분열되는 양상이 나타났다.

영국에서는 1832년 1차 선거법 개정으로 도시 부르주아들에 대해 선거권이 확대되었고, 그 후 노동자 선거권 확대 운동인 차티스트운동(1837~1848)이 전개되었다. 19세기 후반기 동안 선거권 문제는 서구 사회의 치열한 화두였고, 존 스튜어트 밀이 적극적 활동을 펼친 것도 바로 이 시기이다. 1867년 무렵 급진과 보수 사이의 갈등이 최고조에 달했으나 결국 자유주의는 민주주의의 확대와 연결되었다. 그 결과 도시의 공장 노동자에게 선거권을 부여한 2차 선거법 개정(1867)이 이루어졌고, 21세 이상 모든 남자와 30세 이상 여자에게 보통선거권이 부여된 5차 선거법 개정(1928)까지 보통선거권 실행을 향해 100년에 걸친 투쟁이 전개되었다.

프랑스에서는 19세기 내내 인민주권적 공화정을 지향하는 움직임과 온건한 자유주의 세력 등이 민주주의적 발전을 둘러싸고 갈등을 지속했다. 1830년의 7월혁명에서는 나폴레옹 이후 샤를 10세의 반동적 정책과 부르봉왕조를 지지하는 귀족층(토지귀족층)의 과격왕당파에 반발한 자유주의 세력이 승리하여 '시민의 왕'을 자처한 루이 필리프(Louis Philippe)의 왕정(이른바 7월왕정)으로 귀결되었다. 7월혁명은 유럽 전역에 자유주의 물결을 파급시켰다.

그러나 자유주의적인 입헌왕정하에서 재산세에 따른 제한선거권에 불만을 느낀 상공인과 노동자들이 경제불황까지 겹치자 노동운동과 보통선거권운동에 적극 참여하게 되었다. 결국 자유주의자들이 지지했던 프랑스의 7월왕정은 붕괴되고 1848년 2월혁명에 의해 제2공화정이 수립되었다. 자유주의파와 사회주의파가 대립하는 가운데 헌법이 제정되고 공화정이 실시되었다. 이때 남성에 대한 보통선거권이 실현되어 농민들도 선거권을 가지게 되었고, 나폴레옹의 조카 샤를 루이 나폴레옹 보나파르트(Charles Louis Napoléon Bonaparte)가 대통령으로 당선되었다. 이같이 격변하던 19세기 전반기 프랑스에서는 (극우)왕당파, 왕정을 지지하는 자유주의파, 공화정을 지지하는 자유주의파, 사회주의파가 대립하고 있었던 것이다.

'자유주의적(liberal)'이라는 용어는 부르봉왕조에 맞서 왕정 폐지를 추구한 온건한 공화주의자들뿐 아니라 왕정을 유지하면서 자유주의적 개혁을 도모하고자 한 반대파 모두를 지칭할 때 사용되었다. 하지만 원칙적으로 자유주의 세력은 왕정체제의 전복을 시도하는 공화주의자들과 구별되었다.[19] 프랑스의 자유주의운동은 이와 같이 정체와 정권을 둘러싼 참정의 문제를 놓고, 이상을 실현할 수 있는 정권을 수립하고자 적극적인 자유권을 행사하는 혁명

---

19) 자유주의 세력은 뱅자맹 콩스탕(Benjamin Constant) 등이 지향한 개인주의적 자유주의와 프랑수아 기조(François Guizot)의 국가주의적 자유주의 경향으로 정리할 수 있다. 콩스탕은 기본적으로 재산에 기초하는 제한선거권에 의한 의회주의적 군주제를 프랑스의 정치체제로 구상했다. 공포정치 시기의 집단의 전제나 나폴레옹 개인의 전제, 왕당파의 전제정치 부활 시도에 반대한 것이다. 그는 군주정이냐 공화정이냐 하는 체제보다 개인의 자유를 보호하는 것이 중요하다고 보았다. 기조도 보통선거제에 반대하며 부르주아지가 지배한 7월왕정을 이끌었다. 그는 입헌군주정을 지지한 온건한 자유주의자였다.

의 형태로 전개되었다. 19세기 프랑스에서는 주지하듯이 제정, 왕정, 공화정이 부침하면서 질서와 안정을 위한 자유의 유보와 자유의 확대(내지 과잉)가 번갈아 나타났지만, 결국 자유와 평등의 확대는 필연적 과정이었고 인민주권적인 민주주의가 확립되어 갔다.

이 시기에 『미국의 민주주의(Démocratie en Amérique)』를 출간한 토크빌은 민주주의 시대의 도래를 예견하는 동시에 민주주의의 위험성과 폐단을 비판했다. 그는 무엇보다 인민주권론에 기반한 민주주의체제하에서 다수의 독재(압제, tyranny)가 개인의 자유를 침해할 가능성을 심각하게 보고 경고했다. 콩스탕 역시 다수와 의견이 다른 소수를 다수의 노예로 만들어서는 안 되며 개인의 자유가 항상 인민주권에 우선해야 한다고 주장했다. 그는 '다수에게 무제한적 권한을 주는 것은 집단으로서의 인민에게 개체로서의 인민을 제물로 바치는 것'에 다름 아니라고 보았다.[20]

인민주권론에 내재된 인민주권의 전능성(절대성, omnipotence)의 위험성을 감지하고 19세기 전반 프랑스의 대표적 자유주의자들인 기조, 콩스탕, 콩도르세(Condorcet), 토크빌은 모두 인민주권의 표현인 보통선거권에 대해 반대했다. '대중에 의한 민주주의는 자유를 위협할 위험성이 있다'(콩스탕), '대중이란 쉽게 조종당하고 계몽되지 않는 사회란 사기꾼들에게 기만당하기 쉽다'(콩도르세)며 민주주의의 원리를 경계한 것이다. 1848년 2월혁명 이후 남자보통선거제에 기초한 공화정이 수립되고 노동자계급의 사회주의적 요구가 거세게 일어났다. 토크빌은 자유정신이 함양되어 있지 않은 무자각적 국민의 보통선거가 초래할 다수의 독재, 나아가 독재정치의 위험성을 미국의 민주주의를 관찰하면서 예견했다.

---

20) 이용재, 「자유주의와 공화주의 사이: 토크빌 다시 읽기」, ≪서양사연구≫, 40(2009), 80쪽 재인용.

그는 민주주의의 가장 큰 위험은 평등이 자유를 잠식하는 데 있다고 보았다. 특히 평등주의적 민주주의는 당시 사회주의운동으로부터 동력을 얻고 있었기 때문에 위험해 보였다.[21] 자유의 정신이 없는 국민에 의한 보통선거는 자유의 말살을 가져올 뿐이고, 자유의 정신과 결합되지 않은 평등의식은 있는 자에 대한 없는 자의 원시적 선망 감정에 불과하다고 설파함으로써 자유의 위기를 경고했다. 다수의 독재하에서 의견이 다른 사람들은 동일화의 압력에 의해 희생되기 쉽고, 그것은 개인의 자유라는 민주주의의 정치적 토대 중 하나를 근본적으로 뒤흔들기 때문에 민주주의를 위태롭게 만든다는 것이다.[22]

또 토크빌은 민주주의사회에서 가장 저항하기 힘든 첫째 권능이 바로 여론이라며, 정치제도 측면에 기인하는 압제보다 '여론의 압제'가 더 큰 문제라고 지적했다. 다수의 견해를 암묵적으로 강제하는 익명화된 권능, 즉 '전체의 정신이 개인의 지성에 대해 강요하는 엄청난 압력'을 현대의 진정한 '압제'라 본 것이다. 다수의 의견에 동의하지 않는 사람은 다수의 독재로부터 오는 도덕적 압력을 두려워하게 되며, 감옥에는 가지 않겠지만 사회로부터 추방되는 상황에 처하게 될 것이라 경고했다. 이 점은 민주주의사회의 문제로서 밀 역시 유사한 어조로 지적하고 있는 것에 주목할 필요가 있다. 밀은 『자유론(On Liberty)』(1859)에서 개인이 대중사회에서 차별화될 수 있고 중심에서 벗어나

---

21) 토크빌은 민주주의와 사회주의가 '평등'이라는 이상을 공유하지만 '민주주의는 모든 사람들에 의해서 향유되는 수준의 자유 속에서의 평등을 원한다. 사회주의는 간섭과 노예 수준에서의 평등을 원한다'고 설파했다[보비오, 『자유주의와 민주주의』, 황주홍 옮김(문학과지성사, 1999), 68쪽]. 경제적 자유인 재산권을 상실한 개인들이 집단주의국가 내에서 자유 없는 노예와 같다고 본 것이다.

22) 그러나 토크빌은 개인의 자유를 존중하되 개인주의에 내재된 19세기 부르주아계급의 물질주의도 경계했다. 사적 이익만을 추구하며 공공의 정신과 정치에 무관심해지는 현상을 민주주의의 폐단이자 위기라 보았다. 따라서 시민들의 정치 참여의 확대와 공공성 확대를 개인의 자유와 합일시켜야 한다고 본 공화주의자의 면모를 가지고 있었다[이용재, 「자유주의와 공화주의 사이: 토크빌 다시 읽기」; 서병훈, 「토크빌의 '새로운 자유주의'」, ≪한국정치학회보≫, 45(2011) 참조].

다르게 생각할 수 있는 권리를 보호하고, 토론을 통해 합의를 이루어가야 한다고 강조했다.

2) 자유주의의 변모와 존 스튜어트 밀

영국과 프랑스에서 보통선거권을 향한 투쟁은 민주주의운동에 사회주의사상이 동력을 제공한 것이었다. '~으로부터의 자유'를 추구한 영국의 소극적 자유주의하에서 대의제 의회정치와 법치가 확립되면서 개인에 대한 국가나 정부의 자유와 권한의 침해는 거의 사라졌다. 그런데 19세기 말 개인생활에 대한 국가 간섭을 배제하려는 노력이 전개된 이면에서 실제로는 정부의 간섭과 규제가 계속 증가하는 추세였다. 당시 영국을 지배한 것은 개인의 자유를 보호하는 문제가 아니라 국민의 생활조건을 향상하는 문제여서 자유주의 정당의 존재 의미는 동요했다.

이러한 상황에 대응하여 국가를 통한 평화적 사회 개량과 재분배정책을 통한 사회 문제 해결을 주장하는, 사회주의적 자유주의를 표방하는 새로운 방향의 신자유주의가 흥기했다. 19세기 후반 동아시아에 영향을 미친 사상은 영국·프랑스·독일·미국의 사상 조류를 다 포괄하지만 특히 당시 구미에서 확산되고 있던 공리주의적 자유주의, 즉 신자유주의의 강한 영향을 받았다.

수정자유주의의 선구는 19세기 중반에 활동한 존 스튜어트 밀인데, 그는 민주주의가 발전하고 보통선거권의 요구가 확대되기 시작할 즈음의 상황에서 다수의 독재에 대한 우려가 팽배한 시기를 배경으로 활동했다. 밀은 벤담의 공리주의철학을 계승하면서 개인과 사회의 권한의 경계를 찾고자 했고, 자유주의와 민주주의의 타협점을 도출하고자 했다.

고전자유주의는 타인의 이해 추구와 충돌하는 경우에만 개인의 이익 추구가 제약을 받는다고 생각했기 때문에 인격상의 미덕을 도야할 수 없는 교설이라는 비판을 받았다. 이에 대해 콩도르세와 밀은 인간정신의 전면적 개화를 자유주의사회의 목표로 추구했다. 개인주의적 자유는 그것을 이용할 능력이 있는 개인에게는 무한한 가치가 있고, 개인의 자기실현에 필수적 조건이다.

밀의 자유론은 정부 간섭에 반대하며, 개인의 일은 당사자가 가장 잘 처리한다는 것을 전제로 하고 개인들의 자유로운 힘의 발휘를 통해 사회적 진보가 이루어지는 적극적 효과를 중시했다. 밀은 정부의 간섭뿐 아니라 개인들의 집단행동(노동조합, 만장일치, 체제순응)에 대해서도 부정적이었고, 밀 이래 자유주의자들은 자유를 '무간섭의 영역', 사적 영역으로 이해했다. 무간섭은 방치나 무관심은 아니고, 사람들이 제 능력과 소질을 발휘할 수 있게 수단과 기회를 제공하는 적극적 행동과 계획을 내포한다. 기회를 이용하는 수단인 능력의 문제에도 관심을 가지게 된 것이다. 인간이 진실로 원하는 것을 할 수 있는 자유, 즉 자아발전 내지 자기실현을 중시한 밀의 자유사상은 소극적 자유의 토대 위에 적극적 자유를 더했다고 볼 수 있다.

밀은 벤담으로부터 공리주의의 효용의 원리를 입법 지침으로 삼아야 한다는 사상의 영향을 받았는데, 최대 다수의 행복을 위한 정부의 적극적 역할도 용인되는 (정부)개입정책의 토대를 제공한 셈이며, 이는 사실 비자유주의적인 것이었다. 벤담과 밀은 모두 확고한 개인주의자로서 개인의 권리나 영역에 대한 국가나 사회의 간섭과 침범을 방지하려는 입장을 가지고 있었지만, 이들의 공리주의철학은 결과적으로 정부의 역할을 증대시키고 정부가 개인의 영역에 개입하는 통로를 열어주었다.

밀은 인간이 진실로 원하는 것이 무엇인지 스스로 생각하고 자신의 행동을 결정하는 생각의 자유를 중시하여, 그의 『자유론』에서 의사(意思)의 자유를 억압하는 폭군을 비판했다. 그러나 그는 『자유론』의 주제는 '의지의 자유'가 아니라 '사회적 자유' 또는 '시민적 자유'의 문제라고 썼다. 밀은 '사회가 개인에 대해 정당하게 행사할 수 있는 권력의 본성과 한계'를 주제로 다룬 것이다.

개인이 원하는 대로 행할 수 있는 행위의 범위와 사회가 그러한 개인의 자유로운 행위에 대해 개입하고 강제할 수 있는 범위를 어떻게 설정할 것인가의 문제이다. 당시 정치상 소극적 자유가 확립된 위에 사회경제적 발전에 따른 민주주의 사조가 흥기하던 영국의 상황에서 사회의 '다수의 횡포'와 획일화의 위험이 드러나고 있었던 것이다.

밀은 적극적 자유주의에서 한 걸음 더 나아가 분배의 정의를 지지했다. 그리고 참정권 확대를 통한 권력의 분배뿐 아니라 경제력의 분배 문제에도 관심을 가졌다. 이렇게 밀은 사회주의적 노력에 대해 대단히 긍정적인 태도를 취함으로써 많은 자유주의자를 온건한 사회주의자로 서서히 전환시키는 길을 닦아놓았다. 공리주의 입장에 서 있던 그는 과거 자유주의자들이 규정한 소극적 자유 개념과는 대조적으로 국가의 적극적 과제를 강조했던 것이다.

3) 신자유주의(New Liberalism)

19세기의 마지막 4분기에는 영국 자유주의 진영 내에서조차 자유주의 이론을 비판하는 소리가 높아지기 시작했고, 새로이 일어난 노동자운동으로 인해 자유당은 지지를 상실하기 시작했다. 하지만 자유주의의 이상은 20세기 초까지도 영국을 지배하면서 보호주의나 간섭주의적 요소를 막는 데 성공했다.

19세기 중반 대중민주주의 제도의 확산이라는 정치환경의 변화 속에서 반자유주의적 요소, 나아가 사회주의적 요소가 자유주의 속에 들어온 결과 영국의 자유당마저 정부의 개입과 사회개혁을 지지하여 경제적 자유와 제한정부라는 고전자유주의 입장을 폐기하는 결과를 초래했다. 그러나 후에 사회진화론으로 일본과 중국에 큰 영향을 미치는 허버트 스펜서는 흔들리는 고전자유주의를 지탱하는 개인주의 입장에 서 있었다.

노동자의 입장에서 경제적 자유는 부자유의 강제이므로, 노동자 계급의 이해를 만족시키기 위해 사유재산제도를 제약하고 소득의 평등화, 약자의 구제, 노동자의 권리(단결권), 의무교육제도 등이 요구되었다. 이러한 사회개혁은 개인의 자유를 억압하는 이념으로 보였지만, 자유주의원리를 확장시킨 것도 사실이다. 토머스 그린(Thomas Green), 레너드 홉하우스(Leonard Hobhaus) 같은 사회민주주의자들은 이것을 '신자유주의'라 칭했다.[23] 자유를 인격의 전면적 발전이라는 점에서 옹호하고, 개인의 자유와 개성은 빈곤과 무지 상태에서 성취되기 어려우며 사회경제적으로 유리한 환경에서만 이것들이 번성할 수 있다고 보아 계획경제와 복지정책을 통해 경제적 조건을 마련하고자 하는 이념이다. 신자유주의는 국가권력에 대한 의심의 눈초리를 버리고 한걸음 더 나아가 적극적 역할을 부여한 이론이다. 간섭주의적인 강력한 국가에 의해 조정된 복지 지향적 정책을 지지한 것이다.

1880년대에 그린은 사회유기체론을 받아들이고 적극적 사회관과 국가관을 제시했다. 사회가 없으면 인간들이 없다. 인간들이 없으면 사회가 있을 수 없다는 것과 마찬가지이다. 개인이 천부권리를 본래 가지고 있다는 생각도 부정하고, 권리는 사회에서 취득되는 것이며 사회를 떠나서 존재할 수 없다고 보았다. 자유와 법의 관계에서도 국가와 법은 개인의 자유를 제약하기도 하지만 자유를 창출, 확대할 수도 있다. 민주화된 국가를 전제로 국가의 역할 확대를 긍정한 것이다. 이는 개인의 자유란 무엇이며 국가의 권력은 무엇인가 하는 자유주의의 고전적이며 핵심적인 문제를 재검토하게 했다.

자유는 우리가 행하고 향유할 만한 가치가 있는 것인 동시에, 다른 사람들

---

23) 신자유주의는 고전자유주의의 상대적 개념으로서 현대자유주의(Modern liberalism) 또는 수정자유주의, 나아가 빈곤, 보건 및 교육 문제 등 사회적 정책에 대한 정부의 적극적 역할을 통해 사회적 정의의 실현을 추구하는 사회자유주의(Social liberalism)로 불린다. 자유사회주의와 강조점의 차이가 있기는 하지만 유사하다. 20세기 후반의 네오리버럴리즘(Neo liberalism)과는 상이한 개념이다.

과 더불어 함께 행하고 향유하는 적극적 힘 내지 역량을 의미하게 되었다. 참 자유의 이상은 인간사회의 모든 구성원이 다 똑같이 자기 자신을 가장 훌륭하게 만드는 최대한의 힘이라 본 것이다. 그린은 적극적으로 행하는 힘, 능력을 자유로 보았고, 도덕적 요소, 즉 행하고 향유할 만한 가치가 있는 일을 행하고 향유할 능력과 기회의 의미를 자유에 더했으며, 국가 간섭의 정당화와 평등주의적 요소 등을 자유에 도입했다. 종래의 자유 개념과 차이가 있지만 개인주의원리에 모순되지 않는 자유주의 입장이었다.

그러나 공동체를 중시한 신자유주의는 사회와 개인의 상호 의존적인 유기적 관계를 강조했다. 사실 사회유기체론은 개인이 자율성을 지닌 존재라고 파악하지 않는다는 점에서 개인과 사회 및 국가의 관계에서 개인주의의 개인 중시 사상과 배치되는 측면이 있다. 자유주의는 개인을 유기체로부터 분리시킨다면, 민주주의는 개인들로 하여금 하나의 유기체적 전체로서가 아니라 자유로운 개인이 연대, 결사로써 사회를 이끌어가는 것을 지향한다고 볼 수 있다. 신자유주의자들은 개체들의 자유로운 참여에 의해 이루어진 유기체적 공동체를 바람직하다고 본 것이다. 그린이 중시한 공동체 내 상호 의존적인 유기적 관계는 민주주의적 자유주의 성격이 강하다.

이러한 신자유주의 경향은 개인주의 이론을 누르지 못하고 사회민주주의의 주류에 흡수되었다. 기본적으로 자유주의는 공동체를 개인의 자유로운 발전을 제약하는 원천으로 생각했다. 이에 대해 로버트 볼프(Robert Paul Wolff)는 '사회적 규범이란 자아의 자유로운 발전을 방해하는 쓸데없는 제약이기는커녕 오히려 우리를 아노미의 위험에서 보호해 주고 있다'고 주장했다.[24]

국가권력의 적극적 역할을 옹호하고 사회와 개인의 상호 의존적인 유기적 관계를 강조하며 공동체를 중시한 신자유주의는 국가의 간섭과 사회개혁을

---

24) 노명식, 『자유주의의 원리와 역사』, 63쪽 재인용.

정당화했다. 신자유주의 이론은 영국에서 자유당의 실제 정책에 반영되어 복지국가의 토대를 마련했고, 이후 노동당 정부에 의해 포괄적 복지국가가 성취되었다. 영국에서 자유주의는 제1차 세계대전이 발발하기 전까지 지속되었지만 전쟁을 거치며 흔들리기 시작했고, 자유당은 지지를 상실한[25) 대신 노동당의 세력이 확장되어 갔다.

미국의 신자유주의는 19세기 후반 영국에서 전개된 신자유주의(또는 자유사회주의)의 영향 가운데 발전했다. 정치적 민주주의의 토대 위에서 사회경제적 민주주의를 발전시키는 측면을 강조한 존 듀이(John Dewey)는 그러한 흐름 위에 서 있었던 신자유주의자로서, 제자인 중국의 후스(胡適)와 나아가 중국의 자유주의에 결정적 영향을 미쳤다. 후술하겠지만, 동아시아가 서구의 자유주의를 수용한 19세기 말에 구미는 이미 민주주의와 결합된 자유주의제도를 가지고 있었고 국가와 공동체의 역할을 중시하는 신자유주의를 지향했던 사실은 동아시아의 자유주의를 이해하는 데 있어서 결정적 의미가 있다.

4) 독일의 관료적 자유주의와 반개인주의 경향

19세기 말 20세기 초 동아시아에 전파되고 영향을 미친 구미의 자유주의를 이해하기 위해서는 영국, 프랑스의 자유주의 전통과 함께 독일의 자유주의를 빼놓을 수 없다. 동아시아에서 전통의 족쇄를 벗어나는 이론적 근거를 루소의 천부인권(인민주권) 사상으로부터 얻었다면, 19세기 후반 구미의 신자유

---

25) 20세기 초 자유당은 중소농 장려법, 노인연금법, 어린이보호법, 광부 8시간 노동법, 최저임금법, 국민보험법, 노동조합법 등 신자유주의 정책을 실시하고 이에 필요한 재정을 누진세, 상속세, 지세로 확보했다. 복지국가로 향하는 매우 중요한 진전이었지만, 중산층이 재산에 대한 보호가 불안정하며 사회주의 요소가 증대한다고 느끼게 만들었다. 자산가들은 보수당을 지지하기 시작했고 노동자들은 노동당으로 옮겨 가면서 자유당은 쇠락했다.

주의와 독일식 국가주의 경향은 개인보다 공동체와 국가를 중시하는 동아시아의 전통과 역사적 현실에도 부합되는 것이었다.

19세기 중반 이후 독일에서도 자유주의 발전이 독자적으로 이루어졌다. 영국, 프랑스에 기원을 둔 자유주의 이념을 이마누엘 칸트(Immanuel Kant), 빌헬름 폰 홈볼트(Wilhelm von Humboldt), 프리드리히 실러(Friedrich Schiller) 등이 강조하여, 교양인들이 우선 개인의 자유 이념에 익숙하게 되었다. 독일형 자유주의는 18세기의 홈볼트같이 로크형 자연권사상의 계보를 도입한 요소도 있는데, 개략적으로 보면 '국가본위적 자유주의'라는 특징과 사변적이라는 점에서 프랑스형과 공통성을 가지며, 사변성은 19세기 형이상학에서 현저히 강화되었다. '국가본위적'인 독일 자유주의가 프랑스형과 구별되는 점은, 프랑스에서는 항상 개인주의사상이 바탕에 깔려 있었던 데 비해 19세기 이후 독일 자유주의는 이 개인주의를 방기한 점이 차이라 할 수 있다.

칸트는 외부로부터의 강제가 없는 소극적 자유 개념에 만족하지 못하고, 자신의 내부로부터 스스로를 제한하는 자율(자기입법)이라는 개념을 강조했다. 자유는 우리가 이성으로부터 주어지는 의무에 따르는 것이라는 도덕적 자유를 의미했고, '우리가 하기 원하는 것을 일반법칙이 될 수 있는 규칙에 따른 행위'로서 하는 것이 자유의 최고 형식이라고 보았다. 칸트는 그의 방대한 계몽철학체계를 비판정신 위에 세웠다. 그가 말한 '비판'은 이성이 자신에 대한 인식능력을 엄격하게 심사하는 것을 의미했다. 그의 사상체계는 인간의 존엄, 자유, 자율, 자주에 기초하여 인격의 자유발전을 도모한 이론적 구조물로서, 자유주의이론의 극치라고 말할 수 있다. 칸트이론의 핵심은 흄과 비슷한데, 법이 개인의 자유를 보호해 준다고 이해함으로써 법치국가 이념 즉 법의 지배를 강조했다.

한편 홈볼트는 국가가 목적 그 자체는 아니며 단지 하나의 수단일 뿐이라고 보고 철저하게 법집행과 질서유지에만 국한된 국가상을 고안했다. 그는 정부가 국내외의 질서유지라는 본연의 의무를 벗어날 때 발생하는 결과는 사회 내에서의 획일화된 행동을 유도하게 되고, 개인들의 개성과 성격의 자연적인 다양성을 압살하게 된다고 보았다. 인간의 기술적·도덕적 진보는 오직 다양한 견해와 이해관계들의 각축을 통해서만 이루어질 수 있다고 믿은 훔볼트는 질서정연하도록 규제하는 사회를 경계하고 다양성을 중시했다.26)

그러나 1830년 이전 독일에는 리버럴한 강령을 표방한 사회집단이 없었다. 단지 자유롭고 개방적·진보적·합리적·인간적인 생각의 신봉자 내지 주창자만 있을 뿐이었고, 리버럴이란 이러한 생각들이나 그에 상응하는 태도를 의미하는 말이었다. 원래 리버럴의 라틴어 어원이 '관대한', '자비로운', '편견 없는', '신중한' 같은 의미를 가지고 있었듯이, 독일에서는 개방적이고 관대한 태도를 가지고 소통하는 덕성의 의미로 이 말이 사용되었다. 이런 덕성은 일정한 교육 수준과 물질적 조건을 전제로 한다고 간주했는데, 이러한 조건들이 인간에게 독립성을 부여하기 때문이었다.

프로이센 국가의 경우는 계몽관료들이 리버럴한 정부원칙, 관용, 언론의 자유, 정신의 발전을 이룩했다고 평가되고 있으며, 그 정부는 교육받은 사람들이 선의와 개혁의지를 가지고 운영했다고 인식된다. 독일의 자유주의는 이와 같이 계몽적 절대주의 전통 안에서 관료주의에 의해 지탱된 정부의 자유주의, 관료적 자유주의라는 특성을 지녔던 것이다. 정부의 리버랄리테트(liberalität)27)들은 시민적 복지의 3대 요소, 즉 상업의 자유, 인신의 자유, 언

---

26) 훔볼트는 일찍이 다양성을 중시하면서 정부가 시민들의 복지를 지나치게 관리하는 것을 경계했다. 국가권력이 확대되면 시민의 자유는 축소되고 개인은 경시되며 도덕적 자율성도 위축될 수 있기 때문이다. 현대 복지국가의 문제를 200년 전에 내다보았던 셈이다(보비오, 『자유주의와 민주주의』, 28~33쪽 참조).

27) 리버럴과 같은 뜻으로도 사용되지만, 독일어 단어인 리버랄리테트는 보다 법질서와 절제를 중시하는 함의를 가지고 사용되었다. 정부의 계몽관료들이 복지를 증대하고 공정한 법 집행의 주체로서 역할을 수행했다.

론의 자유를 실정법으로써 보호해 주는 정부를 이끌어갔고, 재판과 과세의 평등을 실현하는 것을 중시함으로써 자유주의적인 성취를 이루어갔다. 1820년을 전후하여 입헌주의자와 자유주의자라는 말이 동일하게 여겨지기 시작한 것은 입헌군주정하에서 대의제도를 추진했기 때문이다.[28]

북부 독일에서 자유주의운동은 영국 모델을 실현하려는 헌정운동으로 발전했고, 남부 독일에서는 프랑스의 영향을 많이 받아 국가의 자의적 권력을 제한하는 문제에 더 많은 관심을 보였다. 이로 인해 북부에서는 엄격한 법치국가관이 생겨났고, 남부에서는 행정부로부터 사법부의 독립성을 강조한 권력분립에 치중했다.[29]

그러나 독일에서 자유주의자들은 리버럴리즘의 목표는 혁명이 아니라고 강조해야만 했다. 자유롭고 이성적인 리버럴 정신을 법의 한계 안에서 구현하고자 했던 독일 자유주의는 혁명의 위험이 없어 보이지만, 프랑스혁명 과정이 자유주의에 대한 경계심을 높였고 또 유럽에서 노동자 계급의 민주주의 운동이 시작된 상황에서 혁명에 대한 공포가 리버럴에 대한 의심으로 직결되었다.

카를 마르크스(Karl Marx)와 프리드리히 엥겔스(Friedrich Engels)는 리버럴리즘을 부르주아 운동으로 폄하하면서, 이것을 데모크라시 속에 용해할 필요가 있다며 급진적 민주주의를 제기했다. 다수 계급이 '여론'이라는 수단을 장악한 '실질적 혁명가들에게 결정적인 도움을 준다'는 불안도 커졌다. '진정한 리버럴'은 법과 법질서에 대한 절제와 사랑이자 진리와 정의에 대한 사랑이라고 설득하며, 파괴적이고 전복적인 '가짜 리버럴'을 배격해야 했다.

그럼에도 '극단적' 자유주의에 제한을 가해야 한다거나 자유주의를 혁명주의로 인식하며 비판하는 목소리는 여러 가지로 표현되면서 당시 독일인의 자

---

28) 루돌프 피어하우스, 『코젤렉의 개념사 사전 7, 자유주의』, 공진성 옮김(푸른역사, 2014), 52~69쪽.
29) 양동휴, 『대공황시대』, 55쪽.

유주의에 대한 인식이 부정적이었음을 드러내었다. 예컨대 자본주의자들의 돈에 대한 교만과 배운 자들의 이성에 대한 교만 등의 요소들로 인해 '요란한 자유주의'라는 비판이 제기되었다. 또는 자유주의자들이 '모든 유기적으로 되어 있는 것과 존재하는 것을 존중하지 않고 찢으며 위치를 바꾸고 왜곡하거나 가볍게 만드는 행위'를 일삼고 '무정부 상태의 일반화'를 추구한다고 비난했다. 또 염치없는 노예근성을 가르치는 우화라거나 '권위, 헌신, 복종 없는' 자유를 약속하는 '협잡'이라고도 비방했다.[30]

이러한 비판에 대응하면서 '진정한 자유주의'를 실현하려는 운동이 19세기 전반 독일에서도 확산되었다. 프랑스의 1830년 7월혁명과 1848년 2월혁명의 영향으로 인해 독일의 각처에서 헌법 제정 요구뿐 아니라 시민들의 시위와 폭동이 폭발하기도 했다. 1848년에는 베를린, 빈, 헝가리 등 각지에서 시민혁명이 폭발했고(성공에 이르지는 못했다),[31] 독일 남부(바덴, 뷔르템베르크)에서도 본격적인 자유주의 이론가 그룹이 형성되어 1848년 3월혁명 전야에 독일 자유주의사상의 중심 세력으로 자리 잡았다. 3월혁명 역시 성공하지는 못했지만 국민의회 결성, 통일헌법 제정, 검열 폐지, 전 국민에게 자유롭고 평등한 권리의 승인 등 자유주의적 진전이 이루어지는 계기가 되었다.

독일에서 자유주의운동은 국가통합을 목표로 한 민족통일국가 수립운동과 긴밀히 연결되었다. 자유주의운동은 1870년대 중반 유럽에서 정치적 영향력이 가장 큰 움직임이 되었다. 또한 이 시기에는 자유주의가 동부 유럽 쪽으로 확장되기도 했다. 그러나 자유주의자가 아닌 오토 폰 비스마르크(Otto von Bismark)가 독일 통일(1871)을 주도하고, 강력한 신생 산업국 독일이 보호무역주의(1878)와 새로운 사회정책적인 조치를 취하면서 자유주의운동은 후퇴

---

30) 루돌프 피어하우스, 『코젤렉의 개념사 사전 7, 자유주의』, 60~62쪽.
31) 1848년 3월 빈혁명 과정에서 클레멘스 폰 메테르니히(Klemens von Metternich)는 영국으로 망명했고, 유럽에서 절대왕정체제는 결정적으로 흔들리기 시작했다.

하기 시작했다. 독일에서 자유당은 신속히 몰락하여 그 전성기는 12년도 채 되지 못했다.

독일의 자유주의운동은 상당 부분 민족주의 이상과 결합했고, 비스마르크가 보호주의와 복지정책을 실행한 시기에 종말을 고했다. 비스마르크 시대(1860~1870년대)에도 법치국가를 수립하는 데 필요한 헌법과 법의 개정 등은 계속 이루어졌다. 그러나 노동자운동 또한 급성장하면서 자유주의는 힘을 잃기 시작했다. 국민통합(1860)이 이루어진 후에는 주된 관심이 새로 탄생한 국가의 세력 증강, 즉 부국강병에 초점이 맞춰지기 시작했던 것이다.

1880년대 이후 서방 세계에서는 전반적으로 '진보'에 대한 무한한 신뢰가 주춤하기 시작했다. 그 이후 독일은 서구의 자유주의, 합리주의 전통에서 떨어져 나와 독자적으로 과거를 분석하기 시작했다. 이른바 역사주의가 탄생한 것이다. 구스타프 슈몰러(Gustav Schmoller), 베르너 좀바르트(Werner Sombart) 등 역사주의자들은 물질적·사회적 진보를 이루어낼 근본적 동력을 국가 형성 노력과 동일시했다. 또한 신고전파에 반대하여 이를 독일에서 몰아내고 자유방임에 대처할 이론 개발에 몰두했다. 그러면서 '모든 경제행위는 구체적으로 정치적 연관 속에서 사회의 가치를 반영하며 이루어진다. 이 행위는 국가의 간섭에 종속된다'고 강조하기 시작했다.

이들은 '자유방임형 자본주의는 필연적으로 사회주의혁명을 낳고 이에 따라 무정부 상태가 될 것이다. 그러면 결국 문명이 몰락할 것이다. 이를 예방하기 위해 자본주의도 사회주의도 아닌 제3의 길을 모색해야 한다'고 생각했다. 19세기 말에서 20세기 초 독일인들에게 서구 문명(Western civilization)이란 개인주의 또는 1789년 프랑스혁명의 이상 등을 의미했다. 여기서 '서구'란 라인강 서쪽을 일컫는다. 독일인이 말하는 '서유럽'은 자유주의, 민주주의, 자본주의, 개인주의, 자유무역, 국제주의의 개념을 담고 있었다. 이러한 서유럽 문명을 독일인들은 천박하다고 경멸하기 시작했다.

이들에게 '자유무역론'이란 단지 영국의 이익을 촉진하기 위해 고안된 이론일 뿐이었다. 영국이 세계에 전파한 자유주의적 정치의 이상은 더 이상 아무런 희망이 없고 낡았다는 생각을 부추기는 선동이 일기 시작했다. 마르크스적 사회주의자로 출발한 좀바르트는 『상인과 영웅(Händler und Helden)』(1915)이라는 책을 세상에 내놓았다. 이 책은 사회주의 색채와 다른 방식으로 반자본주의 정서를 전파시키며 다음과 같이 주장했다. '전쟁은 영국의 상업문명[Händler]과 독일의 영웅적 문화[Helden] 사이의 불가피한 투쟁이다. 개인주의란 상업적 정신에서 나온다. 1789년의 사상(자유, 평등, 박애)이란 단지 개인에게 이익을 확보해 주기 위한 상업적 이상일 뿐'이라고 간주했다.[32]

독일의 자유평등론은 인류가 천성적으로 불평등하다는 전제 위에 국가의 사회에 대한 제한은 자유를 실현하기 위한 필요조건이라고 보았다. 루소의 천부인권설과 사회계약론은 18세기 말 프랑스혁명과 미국 독립전쟁의 정치강령으로서 전제적 통치에 반대한 민주혁명운동의 기치가 되었다. 그러나 자유평등이론을 기초로 민주공화국을 건립하는 과정 중에 사람들의 이해가 다르고 자유평등사상의 수용 능력도 달라서, 국가응집력을 강화하지 못하는 등의 문제들을 드러냈다.

헤겔이나 요한 블룬칠리(Johann Bluntschli)는 사회계약적 건국 학설에 반대하며 국가주권설을 주장했다. 이들은 국가를 영원하며 절대적으로 합리적인 이성과 정신의 체현이라 보고, 국가의 통합성을 강조했다. 국가의 각 부분들이 독립적으로 자유를 주장하는 것은 바람직하지 않으며 국가 독립이라는 같은 목표를 향해야 한다고 본 것이다. 헤겔은 법률의 합리화와 법정국가의 안정성을 통해 동시에 더 많고 안정된 자유가 탄생한다고 주장했다. 국가와 헌법은 자유의 완전한 실현을 의미하며, 개인의 자유는 단지 국가가 허락하는

---

32) 양동휴, 『대공황시대』, 56~57쪽.

자유이다. 독일의 자유 개념은 그 나라의 자본주의 및 부르주아의 취약성과 봉건 세력의 강고함을 반영하며, 국가주의이론으로 발전되어 갔다.

블룬칠리는 국가지상이론을 집대성하여, 주권은 국법의 기초가 되는 국가의 최상권이며 국가가 지고무상의 권력을 가져야 한다고 주장했다. 국가는 한 민족이 가진 역량의 구체적 표현이고 인격화된 것으로, 최고의 권력인 주권을 가진다고 보았다. 물론 국가주권은 인민의 일반의지를 체현하여 법률을 제정하고 변경해야 하지만, 주권이 시민의 일반의지로부터 직접 발생한다고 말할 수는 없다.[33]

반서구적·반개인주의적 정서 속에서 탄생한 독일의 국가유기체설은 근대 자연법적 관념과 대립되는 것으로서, 유기체로서의 국가는 욕망의 체계로서의 시민사회를 지양한다고 이해되었다. 유기체설은 계몽사상의 합리주의 사관과 결별하고, 자유주의의 리버럴 사상 계보의 주요 특성인 불가지론과 결정적으로 구별된다. 블룬칠리는 독일 역사학파의 영향을 받아 인민의 일반의지가 주권이라고 보는 사회계약론에 찬성하지 않았고, 법률제도는 민족정신의 역사적 산물로서 유기적 성장을 하며 국민 개성의 유기적 성장과 병행한다고 강조했다.

국가는 법률상 인격체로서 국민의 유기적 표현이라 본 블룬칠리의 국가유기체설은, 국가의 존재는 개인이 존재하는 전제이며 국가가 없으면 개인이 없으므로 마땅히 개인을 희생하여 국가에 충성해야 한다고 본다. 계몽사상가의 자유평등관은 '무정부상태'와 '절대민주제'를 야기하여 국가를 혼란에 빠뜨린다는 것이다. 국가유기체설은 한편으로 절대적·신학적 국가론에 대해서, 그리고 다른 한편으로 자연적·계약론적 국가관에 대해서 이의를 제기한 근대적 국가사상이라는 의미가 있다.

---

33) 夏良才, 「孙中山的国家观与欧洲'主权国家'学派」, ≪近代史研究≫(1992), pp.81~86.

블룬칠리는 점진주의적 입헌주의자이며 자유주의적 국법학자로서 국가유기체론 입장에 서서 민족주의 시대에 국가통일을 지향하며 통일국가를 위한 국법학을 수립하고자 했다. 헌정을 추구하는 자유주의적 지향과 보수주의적 성향을 동시에 가지고 있었던 것이다. 블룬칠리의 사상과 19세기 독일의 법실증주의 법학은 일본의 국가학설과 국법학의 정립, 그리고 메이지헌법 제정에 직접적 영향을 미쳤다. 또한 량치차오(梁啓超)와 쑨원(孫文)에게도 영향을 끼쳤다(이에 대해서는 후술한다).

자유주의는 17~19세기에 걸쳐 이상에서 간단히 살펴본 바와 같이 발전하며 변용되었고, 다양한 함의를 가진 정치사상으로 전개되었다. 그리고 로크와 벤담을 거쳐 밀과 스펜서를 중심으로 한 영국의 자유주의, 루소류의 프랑스 계몽사상, 블룬칠리 등의 독일 국가주의적 자유주의, 이 세 계통의 학설이 한꺼번에 일본과 중국에 영향을 미치게 되었다. 서양 각 나라에서 상이한 시기의 역사적 상황에 따라 서로 다른 과제를 해결하기 위해 전개된 사상과 제도들에 대해 그 배경을 충분히 이해하지 못한 채 한·중·일의 전통이나 시대적 상황에 각각 부합하는 쪽으로 자유주의를 이해하고 수용하게 된 것이다.

특히 19세기 후반에서 20세기 초에 걸쳐 구미 자유주의는 민주주의적·사회주의적·민족주의적 요소를 내포한 신자유주의와 독일식 국가주의적 자유주의로 발전했고, 동아시아 각국은 바로 이 시기에 구미의 자유주의를 수용하며 수백 년간 여러 나라에서 다른 전통과 다른 목적 및 방향으로 발전해 온 다종 다기한 개념을 받아들여 자신들의 자유주의 개념을 형성해 갔다. 다음 장부터는 이러한 동아시아의 자유주의에 대한 이해와 변용을 고찰해 보고자 한다. 삼국 중, 막부 말기부터 메이지 초기에 걸쳐 가장 일찍 자유주의사상이 수용되고 운동으로 확산된 일본의 초기 자유주의를 먼저 살펴보자.

| 제3장 |

일본의 자유주의

1. 19세기 후반 메이지 시기 일본의 초기 자유주의

1) '번역대국'의 문명개화

일본에서 '자유'는 포르투갈어 사전과 네덜란드어 사전류에 번역어로서 일찍이 나타났다. 난학자들이 막부 시대 말기인 1843년 「네덜란드헌법」 같은 서구의 법률문서를 번역하며 '후레이헤이도(フレイヘイド, vrijheid)'라는 관념 내지 사고방식이 극히 중요함을 실감하고, 사전의 번역어인 '자유'로는 그 사상을 표현할 수 없다고 느껴 네덜란드어 발음을 그대로 옮겨 사용했음을 앞에서 언급했다. 그뿐만 아니라 네덜란드를 통해 서구 문물을 받아들여 온 지식과 경험은 막부 말기 부유하고 군사력도 강력한 서양 세력의 존재를 확인하고 위기의식을 느끼며 살아남을 방법을 모색하는 상황에서 유리한 길잡이를 제공해 줄 수 있었다.

막부 말기에는 막부뿐 아니라 각 번에서도 서양이 부강한 이유를 탐색하고 그 방법을 배우기 위해 유학생을 파견했고, 이들이 돌아와 번정개혁(藩政改革)과 메이지유신의 주축으로 활동한 경우가 많았다. 주지하듯이 막부 말 유럽에 파견된 유학생 중에는 니시 아마네(西周)같이 서양의 정치와 철학을 전공한 경우가 적지 않았다. 막부 말기에서 메이지 초기, 즉 19세기 중반에 부국강병을 위한 문명개화의 사명을 담당할 자발적 국민을 창출하기 위한 계몽사상의 보급은 이들이 도입한 근대 서양사상을 토대로 한 것이었다. 그들은 19세기 중반 유럽을 지배하고 있던 사조인 자유주의의 사상과 제도에 대해 주목하지 않을 수 없었다. 서양에 관한 학습열은 19세기에 유럽을 풍미한 중요한 저작의 번역열로 나타났고, 서양의 학문과 역사, 지리, 사상을 소개하는 저서와 번역서가 이미 1870년대 초부터 다수 출판되기 시작하면서 베스트셀러의 대오를 이루었다.

후쿠자와 유키치(福澤諭吉)의 『서양사정(西洋事情)』(초편이 1866년, 외편이 1868년, 2편이 1870년에 발간됨), 나카무라 마사나오(中村正直)의 『서국입지편(西國立志編)』(1871), 우치다 마사오(內田正雄)의 지리서 『여지지략(輿地誌略)』(1871~1880)은 '메이지 3서'라 불리며 서양에 관한 지식에 목말랐던 독자들에 의해 베스트셀러가 되었다. 한 책이 수십만 부씩 판매되었을 정도였다. 또 루소, 밀, 스펜서, 벤담의 저서들이 번역되어 역시 베스트셀러가 되었다. 밀의 『자유론』을 번역한 나카무라 마사나오의 『자유지리(自由之理)』(1872년 출간, 재판은 1875년)는 자유주의사상의 확산에 결정적인 영향을 주었다. 그리고 가 노리유키(何禮之)가 몽테스키외의 『법의 정신』을 『만법정리(萬法精理)』(1875)라는 서명으로 번역·출판했다. 루소의 사회계약론은 니시 아마네가 그의 『백학연환(百學連環)』(1870)에 실린 「입약위국론(立約爲國論)」이라는 글에서 그 요지를 소개했고, 미즈쿠리 린쇼(箕作麟祥)도 『만국신사(萬國新史)』(1871)에서 소개했다.

프랑스에서 귀국한 나카에 조민(中江兆民)은 곧바로 루소의 『사회계약론』을 번역하기 시작하여 그 일부분을 『민약론(民約論)』(1874)이라는 서명으로 내놓았지만 출판허가를 받지 못해 사본이 널리 유포되었다. 1878년 핫토리

도쿠(腹部德)의 번역으로 루소의『사회계약론』전체가 일역 출판되었다.『사회계약론』은 1880년대까지 4종의 번역서가 나왔고, 2009년까지 11종의 번역서가 일본에서 새로 출판되어 번역 대국의 면모를 과시하고 있다. 나카에는『민약역해(民約譯解)』(1882)라는 서명으로 다시 한역본을 발표하여 중국에서도 번각판이 나오는 등 영향을 주었다. 가토 히로유키(加藤弘之)도『국체신론(國體新論)』(1874)에서 몽테스키외의 '자유권' 사상을 서술하여 서구 자유주의 사상에 대한 이해를 확산시켰다.

메이지 초기, 번역에 의해 영국과 프랑스의 자유주의사상이 활발히 소개되고 유포되던 중 밀과 루소, 몽테스키외에 뒤이어 큰 관심을 받은 사상가는 스펜서와 벤담이었다. 메이지 초기 일본인의 사회활동에 가장 큰 영향을 미친 서양 사상가는 '스펜서와 밀이었다'고 할 수 있을 정도인데,[1] 사회진화론 등 스펜서의 저작에 관심이 특히 지대했다. 1877년 스펜서의『사회정학(Social Statics)』이『권리제강(權利提綱)』이라는 제목으로 초역된 이후 1888년까지 11년간 그의 저서 21종이 번역·출판되었다. 특히 마쓰시마 고(松島剛)가 번역한『사회평권론(社會平權論)』(1881)은 당시 베스트셀러가 되었다. 이것은 후술할 사회진화론의 붐을 증명해 준다.

사전류에서 '자유'가 정착되어 가던 메이지 초기에도 여전히 '자유'는 '뜻대로, 맘대로(隨意, 任性)'의 뜻으로 해석되는 경향이 있었다. 이 시기에 유럽의 사상을 소개하고 서적을 번역했던 지식인들은 '자유'가 아무래도 적절치 않은 번역어라고 느꼈다. '자유'라는 역어 보급에 가장 큰 공헌을 한 것은 후쿠자와 유키치가 쓴『서양사정』인데, 미국의「독립선언」을 소개하면서 liberty를 '자유'로 번역했다. 후쿠자와 유키치는『서양사정』2편에서, 리버티란 자유라는

---

1) 竹越與三郎,『新日本史』中(1893)[佐藤愼一,「梁啓超と社会進化論」,≪法学≫, 59-6(1996) 재인용].

뜻인데 중국인들은 이를 번역할 때 자주, 자득, 자약, 자주재, 임의, 관용, 종용 등의 글자를 사용했으나 아직 원어의 뜻을 다 전달하기에는 모자라다고 밝히고 있다. 그리고는 리버티나 프리덤의 적당한 번역어가 없다며 '자유'와 '자주임의(自主任意)'를 병용했다. 여전히 고전의 의미로 '자유'를 사용하는 경향이 강했기에 '내 멋대로 방탕하게 굴거나 국법도 두려워하지 않는다는 뜻의 말이 아니라'라는 설명을 덧붙여야 했다.

자유라는 용어를 사용하면서 내 멋대로 방탕하게 굴거나 국법도 두려워하지 않는 것을 우려하는 의식은 서양의 자유주의가 도입된 초기부터 나타나고 있다. 이러한 정서가 반영되어 '자유' 대신 '자주', '자재'를 사용한 사람으로는 당시 대표적 계몽사상가 중 한 명인 니시 아마네가 있다. 그는 『만국공법(萬國公法)』을 소개하면서 '자주'를 사용했고(1868), 서구 학술 소개서 『백학연환』에서는 리버티를 자재(自在)로 번역했다. 쓰다 신이치로(津田眞一郎)와 간다 다카하라(神田孝平)도 자주나 자재라는 어휘를 사용했다.

가토 히로유키의 경우에는 『입헌정체략(立憲政體略)』(1868)에서 '자주', '임의자재(任意自在)'를 사용했고, 『진정대의(眞政大意)』(1870)에서는 '불기자립(不羈自立)의 정'을 사용하다가 『국체신론』에서 '자유'로 바꾸어 사용했다. 『국체신론』에서 그는 몽테스키외의 '자유권' 사상을 서술하면서, 오늘날과 같은 의미의 자유를 광범하게 사용했다. 자유를 피하고 다른 용어를 모색하다가 결국 자유로 귀착되는 모습을 보여준다. 1874년경 일본에서는 이미 '자유'가 확실히 우세를 점한 시기였다.

나카무라 마사나오는 밀의 『자유론』을 번역하여 『자유지리』로 출판했다. 그는 로버트 모리슨의 『영화자전』을 대거 참고하여 번역어를 표기했는데, 『영화자전』에서 프리덤을 '자주지리'로 번역했기에 나카무라도 '자주지리'를 그대로 사용했다. 그럼에도 근대 정치이념의 각도에서 '자유'라는 단어를 사용하며 적극적이고 진보적인 의미를 취하여 서술했다. 또한 『자유지리』라는 서명의 등장은 이후 '자유'가 번역어로 정착하는 데 결정적 역할을 했다.

그 후에도 여전히 자유라는 번역어를 피해서 '관홍(寬弘)'이나 '자주' 등을 사용하는 경향은 존속했다. 『자유지리』를 번역한 나카무라조차도 'liberal politics'를 '관홍지정학(寬弘之政學)'이라 번역했다. 의식적으로 '자유'라는 번역어를 피했다고 보인다. 그러나 'free state'를 설명할 때 '인민이 자유로이 뜻과 힘을 펼치는 나라라는 뜻'이라고 쓰고 나서 "역자 왈(譯者曰)"이라는 주를 달아, "서양어에 '리버티'라는 말이 있으나 …… 모리슨은 자주지리라 번역하고, 빌헬름 로브샤이드는 임의행지권이라 번역했다. '리버티'란 인민이 자신의 취향에 따라 행동할 권력이라는 것과 같다. 모든 대공의 이익, 공동의 득이 되는 율법에 따르는 것 외에 나아가 타인의 압제나 구속을 받지 않는 인민의 권을 '시빌 리버티(civil liberty)'라 하여 서국에서는 이를 개화치평(開化治平)의 기본으로 삼고 있다. …… 릴리저스 리버티(religious liberty)라고 하면 윗사람의 강제 없이 인민 자신이 마음에 드는 법교(法敎)에 따르는 것을 말한다"라고 해설했다.[2]

나카무라는 '리버티'가 서구 역사상에서 얼마나 중요한 말이었는지 해설하고, 번역하기 어렵다며 번역어를 사용하지 않고 'リベルテ'를 그대로 사용하기도 했다. 그런데 얼마 후 다시 '릴리저스 리버티'를 설명한 글에서는 '법교에 관한 것, 인민 자신이 믿는 바를 따를 자유의 권임'이라고 썼다.[3] 다시 자유를 사용한 것은 자유에 대한 경계가 풀리기 시작한 것으로 해석된다. 근대 일본에서 자유가 점차 방임, 자자, 자전이라는 의미의 생활용어로부터 벗어나, 서양 개념을 번역하는 과정을 거치면서 근대의 정치술어 및 철학술어로 자리를 잡아갔다고 할 수 있다. 1870년대에 자유민권운동을 거치며 '자유'는 유행어

---

2) 中村正直, 「西学一斑」, ≪明六雜誌≫, 12(1874).

3) 계몽잡지 ≪명육잡지(明六雜誌)≫의 15호(1874)에 나온 내용이다(야나부 아키라, 『번역어 성립 사정』, 175~176쪽 참조).

가 되어 국민의 행동과 사상, 언론에 침투해 갔던 것이다.

메이지 17년에 발간된 『철학자회(哲學字滙)』4)에서는 철학적 의미에서 프리덤을 '자유자재'로 번역하며, 필연에 대한 인식으로 설명했다. 리버티는 자유로 번역했다.5) 적극적·진보적 의미의 '자유'는 정치적 문맥에서 법치의 제약을 받는 공민자유권이든 철학적 의미에서 필연에 대한 인식이든, 이미 날로 인심에 깊숙이 진입하여 대중이 보편적으로 사용하게 되었다.

다음에서는 막부 말기부터 메이지 초기 일본에서 자유주의사상의 수용과 확산, 그리고 '자유'라는 역어의 보급에 크게 기여한 여러 인물 중에서 후쿠자와 유키치와 나카무라 마사나오, 나카에 조민을 통해 수용된 구미 자유주의사상에 대한 인식과 개념을 검토해 보도록 한다.

2) 후쿠자와 유키치

일본의 자유주의 전파에 가장 큰 기여를 했다고 볼 수 있는 후쿠자와는 메이지유신 이전에 이미 세 차례나 서양을 직접 견문했고, 영미 서적을 초역하여 서양의 역사, 정치, 군사, 경제를 소개한 『서양사정』을 발행했다. 후쿠자와 유키치의 『서양사정』 세 편은 그의 『문명론의 개략(文明論之槪略)』과 함께 서양의 사상과 제도를 소개하면서 일본의 활로를 모색한 저서로서, 메이지 초 일본 식자층에게 강력한 영향을 미쳤다.

일본에서 리버티라는 개념은 미국의 「독립선언」과 결부되어 본격적으로 소개되었다. 후쿠자와가 『서양사정』 초편에서 미국 독립전쟁 당시 작성되었던 13개 주의 「독립선언」을 소개함으로써 근대 자유주의사상의 요체를 전파

---

4) 井上哲次郎 等 編, 『哲學字滙』(東洋館, 1884).
5) 惣郷正明·飛田良文 編, 『明治のことば辭典』(東京堂出版, 1986)[章清, 『'胡适派学人群' 現代中國自由主义』(上海三联书店, 2015) p.28 참조].

한 셈이다. 토머스 제퍼슨이 쓴 미국의 「독립선언」은 홉스와 로크, 몽테스키외 등에 의해 완성된 영국과 프랑스의 자유주의사상이 집약된 명문으로 유명하다. 「독립선언」의 번역을 통해 제시된 핵심 내용은 다음과 같다.

첫째, 인간은 창조주에 의해 모두 평등하게 창조되었으며 양도할 수 없는 통의(通義)를 부여받았는데, 그 통의라 함은 스스로 생명을 보존하고 자유를 구하며 행복을 추구하는 것이다. 둘째, 인간이 정부를 세운 까닭은 그러한 통의를 보호하기 위한 취지였고, 피치자들의 동의에 의해 정부의 권위가 발생한다. 셋째, 만약 그러한 취지에 어긋나게 되면 정부를 변혁하거나 무너뜨리고 새로운 정부를 세우는 것이 인민의 통의이다.

후쿠자와는 이와 같이 하늘에 의해 창조된 평등한 인간의 자유권리라는 자유주의의 핵심 개념을 「독립선언」을 통해 소개했을 뿐 아니라, 사상적으로도 수용하고 있었던 것으로 보인다. 그는 『학문의 권장(學問のすすめ)』의 첫 부분에 "하늘이 사람을 낳을 때에 만인은 모두 같은 지위여서, …… 자유자재하여, 서로 다른 사람의 방해가 되지 않고서 각각 안락하게 이 세상을 살아갈 수 있다는 뜻이다"라고 썼다. 또 "…… 동등하다는 것은 …… 권리통의가 같음을 말하는 것이다"라며 하늘이 부여한 평등한 권리사상을 피력했다.

후쿠자와가 「독립선언」의 주요 어휘인 리버티의 번역어가 마땅치 않아 고심하다가 '자유'로 번역했음을 앞에서 서술했다. 그는 미국 「독립선언」을 통해 리버티라는 자유주의의 핵심 개념을 미국이 영국의 식민지 지위로부터 자기를 해방시킨 중심 이론이라고 이해한 것으로 보인다. 이러한 이해는 '자유'가 '독립', 나아가 일개인의 자유와 국가의 독립이 긴밀히 연계된 의미를 형성하는 계기가 되었다. 당시 서구의 충격에 대해 자국의 독립 유지가 국민적 과제였던 상황에서 해방, 독립, 자유가 연계된 리버티 개념이 형성되면서 자유주의사상에 대한 관심이 증폭되었다. 일본뿐 아니라 대외적 위기 상황에 처했던 중국과 조선에서도 역시 자주, 자립이라는 역어가 자유와 함께 사용되었다.

독립과 자유가 한 묶음으로 사용되는 것이 일반적이었던 사정은 19세기 말 동아시아의 역사적 상황의 산물이며, '개인의 자유'에 선행하여 '국가의 자유'를 고려하는 동아시아 자유주의의 가장 큰 특성 중 한 측면을 구성해 나갔다.

『서양사정』 2편은 러시아의 역사와 정치 외에 프랑스의 역사·정치·군사 등을 중시하고 자세히 소개했다. 그런데 프랑스의 공화정치를 소개하면서, 프랑스혁명 후의 공포정치와 국왕 참수 등을 서술하며 '마치 미친 것과도 같았지만'이라거나 '이름은 자유지만 그 실은 그렇지 않았다. …… 폭력으로 폭력을 대신했을 뿐'이라고 함으로써 극히 부정적인 생각을 피력했다. 이것은 후쿠자와가 인민주권론에 입각한 민주주의에 대해 동조하기 곤란한 방향으로 영향을 주었을 가능성이 있다. 저항권이나 혁명권 사상에 대해서도, 정부가 인민과의 약속을 지키지 않고 폭정을 하는 경우에 인민이 취할 수 있는 최선의 대책은 "하늘의 도리를 믿어 의심하지 않으며 어떠한 폭정하에서 어떠한 가혹한 법에 괴로움을 당해도 그 고통을 견디어 자신의 뜻을 꺾지 않으며, 일촌(一寸)의 병기를 잡지 않고 …… 다만 정리(正理)를 외쳐 정부에 호소하는 것이다"라고 제시했다. 절개를 굽히는 것은 하책이지만, 힘으로 정부에 적대하는 것도 상책이 아니라는 것이다(『학문의 권장』 제8편).

후쿠자와는 『서양사정』 초편 권지일(卷之一)에서 '문명의 정치'를 구성하는 여섯 가지 요체 중 첫째로 '자주임의'를 들며 이렇게 설명했다. "국법이 관대해서 사람을 속박하지 않으며, 사람들이 스스로 좋아하는 바를 해서 …… 상하귀천이 각각 그 할 바를 얻어서 조금도 타인의 자유를 방해하지 않으며, 천품(天稟)의 재능(才力)을 펴는 것을 취지로 한다." 이어서 두 번째 요체로서 신교(信敎)를 들며, "사람들의 귀의하는 종지를 받들어 정부로부터 그 방해를 받지 않는 것을 말한다"라고 설명하여 신교의 자유를 서양인이 누리는 중요한 자유이자 서양정치의 특징 중 하나로 파악했다.6) 그런데 여기서 '자주임의'에 대해 주를 달았다. "본문에서 자주임의, 자유라는 문자는 내 맘대로 방탕하게 국법도 두려워하지 않는다는 뜻이 아니다. 모든 그 나라 국민이 상호 겸손하게 배려하고 자력으로 무언가를 한다는 뜻이다. 영어로 그것을 프리덤 또는 리버티라고 한다. 아직 적당한 번역어가 없다"라고 했다.

『서양사정』 2편 권지일에도 다시 '자유'라는 역어에 긴 주석을 달았다. "독립전쟁 시, 자유를 위해 싸운다며 나에게 자유를 달라, 아니면 죽음을 달라고 부르짖었다. 영국 폭정에 (대해) …… 일찍이 불기독립(不羈獨立)의 자유를 위해 죽음을 맹세했다"라고 쓰고는, 여기서 "자유와 제 멋대로 함은 자칫하면 그 뜻을 오해하기 쉬워, 학자는 의당 이것을 살펴야 한다"라고 거듭 당부했다. 사실 '자유'라는 역어는 앞에서 살펴보았듯이 '마음대로', '제멋대로'라는 함의를 지닌 어휘로 전통 시대에 부정적으로 여겨졌을 뿐 아니라 심지어 나쁜 의미로도 사용되었기 때문에 잘못 이해될 위험성이 다분했고, 후쿠자와는 '자유방탕'으로 이어질 수 있는 오해와 남용을 막으려 부심한 것이다. 자유라는 번역어가 19세기 전반에 이미 일본과 중국의 사전에 등장했음에도 그러한 위험성 때문에 19세기 후반까지도 중국과 일본에서 공히 자주, 자주지리가 역어로서 선호되는 경향이 있었음을 앞에서도 언급했다. 그러나 후쿠자와는 1860년대 후반, 다른 사상가들에 비해 일찍 '자유'라는 번역어를 선호했다.

후쿠자와는 『학문의 권장』[7)]에서 "…… 국가에 치욕이 있을 때는 일본 국중의 인민 1인까지도 남김없이 목숨을 버리고 국가의 영광을 떨어뜨리지 않

---

6) 나머지 네 가지 요체는, 기술문학을 격려해서 신발명의 길을 여는 것, 학교를 세워서 인재를 교육하는 것, 보임안온(補任安穩) 즉 정치가 일정해서 변혁하지 않으며 호령(號令)이 반드시 믿음이 있도록 함으로써 사람들이 국법을 믿고 안심하고 산업을 영위하는 것, 마지막으로 인민으로 하여금 춥고 배고플 우려가 없게 하고 빈민을 구제하는 것을 들었다.

7) 후쿠자와의 3부작이라 불리는 『서양사정』, 『학문의 권장』, 『문명론의 개략』 중 『서양사정』은 서양에 관한 지식과 정보를 학습해서 소개하는 성격이고, 소책자인 『학문의 권장』이 서양 원서를 저본으로 하지만 후쿠자 자신이 취사선택한 내용을 실음으로써 자신의 사상을 반영한 저술이라면 『문명론의 개략』은 보다 본격적으로 자신의 사상을 일본의 사정에 맞게 적용해 전개한 저서라 볼 수 있다.

을 때야말로 일국의 자유독립이라 할 수 있다"라고 하여, 개인의 자유보다 국가의 자유독립을 중시한 듯이 보인다. 그는 "일신(一身) 독립하여 일국 독립한다"라는 명제를 제기하면서, 독립의 기력이 있어서 다른 사람에게 의뢰하지 않고 심각하게 국가를 생각하는 개개의 국민을 독립된 국가의 전제로 제시했다. 일신(개인)과 일국 중 꼭 어느 한편을 더 중시했다고 단언할 수는 없으며 양측의 조화를 전제로 하고 있다. "인간의 일신도 일국도, 하늘의 도리에 기초해 불기자유이므로 ……"라고 했듯이, 같은 원리 위에서 쌍방의 자유독립을 지키는 것이다.

그러나 그는 곧 이러한 낙관에서 벗어나 "모든 국가를 강제할 수 있는 전권이 부재"한데 "각국의 교제와 사람 간의 사교는 완전히 취지를 달리하는 것이다. …… 먼 나라 외국인과의 교제에서 천지의 공도를 믿는다는 것은 대체 무슨 마음인가"라며, 『만국공법』에 대해서도 "유럽 국가들만을 주체로 인정하면서 …… 그들의 식민정책을 옹호하고 명분화해 주는 법적 도구"임을 깨닫게 되었다. 세계 각국의 관계는 무역과 전쟁으로 세력을 확장하는 것이 현실임을 인정할 수밖에 없었던 것이다. 그는 "100권의 만국공법은 몇 문의 대포만 못하고, 몇 책의 화친조약은 한 광주리 탄약만 못하다"[8]라고 천명했다.

그는 또 "그저 자유자재한 것만을 외치며 분한(分限)을 알지 못하면 아진(我盡, 내 맘껏) 방탕에 빠지는 일이 많다. …… 자유와 아진의 경계는 타인을 방해하는 것과 하지 않는 것 사이에 있다"라며 자유자재가 타인에게 위해를 끼치지 않는 한도 내의 자유 개념임을 제시했다.

한편 권리에 대한 개념은 자유의 개념과 표리를 이루는 자유주의사상의 핵심이지만 다분히 오해를 내포한 채 번역·수용되었다.[9] 후쿠자와는 자유자재

---

8) 『문명론의 개략』과 『통속국권론(通俗國權論)』에 나오는 문장이다[김석근, 「福澤諭吉의 '自由'와 '通義': '獨立不羈'의 정치학」, ≪정치사상연구≫, 2(2000), 102쪽 참조].
9) 법률과 정치에서 right의 개념이 심지어 오늘날까지도 정확하게 이해되지 못하는 문제가 서

와 함께 권리통의라는 개념을 제시하며, 하늘로부터 양도할 수 없는 권리를 부여받았으니 그것은 바로 생명·자유·행복을 추구하는 권리라는 자연권사상을 제시했다. 후쿠자와는 미국의 「독립선언」을 소개하면서 "하늘은 모두에게 동일하게 부여되며 불변의 통의를 가지고 사람을 만들었다. 즉 그 통의는 사람이 스스로 생명을 지키고 자유를 구하며 행복을 바라는 것인데, 남이 그것을 여하히 하는 것이 가하지 않다"면서 인간이 하늘로부터 부여받은 권리에 대한 사상을 소개한 것이다.

하늘로부터 부여받은 'right'라는 사상을 설명하기 위해 후쿠자와는 고심했다. '권리(權利)'라는 번역어는 윌리엄 마틴(William Martin, 丁韙良)이 『만국공법』(1864)을 번역하며 최초로 사용했는데, 국제법상 국가의 권리에 관해 주로 논급했기 때문에 국가의 권으로 이해되기 시작했다. 그러나 사인(私人)의 라이트에 관해 서술하면서 권리는 저항에 부딪혔다. 권세와 이익의 추구는 유교문화권에서 부정적으로 보는 전통이 강하기 때문이었다.

후쿠자와는 라이트의 번역어로 권리(權利), 권리(權理), 권리통의(權利通義), 권의(權義)라는 용어의 사용을 시도하며, '그 의미가 원래 정직이라는 뜻이다. …… 정리(正理)에 따라서 인간의 직분을 힘쓰며 사곡(邪曲)이 없다는 취지이다. …… 또 (어떤 일을) 할 수 있는 권(權)이라는 뜻이 있으니 …… 또 당연히 가져야 할 바의 것이라는 뜻이 있다'고 라이트라는 단어의 의미를 설명했다.10) 나아가 권리통의란 무엇인가? "사람들이 그 생명을 중시하고, 그가 가진 물건을 지키며, 그 면목명예(面目名譽)를 귀하게 여긴다는 대의(大義)이다. 하늘이 사람을 낳을 때 인간에게 체(體)와 심(心)의 기능을 주어 그들로 하여금 그 통의를 다 누릴 수 있도록 했으므로, 어떤 일이 있어도 사람의 힘으로

양 개념 수용 시기의 번역어 정착 과정에서 기인한다고 보기도 한다[와타나베 히로시, 「Right와 일본어」, 노병호 옮김, ≪개념과 소통≫, 20(2017)].

10) 福澤諭吉, 「例言」, 『西洋事情』 2(1870).

그것을 해쳐서는 안 된다"라고 해설했다.[11] 그리고 '인생의 자유는 그 통의'라는 말은, 사람은 태어나면서 독립불기(獨立不羈)로서 속박을 당할 연유가 없고 자유자재하므로 해야 할 바의 도리를 갖는다는 의미라고 설명했다.

후쿠자와가 라이트의 역어로 제시한 통의는 『맹자』, 『순자(荀子)』 등에서도 "천하지통의(天下之通義)", "고금지통의(古今之通義)" 등 변하지 않는 도리, 세상 어디에나 통하는 도리라는 뜻으로 사용되었던 단어이다. 전통 유학에서 시작하여 난학을 거쳐 양학자가 된 후쿠자와는 1870년대의 주요 저술에서 통의를 자주 사용하여 조선 개화파에게도 영향을 주었다. 후쿠자와는 1880년대 후반에 라이트의 역어로 권리(權利)를 주로 사용하게 되는데, 그는 이러한 과정을 통해 자유자재와 권리통의 같은 서양 자유주의사상의 핵심 개념을 일본에 전파한 선구자라 할 수 있다.

또 다른 계몽사상가인 니시 아마네는 "영어로 right라는 단어가 있다. 정(正) 혹은 직(直)이라고 번역되는 단어인데, 한자어로는 권(權)으로 번역되고 있다. 이 right라는 단어는 즉 한자의 의(義)라는 단어에 해당한다"라며, 올바르고 똑바르다는 의미를 중시했다.[12] 나카에 조민도 루소의 『사회계약론』을 번역한 『민약역해』에서 droit을 권(權), 의(義), 도리(道理) 등으로 번역했다.[13] 그런데 앞에서 언급한 로브샤이드의 『영화자전』이나 일본의 영어사전인 『영화대역수진사서』에 모두 올바른 것, 도리라는 뜻과 함께 '권(權)'이라는 번역이 나타나고 있다. 미국의 영어사전에도 라이트의 여러 뜻 가운데 'the legal power of exclusive possession and enjoyment(배타적 소유와 향유의 법적 능력)'라는 설명이 있다.[14]

---

11) 『학문의 권장』 제2편 참고.
12) 西周, 「百學連環」, 『西周全集』 4(宗高書房, 1981)[와타나베 히로시, 「Right와 일본어」 233쪽 재인용].
13) 石田雄, 『近代日本思想における法と政治』, p.95.
14) *American Dictionary of the English Language*(Noah Webster, 1828) 재인용.

라이트가 법에 의해서 인정되는 무언가를 할 정당한 자격과 그에 기반한 요구를 뜻한다면 자기이익을 주장하는 것이 아니며 정당하고 올바른(right) 것을 실현할 요구를 의미하게 된다. 이에 부합하는 통의, 권의, 권리(權理)가 후쿠자와 유키치, 니시 아마네에 의해 제시되었고 중국에서도 사용되었지만, 결국 권리(權利)가 승리했다. 중국에서는 권리(權利)와 권력(權力)의 발음이 같은데다, 권력(권세)을 가지는 것과 이익을 누리는 것이 현실적으로 결부되었고 그것을 당연하게 간주해 온 전통으로 인해 권리가 권력(權力)으로 이해된 측면도 있었다. 그런데 이러한 권리가 하늘로부터 부여받은 것이기 때문에 누구나 생명·자유·행복을 추구할 수 있다는 천부인권사상이 일본을 포함한 동아시아인의 사고방식의 변화에 장기간에 걸쳐 막대한 영향을 미쳤다.

후쿠자와의 '문명의 자유' 개념에서 그의 서구 자유주의적 사상에 대한 이해를 가늠할 수 있는 부분은, 서양문명은 절대적 진리에 대한 맹신을 배격·의심하고 제 설의 병립을 관용하는 가운데 '마침내 합해서 하나가 되며, 그 사이에 자유를 존재시켰다'고 보고, 그것을 지향한 점이다. 그는 "문명의 자유는 ……모든 권의를 허용하고, 모든 이익을 얻게 하며, 모든 의견을 받아들이며, 모든 힘을 길러서, 피아 평균의 사이에 존재할 뿐이다. 혹은 자유는 부자유한 데서 생긴다고 할 수도 있다"라고 했다.[15] 회의정신, 비판적 사고, 다른 사람의 의견을 존중하고 최선을 찾아가는 '과학적' 내지 '용인(관용)'의 합리적·이성적 태도와 방법을 중시했던 것이다.

후쿠자와는 어떤 자유 또는 누구의 자유도 절대적인 힘을 가지지 못하며, 다양한 자유가 서로 견제하는 가운데 자유가 있다는 리버럴한 사고와 태도를 중시하고, 이에 대비되는 일본의 '권력의 편중'을 분석했다. 사람들 사이의 힘의 우열에 따른 편중, 정부와 국민 사이의 편중, 정치의 편중 등등, 상하·주

---

15) 福澤諭吉, 『文明論之槪略』 第9章.

객·내외 등 사회의 모든 측면에 '권력의 편중' 기풍이 스며들어 있다는 것이다.[16] 여기에서 벗어나는 방도가 바로 국민 한 사람 한 사람이 독립진취적 기상을 가지는 것이고, 그것을 위해서는 자주적이고 자유로운 근대적 자아인 '개인'이 되어야 한다고 주장한다.[17] 이 개인은 자연히 자유롭고 평등한 권리를 가진 존재이다. 후쿠자와는 '1인 1개의 개개(個個)', '독일개인(獨一個人)'을 무엇보다도 귀하게 여기는 정치를 강조했고, '사권의 불가침성'을 믿은 자유주의자였다고 볼 수 있다.

3) 나카무라 마사나오

후쿠자와는 리버티와 프리덤에 대응하는 적절한 역어가 없다고 하면서도 자주임의와 함께 자유를 선택하여 역어로서 자유의 승리에 기여했고, 나카무라 마사나오[나카무라 게이우(中村敬宇)]의 『자유지리』 출판이 이를 확고히 했다. 밀이 지은 『자유론』의 번역서인 『자유지리』는 19세기 후반 일본에서 휘튼의 『만국공법』[18], 스펜서의 사회진화론, 벤담과 밀의 공리주의, 오귀스트 콩트의 실증주의 관련 서적들을 번역한 책들과 함께 당시 베스트셀러가 되었다.

나카무라는 『자유지리』를 번역하기 전에 새뮤얼 스마일스(Samuel Smiles)의 『자조론(Self Help)』을 번역하여 『서국입지편』이라는 서명으로 출판했고, 이 책도 베스트셀러가 되었다. 서양이 부강한 근원을 절실히 알고 싶어 하던 일본인들에게 그는 크게 세 가지 측면으로 그 원인을 설명했다. 첫째, 인민들

---

16) 丸山眞男, 『文明論之槪略を読む』(岩波書店, 1986), pp.73~77.

17) 김석근, 「福澤諭吉의 '自由'와 '通義': '獨立不羈'의 정치학」, 108~109쪽.

18) 헨리 휘튼의 국제법 저서 *Elements of International Law with a sketch of the History of the Science*(1836년 초판)의 1855년 판본을 저본으로 중국 선교사 윌리엄 마틴이 한역해 『만국공법』으로 출판했고(1864) 일본에서 중역된 것으로 보이는데, 막부 말기 후쿠자와의 『서양사정』과 함께 2대 베스트셀러가 되었다.

이 독실하게 천도(天道)를 믿는다. 둘째, 인민에게 자주권이 있다. 셋째, 정관법공(政寬法公), 즉 정치는 관대하고 법집행은 공정하다는 것이다. 국가의 자주권은 인민의 자주권에서 비롯되고 인민의 자주권은 인민의 자주적인 뜻과 행동(志行)에서 비롯된다고 보아, 인민의 덕행을 강조했다. 유학생들을 인솔하여 2년 정도 영국에 체류했던 나카무라는 영국 사회의 강점이 데모크래틱한 정치 시스템과 인민의 자주자립의 지행(志行)이라고 파악했다. 제도적인 장점과 더불어 민의 덕성을 중시한 것이다. 인민의 자주권과 '정치는 관대하고 법은 공정함(政寬法公)'을 실현한 영국의 실상은 자유주의사상이 영국에서 이루어낸 결실물에 다름없었다.

요시노 사쿠조(吉野作造)는 당시 '후쿠자와는 메이지 청년들에게 지(智)의 세계를 보여주었다면, 나카무라는 청년들에게 덕(德)의 세계를 보여주었다'고 평가했다. 덕행을 고무한 이유가 '인민의 자주의 권'을 올바로 행사하고 국가의 자주권을 지키기 위함이라 해도 인민의 자주권을 중시한 것은 서구사회의 자유주의적 특성을 간파한 것이었다. 나카무라가 『서국입지편』 번역을 끝내자마자 곧 밀의 『자유론』 번역을 시작한 이유는 자유의 의의를 제시함으로써 자주자립의 지행을 확립하는 데 방해되는 여러 가지 압력을 비판하기 위함이었고, 이를 통해 19세기 자유주의사상을 본격적으로 소개하게 되었다. 개인적으로 뛰어난 유학자였던 그가 기독교에 경도되어 신교의 자유에 대해 강한 열망을 가졌던 것도 번역의 한 가지 동기였다고 한다.

나카무라의 『자유지리』는 젊은이들에게 인간의 자유와 권리가 중요하고, 각기 자신의 개성을 발전시켜야 하며, 민의에 기초한 정치가 행해져야 한다는 자각을 심어주었다. 뛰어난 유학자로서, 또 『서국입지편』의 번역자로서 명망이 높던 나카무라가 번역한 『자유지리』는 '자유'라는 어휘에 대한 지식인들의 저항감을 상당히 약화시켰고, 1873년 이후 '자유'가 자주, 자주지리 등 다른 번역어를 누르고 일본에서 확고한 지위를 가지게 되는 결정적 계기가 되었다. '자유'라는 역어가 동아시아의 고전적 용법의 어감으로부터 조금 멀어지면서 역어로서 정착되기 시작한 것이다.

나카무라는『자유지리』서문에서 "이 책은 시빌 리버티(인민의 자유), 즉 쇼셜 리버티(인류교제상의 자유)의 이치를 논한다. 즉 정부가 각 개인에게 행사하는 권세는 어떠한 것인가 하는 본성을 밝히고, 또 그 권세의 한계를 밝히는 것이다"라고 책의 주제를 제시했다. 유학자로서 영국의 정치와 사회 내면을 관찰하고, '군주가 명령하는 바는 국인이 행하고자 하는 바이고, 군주가 금지하는 바는 국인이 행하고자 하지 않는 바'라는 정치를 가능하게 한 시스템에 주목했다. 그런데 이 '국인'이 사실 '모든 국인'일 수는 없고 '국인의 다수'가 될 수밖에 없는 이상, '다수'와 견해를 달리하는 '소수'의 '자주자립의 지향'이 억압될 우려가 항상 존재한다는 위험이 있다. 나카무라는 밀의『자유론』이 '데모크래틱한 시스템'과 '인민의 자주자립의 지향'의 절충방법을 제시한다고 보고 번역을 한 것으로 보인다.

그런데 밀이 'individual independence and social control(개인의 독립과 사회의 통제)', 'the tyranny of the majority[다수의 폭압(압제, 독재)]' 등을 언급하며 사회에서 다수의 압제와 소수 개인의 자유보호 문제를 심각하게 논했지만 당시 일본에는 '소사이어티(society)'에 대응하는 현실도, 번역어휘도 없는 상태였다. 건립하려는 '자유'에 대해 당시 대립자로 생각할 수 있는 것은 '정부' 또는 '정부에 가까운 집단 또는 세력'이기에 나카무라는 소사이어티를 '정부'라 번역하기도 하고 '중간연중(中間連仲)'이라고 번역하기도 했다. 그가 영국에서 목도한 정치는 정부가 다수자의 의견 내지 여론에 따름으로써 사회와 일치된 정책을 집행한다고 보았기 때문이기도 하다.[19]

---

19) 狹間直樹, 「中江兆民『民約訳解』の歴史的意義について」, 石川禎浩・狹間直樹 編, 『近代東アジアにおける飜譯概念の研究』(京都大学人文科学研究所, 2013), pp.63~65.

'다수의 중간(仲間)의 폭위(暴威)' 즉 사회적 다수자에 의한 억압은 일본의 경우 항상 정부라는 채널을 통해서 행사되기에 소사이어티를 '정부'라 번역해도 문맥이 통하는 바가 적지 않았다. 그런데『자유지리』를 읽는 독자는 밀의 사회적 다수자에 의한 억압에 대한 비판을 그대로 '정부'의 억압에 대한 비판으로 이해하게 되었다. 밀이 강조한 '다수의 독재' 즉 사회적 압력이 개인의 자유에 미치는 영향에 관해서는 중요하게 인식하지 못했고, 문제를 오직 정부 대 '인민'이라는 집단 간의 대립관계로 단순화하는 경향을 보였다. 이는 정부 대 인민이라 할 때 대항의 일방 주체로서의 '인민'이 집단으로서 하나의 유기적 실재인 것같이 간주되는 문제를 내포하게 된다.

4) 나카에 조민

루소의 사상을 흠모한 나카에 조민[본명은 나카에 도쿠스케(中江篤介)]은 일본의 대표적인 프랑스식 자유사상 이론가로서 자유당계 언론을 통해 평등의 실현에 중점을 두는 급진적 민주주의를 선전했다. 그는 인민이 국가의 근본이므로 민심이 개화되어 인민이 자유와 권리를 누리게 되어야 한다고 주장했고, 국가는 반드시 인민에 의거하고 그들을 존중해야 번성할 수 있다고 보았다.

나카에는 고대적 자유를 동경한 루소처럼 고대적 공화정을 선망했다. 정권을 한두 사람이 아닌 전국 인민이 공유하는 것이 공화정치의 정신이고 본질이라며, 공화정치는 바로 인민이 주권을 행사하는 것이라 생각했다. 이것이 바로 나카에가 추구한 '의리', '민권' 이론이다. 고대인의 자유는 공민 자격을 가지고 적극적·지속적으로 집체권력에 참여하는 것을 의미했는데, 고대인의 목표는 조국의 공민들이 공동으로 사회권력을 나누어 향유하는 것이었다. 나카에는 적극적 자유가 고대인의 자유에 속한다고 보았다. 그에 비해 현대인의 자유는 화평의 향수와 사인의 독립으로 구성되며 그 목표는 사인의 쾌락의 보장이고, 이를 제도적으로 보장하는 것을 자유라 칭한다고 보았다. 현대인이 추구한 소극적 자유의 공리주의적 경향에 대해 거부감을 표명한 나카에는 고 대적 자유 개념의 적극적 자유를 주장했다. 나카에가 추구한 일종의 심사상(心 思上)의 자유를 개인에게 적용하면 자기를 자기의 주인으로 삼는 심태(心態)의 표현이라 할 수 있다. 정신심사(精神心思)가 절대 타물의 속박을 받지 않는 이 진취정신을 정치에 적용하면, 바로 정치 참여를 희구하는 자유인 것이다.

나카에는 자유를 천명의 자유인 천연의 자유와 사회적 자유인 인의(人義)의 자유로 구분하기도 했고, 또 자주불기를 핵심으로 하는 자유를 심사자유와 행 위자유로 나누기도 했다. 심사자유는 정신심사가 타물의 속박을 받지 않고 완전히 발달하여 남김이 없는 상태이다. 이는 밖으로는 정부가 강제하지 않 고 안으로는 자신의 5악 6욕에 저해되지 않음으로써 행위자유가 시작되게 하 는 것으로, 기타 모든 자유가 다 여기서 나온다고 보았다.

심사자유는 루소가 말한 '사람들이 자기를 위해 규정한 법률에 복종'함으로 써 비로소 자신이 '진정 자기의 주인이 되는 도덕의 자유'를 의미했다. 나카에 가 보기에 '심사자유'는 고금중외(古今中外)의 문명진보의 총원인이다. '자유지 심'은 종교를 세우고, 도리에 관한 학문을 탐구하고, 기술의 발전 및 농업과 상업 경영에 활용할 수 있는데, 자유지심을 정치에 운용하는 것만 어찌 불가 하겠는가? 그러나 불행하게도 서양은 심사의 자유를 정치에 운용했으나 동양 인은 그러지 못했다는 것이다.

나카에는 "대저 리베르(リベル)라 함은 일본어로 자주, 자유, 구속받지 않음, 독립 등의 의미로 번역할 수 있겠으나, 그 의미의 깊고 오묘한 곳에 이르면 이 러한 말로써 다 (표현)할 수 없는 것"이라고 했다. "민권이란 지극한 이치[至理] 이며 자유평등은 대의(大義)이다. 이러한 이의(理義)에 반하는 자는 벌을 받아 야 한다. 비록 백 가지 제국주의가 있어도 끝내 이 이치(이의)를 없앨 수는 없 다. 비록 제왕의 존엄이 있어도 이 의리를 존중함으로써만 그 존엄을 지킬 수

있다." 지극한 이치이며 대의[至理大義]인 민권·자유·평등을 공중에게 솔선하여 지리(至理)가 존재함을 밝혀, '정부[有司]의 전횡을 막고 인민 자치의 정신을 발휘하게 하여, 천부의 자유를 굳게 지키고 고유의 권리를 재고'해야 한다고 주장한 것이다.[20]

일본이 문명화되고 진보해야 민족의 독립을 지킬 수 있고 국가의 부강을 이룰 수 있으니, 심사의 자유를 정치에 운용하는 것이 일본 민권운동의 첫째 과제라 주장함으로써 참정권을 위한 투쟁의 사상적 근거를 제공했다. 나카에의 자유관은 이와 같이 애국주의 정서와 연계되어 있었고, 당시 일본 지식분자들이 가장 중요시한 문제가 민족 독립과 부강이었던 시대를 반영한다.

5) 민권파의 두 갈래: 자유파와 개진파

일본의 초기 자유주의자들을 살펴보면 독일식 강권을 추구하며 법제 개혁을 주장한 '국권파'가 보편적 정서를 대변했지만, 구미 열강에 대한 학습의 요체를 자유주의 정체와 자본주의 경제임을 간파하고 추구하는 조류도 거셌다. 영미 학풍의 영향을 받은 지식인 중 경제발전이 가장 급선무라는 입장에 있던 사람들을 이른바 '국부파'라고 부른다. 예컨대 후쿠자와 유키치는 사리 추구가 공익의 근본이라 주장하며 이기주의와 자유주의사상을 제창했다.

국권파도 자유와 평등의 이상을 결여하지는 않았으나 그들은 권리와 의무를 중시하고, 외국과 대항한다는 가정하에 국권 확립을 강조하며, 그다음에 인민과 정부의 권리를 논해야 한다는 생각을 가지고 있었다. 민권파와 강조점은 달랐으나 대체로 '일본의 국정'을 고려하여 민권을 점진적으로 확대해야

---

20) 이상의 나카에 조민 논설은 中江兆民, 「一年有牛」, 『中江兆民全集』 第11冊; 「社論」, ≪東洋自由新聞≫, 31号(1882.4)[郑匡民, 『梁启超启蒙思想的东学背景』(上海书店出版社, 2003), pp.147~148 재인용].

한다는 입장을 공유하는 것이 특징이다(민권파도 초기의 사상이 변하며 결국은 이러한 입장으로 낙착된다).

일본의 민권파는 루소식 자유주의를 지향한 자유파와 영국식 자유주의를 지향한 개진파로 구분된다. 자유민권운동의 사상적 근거로 나카에가 따랐던 루소식 프랑스 자유주의의 공화주의적 특성을 들 수 있는데, 이들은 일본 민권운동의 초기부터 '자유파'라는 한 흐름을 형성했다. 루소가 그의 『사회계약론』 1권 1장에 "인간은 자유롭게 태어났지만, 도처에서 사슬에 얽매여 있다"라고 쓴 첫 구절은 프랑스혁명기의 사람들뿐 아니라 자유와 평등 사상을 접하고 변혁을 원했던 일본의 청년들까지도 격동시켰다.

그러나 프랑스혁명 후의 공화정치에 대해서 매우 비판적으로 보고 인민주권설이나 혁명권에 동조하지 않는 사조는 일본 사상계에서 프랑스파와 구별되는 영국파를 구성했다. 영국식 입헌군주제적 자유주의사상과 정치제도를 지향하는 사람들은 '개진파'라 불리었다. 민권파에 두 가지 흐름이 병존했던 것이다. 메이지유신의 지도 세력이었지만 파면되어 정부를 떠난 오쿠마 시게노부(大隈重信)는 영국식 입헌정치과 국부 실현의 지향을 가진 지식인들과 연합하여 입헌개진당을 설립했다.

자유파와 개진파는 정부에 반대하며 개인주의를 주장했으나, 개진파가 개인의 자유를 중시한 데 비해 자유파는 국가의 자유를 추구했다. 또한 개진파가 국부파에 기원을 둔 데 비해, 자유파는 국권파에서 유래했다. 자유파는 국가의 자유를 중시하며, 개인의 자유보다 상대적으로 평등을 중시하는 자유를 지향하여 공동의 자유·보편적 자유·전체적 자유, 즉 사람들이 평등하게 함께 자유를 향유하는 것을 상정했다.

개진당과 자유당은 모두 자치주의를 주장했지만(개인주의적), 개인 자유에 기초하여 제한선거와 양원제를 주장하는 개진당과 공동 자유에 기초하여 보통선거와 일원제를 주장하는 자유당으로 구별되었다. 개진론은 개인 자유를 정치 표준으로 하는 리버럴이라 할 수 있고, 자유론은 데모크라시 즉 민주론에 가까웠다. 민주론파의 이상은 인류평등, 시민의 사회권리 확장, 공동 자유 제창을 주안점으로 삼고 있어, 프랑스식 자유주의 전통에 가까웠다.

구가 가쓰난(陸羯南)은 '개진론파는 태서(泰西)의 리버럴론파를 모방하여 중등(中等)의 생활을 권리의 근원으로, 개인의 자유를 정치의 표준으로 삼는다. 데모크래틱파의 이상은 인류평등에 있고, 서민[衆庶] 사회의 권리를 신장하여 공동 자유의 정치를 실현하는 것을 주안점으로 한다'며 일본 자유당으로 대표되는 '자유론파'는 태서의 데모크래틱파에 가깝다고 위치 지었다. 개진론파가 자유주의파(리버럴론파)에 가깝다고 본 것이다.

개진당은 주권이 그것을 구성하는 개인과 명백히 구별되는 법률적 실체인 네이션(nation)에 있기 때문에 어떠한 개인이나 집단도 그 자체로서 주권을 행사하는 주체가 될 수 없다고 보아, 대의제 민주주의와 친화력을 가졌다. 인민주권론 입장의 자유당은 직접민주주의와 친화력을 가졌다. 자연상태에서 절대적 자유를 가졌던 개인들이 자유로운 선택과 의지에 의해 절대적 자유를 유보하고 계약적인 '사회적 상태'를 구성했다. 즉, 자유당은 자연적 자유를 포기하고 시민적 자유를 획득했다는 사회계약론을 신봉하여 자유로운 사람들의 총칭으로서 인민을 이해했다. 메이지 시기에 자유와 권리를 행사하는 정치적 주체로서의 '인민'은 프랑스혁명과 미국 독립혁명선언에서 말하는 주권적 주체로서 강조되었지만, 사실상 국민의 의미와 크게 다르지 않았다.[21]

---

21) 어떤 사회나 국가의 구성원 전체를 인민(people)이라 부르기도 하는데, 자유로운 의사결정을 통해 사회나 국가를 구성하는 사회계약을 맺는 주체를 의미한다. 이들 개개인이 총체로서 주권을 가지는 것이 인민주권론이다. 국민(nation, citizen)은 국가의 구성원으로서의 인민이고, 법률적 실체인 국가(nation)에 주권이 있다는 입장이다. 인민주권론은 직접민주주의와, 국민주권론은 대의제 민주주의와 연결된다. 인민이냐 국민이냐 하는 문제는 프랑스혁명과 프랑스의 헌법 제정 과정에서도, 중국의 약법 제정과 대한민국의 제헌 과정에서도 심각한 쟁점 중 하나였다. 인민은 국가가 없어도 존재하는 자생적 존재이고, 국민은 정치적 범주라는 뉘앙스 차이가 있다(박명규, 『국민·인민·시민: 개념사로 본 한국의 정치주체』(소

일본 계몽기에 '계몽사상'으로 유포된 것은 19세기 서구 자유민주주의(부르주아 민주주의) 사상이었다. 유럽의 부르주아 민주주의 혁명기인 18세기에 유행했던 사상에 비해 적절한 진보성과 보수성이 배합된 19세기 서구 부르주아 민주주의 이론이 천부인권사상 형태 또는 사민평등이념 형태로 도입되었던 것이다. 특히 벤담, 밀, 스펜서 등 19세기 영국의 '수정' 자유주의사상이 메이지 초기에 활발하게 활동한 계몽단체 메이로쿠샤(明六社)에 큰 영향을 미쳤고, 메이지 절대주의정권의 위로부터의 계몽노선을 규정했으며, 특히 개진당계에 영향을 주었다.

메이지 국가에 의한 부국강병을 지원하는 문명개화, 즉 서양화 노선을 사상적으로 뒷받침한 메이로쿠샤는 자발적으로 분투하는 국민을 창출하기 위하여 천부인권론을 제시했다. 그런데 공리적 인간을 내용으로 하는 천부인권론이다. 만인은 행복추구의 권리를 하늘로부터 평등하게 부여받아 평등하며, 인간의 욕망을 자연적인 것으로 긍정하고, 국가는 천부인권을 보호하기 위해 존재한다고 설정한다. 인간의 여러 가지 능력을 해방하여 이성에 기초한 능력을 개발하는 것, 즉 인욕을 사회의 원동력으로 삼는다는 사상이 일본에 전파되기 시작했다. 전제주의하의 노예근성을 비판하며 권리와 자유 관념, 독립불기의 정신을 설파한 것은 민중의 예속을 강제하고 차별, 억압하는 막부시기의 막번제 이데올로기에 대한 혁명적 주장이었다. 계몽사상가들은 봉건적 국가관을 부정하고 근대적 법치국가 건설을 주장한 것이다.

후쿠자와는 밀의 『공리주의(Utilitarianism)』를 그 자신이 읽었을 뿐만 아니라 그의 게이오기주쿠(慶應義塾)에서 많이 읽힌 것으로 유명하며, 동시대인은 후쿠자와를 '공리주의자'로 보았다고 한다. 니시 아마네는 『밀의 공리학(彌耳氏利學)』(1877)을 번역·출판하여 공리주의사상이 메이지 10년 무렵에는 일본

화, 2009), 108~110, 131~145쪽 참조].

에 이미 널리 보급되어 있었다. 또 벤담의 『도덕 및 입법의 제원리 서설(An Introduction to the Principles of Moral and Legislation)』(1789)을 번역한 『이학정종(利學正宗)』이 1883년에 출판되었다. 메이지 초기 입법 관료들도 벤담 등의 공리주의철학을 중시하여 연구했다. 앞에서 살펴본 나카무라의 『자유지리』도 밀의 공리주의적 자유주의를 일본에 전파한 것이었다. 영국의 공리주의사상은 일본인이 개인주의사상을 수용하는 데 큰 영향을 끼쳤다.

후쿠자와는 영국의 자유주의자인 밀과 스펜서의 관점을 수용하여, 정부는 인민을 대표해서 법률을 집행하며 인민은 법률을 준수해야 하고 국법은 인민의 의사를 표현한 것이라는 입장이었다. 번역서를 통해 영미의 대의정체론·헌법론·입법론 등의 이론을 습득한 지식층 중에 군민공치와 삼권분립을 주장하며 영국의 정체를 일본에 이식하고자 한 온건한 민권파는 입헌개진당을 조직하는 중심 세력을 이루었다.

일본에서는 영국의 자유 개념은 자발성이 강하고 강제가 없다는 점에서 자유의 본질을 도출하기 좋다고 생각되었다. 이에 비해 프랑스형 자유는 절대적·집합적 목적을 추구하고 그 목적을 달성해야 자유가 실현된다고 믿어, 유일하게 타당한 형태를 강제한다고 보았다. 전자를 현실주의적 자유주의(pragmatic liberalism) 또는 보수적 자유주의로, 후자를 이상주의적 자유주의(idealistic liberalism) 또는 급진적 자유주의자로 특징짓기도 했다.

6) 자유민권운동과 '자유대의(自由大義)'

리버티가 소개되던 시점부터 일본에서는 자유가 국가의 독립 문제와 연계되어 이해되는 동시에 그것의 '제 멋대로'의 위험에 대해 경계해야 했는데, '자유' 개념 도입사의 다음 단계로 넘어가면서 '자유'의 의미의 역점이 '외압으로부터의 독립'에서 옮겨가 '국내의 전제권력'에 대한 '자유'라는 방향으로 이행할 수밖에 없었다.

밀의 『자유론』을 번역한 나카무라의 『자유지리』는 메이지 5년(1872) 출판되어 '민권' 관념을 고취했다. 이 책은 널리 자유민권운동 활동가들의 필독서가 되었고 메이지유신 후의 (사쓰마번 출신과 조슈번 출신들이 권력을 독점한) 번벌 전제정부에 반대하는 운동을 고무했다. 자유민권운동의 가장 중요한 사상적 지주는 루소의 사회계약론(민약론)이었다. 프랑스 자유주의의 세례를 받고 귀국한 사이온지 긴모치(西園寺公望)와 나카에 조민이 중심이 되어 ≪동양자유신문(東洋自由新聞)≫을 창간했고, 루소의 사회계약론(민약론)과 혁명주의를 전파했다.[22] 나카에는 자유평등이 인류사회의 대원칙이라며 민주공화정치를 추구하면서 자유당에 참여했다. 일본에서 자유주의사상이 지식인의 범위를 넘어 확산된 계기는 주지하듯이 자유민권운동이다.

메이지유신 세력 간의 갈등으로 하야한 인사들이 메이지정부의 전제정치에 반대하며 1874년 애국공당(愛國公黨)을 설립하고 「민선의원설립건백서」를 제출한 것이 이 운동의 시발점이었다. 이타가키 다이스케(板垣退助)가 설립한 애국사(愛国社), 입지사(立志社) 등은 문명국가를 따라가야 한다며 인민의 권리를 중시할 것과 인민공의와 여론에 의거한 정치를 주장했다. 서양의 사정을 소개하고 일본에 적용을 모색하는 계몽 단계를 넘어 일본에서 자유주의의 이념과 제도의 실현을 추구하는 '운동'이 전개되기 시작한 것이다. 일본의 자유민권운동은 애국사의 제3차 대회(1879)와 제4차 대회(1880)에서의 국회개설 청원운동을 계기로 전국적 민권정치운동으로 발전했다.

1875년 입헌정체에 대한 요구가 커지자 일본황실은 1875년 '점차입헌정체 수립의 조서'를 반포했다. 1881년 일본정부는 1890년까지 국회를 개설한다는

---

22) 출판허가를 받지 못한 나카에 조민의 일역 『민약론』은 수기본으로 시코쿠, 규슈, 도호쿠 지방에 전파되어 읽혔다. 나카에 자신이 다시 한문으로 번역하여 출판한 번역본이 중국에도 유통되었다.

칙유를 내려 민선의원 설립에 동의했고 헌법 제정 방침을 정했지만 선거권의 자격, 의원의 구성, 제헌의 주체 등 중요한 문제를 둘러싸고 논란이 일어났다. 메이지정부를 이끌던 번벌 세력23)의 절대주의적 권력에 대항하는 인민으로서 여러 계층이 연합한 민주주의운동인 자유민권운동이 전개되었다. 「민선의원설립건백서」를 계기로 제출자의 예상을 넘어서서 일반 민중의 정치적 관심이 폭발하고 많은 정치적 결사가 만들어졌다. 대의권과 납세의무는 불가분리하다는 등 권리와 의무 관념이 확산되기도 했다.

국회 개설 일정이 공포되자 자유민권파 정당이 출현했다. 이타가키가 총리가 된 자유당이 1881년, 오쿠마 시게노부를 총리로 한 입헌개진당이 이듬해에 결성되었다. 지주나 부르주아 개량주의를 지향하는 세력과 농민 및 인민대중 세력의 분화가 일어난 것이다. 국회 개설이라는 운동의 목표를 상실하며 자유당과 입헌개진당이 대립했고, 1880년대 디플레이션정책으로 농촌경제가 타격을 입어 자유민권파의 지지 기반이 흔들렸다. 자유민권운동은 주요 지지자였던 지주 등 농민 상층부가 운동에서 이탈하거나 혁명적 민주주의를 주장하는 하층민의 급진화가 나타났다. 자유당과 개진당의 지도부가 운동에서 이탈하면서 정부의 탄압을 받은 자유민권운동은 1880년대 전반 이후 쇠퇴했다.

일본의 자유민권운동은 줄곧 참정권을 중심으로 진행되었고 국민의 정치참여를 요구했다. 민권이론가들이 보기에 국민이 정치에 참여하는 것과 국회 성립이 국가 통일과 독립의 필수 전제였기 때문이다. '국가와 민사는 원래 둘이 아니다'라는 의식하에서 국가는 민이 모여 이루어지고 정부는 국가의 정사를 관장하며 국가가 안전해야 인민의 안락하다는 것이다. 민권운동의 정치적

---

23) 메이지유신을 이끈 사쓰마, 조슈, 도사, 사가의 네 개 번 세력 중 유신 초기에 시난(西南)전쟁 등을 거치며 사쓰마와 조슈의 두 개 번 출신들이 중앙정부의 권력을 독점적으로 장악한 것을 일컫는다.

목표는 국회 개설이었는데, 이는 민족의 독립과 부강이라는 과제와 불가분한 것이었다. 나카에는 헌법으로 인민의 자주와 자유를 보장하여 국가의 공고함과 안전을 확보하고자 했다.

일본 자유민권운동의 이러한 경향, 즉 국가권력과의 일체성을 강조하고 국가의 자유에 의거하는 국가주의 경향이 일본식 자유주의사상의 특성으로 자리 잡았다. 유럽 자유주의의 원류에 나타났던 국가권력 강화에 대한 두려움이나 국가로부터 멀리 떨어져서 자유를 누리려는 경향(영국식 자유주의)과 구별되는 점이다. 후쿠자와는 자유민권운동의 '인민주권론' 입장에 동조하지 않았고 운동의 미성숙성을 비판했지만 그 자신도 1870년대 후반 이후 국권과 국체를 강조하는 국가주의 지향이 강해졌다.

후쿠자와는 자신의 가장 중요한 저술이라 할 수 있는 『문명론의 개략』에서 이렇게 썼다. "국체는 국가의 근본이다. …… 이 시점에 처한 일본인의 의무는 오로지 국체를 보전하는 것뿐이다. 국체의 보전은 자국의 정권을 잃지 않는 것이다. …… 인민의 지력을 발전시켜야 한다. …… 가장 급하고 필요한 일은 낡은 습관에서 벗어나 서양문명의 정신을 섭취하는 것이다." 일본의 낡은 습관을 벗어나 서양문명의 정신을 섭취해서 인민의 지력을 발전시켜야 한다고 주장하지만, 그 목적은 일본의 정권을 지키는 것이었다.

같은 책에서 그는 국체론과 민권론에 장단점이 있음을 냉정하게 지적했지만, 곧이어 출판한 『통속국권론』에서는 모든 국민의 머릿속에 나라사상을 심어주어야 하며 그것을 위한 가장 효과적인 방법으로 외국과의 전쟁을 제시하며 조선과의 전쟁을 예로 들고 있다. 자국의 국권 강화와 국권 의식을 환기하기 위한 외전론(外戰論)은 이후 조선과 중국의 '문명화'를 위한다는 명분에서 간섭전쟁과 침략전쟁을 주장하는 방향으로, 나아가 팽창과 침략을 긍정하는 입장으로 선회하는 모습을 보였다. 그는 「내외경쟁지사」라는 논설에서 "천연의 자유민권론은 정도이며, 인위의 국권론은 권도(權道)이다. …… 나는 권도를 따르는 자다"라고 선포했다. 자유민권은 바른 도리이지만 천년 후에도 성취될는지는 보장할 수가 없으니 무익한 변론을 할 필요가 없다며, 안으로는 안녕을 밖으로는 경쟁력을 확보하는 내안외쟁론을 제시했다.

이러한 후쿠자와의 주장에 대해 자유민권의 맹장 우에키 에모리(植木枝盛)는 "민권은 국권의 노예가 아니다. …… 민권을 주장하는 것은 민권 자체를 신장하기 위해서다. 국권 신장은 민권을 위해서 하는 것이다"라고 비판했다. 또 후쿠자와의 국권을 위한 '관민조화론'에 대해서 "무슨 도리로서 관민의 조화를 설명할 수 있는가? 관과 민은 이해를 달리한다. …… 정부와 인민의 이해가 다른 것은 국가를 위해 아주 좋은 일로서, 국가정치의 도리를 관철하기 위한 기초는 정부와 인민이 이해를 달리하는 데 있다고 할 수도 있다"라고 주장했다.[24]

자유민권운동의 전개에 따라 자유는 대유행어가 되어 자유간담회, 자유출판회사, 자유신문, 자유탕, 자유당(과자), 자유연애, 자유환, 자유정(음식점) 등 등 온갖 군데에 사용되었다. '마음대로'라는 뉘앙스를 내포한 '자유'라는 단어가 역어로서 처음 사용되던 무렵의 우려에서 결국 벗어나지 못하고 자유의 대유행 속에서 구속으로부터 해방되어 '맘대로', 그리고 '정욕을 따라 멋대로[專]' 한다는 자유관이 강하게 작용했다. 그러나 자유민권운동의 쇠퇴와 함께 자유는 급속히 사람들 관심에서 멀어졌다. 그 이유는 무엇일까? 운동은 정치적 탄압으로 쇠퇴되었지만, 당시 이해된 자유라는 관념에 어떤 문제가 있었던 것은 아닐까?

나카에가 표방한 '지극한 이치'인 '민권'론은 사실 매우 공허하여 사람들에게 실질적 내용을 제시하지 못했고, '인민'이 행사하는 권리의 절차도 불명확

---

24) 植木枝盛, 「人民の國家に對する精神を論ず」, ≪愛國新報≫(1881.11)[이기용, 「兪吉濬과 福澤諭吉의 정치론 비교 연구」, ≪한일관계사연구≫, 13(2000), 56~57쪽 재인용].

했다(독재 통치자에게 편한 문을 열어주는 결과를 초래했다). 그럼에도 민권은 지극한 이치이고 자유는 대의라는 인식이 어떤 구체적 내용이나 절차를 넘어서서 압도적 설득력을 행사하고 있었다고 볼 수 있다.

라이트는 개인의 권리인데, 일본에서는 인민의 권리, 민권, people's right로 인식되었다. 후쿠자와는 '민권이라고들 하는데 인권과 참정권을 혼동하고 있다. 인권은 개인의 권리이지 인민의 권리는 아니다. 따라서 국가권력이 이러한 권, 즉 개인의 권리를 침해해서는 안 된다'고 했다. 프랑스어 드르와 시빌(droit civil, 민법)을 민권이라 번역하며 재산권 등 민법상의 사적권리를 지칭했는데, 일본에는 인권이 정착되지 않아서 개인의 권리인 인권이라는 용어보다 민권이 통용되었던 것이다.

프리드리히 하이에크(Friedrich Hayek)는 프랑스형 또는 단수형 자유는 사변적이고 합리주의적이며 유토피아 건설을 지향하는 경향이 강하고, 영국형 또는 복수형의 자유는 경험적이고 비체계적으로, 즉 자생적으로 전통 속에서 성장했다고 보았다. 구가 가쓰난이 1890년 「자유주의란 무엇인가」에서 '참정의 자유'를 프랑스에서는 천부의 권리라 하고 영국에서는 역사의 결과로 본다고 대비한 것은 핵심을 짚은 것이었다. 영국에서는 개별적·구체적 권리의 복합체로서 자유를 지키려 했기에 자유가 종종 복수형인 liberties로 표현된다. 프랑스에서는 프랑스혁명에서 나타났듯이 추상적 이념으로서 Liberty라는 단수형 자유가 지닌 의미가 크다. 프랑스형 자유 개념은 전통적 특권을 타파하고 현실 변혁을 도모하도록 사람들을 고무하기에 유리하나 교조주의에 빠질 위험이 있다. 구체적인 제 자유의 역사적 전통을 중시한 영국형 자유 개념은 보수적이어서 전통적 특권의 변혁에 소극적인 경향이 있다.

미국 「독립선언」의 번역을 통해 '자유'가 보급되었는데, 거기서 Liberty는 단수형이며 대문자로 표기되었다. 미국의 자유는 그 전통으로 보아도 영국식의 복수형 liberties에 중점을 둔 요소가 많다. '자유'라는 역어를 사용하여 이

언어를 보급시킨 후쿠자와 자신도 영국식 복수형의 구체적 자유를 강조하는 논파의 대표자인데, 미국 독립혁명이라는 변혁기에는 프랑스혁명 때와 같이 단수형으로서 '자유'의 이념을 강조했던 것이다. 즉 혁명의 주도 이념으로서 자유가 논해지는 경우에는 영국이든 미국이든 프랑스든, 프랑스식 단수형 자유로 특정된다. 일본 역시 자유민권운동 당시에 전제적 정부에 대항하는 혁명적 지향을 가지고 '자유'의 이념을 섭취했기에 이렇게 이해되는 경향이 강했던 것이다.

일본의 자유민권운동에 대해서 후쿠자와가 일찍이 비판했듯이 '민권'에 대한 주장은 두 가지 경향을 초래할 수 있는데, 하나는 민권의 민을 인민으로 해석하는 경우이다. 이는 정부에 대한 대항적 인민을 불러일으켜 집체 전체의 권리를 중시하게 됨으로써 인민 전체 중의 인권(사권) 측면은 반드시 무시되고 민권을 전체 인민의 권리로 보는 일종의 사회실재론 경향이 출현할 수 있다. 사회실재론은 집체가 개인으로 구성되는 측면을 경시하고, 사회를 개인을 초월한 자연적 유기체로 보아 하나의 실재 존재로 보는 관점이다.

정부에 대항하는 반대편의 주체로서의 '인민'이 집단으로서 하나의 유기적 실재인 것같이 파악되면 자유민권운동이 비록 인민의 운동이지만 운동 과정에서 개인의 제 자유가 경시되고 집체 내의 개인은 홀시된다. 개인의 의사를 어떻게 구성하여 집단의 의사를 형성할 것인가 하는 절차에 관해서 고려하지 않은 채, 집단적 전체 의견을 당연한 진리로 보게 된다. 유기적 집단으로서의 인민은 당연히 하나의 의사를 가진다고 전제되기 때문이다.

민권의 또 다른 문제는 후쿠자와의 비판대로, 참정권 문제에 편중하는 경향으로 인해 사람들의 주의력을 '기본 인권' 문제로부터 참정권 혹은 정권 탈취로 향하게 하여 전제정부를 타도하는 방향으로 운동의 목표를 전이케 했다는 것이다. 후쿠자와는 진정한 민권은 응당 참정권과 사권 두 측면의 내용을 포괄해야 하나, 자유민권운동이 추진되면서 정권 쪽으로 편중된 결과 '인권'

혹은 '사권'은 경시당하여 '정권과 인권의 경계선이 불분명한 상태가 발생'했다고 보았다. 후쿠자와가 '민권론으로 시끌벅적한데도 그 논봉(論鋒)은 정권의 일방에 향했다'라고 비판한 것은 '인권', '사권'과 그가 중시한 시민적 제 자유를 경시하는 경향이 수반되었음을 지적한 것이다. 구가 가쓰난도 「자유주의란 무엇인가」에서 자유주의는 단순히 공적인 일[公事]에 대한 것이 아니고 사사(私事)의 자유를 주장하는 것이라 언급했는데, 당시 사사의 자유가 간과되고 있었음을 지적한 것이다.

'자유의 공적'인 전제정부를 전복하기 위한 자유민권운동은 지사인인(志士人人)이 자기희생의 정신을 가지고 추진했는데, 운동 조직 내부의 의사 형성 과정이나 절차에 관해서는 일반적으로 관심이 없었다. 그렇다면 목표가치로서의 추상적 '자유'는 그 내용이 어떻게 정해지는가?

자유대의는 '천성(天性)', '천지(天地)의 성(性)'으로 이해되었는데, 천은 대공무사(大公無私)이다. 동양에 없었던 자유권 관념을 정당화하는 데에 유교적 전통에서 사용되는 천 관념이 원용된 것이다. 자연법사상의 기초인 신(神)의 관념을 천이라는 이념과 동일시하여, 천부의 자유는 천성이며 인간의 천성인 자유를 지키는 것이 인간의 대도(大道)라 함으로써 자유대의가 천성으로 자리잡았다. 규범적 요소를 유교전통에 있는 보편주의적 규범의 요소와 접합시키며 동서양의 차이는 자유의 원리를 정치에 적용하는지의 여부뿐이라고 해석했던 것이다. 리버티의 역어로서 자유가 천성으로 이해된 것은 많은 활동가의 헌신을 이끌어내 '자유의 대의'를 위한 자유민권운동에 투신케 했다.

반면, 단수형 리버티의 이념을 유교적 규범주의에 결부시킨 형태로 자유를 받아들인 데에 따른 문제는 크게 두 가지로 지적된다. ① 자유의 대의에의 헌신을 주장하는 자유민권운동에서 복수의 시민적 제 자유에 대한 배려를 결여하는 경향이 생겨난 점이다. ② 그와 관련하여 목표가치로서의 '자유'라는 추상 관념의 구체적 내용이 무엇인가에 대한 고민을 하지 않았고, 절차적 민감성을 결여했다. 따라서 자유라는 '대의'에의 헌신은 그 심정적 순수성만 존중되고, 용이하게 다른 방향으로 전이되어 이용(악용)될 위험성이 있었다.[25]

자유당파의 자유민권운동이 전통적 특권을 타파하고 현상을 변혁시키도록 고무하는 데는 공헌했지만, 다른 한편으로 위험한 경향을 내포하고 있었던 것이다. 민권이 인민이라는 집단의 권리라는 생각과 개인보다 사회를 중시하는 사회실재론 경향은 국권론으로 전이되어 이용될 위험이 내재되어 있었다. 방향을 상실한 '자유대의'는 실재적 자유민권운동이 좌절되던 와중에 집단의 권리인 민권을 실현하기 위해 우선 국권을 강화해야 한다는 국권론 쪽으로 쉽게 유도되었다. 민권론과 국권론이 교차되며, 민권론으로부터 국권론으로의 이행이 나타났다. 나아가 대외침략을 국내 정치의 좌절에 대한 심리보상 요인으로 이용하는 현상으로 연계되었다.

프랑스 자유주의에는 또 하나의 경향, 즉 '국가본위적(étatiste) 자유주의'라는 성격도 있었던 점이 영국과 달랐다. 이 국가본위적 자유주의는 루소가 크게 고취받은 이론이고, 정치적 자유와 민주적 국가를 동일시한다. 로크주의적(휘그적) 자유주의는 자유를 '국가로부터의 자유'로 본다. 그에 비해 국가본위적 자유주의는 자유를 '국가를 통해 실현해야 할 어떤 것'이라고 본다. 국가를 통해 이상을 실현하기 위해서는 정권의 획득이 필수적이므로 참정권 문제가 매우 중요하다. 양자는 대조적인데, 프랑스형 자유주의가 일본 자유민권운동의 사상적 근거로서 작용할 때 이러한 국가주의적 경향이 강하게 드러났던 사실에 주목할 필요가 있을 것이다.

막부 말기부터 메이지 초기의 일본에서는 미국, 영국, 프랑스, 독일의 자유주의 내지 국가주의 사상이 동시에 소개되며 일본의 자유와 자유주의 개념을 형성해 나갔다. 하지만 영국형 자유를 추구한 점진주의적 개진론파는 일본에

---

25) 石田雄, 『日本の政治と言葉 上: 「自由」と「福祉」』, pp. 43~46.

서 인기가 없었으며, 자유민권운동이 후퇴한 후에는 사회진화론과 국가유기체설이 유행하는 가운데 학계에서도 법학·철학 방면에서 모두 독일파가 주도권을 잡았다. 일본을 비롯한 동아시아에 대한 영향 면에서는 독일의 자유주의와 국가주의사상도 매우 중요한 요소임을 빠뜨려서는 안 된다.

7) 사회진화론과 국가유기체설: 가토 히로유키를 중심으로

앞에서 스펜서의 저서가 메이지 초기에 21종이 번역되었음을 언급했는데, 일본에서 이러한 스펜서와 사회진화론의 붐은 서로 다른 두 그룹에 의해 지지되었다. 첫 번째 그룹은 자유민권운동가들이다. 이들은 스펜서의 『사회평권론』을 '민권의 교과서'라고 불렀다. 고통과 쾌락을 선악의 기준으로 삼은 벤담이나 밀보다 도의감정을 주장한 스펜서에게 공감했고, 자연권을 긍정하며 국가의 통제가 사회의 진화를 방해한다고 본 스펜서의 자유방임주의적 측면이 급진파의 성향에 부합했다. 스펜서는 철저한 자유방임의 입장에 서서 사회진화 과정에 대한 불간섭주의를 주장했다. 자유민권파들은 스펜서의 이론을 사회윤리나 규범 수준으로 받아들이고, 자연권에 기초한 개인의 자유와 진화를 촉진하기 위해 국가의 간섭을 최소화할 것을 주장했다. 정부의 전제적 성격에 반발한 자유민권가들이 민권 강화를 주장할 근거를 찾은 것이다.

두 번째 사회진화론 그룹은 보수적 학자들이었다. 특히 미국에서 유학한 도쿄제국대학 출신 학자와 엘리트 관료로 진출한 졸업생들이 주를 이루었다. 사회학자이자 법학자인 아리가 나가오(有賀長雄)는 『사회진화론(社会進化論)』(1890)을 저술하여 이 학설의 확산에 기여했다. 그런데 미국에서 사회진화론의 '생존경쟁'이 개인 간의 경쟁을 의미했다면 일본인은 생존경쟁을 사회유기체 간, 특히 국가 간의 경쟁으로 파악하는 경향이 있었다. 스펜서는 사회진화를 위해서 개인의 자유를 보장해야 한다고 강조한 개인주의의 보루 같은 사상

가졌지만, 일본인을 비롯한 동아시아인들은 국가 간의 생존경쟁에서 승리하기 위해 개인의 자유를 실현하는 것보다도 국가를 강화하는 것이 선결되어야 한다고 생각했다.

사회진화론은 사회유기체론과 결합되어, 국가도 자체 생명을 가진 하나의 유기체라고 상정하여 사회의 장기간에 걸친 변화를 '진화(evolution)'로 보았다. 스펜서의 사회진화론은 찰스 다윈(Charles Darwin)이 『종의 기원(The Origin of Species)』을 발표한 1859년 이전에 이미 생물학·심리학·사회학·윤리학을 포함하는 장대한 철학체계로서 완성되어 있었으므로, 다윈의 생물유기체의 진화에 관한 우승열패의 생존경쟁론을 사회에 적용한 것은 아니었다.[26] 그럼에도 '적자생존 우승열패'라는 다윈의 진화론이 가져다준 충격과 결합되어 일본과 중국의 사회진화론 인식은 다윈의 진화론 개념과 구별되지 않았고, 유기체인 국가 간에 우승열패를 겨루는 세계에서 국가가 살아남아야 한다는 방향으로 발전했다.

일본의 지식인이 19세기 후반 자유주의를 이해, 수용, 변용해 간 과정을 상징적으로 보여주는 인물은 가토 히로유키이며, 그의 사상적 영향력은 후쿠자와 유키치나 나카에 조민 못지않게 일본을 넘어 중국과 한국에 깊이 각인되었다는 점에서 그의 사상적 궤적을 따라가 볼 필요가 있다. 특히 1880년대 이후 일본 정치사상계의 사조의 변화를 주목해 보자.

저명한 학자이자 사상가이며 도쿄대 총장을 지낸 가토의 전기 저작인 『국체신론(国体新論)』(1875)의 대략적 내용은, 자연법과 천부인권사상을 이론적

---

26) 다윈의 진화론은 여러 진화론 중의 하나이며, 이것을 사회에 적용한 사회다윈주의도 사회진화론 중 하나이다. 스펜서는 장 바티스트 라마르크(Jean Baptiste Lamarck)의 진화론의 영향도 받았고, 다윈의 '자연선택(natural selection)' 이론 관련 저술을 읽고 교류했으며, 다윈은 스펜서가 만든 '적자생존(survival of the fittest)'이라는 개념이 더 적절하고 편리하다며 이 용어를 채택했다.

바탕으로 한 헌정사상으로서 인민의 저항권과 정부권한의 제한을 논하여 자유민권운동에 영향을 주었다. 입헌정체에서의 국민은 공사의 권리를 향유하는데 공권은 국사에 참여하는 권리, 중대사를 선택하는 권리, 입법부 관원을 선택할 권리와 피선될 권리 같은 것이고, 사권은 '사신(私身)이 관계하는 권리', '임의자재의 권리'이다. 예컨대 생활의 권리, 자신자주의 권리, 자유롭게 행사할 권리(헌법이 금하는 것 외에는 임의로 장애 없이 인생 제 업에 대한 권리를 선택할 수 있다), 결사집회의 권리, 사상·언론·출판자유의 권리, 신앙자유의 권리, 만민평등의 권리, 개인이 자유롭게 소유물을 처치할 권리 같은 사권 영역에 대해 국민은 국가권력의 간섭을 받지 않는다고 주장했다. 블룬칠리 저작의 일부를 번역한『국법범론(国法泛論)』의 주요 내용이 가토 자신의 저서에 반영되어 있었다.

그러나 1881년(메이지 14년) 가토는 자신의『국체신론』이 일본의 국체를 멸시했다며 구저서를 절판한다는 성명을 낸 후『인권신설(人權新説)』을 출판하며 천부인권론을 공격했다. 루소의 학설은 과격하며 공화정치를 최고의 정체로 본 관점이 오류였음을 인식하게 되었다는 것이다. 가토는「민선의원설립건백서」제출운동을 보고, 자유민권운동이 추진되는 과정에서 다수 인민의 정치 참여를 주장하는 가운데 자신의 욕구를 맘껏 추구하는 식의 정욕을 해방하고자 하는 자유의 경향이 나타났다고 느꼈다. 준비가 안 된 대중 참여자들의 이러한 지향은 시기상조이며 사람들에게 반감을 초래할 수 있다고 보았고, 가토 자신의 사상에도 변화가 일어났다는 것이다.

다윈의 진화론과 스펜서의 사회진화론을 학습한 가토는 사상 전변 후, 인류는 진화의 산물이기에 특수한 생물이 아닌데 무슨 천부인권의 도리가 있겠는가 반문하며 천부인권을 부정했다. 우승열패의 법칙을 따른다면 태어나면서 가지는 자유평등은 있을 수 없다는 것이다. 민선의원 설립운동에 대해서도 시기상조라고 반대하며, 개명전제주의 입장에서 프러시아의 프리드리히 2세의 경우처럼 공정한 마음으로 정권을 스스로 제한하고, 민의와 사권 신장에 노력하며, 언로를 열고 교육을 장려할 것을 제시했다. 메이지정부가 국회 개설과 입헌방침을 공포한 1880년대 초 가토는 천부인권이나 인민주권론을 주장하는 자유민권운동의 논리를 인정하지 않고, 소수의 사족, 화족 및 자산가들로 구성되는 상등민권을 중심으로 한 의회를 구성하고자 한 정부의 입장을 지지했다.

그는 프랑스의 자유 관념은 변혁이라는 전통요소를 포함했고, 영국의 (복수형) 구체적 제 자유도 자발적 성장의 기초를 지니는데 일본의 전통에는 자유 관념이 뿌리내릴 요소가 없다고 보았다. 그럼에도 '자유'가 유행한 이유는 '인욕도 천리 아닌가' 하는 일본의 국학(國學)적 사유전통에 내재하던 자유를 인욕을 해방하는 자유로 이해했기 때문이라는 것이다. 실제로 자유라는 말은 자기성정에 맡긴다[自私任性]거나 마음 내키는 대로 한다[放恣], 인욕을 해방시킨다는 의미로 간주되며 대대적으로 유행했다. 이는 결과적으로 자유에 대한 반감을 양성하여 반동을 불러일으켰다.

17세기 영국에서 로버트 필머(Robert Filmer)는 논적(論敵) 로크가 주장하는 시민자유를 '사회적 자유'의 개념과 '자의적 자유'로 엄밀히 구별해야 한다고 주장했고, 이에 대해 로크는 시민 개인이 이성적으로 자아를 결정하는 것이 자유라는 개념을 개진했다. 일본에서도 이러한 두 종류의 자유를 실재로 구분하는 사람이 적어서 문명개화기에 자유는 정욕 해방의 자유로 이해되는 경향이 강했다. 자유라는 용어가 약품, 접착제, 화장품 상표로도 사용되었지만, 이 용어의 대유행이 어떤 적극적인 정치효과를 달성하지는 못했다. 오히려 자유라는 단어가 나쁜 연상을 불러일으켜 자유민권운동에 대해서도, 또 광범한 의의에서 '자유'에 대한 개념 자체에도 반감을 초래한 것이다.

루소의 천부인권론과 프랑스혁명의 관계에 대해, 과격한 행동은 사회에 격동과 불안만 초래할 뿐 사회진보에 도움이 되지 않는다고 한 블룬칠리의 견해에 가토도 동조했다. 블룬칠리는 독일 역사학파의 영향을 받아 루소의 사회계약론에 찬성하지 않았고, 법률제도는 민족정신의 역사적 산물로서 유기적 성장을 하며 국민 개성의 유기적 성장과 병행한다고 강조했다. 그는 기본적으로 헌정에 의해 전제정을 종식하고 법치로서 자유와 질서를 확립하고자 하는 자유보수의 입장이었다. 이것은 메이지정부의 관료주의 국가사상의 이론적 기초가 되었고, 실제로 메이지헌법을 기초하는 과정에서 블룬칠리의 『국법범론』이 중요 참고 서적이 되었다고 한다.

앞에서 독일 자유주의의 특성을 간단히 살펴보았듯이, 독일에서는 개혁의 지를 지닌 계몽적 정부관료에 의해 자유주의가 지탱되었으며, 상업의 자유, 인신의 자유, 언론의 자유를 실정법으로 보호해 주는 정부가 재판과 과세의 평등을 실현한다고 보았다. 이렇듯 독일 자유주의는 법의 한계 안에서 리버럴한 정신을 구현하고자 했다. 이러한 독일형 자유주의가 19세기 말 20세기 초 동아시아 자유주의에 대해 지대한 영향력을 형성했다는 점에서 주목해야 할 필요가 있다.

독일의 자유평등론은 인간이 천성적으로 불평등하다는 전제 위에서 법률의 합리화를 통해 개인의 자유를 보호할 수 있으며, 개인의 자유는 국가가 허락하는 것이라는 관념을 가지고 있다. 독일의 국가유기체설은 자연법적 관념과 대치된다. 국가주권설을 주장한 블룬칠리의 국가유기체설은 국가의 존재는 개인이라는 존재의 전제이며, 국가가 없으면 개인이 없으므로 마땅히 개인을 희생하여 국가에 충성해야 한다고 주장했다. 권위를 중시하고 사회질서를 강조하는 독일의 사상과 철학이 19세기 말 20세기 초 동아시아에 강한 영향을 미친 이유는 공적 가치와 질서를 중시하는 동아시아의 전통 관념과 합치되기 때문이라 볼 수 있을 것이다.[27]

---

27) 경제학 분야에서도 1860~1880년대의 영미식 자유주의 경제사상의 영향력을 누르고 보호주

인간의 평등에 대한 관념은 전통 민중사상에도 존재했지만, 자유와 평등을 논하는 서양 계몽사상을 받아들인 일본 계몽사상가들은 사실상 인간의 불평등을 전제로 적자생존을 모색했다. 가토나 니시를 비롯한 사상가들은 개인의 이성적 주체성을 낙관하지 못했고 사회계약 관념도 수용하지 않았다. 그러므로 민중의 사적 영역에 자주적·합리적 정신을 주입한 후쿠자와의 계몽적 기여는 지대한 것이었다. 그는 '일신 독립하여 일국 독립' 한다는 전제 위에 이성적 개인을 지향했다.

일본의 초기 계몽사상가들은 서구의 근대 자연법사상을 유교적 전통의 천(天)이라는 보편적 규범 관념과 결부시켜 인간의 자유권을 천부인권·천부자유라 이해했다. 이러한 자연법적 사유에 대항하는 정부 측의 이데올로기적 공세에 사회진화론이 이용되었고, 가토는 '천부의 자유' 관념을 망상이라고 비판했다. 국가는 인간사회의 진화 과정에서 자연히 생겨난 것이지, 어떤 계약에 의해 성립되었다고 인정할 수는 없다고 주장하는 사회진화론에 의해 자유권 관념이 부정되었다.

스펜서는 사회유기체론 입장에 있었지만, 자연적 유기체와 사회유기체의 가장 중요한 차이점이 사회 전체가 통일된 의식을 가지지 않고 사회구성원으로서 개인 각자가 독자의 의식을 가진다는 점을 강조한 개인주의적 자유주의자의 특성을 보였다.[28] 사실 스펜서의 사회진화론은 정부를 필요악으로 보고 사회진화에 수반하여 권력을 축소해 나갈 것을 제시함으로써 전제정부에 대한 반대운동을 고무했고, 그렇기에 자유민권운동가들의 교과서가 되었다. 그

의적·국가주의적·개량주의적인 1888년 이후 독일 신역사학파의 경제학풍이 도입되어 영향력이 확대되었다. 이것은 '경제학'이라는 번역어 정립에 직결되었다(이헌창, 『경제·경제학』, 147~150쪽 참조).
28) 스펜서는 군사형 사회는 하나의 통일된 의사로써 '강제적 협동'을 추구하지만 '자발적 협동'을 중심으로 하는 산업형 사회로 진화하면서 구성원의 개별적 의사를 중시한다고 보았다. 개인주의자 스펜서는 특히 제국주의를 비판하며 군사형 사회로 후퇴할 위험성을 경고했다.

러나 '하나의 의사'를 가진 사회유기체를 상정한 가토의 사상은 대외적으로 국권확장주의·자유제국주의로 나아가는 사상적 근거를 제시했다.[29]

사회진화론이나 사회유기체론이 천부인권사상을 흔들어 인민주권사상을 버리게 하면서, 사람들이 누리는 권리의 근원을 국가의 법에서 찾는 조류가 일어남과 동시에 영국식 자유주의와 결합되어 있던 공리주의사상이 새로운 인생관이자 법률체계 형성의 이론적 바탕으로서 중시되었다. 메이지 초기 이래 적지 않은 공리주의 번역서들이 출판되어 그 사상이 보급되었음을 앞에서 언급했는데, 1890년대 공리주의는 가토의 이름과 함께 거론되었다.

가토는 『강자의 권리 경쟁(強者の權利の競爭)』(1893)을 출판하며 강권과 자유권의 관계에 관해서 양자 간에 본질적인 구별이 없다고 주장했다. 이른바 자유권은 각인이 서로 방해하지 않는 상태에서 자유자재로 하고자 하는 것을 하고 그치고자 할 때 그치는 권력이다. 이 '자유의 권'과 '강자의 권력은 조금도 다르지 않다'. 가토는 세상 학자들이 자유권은 좋은 성질을 지녔고, 강자의 권력은 포악한 성질을 가졌다고 인식하나, 이는 매우 잘못된 견해라 보았다. 권력, 권세, 강자의 권력과 자유권 등의 어휘가 학리상 모두 동일한 의의라는 것이다. '강자의 권리도 자유권이라 할 수 있다. 인민의 자유권도 역시 비슷하여 자유권이라 칭할 수 있을 뿐 아니라, 강자의 권리 역시 불가하지 않다'면서

---

29) 개인주의적인 스펜서의 사회진화론을 비판한 벤저민 키드(Benjamin Kidd)의 『사회진화론(Social Evolution)』은 사람들에게 '기회의 평등'을 제공하기 위한 '국가의 간섭'을 주장했다(4장에서 다시 서술하겠다). 사회주의에 심취했던 칼 피어슨(Karl Pearson)은 집단들 간의 생존투쟁을 강조하며 국가에 의한 전면적 간섭을 제기했다(서정훈, 「19세기 말 영국의 사회진화론들」, 한림과학원 엮음, 『두 시점의 개념사: 현지성과 동시성으로 보는 동아시아 근대』(푸른역사, 2013), 23~63쪽 참조). 피어슨은 사회주의자였기에 스펜서나 키드와 달리 19세기 말 일본에 큰 영향을 준 것으로 보이지 않지만, 이 시기에 사회진화론은 국가 간 생존경쟁이라는 집단주의적 개념으로 이해되었다. 제국주의 시대에 처하여 치열한 국가 간 경쟁은 이론의 문제가 아니라 눈앞의 현실이었으므로, 동아시아 지식인들은 국가주의적으로 경도되어 갔다.

권리가 생겨나는 근원은 '강함'에 있다고 했다. 자유권은 옛날에는 군주 1인만 가졌으나 이후에는 소수 고등인민, 근세에는 전체 인민으로 확대되었고, 이러한 과정에서 군주의 권력은 축소되면서 인민의 자유권이 확장되어 왔다. 문명개화한 입헌국에서는 군주가 약자라고 보았다. 그러나 가토의 자유권에 대한 인식의 변화와 강자의 권리 사상은 국가 간 경쟁을 위한 집단주의적 국권확장주의로 전개되어 일본의 제국주의를 뒷받침했다.

일본에서 '자유주의'라는 용어는 메이지 중기부터 사용되었지만, 리버럴리즘의 역어로서 사용되었다기보다 '자유'라는 이상을 지향하는 사고방식을 말하는 일반적 의미로 사용되는 경향마저 있었다. 1888년 ≪국민의 친구(國民の友)≫라는 잡지에 발표된 「주의의 박람회(主義の博覽會)」라는 글에서는 열여덟 가지의 주요 주의를 소개하고 있는데, 자유주의는 포함되지 않았다. 자유방임주의는 극복해야 할 역사적 유물로서 인식되었고, 자유주의라는 말은 방임주의와 연관된 부정적 의미를 수반했다. 긍정적으로 사용될 때는 '신자유주의'로서 자신을 표현했다.

19세기 말 일본에서 경제적 자유주의를 표방하는 사람들은 정부의 보호주의에 반대하고 식산흥업정책에 대항한 소수 세력일 뿐이었다. 1890년대의 최신 동향은 독일에서 도입한 사회정책사상이었다. 1897년 사회정책학회가 발족했는데, 1899년에 발표된 학회 취지서에서 "우리들은 방임주의에 반대한다. 극단적 이기심의 발동과 제한 없는 자유경쟁은 빈부격차를 심화한다. 우리는 또 사회주의에 반대한다"라고 입장을 천명했다. 경제적 자유주의는 방임주의와 동일시되고 이기심과 빈부격차라는 폐해를 수반하여 극복해야 할 대상으로 인식되고 있었다. '제멋대로'라는 부정적 어감(뉘앙스)으로 인해 유행하기도 했고 배척되기도 했던 '자유'라는 말조차도 언제 유행했던가 싶을 정도로 일본 사회에서 사라지는 듯했다.

2. 일본 자유주의의 변용과 도전

1) 다이쇼 시기의 교양주의

20세기 초 일본에는 독일 관념론 철학의 유행과 함께 비정치적 영역에서 '내면적 자유'가 추구되는 경향이 나타났다. '자유주의적'인 '공적' 자유와 구별되는 '사적 자유'가 정신주의 지향으로서 일본의 자연주의문학의 조류를 형성했다. 여기서 정신주의란 자신의 정신을 중심으로 현재 처지에 만족하며 자유자재로 활동하는 안주를 의미했다. 물질주의·사회주의·육체주의·경쟁주의를 떠나 정신주의·자유주의로 나아간다는 지향인데, 메이지 시기 말의 국수주의·일본주의 또는 민족주의적 아이덴티티나 극단적 애국주의에 대한 반동으로서 비정치적 자아 아이덴티티를 추구하는 지식인 사이에서 유행한 사상이었다. 독일 관념론에서 유행한 자유(Freiheit)에는 프랑스혁명의 영향이 암묵 중에 스며들어 있었지만, 개인주의 지향이 약한 편이었던 독일 자유주의의 영향으로 일본에서는 개인의 자유라는 요소가 오직 비정치적 영역에서만 중시되는 경향이 나타났고, 이는 다이쇼 시기(1912~1925)의 교양주의로 발전했다.

다이쇼 데모크라시운동은 초기에 헌정옹호운동을, 후기에 보통선거권운동을 주도했으나, 운동의 역점은 민주주의적 요구였고 자유에 대한 관심은 의외로 소원했다. 민주주의는 '누가 정치권력의 담당자가 되느냐'의 문제를 중심으로 고려하므로 정부권력의 제한에 관심을 두는 자유주의와 다른 과제를 추구한다. 그러나 1914년 오쿠마 시게노부 내각에 대해서 "시대 인심의 취향보다 자유주의정책을 실행할 사명을 띠고 나타났다"라는 ≪동양경제신보(東洋經濟新報)≫의 사설처럼 종래 억압적 패권정치를 타개해야 한다는 새로운 국면에 대한 기대가 있었고, 그것은 바로 자유주의정책의 실행을 말했다. "자유주의정책이란 무엇인가? 정치상·경제상·사회상 내지 사상도덕상 개인의 행동에 기회를 균등하게 부여하고, 그 자유를 보장하는 정책을 행하는 것"이라고 이 사설이 규정했듯이, 자유주의는 '개인'에 초점을 맞추고 있다.

《동양경제신보》는 당시 논단의 소수파였고 자유주의 지향을 표방하여 '급진적 자유주의'라는 평가를 받는 매체였지만, 종래 '부자유한 생활을 벗어나 새로운 해방의 천지를 열망'하는 정서와 '자유의 천지를 보고자 하는 욕구' 같은 국민사상에 나타난 변화를 대변한 측면이 있었다. 자유주의정책으로 제시된 것은 ① 선거권 확장, ② 공평한 세제 개편, ③ 사상언론의 자유 보장(치경법과 신문지법 철폐), ④ 육해군 대신을 군인에게만 한정하는 규정 철폐, ⑤ 고등고시 개선 등이었다.

국민의 자유를 침해하는 법률이나 규정의 철폐가 요구되었지만, 다이쇼 데모크라시운동의 관심은 민중의 정치 참여에 있었다. 다이쇼 시기 내내 권력을 방치하면 반드시 남용될 위험이 있으며 그러한 권력으로부터 자유를 확보해야 한다는 문제에 대한 관심은 적었고, 심각하게 언론자유가 위협을 당한 사건이 있는 경우에만 사태가 터진 후에 이에 대항하는 형태로 자유옹호라는 문제가 논단에 등장하는 정도였다. 예컨대 《경제학연구(經濟學硏究)》에 페테르 크로포트킨(Peter Kropotkin)의 사회사상을 게재한 것이 「신문지법」 위반으로 기소된 사건에 대해 우려의 목소리를 낸 것이 대표적이다.

당시 논단에서 예외적으로 자유주의를 주창한 《동양경제신보》가 지향한 자유주의는 '신자유주의' 성격으로서 '개인주의와 사회주의의 통합'을 추구하여 분배의 공정을 실현하는 문제를 중시했다. 다이쇼 시기의 대표적 자유주의자인 이시바시 단잔(石橋湛山)은 홉하우스의 『자유주의(Liberalism)』를 읽고 사회입법에 공감했다. 이시바시는 국가가 목적이 아니라 수단이라 주장하는 홉하우스에 공감하면서 헤겔을 위시한 독일철학의 영향으로 국가를 신성시하는 당시 일본의 국가관을 비판하는 역할을 수행했다.

권력에의 '참여'에 대한 관심은 강하고, 권력으로부터의 자유에 대한 관심이 약한 것은 메이지 자유민권운동 이래 다이쇼 시기에도 그대로 계승된 일본 자유주의의 특성이다. 다이쇼 시기 교양주의는 권력에 대항하는 자유를 주장하기보다, 권력에 대해 무관심하게 '내면적 자유'를 추구하는 경향이 강했다. 해럴드 래스키(Harold Laski)도 말했듯이 '자유라는 것은 저항하는 용기'라 본다면, 저항하는 용기가 없는 '내적 자유'는 자유라 이름할 가치가 없다고 말할 수 있을 것이다.

　　다이쇼 시기 지적 세계를 지배한 교양주의는 물적 개조와 심적 개조를 표방하며 개조원리로서 자유와 사랑을 제시했는데, 여기서 자유는 자유의지를 중심으로 서술되었다. 인격의 본질은 자유의지적 존재라는 것이다. 그런데 개조는 자유를 요구하는 정신을 근본으로 하는 동시에, 사회연대관계의 원리를 근저에 두고 있었다. 자유방임의 결과 독점화가 초래되었고 '대중의 비자유'가 나타났다며 대중의 자유를 제기했는데, 어떻게 하면 그것을 실현할 수 있는가? 행위의 자유를 배제하고 생활의 자유를 추구했으며, 특정 개인의 자유 대신에 일반 개인의 자유, 소극적 자유 대신에 적극적 자유를 제시했지만 문학에서 두드러지게 발전한 내적 자유 추구식의 교양주의 자유는 관념화되어 사회 문제에 대한 감수성을 결여함으로써 부르주아 이데올로기 관념론이라는 비판을 면치 못했다.

　　다이쇼 초기였던 제1차 세계대전 시기에는 세계 대세에 호응하여 '정의와 자유의 대의'로서 참전의 논리를 폈고, 자유를 주장하는 것이 정당성을 가졌다. 연합국의 승리는 독일의 전제와 군국주의에 대한 자유와 데모크라시 및 평화주의의 승리로 이해되었고, 자유라는 빛의 확대와 인류해방이라는 낙관이 사상계를 지배했다. 이러한 자유찬미에 대해 보수적 사상가들의 반대론이 제기되었다. 서구사상에 대한 비판은 메이지 말기부터 일어났는데, '잘못된 자유해방'에 대한 비판을 제기하고 문명개화기 이래로 이어진 자유와 욕망을 해방시킨다는 식의 주장에 반발하며 일본 고유 도덕의 우위를 주장하고 서구화 풍조를 공격하기 시작했다.

자유주의에 대한 거부감이 정치계를 지배하는 분위기였음에도 개인의 자유를 추구하는 풍조는 메이지 말 이래 다이쇼기를 거치며 증대되어 간 것도 사실이다. 정치적으로 관료적 중앙집권제가 성공적으로 확립되었고 다른 한편으로 마르크스주의의 영향으로 자유주의는 부르주아적인 것이라고 배척되는 상황 속에서, 농민운동 측에서는 토지의 소유가 자유의 전제라는 인식하에 ≪토지와 자유(土地と自由)≫라는 잡지를 발행했다. 또 교사들은 개성을 존중하는 자유교육운동을 전개했고, 변호사들은 자유법조단을 결성했다.

그러나 '자유'라는 말은 여전히 부정적 어감으로 읽히는 측면이 있었기 때문에 '자유교육'의 자유는 칸트철학의 그것을 의미한다고 강조했다. 자유교육운동도 당시 교양주의적 내적 자유 추구 경향과 궤를 같이하여 권력에 저항하거나 정치적 압박에 어떻게 대처할지 고심하지 않았다. 이에 비해 자유법조단은 노동자에 대한 인권유린에 대처하거나 소작쟁의 탄압에 대한 구호 활동 등 반동적인 정치적 공격으로부터 '자유'를 지키기 위해 자발적으로 결사를 결성한 것이었다.

이 외에도 자유청년연맹 등 자유라는 단어는 단체, 결사 등의 이름에 자주 사용되었는데, 여기에서의 자유는 대체로 국가권력 또는 사회적 강제로부터 집단의 자율성과 그 집단 안에 있는 개인의 자발성을 존중하려는 지향을 의미했다. 다이쇼 시기 다원적·자발적 집단의 출현이라는 시민사회의 전개 속에서 이러한 자발적 결사는 자유주의적 자유의식을 발전시킬 가능성이 있었지만, 마르크스주의의 영향력으로 인해 개인의 자발성 확립 문제는 주목받지 못했다. 권력으로부터의 자유를 추구하기보다 계급투쟁에 의한 권력탈취라는 권력에의 자유 문제가 오히려 지적 세계를 지배하는 추세를 형성했고, 프롤레타리아의 자유해방을 위해서 철의 규율이 요구되며 자유가 부정되는 역설에 직면하게 되었다. 농촌공동체를 떠난 도시노동자들은 전통적 권위로부터 자유로워졌지만, 고독하고 무력하고 불안했다. 보호받고 의존할 대상이 필요했던 이들은 '자유로부터 도피'하여 혁명적 집단에 귀의하는 경향이 나타났다.

2) 쇼와 시기의 전체주의와 신자유주의

다이쇼 시기는 '데모크라시' 제창기로서 자유는 자주 논의되지 않았다. 그런데 마르크스주의와 사회주의가 자본이라는 쇠사슬을 끊고 무산자에게 자유를 부여한다고 하는데 사회주의적 조직이 도리어 새로운 속박을 만들어낸다는 비판이 일어나면서 사회주의에 대한 대항물로서 신자유주의를 제창하기 시작하자 사회주의 대 자유주의 논쟁이 잠시 일어났다. 신자유주의를 제창한 우에다 데이지로(上田貞次郎)는 일본의 결점을 메이지유신 이래 국권적 보호간섭주의가 전통이 된 것이라 보았는데, 이러한 결점을 배제하며 제기된 사회주의도 집권적 지향이거나 사회정책주의라고 비판했다.

우에다는 사회주의를 비판하면서 개인의 자유를 개인의 책임에 중심을 둔 사상이 일어나야 하지만 사유재산과 자유경쟁을 원칙으로 한 '구자유주의'에는 수긍할 수 없고, 국가가 개인을 위해 최저한의 기초적 조건을 제공하되 국가권력으로부터의 자유를 중시하는 '진자유주의'를 발전시켜야 한다고 했다. 그는 영국에 유학하며 페이비언 사회주의의 길드사회주의를 목도한 경험을 통해 신자유주의의 제창자가 될 수 있었다.[30] "자유주의는 그 실질에 있어서 정치상 특권계급의 타파운동이다", "새로운 특권계급이 자본귀족으로서 출현했다. 신특권계급 타파가 사회주의자들의 사명이라고 주장하는데, 무산계급 독재 속에 '새로운 신특권계급'은 발생하지 않는가?"라고 반문한 도로타 켄(泥

---

30) 上田貞次郎, 『新自由主義』(1927). 石田雄, 『日本の政治と言葉 上: 「自由」と「福祉」』, p.110 참조.

田謙)도 사회주의 비판의 입장에 서 있었다.[31] 따라서 진정한 자유주의가 절실하다는 주장이었다.

자유주의운동의 곤란은 '자유주의'라는 문자를 사용하며 정치운동으로 일어난 데서 기인하는 면도 있었다. 자유주의자들은 국가주의나 사회주의가 그 내용이 명백한 데 비해 자유주의라는 말은 '진실한 의미에서 일본에 보급되지 않았다'며 계몽시대를 거쳐야 한다고 주장했고, 일부는 '신자유협회'를 창설하여 ≪신자유주의(新自由主義)≫라는 기관지를 발행하기도 했다. 이들은 무엇보다 언론의 자유, 산업상의 자유주의, 관세의 정리 및 개정, 농업보호정책 등의 사회정책을 내걸었다. 그러나 1928년 「치안유지법」이 강화된(사형과 무기형 추가) 이후 1930년대에 들어서자 사상언론의 자유는 심하게 위협받게 되었다.

1930년대 일본의 자유주의를 수호하기 위해 고군분투한 가와이 에이지로 (河合榮治郞)는 '자유주의란 무엇인가? 개념이 명확하지 않은 것이 일본의 역사적 특질이다'라며 "자유의 싹이 없던 신일본에 자유를 구하는 생각이 신인 (新人)들 사이에 대두했을 때 노도같이 쇄도한 마르크스주의에 의해 자유의 여신은 영원히 일본의 신인을 방문하지 못하고 떠났다"라고 보았다.[32] 또한 "사상세계에서 …… 자유를 요구하는 자유주의는 부르주아사상이라고 욕먹고 시대착오적 사상이라고 폄하된다. …… 한편으로 스스로 알지도 못하면서 자유주의 위에 서 있거나 …… 자유주의를 거부하는 것이다. 자유주의에 대한 몰이해가 혼란과 미혹을 형성하고 있다"라며, 일본에서 자유주의가 '기괴한' 위치에 처해 있어 좌우 양측에서 배척받는 상황도 술회했다.[33] 자유주의를 옹호하는 측은 일본에서의 '자유주의'의 부재와 빈곤을 강조하고 있고, 공

---

31) 泥田謙, 「新自由主義のために」, ≪太陽≫(1927). 石田雄, 『日本の政治と言葉 上: 「自由」と「福祉」』, pp.116~117 참조.
32) 『明治大學全集』 12卷(1973)[石田雄, 『日本の政治と言葉 上: 「自由」と「福祉」』, p.125 재인용].
33) 石田雄, 『日本の政治と言葉 上: 「自由」と「福祉」』, p.125 재인용.

격하는 측은 그 영향력이 위대함을 지적한다는 것이다. 또한 현대사회의 모든 폐해가 모두 자유주의 때문이라고 비난받는 것을 보면 자유주의는 현대사회를 구성하는 '왕자' 같은데, 위험한 사상이므로 탄압해야 한다는 주장을 보면 자유주의는 현존 사회와 대립하는 이단 사상이라는 것이다.

1930년대 국가주의의 압도적 세력하에서 가와이 같은 자유주의자는 마르크스주의를 극복하는 논리와 조직체계의 수립을 위해 노력하는 동시에, 반동적 보수 세력의 강압에 대항하기 위해 공산주의자와 공동전선을 모색하면서 진보와 자유를 추구해야 했다. 마르크스주의와 구별되는 자유주의적 사회주의를 표방하며, 국가와 자본주의로부터 발생하는 강제를 배제하고 사상적·정치적 자유를 지키려 한 것이다. 그리고 국가와 자본주의에서 유래하는 현대의 강제를 배제하려는 의미에서 사회주의를 지향하는 '제3형태로서의 자유주의'를 제시했다. 가와이의 신자유주의는 유물론에 반대하여 이상주의를 채택했고 국가주의에 반대하여 개인주의를 채택하고자 했다. 다이쇼 시기 교양주의 관념론 경향과 영국 신자유주의자 그린의 영향을 받은 것으로 보이는데, 그린과 유사하게 권력으로부터의 자유라는 현실정치적 의미 파악은 취약하다.

일본 자유주의는 줄곧 국가주의에 예속되어 그 허용한도 내에서만 외형적으로 실현되었다. 후발국으로서 선진 자본주의국의 압박에 대항하기 위해 보호주의를 취하지 않을 수 없다는 논리가 지배하면서 경제적 자유주의도 지지받지 못했다. 국가주의 측은 신자유주의 주장을 무시하거나 억압했고, 마르크스주의 측으로부터도 신자유주의에 대한 비판이 제기되었다. 독점자본주의 시대에 자유주의는 진보성을 상실한 부르주아들의 서재 속 이상주의에 불과하다며, 현대사회의 폐해는 모두 자유주의의 책임이라고 비난했다. 이것은 자유주의는 곧 자본주의라는 관념을 반영한다.

비정치적 추상 이념으로서 자유에 대한 지향은 개인의 자유가 아닌 민족의 자유로 읽히며 '유색인종의 해방'을 주장하는 우익의 행동주의, 나아가 극단적 국가주의에 연결되었다. 1930년대 일본은 국민의 이데올로기적 동원을 기도하며, 국가를 무시하는 국제주의와 개인주의적 자유주의사상을 제거하고 거국일치의 정신적 통일을 도모했다. 세계적인 경제대공황 이후 1930년대 초반의 국제정세는 자유주의와 민주주의 질서가 흔들리고 '반동정치'가 상승했는데, 독일과 함께 일본은 파시즘의 대세를 견인하고 있었다. '국체명징(國體明澄)'으로 요약되는 극단적 국가주의로 치달으며 정치뿐 아니라 사상적으로도 입헌주의 요소는 더욱 약화되었다.

마르크스주의자들을 철저히 탄압한 후 그다음 공격대상은 자유주의자인 교수 등 지식인들로 드러났다. 미노베 다쓰키치(美濃部達吉)는 일본의 주류 법학계에서 독일법학 분야의 대표적인 정통 이론가인데, 그를 공격했다는 것은 입헌주의마저 포기하겠다는 정권의 입장을 보여주는 사건이었다. 미노베는 국가법인설[34]이라는 독일헌법학을 수학하고 천황은 국가라는 법인의 여러 기관 중 하나라는 천황기관설을 주장했다. 천황주권설을 주장하는 학자 우에스기 신기치(上杉愼吉)와의 논쟁이 있었지만, 미노베의 학설이 다이쇼 시기에 통설로 받아들여졌다. 그러나 쇼와 시기 국체명징운동이 전개되면서 천황기관설은 배척당하고 미노베의 저서는 판매금지를 당했으며, 불경죄로 조사받은 미노베는 귀족원 의원직을 사퇴했고 우익의 습격으로 중상을 입기도 했다. 이 '미노베사건'은 일본 지식계에 큰 충격을 주었다.

파시즘의 공격 결과, 자유를 제한당하고 있음을 절감하게 되면서 자유주의의 필요성을 재평가하는 계기가 되었다. 봉건적 몽매주의가 정신분야를 지배

---

34) 독일에서는 주권이 군주나 국민이 아니라 사회적 단일체이며 법률상의 인격체인 국가 자체에 있다는 '국가주권설' 입장의 법학이 주류로 발전했다. 국가주권설은 통치권이 국가라는 법인에 속한다는 국가법인설로 전개되었다. 한편 1930년대 일본정치를 천황절대주의라 부르기도 한다. 천황을 정점에 두고 전 국가의 모든 분야, 모든 국민을 하나로 묶어 통제하는 전체주의적 파시즘의 극단적 국가주의를 초국가주의라 칭하기도 한다.

하고 있다는 것이었다. 그러나 군국주의 분위기 속에서 자유주의와 개인주의를 사상계에서 일소하려는 파시즘 공격에 저항할 동력이 형성되지는 못했다. 자유주의의 전락이니 몰락이니 하는 말이 나타난 동시에, 자유주의가 전락할 만큼 흥기한 적은 있느냐는 반문과 조롱이 제기되었다. 오직 문학적이고 문화적인 자유주의로서 존재할 뿐이었다는 것이다.

사상계 일각의 논쟁에도 불구하고 자유주의는 지지 세력을 결집하지 못했으며, '자유주의는 공산주의의 온상'이라거나 '자유주의, 개인주의 또는 데모크라시라 칭하는 것은 우리 국체에 적합지 않은 악한 사상'이라는 관념이 정부와 군부 등에 팽배했다. 이러한 사조는 독일과 이탈리아가 개인주의를 배격하며 전체주의를 취하는 경향이 일본 고래의 정신과 일치한다는 식의 전체주의 예찬으로 나타났고, '혁신운동'이라는 우익운동과 '신체제운동'에 의해 자유에 대한 규제가 사회적으로 추진되었다.

자유주의는 자본주의 이데올로기로서 개인주의이고 이기주의라 비판당했다. 개인의 자의에 따르는 자유는 부정되어야 한다며, 자유주의를 초극하여 협동주의로 나아가야 한다는 목소리가 커졌다. 개인주의는 이기주의로서 협동주의에 대립하는 한 부정될 수밖에 없었다. 이기주의로서의 자유주의, '개인이 선, 사회는 후'라는 사고방식은 배척되어야 했고, 근대의 자유주의·개인주의·합리주의는 서양적이었기에 배격의 대상이 되었다.

그러나 '자유'는 존중되지 않으면 안 된다. 여기서 존중되어야 할 자유란 무엇인가? 자유주의가 말하는 자유는 추상적인 것에 불과하며, 진정한 구체적 자유는 도리어 협동주의 입장에서 실현될 수 있다는 주장이 제기되었다. 협동주의에 의해 자유주의가 주장하는 인격의 존엄, 개성의 가치 등 여러 관념의 의의를 실현할 수 있다는 것이다. 하지만 '인격의 존엄'이라는 표현은 교양주의적이고 매우 추상적이라며, 건설적이지 않은 비판이나 통제불능에 빠지는 것을 원치 않는 여론이 대세를 이루었다.35)

권력으로부터의 자유 또는 권력에 대항하는 기본적 인권은 왜곡되었고, 신체제운동에 현혹되어 각 정당은 앞다퉈 해산했다. '신체제'는 자유와 권위, 자유와 통제를 하나로 묶는 '마법 몽둥이' 같았다. 그 결과 일본에는 자유주의와 함께 모든 권력으로부터의 자유, 그리고 권력에 대항하는 자유를 역사적으로 과거의 것, 비일본적인 서구의 것이라며 배격하는 '익찬체제'에 의해 권위주의적 지배가 확립되었다. '정치상 자유주의'는 건설적이지 못하다는 비판을 받고 통제불능에 빠져 민의창달의 본질적 의의를 살리지 못하게 되었다며, '새로운 전체주의'는 자유주의와 단순히 대립되는 것이 아니라 자기 안에서 자유주의를 변증법적으로 지양하는 것이 되어야 한다고 포장되었다. 협동체주의·민족주의로서의 전체주의를 통해 거국일치를 추구했고, 정당정치는 부정되고 독재정치로 치달았다.

대립과 분화, 견제와 균형, 분할과 투쟁, 합의체를 중시하는 정치적 지도원리를 토대로 하면서 수백 명의 합의체를 구성하는 의회정치가 자유주의적 입헌국가라면, 1930년대 일본에서 지지받은 현대국가는 오히려 국민생활 전반에 걸쳐 강력한 집중, 통합, 협력, 일원화를 요구하며 '국민 대중에 기초를 둔 집중적 집정 형태'였다. 이는 의회의 권한을 축소하여 정부의 협력기관 정도로 위치 짓게 했으며, 익찬의회(翼贊議會)가 그것의 실현된 형태였다.

거국일치를 내세운 전체주의의 대두와 확장은 자유주의와 동일시된 의회정치마저 부정했고, 정당정치도 사라졌으며, 1936년 5월에는 자유를 억압하는 3개 법안(「불온문서취체법」, 「총동원비밀보호법」, 「사상범보호관찰법」)이 통과되었다. 히로타 고키(廣田弘毅) 수상은 자유주의 배격을 성명으로 발표했다.

---

35) 미키 기요시(三木淸)가 집필하여 발표한 「신일본의 사상원리」(1939.1)와 「속편: 협동주의의 철학적 기초」(1939.9)에서는 자본주의 문제의 해결과 동아시아 통일의 실현을 표방했다. 그는 쇼와연구회라는 지식인 집단의 위원장으로서 개인주의와 자유주의의 '근대'를 초극하여 '현대'의 협동주의로 나아가야 한다고 주장했다.

두 달 후 나카지마 시게루(中島重)는 전전 자유주의에 대한 최후 논문이라 일컬어지는 「자유주의의 의의(自由主義の意義)」(≪중앙공론(中央公論)≫, 1936.7)에서 민족국가의 자유주의적 전환의 두 가지 요점으로 개인의 행위의 자유와 인격의 불가침 주장 및 국가를 자유의 보호·보장을 위한 수단이라고 보는 관점을 들었다. 그런데 자유주의가 불철저한 나라인 일본에서 자본주의의 폐해는 배척되어야 한다 해도 여전히 배척되지 말아야 할 가치 있는 측면이 자유주의에 존재한다는 것을 알아야 한다고 주장했다.

현실 정당정치에 대한 불신과 반감이 컸기 때문에 의회주의에 반대하는 대정익찬회의 '신체제운동' 같은 '혁신'운동이 추진될 수 있었지만, 입헌정치의 기초로서 의회정치의 의미를 상기시키며 언론의 자유를 통해 입헌주의를 갱생시킬 필요를 주장하는 등 언론의 자유를 옹호하는 언론활동은 계속되었다. 자유주의자뿐 아니라 자유주의의 비판자들도 언론의 자유를 추구하는 공동전선을 형성했다. 1937년에 창간된 잡지 ≪자유(自由)≫는 언론의 바른 작용이 전시 일본의 국책 수행을 원활하게 하는 데에 불가결한 조건이라는 신념 위에 서서 국가를 위해 '언론의 자유'를 제창한다고 주장했지만 1938년 3월 발행금지처분을 당하고 종간되었다. 그 편집 후기에는 "자유와 자유주의는 동일한 것이 아니다. 대체 리버럴리즘이라는 말을 '자유주의'로 번역한 것이 잘못된 것은 아닌가"라며[36] 사랑하는 국가를 위해 "자유를 우리에게"라 소리친다고 쓰여 있다.

---

36) 잘못된 번역어 '자유주의'가 일본의 자유주의적 정치운동의 실패의 원인으로 종종 지목되었다. 신자유주의자들 중 도로타 겐은 "지금 일본에서 자유주의란 나쁜 이름이다. …… 세상의 학자들은 다투어 사회주의라는 가면을 쓴다"라고 했고, 쓰루미 유스케(鶴見祐輔)는 "자유주의라는 문자를 사용하여 정치운동을 일으킨 것이 일본에 있어서 특유한 곤란이다. 국가주의나 사회주의라는 문자는 수십 년 사용되었기 때문에 찬반을 불구하고 내용이 명백하다. 그러나 자유주의라는 문자는 진실한 의미에서 일본에 보급되지 않았다. …… 수년 정도의 계몽시대를 통과하지 않으면 안 된다. …… 신자유주의 정치운동은 비상한 핸디캡을 가지고 있다"라고 보았다(石田雄, 『日本の政治と言葉 上: 「自由」と「福祉」』, pp.116~118).

1941년 문부성은 '유신 이래 …… 구미문화의 유입에 수반된, 개인주의·자유주의·공리주의·유물주의 등의 영향을 받아 …… 우리 고래의 국풍, 미풍을 손상하는 폐해를 면치 못해 …… 국가에 대한 봉사를 제1의로 하는 황국신민의 길을 앙양하고 실천하는 것만이 당면한 급무이다'라는 내용의 「신민의 도(臣民の道)」를 출판, 보급했다. 그 이후 일본이 보인 일체의 자유를 말살하는 광기(fanaticism)는 췌언을 요하지 않는다.

3) 전후의 '주어진 자유'

투쟁으로 얻어진 자유라면 그 자유의 이념을 일층 발전시키기 위한 질서 형성에 사람들의 참여 또는 동원이 가능할 것이나, '주어진 자유'는 욕망으로 달려가 향수하는 대상 밖에 되지 않는다. 전쟁 기간 총동원체제의 강한 통제 [욕망을 억제하는 리고리즘(rigorism)]에 대한 반동으로, 자연적 욕망을 해방시키며 정욕을 추구하는 자유가 전후에 폭발했다. 그러나 이 시기에는 충성의 대의(특공대)나 혁명의 대의(공산당)에 대비되는 '자유의 대의'에 대한 헌신은 없었다. 자유라는 말이 사용되기 시작한 이래 수십 년 동안 의미가 풍화되면서, 자유라는 이념이 사람들의 헌신을 요구할 수 있는 매력을 잃었다.

형용사로서 자유는 긍정적 인상이 있었다. ≪자유평론(自由評論)≫(1946)이나 ≪자유공론(自由公論)≫(1948)이라는 이름의 잡지 창간, 도쿄자유대학 창립, 일본자유당(1945)의 결성, ≪아사히신문(朝日新聞)≫의 연재소설 「자유학교(自由学校)」 등등, '자유'는 좋은 것이며 비마르크스주의·반파시즘적 태도로 인식되었다. 전쟁 중의 자유에 대한 극단적 억압에 대한 반동으로서 전후의 '자유'는 긍정적 어감으로 다가왔고, 나치 독일 대신 점령군의 미국이 자유와 민주주의의 조국이라는 인식과 함께 전후 재건의 모델이 되었다.

전전에 영미보다 독일의 영향력이 압도적이었던 사상계에서는 자유의 가치에 대한 강조도 독일관념론 영향하에 교양주의적 의미로 이해되었고, 자유는 정치와 무관한 영역에서 위상을 가지고 있었다. 전시 나치즘의 영향과 국체론이 강조됨에 따라 자유주의는 오직 극복의 대상이었음을 앞에서 살펴보았다.

전후에 미국식 생활태도를 모델로 삼으며 존중되어야 한다는 적극적 의미로 자유를 받아들였으나, 이 자유는 앵글로 아메리칸적 시민적 제 자유(사적 자유)보다는 단수의 '리버티', 즉 '자유의 대의'(공적 자유)라는 추상명사 개념이어서 '공적 대의'가 아닌 사적 자유는 여전히 자연적 욕망의 해방 관념으로 이해되었다. 일본에서 '시민적 자유'에 관한 정당한 이해가 널리 사회에 정착되기 위해서는 많은 시간을 요했던 것이다.

자유민권운동기와 같이 전후에도 자유의 이름으로 민주주의가 강조되었고, 정치과제로서 중시된 것은 민주주의였지 자유가 아니었다. 패전 후 그해 10월 공산당원부터 자유당원까지 좌우의 광범한 인사들이 참가한 '자유간담회'가 문화조직으로서 성립되었다. 하지만 자유간담회를 표방했음에도 '자유'를 공통의 목표로 삼은 것은 아니었다. 이 조직은 3개월 후 ≪자유간담회(自由懇談会)≫라는 잡지를 창간하면서 발간사에 이렇게 썼다. "우리들은 민주주의자로서, 문화인으로서, 예기치 못한 패전 후 새로운 일본의 문화를 건설해야 한다는 임무를 자각하고, 정당적 입장과 무관하게 광범한 결합을 기도하고 있다." 봉건적 문화를 청산하고자 하는 이들과 부르주아민주주의는 사실 부르주아독재에 지나지 않는다며 사회주의혁명으로 급속히 이행해야 한다고 주장하는 마르크스주의자들의 공통분모는 민주주의라는 정치과제였다. 그러나 공산주의는 전체주의에 지나지 않는다며 반공론을 펴는 인사들도 있어서 무엇이 민주주의인가를 둘러싼 이데올로기 대립이 나타났고, 조직 내에서 토론에 의해 의사를 조정하지 못함으로써 일종의 통일전선 시도는 사라져 버렸다.

일본의 자유주의는 자유민권운동 이래 자유보다는 민주주의운동의 성격을 띠고 전개되었지만, 어떤 조직과 개인의 자유의 관계, 조직의 의사결정에 이르는 절차는 경시되었다. 조직은 유기체로서 하나의 의견을 가진다는 관념이 바탕에 깔린 민주주의 지상적인 경향으로 나아가면서 서로 다른 의견을 인정하고 토론하며 접합점을 찾아가는 문화가 형성되지 못했다. 자유민권운동이 인권이나 사권의 중요성을 간과하며 정권(참여)에만 편중하고 있다는 후쿠자와의 비판을 상기시킨다. 전후에 자유라는 이념은 매력을 잃고 대신 민주주의가 지상의 심벌로서 강한 영향력을 행사했으며, 지나친 자유에 대한 반성이 반동을 야기했다.

후에 개헌론자들은 '개인의 권리자유의 지나침을 시정하고, 권리자유에 대한 제약을 분명히 하기 위해 (헌법의) 개정을 요한다'고 주장하기도 했다. 또한 1947년에 창간된 잡지 ≪자유(自由)≫에는 '국민의 한 사람으로서 권리와 자유를 지나치게 추구함으로써 도의를 퇴폐시키지 않기 위해, 또 공동생활의 질서를 위해 단호히 취체(取締), 자제해야 하고 자유를 자기규제해야 한다'는 취지의 글이 실리기도 했다. 전후 '주어진 자유'로 인한 '방목된 자유'라는 폐해가 나타난 결과, 자유 일반에 대한 반감도 커졌던 것이다. 1950년대에도 '방임된 자유는 문화가 아니다'라며 지나친 자유가 지적되고 있었다.

다른 한편, 전쟁 중 투옥되었지만 전쟁을 반대하며 전향하지 않았던 공산주의자들은 전후 지적세계에서 압도적 영향력을 가지게 되었다.[37] 그들은 부르주아 이데올로기로서 자유주의의 역사적 한계를 지적했다. 전전에 관념론

---

[37] 오구마 에이지(小熊英二)는 전후 공산당이 '신과 같았던' 권위를 가지게 된 중요 이유로 지식인들의 죄책감과 회한을 들고 있다. 전쟁기간 중 자신들의 비겁하고 양심도 용기도 없었던 처신에 대한 회한이 지식인들의 보편적 정서였다. 이에 비해 과학과 역사의 필연성을 자기편으로 삼은 공산당은 '오류가 없다'는 신화가 전쟁 체험과 회한의 기억 위에 정착해 갔다. 전쟁 중 황국청년 또는 전쟁에 협력했던 지식인, 노동운동가 등이 전쟁에 대한 책임 추궁을 벗어나려 전향하여 공산당에 입당하는 풍조도 있었다고 한다[오구마 에이지, 『민주와 애국』, 조성은 옮김(돌베개, 2019), 221~230쪽].

철학을 주장하며 전쟁에 협력했던 자가 자유를 주장하는 데 대해 회의적 시선도 존재했다. 자유주의자들은 보수와 급진 양 세력 사이에서, 정치나 현실의 가치질서에 반감을 느끼면서도 침묵으로 도피하며 독립생활을 지향하는 '심정적 자유주의자'로서 현실 가치질서에 복종하는 모습을 보였다. 지성의 역할을 수행하기 위해 정치적으로 조직하는 것이 필요했지만 '자유'라는 이름의 정당으로 대표되는 보수 세력과 이에 대결하는 급진 세력 사이에서 어느 쪽도 지지하지 않으며 고독한 입장에 머무르며 조직되거나 단결되지 않았고, 현실에 침묵했다.

전후 민주주의는 '언론, 종교, 사상의 자유와 기본적 인권존중의 확립'과 같은 정치적 자유주의를 내포한 다원주의적 대의정치를 의미하며 사용되었다. 그러나 마르크스주의자들은 전쟁에 협력했던 반동자본가들과 특권계급뿐 아니라 전쟁 중 괴롭힘을 당했던 자들까지 저마다 '민주주의'를 외치며 일본의 민주주의화를 적당히 얼버무리려 하고 있다고 비판했다.[38] 전후 급속한 노동운동의 전개에 따라 '자유'는 이제 프롤레타리아 또는 사회주의 진영이 담당해야 한다는 논조가 만연했다. 마르크스주의자들은 '인민'과 '인민의 억압자'인 지배자를 이분하는 포퓰리즘 논리를 펴며, 프랑스혁명과 같이 천황제를 폐지하고 인민공화국 정부를 수립할 것을 지향했다. 자신들이 추구하는 것이 진정한 민주이며 애국이라 주장했다.

또한 마르크스주의자들은 냉전시대에 일본이 전후 미국에 의해 강제로 '자유진영'에 편입되어 미국이 만든 '안보체제' 속에서 '독점자본주의 체제'하 제국주의정책의 한부분이 되는 것이야말로 '자유의 위기'라고 반발했다. 1952년 일본이 미국과 '샌프란시스코강화조약'을 체결한 직후 「파괴활동방지법」

---

38) 정지희, 「전후 민주주의와 그 적들: 미군 점령기 일본의 진상 폭로 미디어와 냉전자유주의」, ≪동양사학연구≫, 52(2020), 553~555쪽 참조.

이 제정되자 개인의 자유에 대한 위협에 직면하게 되었다며 자유주의자뿐 아니라 마르크스주의자들도 법과 자유, 인권 문제를 제기하고 비판했다. 그러나 소련의 실상을 더 알게 될 수록 사회주의제국에 왜 자유가 없는지에 대한 문제가 제기되었다. 마르크스주의자들은 자유자본주의의 나라인 미국에도 '실질적 자유'가 결여되어 있다며 자본주의가 자유를 보증하지 못한다고 주장했다. 그들은 자유를 보장하기 위해서는 경제적 조건이 중요한데, 사회주의가 성립하면 경제적 착취가 폐지되므로 자유가 실질적으로 보증될 수 있다는 낙관론도 폈다. 그러나 사회주의사회에 과연 자유가 있는가, 그리고 소련의 경험이 사회주의에서 보편적인 것인가 하는 의문이 제기되었다.

보수주의자 내지 자유주의자들은 공산당의 전체주의적 성향을 지적하면서 '민주주의의 적'이라고 반격했다. 이들은 반공과 천황제 옹호를 내걸고 중도 세력을 규합하고자 노력했다. 마르크스주의자들의 지적 영향력이 매우 강했지만, 1960~1970년대의 산업화와 경제적 번영 속에서 마르크스주의에 대한 일반 시민들의 관심은 멀어져 갔다. 나 자신의 자유에 대한 위협이 발생하지 않는 한 개인의 자유 문제에 대한 흥미도 없을 수밖에 없게 되니 자유주의에도 큰 관심을 보이지 않았다. 개인의 자유가 국가권력이나 사회조직의 통제에 대해 가지는 긴장감이 이완되었던 것이다.

| 제4장 |

중국의 자유주의

1. 청 말 민국 초 자유주의의 개념: 옌푸와 량치차오를 중심으로

1) 자유주의의 소개

중국의 자유주의는 앞에서 살펴본 '자유'의 번역어 성립 과정에서도 나타났듯이, 중국에서 활동한 서양 선교사들의 언론·저술 활동을 통해 그 개념이 도입되었지만 거의 주목을 받지 못했다. 일본에서 1870년대에 이미 몽테스키외, 루소, 스펜서, 밀과 벤담의 저술이 번역되어 인기를 끌며 영국과 프랑스의 자유주의사상이 보급되고 자유민권운동이 전개된 것과 달리, 1890년대 변법운동 과정에서 '민권' 논란이 일어날 때까지 중국에서 자유주의는 사회적 이슈가 되지 못했다.

선교사나 소수의 중국인 여행자가 서양(또는 일본) 문물에 대한 관찰기를 쓰거나 직접 소개하면서 자유주의적 정치체제나 경제제도는 구미문화의 특징으로 주목을 끌었으며, 그것이 구미와 중국의 차이점이자 구미가 부강해진 원동력으로 이해되기 시작했다. 근대 정치사상의 관념으로서 프리덤이 본격적으로 소개된 가장 이른 사례는 1838년 잡지 ≪동서양고매월통기전(東西洋

考每月統記傳)≫에 카를 귀츨라프(Karl Gützlaff)가 발표한 논문 「자유지리(自由之理)」이다. 그는 영국의 정치원리를 설명하면서 프리덤의 의미로 자주(自主)를 사용했다.[1]

근대 중국에서 자유를 프리덤의 역어로 처음 사용한 중국인은 만주인 즈강(志剛)이다. 그는 1870년 사절단을 인솔하고 유럽의 11개국을 방문했는데 그 기록을 일기 형태로 남겨 1872년 『초사태서기(初使泰西記)』라는 제목으로 책을 출판했다. 즈강은 "현재 양국 인민이 상호 왕래, 여행, 무역, 거류를 자유로 할 수 있어 바야흐로 이익이 있다"라고 썼는데 여기서 자유는 '마음대로' 정도의 전통 개념으로 사용되었다.

중국에서 자유주의 이념과 제도에 연계된 현대적 의미를 내포한 '자유'를 처음 사용한 사람은 외교관이었던 황쭌셴(黃遵憲)이었다. 그는 『일본잡사시(日本雜事詩)』(1879)에서 "근래 일본에 서학이 크게 행하여져서 아메리카합중국의 '민권 자유의 설'을 주창하는 자들이 있다"라며 일본 자유당에 관해 서술했다. 1884년 황쭌셴은 일본을 떠나 미국에 간 후 미국 대통령 선거에 대한 감상을 시를 지어 피력했는데 "일률적으로 평등하게 보며, 인인이 자유를 얻는다(一律平等視, 人人得自由)"라고 썼다.

그는 일본에서 자유라는 유행어를 목도한 경험이 있었기 때문에 『일본국지(日本國志)』(1887)를 쓰면서 '자유'라는 단어를 사용하며 그 의미를 "자유라는 것은 다른 사람의 구속을 받지 않는 것을 의미한다. 윗사람이 억압하고 속박할 수 없는 것"이라고 해석했다. 또 "사람은 천지의 명을 받아 태어나, 각기 자유자주의 도를 가진다"라고도 썼다.[2] 중국 고전에 나오는 '자유'의 의미를

---

1) 石田雄, 『近代日本思想における法と政治』, pp.91~92.
2) 진관타오(金觀濤)·류칭펑(劉靑峰), 『관념사란 무엇인가』1·2, 양일모 외 옮김(푸른역사, 2010), 515쪽. 『일본국지』는 메이지유신 후 강성해진 일본의 실상을 심도 있게 전달하여 중국 개혁파들에게 자극을 주었다.

아직 완전히 벗어나지 못한 느낌도 남아 있지만, '자유'라는 말에 대해 독립적 해석을 시도한 것 자체가 고전적 용법이 아니라고 볼 수 있다. 윗사람과 아랫 사람의 각도에서 자유를 이해하는 것은 전통 시대 자유의 관념이 아니며, 태 어나며 누리게 된 자유자주의 도는 천부인권설을 표현한다고 할 수 있다.

청 말 초대 영국공사로 파견되었던 귀충다오(郭崇燾)[3]와 쉐푸청(薛福成)은 영국의 정당정치를 언급하며 보수당과 자유당, 또는 보당(保黨)과 공당(公黨) 이라는 성격이 다른 양대 정당이 활동하고 있는 것에 주목했다. 그리고 자유 당을 설명하며, 서양 각국에서 리버럴은 백성의 권리라는 것을 말한다 했고, 쉐푸청은 옛 제도를 지키려는 보당(보수)에 비해 공당은 시세에 따라 변통하 여 공무에 도움이 되게 한다고 설명했다.

중국에서 자유는(리버티든 프리덤이든) 1860~1870년대 일본에서 유행했던 것처럼 19세기 후반 내내 크게 주목을 끈 어휘도 개념도 아니었다. 사전류에 서는 리버티나 프리덤이 첫째는 자주, 둘째는 자유로 설명되었음을 확인할 수 있지만, 자유라는 역어는 1860년대 중엽 이후에도 중국인 사이에서 광범하게 사용된 흔적이 없다. 자유는 전통적 용법, 즉 '스스로 주인이 되다', '제한과 구 속을 받지 않는다'는 의미였으며, 1890년대까지도 그러한 이해에서 크게 바 뀌지 않았다.

그러나 1860~1890년대 중국에서도 선교사들의 번역서나 신문, 잡지의 기 고문 등을 통해 서양의 자유주의사상은 꾸준히 소개되었다. 미국인 선교사 브리지먼(E. C. Bridgeman)이 상하이에서 출판한 미국 역사서 『연방지략(聯邦 志略)』(1861)에 수록·소개된 「아메리카 독립선언」에서는 리버티의 역어로 '자

---

3) 귀충다오는 1877년 초대 주영공사로서 영국에 부임하여 영국의 제도를 높이 평가하는 보고 서를 본국에 보냈다. 영국을 중국과 같은(또는 그 이상의) 문명국으로 본 것으로서, 당시 중 국 사대부의 의식에서 생각할 때 사회적 금기를 건드린 것이었다. 이에 귀충다오에 대한 비난 이 거세게 일어나 그는 결국 실각하게 되었다.

주자립'을 사용했다.

이후에도 '자주'가 서양의 지리, 역사, 정치학설 관련 번역서에 빈번히 등장했다. 특히 영향력이 컸던 윌리엄 마틴의 『만국공법』에 실린 「방국(邦國)의 자치자주의 권을 논함」, 「자주의 뜻을 해석함」, 「자주의 권을 스스로 지키는 것을 논함」, 「각국이 그 국내사에 자주하는 권」 등의 글에서 국가의 독립이나 주권국가를 표현하기 위해 '자주'라는 말을 사용했다. 선교사 존 프라이어(John Fryer)가 체임버스 형제[윌리엄(William Chambers)과 로버트(Robert Chambers)]의 『정치경제학(Political Economy for use in Schools and Private Instruction)』(1852)을 번역·출판한 『좌치추언(佐治芻言)』(1885)은 서양의 자유주의 경제원리를 체계적으로 논술한 최초의 중국어 번역서이다.[4] 이 책의 영문 서문에는 '자유로운 개인이 어떻게 사회를 조직하는지 서술했다'고 쓰여 있다. 『좌치추언』은 인디비듀얼(individual)을 인(人)으로 소사이어티는 회(會)로 번역했는데, 인이라는 용어를 사용하여 개인주의 관념을 효과적으로 전달하기에는 어려운 것이었다.

영국인 선교사 티모시 리처드(Timothy Richard, 李提摩太)가 번역한 『태서신사람요(泰西新史攬要)』(1895), 영 앨런(Young Allen)이 번역한 『중동전기본말(中東戰記本末)』(1896)과 광학회(廣學會)의 기관지 《만국공보(萬國公報)》[5] 등도 서양 정치를 소개하며 자유보다 자주를 많이 사용했다. 리버티 개념을 소

---

4) 중국에서 1885년 간행된 『좌치추언』의 원본이 일본에서는 후쿠자와 유키치에 의해 1868년 『서양사정』 외편으로 번역·출판되었다. 서양 근대 사회의 기본 구조를 이해하기 위한 중국인의 관심은 청일전쟁에 패배한 후에서야 이 책에 대한 열기로 나타났다. 1907년까지 10종이 넘는 판본이 출판되었다고 한다.

5) 《만국공보》는 1875년 서양 선교사들이 창간했는데 1887년부터 상하이에서 조직된 선교 및 계몽 단체인 광학회의 기관지로서 서학과 국제 시사 문제를 대거 소개하며 서학에 관심 있는 중국 지식인들에게 큰 영향을 미쳤다. 캉유웨이(康有爲)도 《만국공보》의 독자였고, 캉유웨이와 량치차오가 창간한 《중외기문(中外紀聞)》(처음에는 만국공보로 창간했다가 개칭)에는 《만국공보》에 실린 소식과 논문을 다시 게재하는 경우가 많았다.

개한 초기 문서들은 자유를 사용하지 않고 자주나 자주지권을 빈번히 사용한 것이다. 1890년대까지는 서양인의 저·역서 및 신문·잡지에서도 자유보다 자주를 사용하는 경향이 강했지만, 1880년대에 쓰인 「서학부강총서(西學富强叢書)」는 자유를 광범히 사용했다.

1880년대 들어 중국에서도 점점 서양 자유주의정치에 대한 소개가 증가하기 시작했다. 영국인 선교사 조지프 에드킨(Joseph Edkins)은 『서학계몽16종(西學啓蒙十六種)』이라는 편역서에서 자유라는 단어를 대대적으로 사용하며 '부국양민책'을 모색했다. 그리고 "인생 재세가 모두 평등하며 동일하게 자주자유를 얻은 자가 되니, 어찌 주인과 노복의 구분이 있겠는가?"라고 서술했다. 다분히 천부인권적 자유와 평등 관념을 전제한 서술이다. 1887년 ≪신보(申報)≫에 실린 「서양 나라의 자유의 이치와 서로 사랑하는 정을 논함(論西國自由之理相愛之情)」이라는 제목의 글에서는 서구식 자유 관념, 즉 '리버티'의 원리를 서술했다. 이것은 앞에서 언급한 귀츨라프의 「자주지리」와 함께 중국에서 나온 서구의 '프리덤'과 '리버티' 개념에 대한 최초의 실질적 설명이며, '자유의 이치'라는 어구를 문장의 제목으로 제시하여 '자유'를 서양 정치에 관한 서술의 중요 개념으로 등장시켰다.

하지만 이 시기에 리버티 개념을 소개한 『좌치추언』, 『신정진전(新政眞銓)』 등의 글들에서는 '자유'를 사용하지 않고 '자주지권'이 주로 사용되었다. 특히 중국 지식인들은 1890년대까지 리버티의 역어로서 주로 '자주지권'을 사용하는 경향이 있었고, '자유'는 사실상 거의 사용되지 않았던 것이다. 1880년대 들어서서 선교사들이 자유를 사용하는 경우가 증가했지만 여전히 자주를 많이 사용하거나 자유와 자주가 이어져 사용되곤 했다. 일례로 선교사 프라이어의 경우에도 미국의 'the Statue of Liberty'를 '자유여신'이라 하지 않고 '자주여신'이라 번역했다. 옌푸와 허치(何啓)가 '자유'를 일본에서 만든 번역어라고 생각한 것은 중국에서 발행된 초기 사전류에 자유라는 역어가 등장했음에도 중국인 사이에서 자유라는 말이 거의 사용되지 않았음을 증명한다. 1890년대 후반 '자유' 또는 '자주지권'이라는 말이 사회적 논쟁을 불러일으키기 이전에는 '자유'를 둘러싼 문제가 아직 사람들의 지적 관심 대상이 되지 않았다고 볼 수 있다. 자주 또는 자유라는 역어는 선교사들의 저·역서에서 긍정적 의미의 개념이었지만, 자유는 물론 자주라는 말로 표현되는 이 사상 자체가 중국 지식인에게 대체로 부정적으로 받아들여지고 있었다. '자주의 설'은 무지한 민이 맘대로 군주의 진퇴를 결정하는 것과 같다고 이해했고, 민이 군신의 윤리를 범하여 '대란'을 일으킬 것을 우려한 것이다.

무술변법 실패 후 일본에 망명한 캉유웨이, 량치차오 등이 일본식 한어로 생각하며 자유를 거리낌 없이 사용했고 그것을 중국에 수출하게 되면서 자유가 중국에서도 정착했다. 량치차오가 망명한 1899년 무렵 일본에서는 이미 '자유'가 번역어로서 수많은 번역서와 서양사상 소개서, 신문·잡지의 문장에 사용되고 있었기 때문에 거부감 없이 자유를 사용했던 것이다. 쩌우룽(鄒容), 펑쯔유(馮自由), 천톈화(陳天華) 같은 혁명파들은 '자유'를 빈번하게 사용했다. 이들이 유학한 1900년대 전후의 일본에서는 이미 자유가 완전히 자리 잡았었기 때문이다.

옌푸는 밀의 『자유론』을 번역할 때 프리덤의 번역어로 채택된 '자유'의 전통 용법에 방임, 자자(自恣), 자종(自縱) 등 소극적이고 부정적 함의가 있으나 다른 대응어를 찾기가 어렵다며 고심했다. 그는 '자유'를 회피하고자 발음이 같은 '자요(自繇, ziyou/ziyao로 발음)'로 대신함으로써 방임, 자자, 자종과 구별됨을 나타내려 했다. 옌푸의 이러한 번역은 '자유'가 방임으로 치닫는 것을 방지하려 한 고심을 여지없이 드러낸다. 그는 서양 자유주의의 요체를 정확히 파악하고 있었으나, 중국에서 전제주의로부터 방임주의의 극단으로 치달아 갈 수도 있음을 우려한 것이다. 그러나 '자요'는 자획이 번잡하고 함의도 모호하며 억지로 만든 느낌이 강하여 대중의 환영을 받지 못해 확산되지 못한 채

사라져 버렸고, 결국 '자유'가 유행했다.

영국에서 유학한 옌푸는 밀의 원서를 직접 번역하며 영국 자유주의를 이해한 데 비해, 량치차오는 1898년 무술변법 이전부터 ≪만국공보≫를 비롯한 선교사들의 저술을 통해 기본적 지식을 쌓았으며, 무술변법 후 일본에 망명하여 대량의 번역서를 통해 서양 사상과 철학에 대한 지식을 쌓았다. 량치차오는 동서양의 근본적 차이가 자유에서 비롯된다면서, 그의 유명한 『자유서』를 지속적으로 출판하며 '자유'를 사용했다. 1890년대 말은 일본에서 이미 자유가 확고부동한 번역어로 정착된 시기이기도 했다.

자주나 자주지권 같은 용어를 통해서도 서양의 자유주의사상이 중국에 점점 더 확산되었다. 리버티, 프리덤의 번역어로 자주, 자주지리, 자재, 자유가 병용되다가 자유로 정착되는 과정은 동아시아에 서양 자유주의가 소개, 수용되는 과정에서 생소한 개념을 이해하는 데서 오는 한계가 중국인의 자유·자유주의에 대한 오해를 초래하고 있음을 보여준다. 전통적 정치·문화 생활의 성격과 근본적으로 서로 맞지 않는 데서 기인하는 한계와 시대적 상황으로 인해 왜곡된 측면이 있는 것이다.

초기 변법론자로 알려진 천치(陳熾)는 『용서(庸書)』에서 "자유의 설이 여기저기서 창화하니 그 유폐가 이미 심하다"라고 우려하며, 자주의 설이란 무지한 민이 맘대로 군주의 진퇴를 결정하는 것과 같다고 이해함으로써 군신의 윤리를 범하여 '반윤리'의 '대란'을 일으킬 수 있다고 경계했다. 자주, 자유의 설은 삼강오륜 같은 질서관을 결여하여 '난리 기운[亂氣]이 잠복한바' '쇠퇴상이 말미암는바'에 다름 아니라고 보았다. 의회 설립을 주장한 초기 변법론자도 자주나 자유는 서양의 산물이며, 사회질서 유지의 가능성을 보증하지 않는 한 받아들일 여지가 없다고 인식했던 것이다.

천치의 부정적 우려 속에 '자유의 설'은 이미 상당히 확산되어 있었고, '자유'가 주어가 되어 문제 제기될 정도로 관심의 대상이 되었으며, '자유의 설'과

'민이 군주의 진퇴를 정하는' 민주공화주의가 같은 것으로 이해되는 경향을 보였다. 이것은 19세기 후반 동아시아에 자유주의가 전파될 때 당시 지식인들이 이미 유럽에서 투쟁의 역사를 거치며 민주주의와 결합된 이후의 자유주의적 민주주의 성격의 제도를 관찰하고 있었음을 증명한다.

2) 자주, 자유, 자주지권: 공(公)과 정의

자주나 자유에 대한 중국 지식인들의 부정적 인식 풍토 속에서『만국공법』이나 ≪만국공보≫ 등 서양 선교사들의 저·역서나 신문, 잡지에 나타난 '자주'와 '자주지권'에 주목하고 탐구하기 시작한 이들은 캉유웨이와 량치차오를 비롯한 후난성 변법운동파였고, 1890년대 그들의 저작에서 '자주'가 긍정적인 의미로 등장하기 시작했다. '자주지권'이란 말은 이후 변법운동이 고조되었을 때 민권론을 지탱하는 근거로서 '평등'과 대구를 이루며 널리 사용되었다. 20세기로의 교체기에, 계몽사상 경향의 저술과 잡지 등에서 진보적 의미의 '자주', '자주지권' 또는 '자유'가 사용되며 전제주의에 대응하는 논리가 전개되기 시작했다. 서양 자유주의에 대해 중국 지식인들 중 가장 먼저 본격적으로 이해하고 수용하는 모습을 보인 변법파와 이들을 비판하고 공격한 측의 주장을 통해 중국의 자유주의 개념 형성의 특징을 살펴보자.

변법파는 자주지권과 평등 개념을 긍정적으로 이해하고 그 실현을 지향했으나,『논어』나『중용』의 충서(忠恕) 같은 유교적 규범으로서 이해한 경향이 있다. 캉유웨이는 유가적 천명(天命) 개념을 매개로 하여 천부(天賦)의 영혼의 인식 작용으로 자주지권을 이해했다고 볼 수 있다. '자주지권'이 천과 천명에 결부되므로 윤리적이고 공(公)과도 양립하게 되며, 자주지권은 출발점부터 '공'의 실현을 위한 것, 대동의 실현과 모순되지 않는 것으로 생각되었다. 공자의 진의[微言大義]는 대동의 실현인데, 그 대동의 세계에서는 모든 사람의 자주평등이 실현된다는 그의 신념이 투영된 대동세계는 '천하위공(天下爲公)'으로 공의 이념이 실현되는 것이다. 천치가 우려한 '자주지권' 또는 '자유'가 초래할 무질서의 가능성은 처음부터 배제되었다고 볼 수 있다.

과거의 유가적 충서 개념이 실질적인 자타 상호 평등에 기초한 규범을 제창했다고 보기는 어렵다. 캉유웨이는 신에 의해 창조된 인간의 자유의지 개념과 유가적 대동세계의 이상과 충서 관념이 합쳐진, 즉 유가와 그리스도교가 충돌하지 않고 결합된 세계를 상정한 것이다.

자주지권 개념을 공과 연결하는 관점은 일본 망명 이전 무술변법 시기의 량치차오에게서도 보인다. 량치차오는 서양에서는 각각 주어진 자주지권에 의해 하고자 하는 일을 행하고 얻을 수 있는 이익을 향수할 수 있기 때문에 천하가 크게 공평하다고 보았다. 따라서 만일 인인의 자주지권의 발휘를 방해하는 군주가 있다면, 그의 행동은 군주 1인의 이기적[自私]의 행위이므로 비판되어야 한다고 주장했다. 자주지권을 핵심으로 하는 민권 개념은 군권을 제약해야 한다는 논리를 뒷받침했다.[6] 량치차오는 "나라의 강약은 모두 민주에 달렸다. 민주는 든든한 것이다[民主斯固矣]. 군주란 무엇인가? 사(私)일 뿐이다. 민주란 무엇인가? 공(公)일 뿐이다"라고 언급했다.[7] 민주의 관념을 적극적으로 서술한 것인데, 당시로서는 매우 급진적 사상이었고 특별히 개혁 지향적이었던 후난성 개혁파에 퍼진 인식이었던 것 같다.[8]

앞에서 인용한 변법과 지식인인 천치의 인식에도 드러났듯이, 당시 민주란

---

6) 민두기, 『중국 근대개혁운동의 연구』(일조각, 1985), 280~281쪽.

7) 梁啓超, 「與嚴又陵先生書」(1896), 『飮氷室合集』一(中華書局, 1989), pp.108~110.

8) 1894년 후난성 학정(學政)으로 부임한 강표(江標)가 낸 시제(試題)에 대해 생원이었던 당재상(唐才常)은 '군주제는 사(私)에 가깝고 민주(또는 군민공주)제는 공(公)에 가깝다'고 서술했다고 한다. 개혁파 신문인 ≪시무보(時務報)≫에 실린 논설의 영향을 받았을 것으로 추정된다. 1890년대 후반 개혁파에 반대하는 보수파는 캉유웨이, 량치차오 등이 민주, 민권, 평등을 주장하는 과격파라고 보았다(민두기, 『중국 근대개혁운동의 연구』, 276~278쪽).

무지한 인민에 의해 멋대로 권력이 행사되는 비상하게 위험한 정치체제를 의미했다. 청 말 지식인들은 황제체제의 전제정치를 반대하기는 했지만, 일반적으로 군신 간의 상호 조화를 이상으로 하는 군민공치를 추구했다. 그러나 대표적 변법파 지식인인 탄쓰퉁(譚嗣同)은 그의『인학(仁學)』에서 "인인이 자주지권을 잃지 않으면 삼강의 폐단을 제거할 수 있다"라며 자유의 경지와 장자 사상을 결합하여 이해했고, 군주를 폐하여 귀천을 고르게 하고 빈부를 균등하게 하는 평등의 경지를 서술했다. 변법파의 이러한 급진적 주장은 당시 보편적으로 받아들여지기 어려웠는데, 이는 1898년의 무술변법이 광서황제의 지지에도 불구하고 세력을 규합하지 못하고 백일천하로 끝난 것으로도 입증되었다.

'자주지설'이 직접 건드린 것은 '군신'의 경계[畀]였다. 중국인들은 자주입설(自主立說)이 군주와 인민의 권을 평균하게 하여 상하의 경계가 없어진다고 생각했다. 자유가 청 말 사상계에서 민감한 문제가 된 이유는 개인의 '권리'에 대한 중시에서 기인했다. 옌푸의 우려가 근거 없지는 않았던 것이다.

이러한 민권설이나 자유민주사상의 확산에 대해 당시 대표적 보수파 고관이었던 장즈둥(張之洞)은 경각심을 고취하기 위해『권학편(勸學編)』(1898)을 지어 반포했다. 그는 리버티에 관해서 "외국에 최근 자유당이라는 것이 있는데, …… 서양어로 리버티이다. 그것은 '모든 일을 공도로 하여 유익을 더한다[事事公道尤重有益]'라는 것을 의미하므로 공론당이라 번역할 수 있으나 '자유'로 번역하는 것은 틀렸다"고 주장했다. 그는 리버티를 공도 개념과 일치시켜 윤리적인 것으로 파악했고, '자유'라는 어휘는 '사(私)'의 뉘앙스, 제멋대로, 방종의 의미를 가지고 있어 부적당하다며 거부했을 뿐 아니라 '민권', '자주지권'도 부정했다. 장즈둥은 사회의 질서 유지라는 '공'의 실현을 위해 개개의 사 사이의 충돌을 피하고, 공을 실현하기 위해 사를 막는 것이 무엇보다 필요하다고 본 관점에서 제기된 필연적인 이론적 귀결이었다.[9] 장즈둥의 자유에 대한 이해 속에는 '제멋대로', '방종'의 개념과 함께 권리의 개념이 동시에 자리 잡고 있음을 볼 수 있다.

옌푸는 자유가 외물에 의한 구속과 견제를 받지 않는 것이라며, 장애·노예·신복·구속이 없는 상태로서 필연과 반대 의미라고 정의했다. 이러한 자유가 완전히 실현된 상태는 무국가, 무정부일 것이다. 정치사회권력이 존재하지 않거나 최소한으로 있고 민의 자유가 최대한 실현된 곳을 상정할 수 있는데, 옌푸는 그것은 자유의 원리에 기초한 논리적 상정에 지나지 않고 인류 역사에 있어서는 과거에도 미래에도 불가능한 세계라고 보았다.[10]

리버티를 공도로 본 장즈둥에 대해 옌푸는 정면으로 비판했다. 리버티와 프리덤은 노예, 복종, 구속, 필연과 반대의 의미이고 공도는 정의(justice)이므로, 자유와 공도가 의미상 관련은 있지만 이것을 혼동해서는 안 된다고 주장했다. 장즈둥이 자유론에 격노한 이유도 옌푸가 '민이 본디 천하의 진짜 주인이고, 민의 자유는 하늘로부터 주어진 것'이라고 주장했기 때문이지만, 옌푸가 말한 '천부'는 루소식의 의미와는 그 맥락이 달랐다.

옌푸는 자유란 간섭의 부재이며 개개인 간에 있어서는 '타인의 자유에 의해서만 제한된다'는 '정의[公]'의 원칙에 의한 상호성의 윤리로 자유를 파악하여, 자기의 자유와 타인의 자유를 동시에 인정함으로써 개개인이 자유로우면서 동시에 평등할 수 있다고 보았다. 민의 자유는 하늘이 부여했다며 사도 긍정했고, 개개인이 '천부'의 자유를 가지는 것은 '천리', '인도'이므로 공도 인정한다. 옌푸는 나아가 자유가 없으면 '공'의 실현도 불가능하다며 정의로서의 자유의 원칙이 '각각 자유를 얻고, 타인의 자유로써 역으로 삼는다'는 스펜서

---

9) 梁一模, 「自由と公私: 淸末における日本經由の自由論以前の自由論」, ≪中國哲学研究≫, 12(1998), p.24.
10) 중국 역사상 자유가 최대한 실현된 예로서 한 고조의 '약법삼장(約法三章)'이나 노자의 '소국과민(小國寡民)' 등을 들 수 있을 것이다. 캉유웨이 등 변법파에게는 전통적 유토피아(대동) 세계가 자유평등의 이미지와 일치하는 것으로 보였다.

의 상호성 테제를 소개했다.

스펜서는 타인의 자유를 방해하지 않는 자유에서 정의의 원리를 도출했는데, 옌푸는 스펜서를 원용하면서 유교의 '혈구지도(絜矩之道, 타자에 대한 배려)'를 자유에 결부시켰다. 종래의 공사론이 아닌 정의로서 공을 제시한 것이다. 스펜서와 밀의 자유론은 국가, 특히 사회로부터 사적 영역을 지키려는 노력이었는데, 옌푸의 정의의 원리는 사적 영역을 확보하기 위한 것이라기보다 사적 자유의 과잉을 방지하는 측면이 강했다.

옌푸는 개체자유의 근거를 세우고 자유를 정당화해서 사적 자유의 영역을 확보하는 문제보다, 개인의 자유가 확대됨에 따라 타인의 자유와 충돌하는 사회혼란을 미연에 방지하려는 문제에 치중했다. 자유주의가 본격적으로 소개되기 시작할 때부터 자유는 자유의 과잉, 범람, 방종, 무질서라는 시대적 평가 내지 경계와 경쟁해야 했던 것이다.

청 말의 일반적 인식은 사회질서를 유지해야 한다는 '공'의 실현과 자유가 서로 대치되며, 자유는 제멋대로의 '사'라고 보는 것이었다. 장즈둥이 리버티를 공도라 번역해야 한다고 한 이유도 이러한 인식에서였다. 옌푸는 리버티를 공도로 본 장즈둥을 비판했지만, 정의의 원리를 원용하여 자유의 과잉을 방지하기 위해 노력했다. 자유에 내포된 부정적 의미, 즉 제멋대로, 거리낌 없음(無忌憚) 등의 악의를 의식하여 고대 한어의 자유와 구분하고자 '자요'라는 용어를 만들어 사용해 보기도 했다. 하지만 밀이 말한 리버티에 대한 적절한 역어가 없다고 하면서도 '자유'라는 일본제 역어가 리버티의 비교적 정확한 역어라 변호했다.

옌푸는 밀의 『자유론』을 번역·출판하면서 『군기권계론(群己權界論)』이라 명명했는데, 사회 속에서 개인의 자유의 범위와 사회가 개인에 대해 정당하게 행사할 수 있는 권한의 한계를 경계 짓고자 한 밀의 의도를 생각하면 매우 적절한 번역서 제목이었다. 그러나 옌푸는 자신과 타인의 권리의 범위를 명확히 하는 것이 자유의 전제라는 인식을 가지고 개인의 자유가 과잉하지 않도록 단속하려 했다. 밀이 사회가 개인의 자유를 침해하지 않도록 고심했다면, 옌푸는 개인의 자유가 사회질서를 어지럽히지 않도록 하기 위해 부심했다고 볼 수 있다.

3) 민권론과 의회제

무술변법 이전인 1890년대 중국의 민권론은 루소의 이론이나 공화제 인식과 관련한 자유론은 아니었다. 강대한 군주의 절대권력하에서 군권을 견제하기 위해 필요한 민권을 확보함으로써 군권과 민권의 조화를 도모하는 것이 바람직하다는 인식이었다. 민권론자들은 한편으로 민권을 실현하고 다른 한편으로 군권을 제약함으로써 군권과 민권의 균형을 이루고자 민권의 정당성의 근거를 탐색한 것이다. 여기서 '민권'이라 함은 권력에 참여하고 있는 '관권(내지 군권)'과 대비되는 개념으로서 사실상 '신사층의 권리'를 내포하고 있다고 보아야 한다. 인민의 권리냐 시민(국민)의 권리냐 하는 문제에 대해서는 아직 개념이 없었다고 해도 과언이 아니다.

자유주의사상이 비교적 광범하게 소개되고 '운동'까지 일어났던 일본에서도 자유민권운동가들이 추구한 것은 개인의 권리 확보가 아니라 [관리(有司)들의 관권이 아닌] 민권, 즉 재야사족 내지 지식인과 지주들의 정치 참여권리로 이해되었기 때문에 중국의 지식인들도 비슷한 인식을 가졌던 것이라 생각된다. 관직에 있지 않은 신사층의 정치 참여라는 의미에서의 '민권보장'이 가능한 새로운 정치체제를 구상하는 의론들이 나타났다. 의회론, 교육개혁, 서양 법률과 자유 문제로 관심이 확대되어 간 것이다. 대의제, 의회제에 대한 관심이 사실상 중국인이 서구 자유주의를 중국에 적용하는 문제를 긍정적으로 검토한 첫 반응이라 할 수 있다.

한자문화권에서 '자유'에 대한 서술이 최초로 등장한 것은 19세기 중엽이었다. 이때는 적지 않은 서양 국가가 입헌정치를 검토하고 실행하기 시작하는 시점이었는데, 중국의 지식인들도 의회정치를 발견하고 이해하게 된 것이다. 의회제도가 여론을 수렴하고[開言路], 민의를 정부에 전달하는[通下情, 下情上達] 중대한 의미가 있다고 인식하여 많은 사람이 여기에 마음이 끌렸다. 19세기 후반 청나라는 영국, 프랑스, 일본과의 전쟁에서 잇달아 패배하고 대규모 내란에 시달리고 있었다. 나라를 걱정하는 사람들은 나라가 이렇게 약해진 원인을 찾아보려 하거나, 나아가 정치개혁이 필요하다는 논의를 하기 시작했다.

그러한 관점에서 서양은 어떻게 부강해졌는지가 관심을 끌 수밖에 없었다. 기층민의 실정과 요구를 이해한(통하정) 바탕 위에 정치가 행해져야 한다는 것은 중국에서 오랫동안 이상으로 생각했던 정치상이었지만 실행은 어려웠으며, 청 말에도 나라가 약해진 원인이 '상하가 막힘이 극에 달했다'는 데 있다고 진단되기도 했다. 그런데 서양의 의회제에서 바로 그러한 소통의 통로를 발견한 것이다. 청 말에 개혁적 인사들은 모두 정치개혁 방안으로서 의원 개설과 지방 신사들의 지방행정 참여를 제시했다. 중앙정부에 의회를 설립하기가 어렵다면 우선 지방의원을 설립하여 자문기능을 부여하자고 제안하기도 했다. 19세기 말 의회제에 대한 적극적 관심은 여론수렴과 소통의 기능 때문만이 아니라, 망국의 위기 상황에서 살아남으려면 군체(群體)가 부강해져야 하며 군체의 생존을 위해 구성원들의 재능과 힘을 합하는 시스템이 필요한데 의회가 바로 그러한 민의 의지적 결합체가 될 수 있다고 믿은 데서 기인한다. 군주제하에서도 국회를 개설한다면 국인의 뜻을 결집하는 기관이 될 것이라는 주장은 '민의 공의'에 대한 보편적 승인을 바탕에 깔고 있다.[11]

---

11) 변법과 지식인 허치는 개인과 개인 사이의 이해충돌과 갈등을 조정하는 장치로서 의회를 상

광서 21년(1895) 캉유웨이는 '4차 상서'에서 지방행정기관인 성·부·주현에 회의체를 개설하여 '통하정' 할 것을 제안했다. 그러나 무술변법(1898)이 실패하고 의화단사건(1900)을 겪은 후 청조가 '신정'을 추진한 1901년 이후에서야 민선의원 논의가 실질적으로 활발하게 전개되었다. 1904년 이후 민권신장론과 입헌제도론, '국회설립운동'은 정치개혁의 근간으로서 청조의 마지막 정계를 흔들었다. 이와 같이 서양의 자유주의사상은 정치제도의 측면에서 중국에 진입함으로써 '체제 개념'에 반영되었다. '사상과 이념'이 아니었던 것이다.

중국인이 의회정치를 발견하고 이해한 것은 시간적으로 늦지 않았으나, 의회제의 기원이 되는 사상적 기초를 이론적으로 탐구한 경우는 거의 없었다. 서양이 의회제를 이끌어낸 기본 사상에 대한 모색은 19세기에 시작된 것이 아니었고, 역사 과정상 지역별로 크게 차이가 있다는 사실을 인지하지 못했다. 유럽의 근대 민주사상은 자유와 평등의 가치를 의회제도에 구현하는 논리적 전개 과정을 겪었다. 개인의 가치를 충분히 긍정하는 기초 위에서 진일보하여 어떻게 개인의 자유를 존중하는 제도를 실현하여 그것을 보증할 수 있을지에 대해 탐색했던 것이다. 그러나 중국의 민주사상 실현 과정은 정치제도 수입에서 시작하여 의회제도를 통해 자유평등에 이르게 하려는 상반된 논리로 진행되었다. 민권이 이와 같이 군권과 서로 대립되는 '정치적 권리'의 의미로 받아들여졌기 때문에 생명·재산·행복추구의 원칙 등 고전자유주의에서 강조하는 '사적 자유'에 대해서는 전혀 언급되지 않았다.

19세기 후반 수십 년간 극소수의 개혁 지향적 지식인들만이 구미의 의회제도 내지 민권사상에 대해 관심을 가졌을 뿐 중국에서 큰 주목을 끌지 못했던 자유주의사상 내지 자유론이 어떻게 부상하기 시작했는가? 유럽이 생산한 자유가 어떻게 청 말에 이르러 부상했는가? 자유의 이상을 표현하는 사회와 정

정했다(梁一模, 「自由と公私: 清末における日本經由の自由論以前の自由論」 참조).

치 조직의 형식에 관한 관심이 어떻게 일어났는가?

청 말 옌푸, 량치차오 등 몇몇만이 자유와 자유주의에 대해 지대한 관심을 가지고 소개하면서 그 실행을 촉구했지만, 자유주의가 지식계 전반에 반향을 불러일으킨 것은 국가의 존망에 관한 위기의식이 높아졌기 때문이었다. 청일 전쟁 패배 후인 1890년대 후반 이후 유가적 경세치용사상의 전통이 막을 내리기 시작하면서 중국인들은 사상적으로 새로운 방향을 모색했고 중국의 변혁에 필요한 개념이나 정치 형식을 탐색했는데, 서양의 제도나 사상이 그 대상이 될 수밖에 없었다.

그런데 근대 서양의 의식 형태는 주로 자유주의사상에 체현되어 있었지만 4세기가량에 걸쳐 서로 다른 역사적 맥락에서 진전되며 자유주의이론이 형성되었기에 지역에 따라 차이가 컸다. 이러한 여러 사상 계통이 짧은 시간 동안 중국에 소개되기 시작했다. 20세기로의 전환기 중국에 루소의 사상을 비롯한 프랑스 자유주의사상과 존 밀 계통의 영국 자유주의사상이 거의 동시에 영향을 주기 시작했다. 벤담, 밀과 스펜서의 자유론과 공리주의, 루소의 자유평등론과 독일의 국가주의자유론 등이 서로 엉킨 채로 영국에서 직접 또는 일본을 통해 수입되었다. 이와 같이 다양한 사상과 제도가 소개되고 학습목표로서 수용된 것은 일본과 마찬가지로 중국도 국가의 생존과 독립을 지키기 위한 동기에 기인했으며, 서양을 배워야 한다는 인식은 진화론과 공리주의사상으로 뒷받침되고 있었다. 다음 장에서 살펴볼 한국을 포함해서 동아시아 삼국은 모두 외압에 대항하면서 국가의 자주자립을 위해 생존경쟁의 세계에서 부국강병을 이루어야 한다는 절박감, 초조함, 압박감 속에서 앞서 부강을 성취한 서양을 학습하게 된 것이다.

4) 사회진화론의 영향

권리로서의 자유 개념을 토대로 한 자유주의는 중국의 전통사상에 결여된 관념이었지만 진화론의 호소하에 근대 중국의 무대에 등장했다고 볼 수 있다. 중국은 진화론을 통해 자유주의를 수용하고 생존경쟁의 세계에 나아갈 수 있는 통로를 발견한 것 같았다.

중국에 본격적으로 자유주의를 소개하기 시작한 옌푸는 '자유'가 중국과 서양문화의 기본적 차이라고 파악했다. 중국 최초의 영국 유학생인 옌푸는 활기가 넘치는데도 사람들이 서로 충돌하지 않고 질서가 있는 영국사회를 주목하고 관찰했다. 그는 자유와 규율이 동시에 작동하는 사회의 원리와 영국의 민주정치가 다름 아닌 자유의 산물이라 이해하고, 영국식 자유주의를 중국에 보급하고자 했다.

옌푸는 『원강(原强)』(1895), 『천연론(天演論)』(1898), 『원부(原富)』(1901)와 『군기권계론』(1903)을 잇달아 번역·출판했다.[12] 『원강』은 스펜서의 『사회학원론(The Principles of Sociology)』을 빈역하여 소개한 책이다. 『천연론』은 토머스 헉슬리(Thomas Huxley)의 『진화와 윤리(Evolution and Ethics)』를, 『원부』는 애덤 스미스의 『국부론』을, 『군기권계론』은 밀의 『자유론』을 번역한 것이다. 옌푸 외에도 여러 사람이 서양의 사상을 번역하여 소개하기 시작했다. 1900년 5월에서 1902년 1월 사이에는 ≪만국공보≫에 스펜서의 『자유론(On Liberty)』이 「자유편」으로 번역되어 연재되었다. 마쥔우(馬君武)도 밀의 『자유론』을 번역하여 『자유원리(自由原理)』(1903)를 발간했다. 이 번역물들이 나온 시기는 바로 무술정변 후 일본에 망명한 량치차오가 적극적으로 서

---

12) 옌푸는 이 외에도 몽테스키외의 『법의 정신』을 『법의(法意)』라는 제목으로, 또 밀의 『논리학』을 『밀의 명학(穆勒名學)』이라는 제목으로 모두 1900년대 초에 번역·출판했다.

양의 자유주의사상을 학습·수용하며 여러 조류의 자유주의에 동시에 공감하고 중국에 소개한 그 시점이다.

옌푸의『천연론』출판은 당시에 대단한 선풍을 불러일으켰다. 헉슬리는『진화와 윤리』를 통해 자유방임의 입장에서 사회진화 과정에 대한 불간섭주의를 주장한 스펜서를 비판하고, 자유의 무한 확대에 의한 무질서 상태에 대해 경고했다. 그는 사회질서를 유지하기 위해서 자기희생에 의한 이타적 윤리가 필요하다고 강조했다. 가혹한 생존경쟁이 지배하는 세계를 상호 부조적인 '윤리 과정'으로써 인위적으로 극복하려는 입장으로, 자연의 '우주 과정'과 다른 인간사회의 진화를 추구했던 것이다. 옌푸는 헉슬리보다 스펜서를 높이 평가했지만 1893년 출판된『진화와 윤리』를 택하여 번역하면서 곳곳에 자신의 의견과 스펜서를 소개·비교하는 보충 설명을 더했다.

그는 서양 국가가 '자유를 본체로 삼고 민주를 운용'하고 있어 '개인은 자유롭고 국가는 자주적'이라고 파악하고는, 서양 사회가 이렇게 자유주의 정치원칙 위에 건립되었기 때문에 우리를 이기고 있다고 보았다. 또한 학술 면에서 진리를 숭상하고 재판과 행정에서 사(私)를 굽혀 공(公)을 실현함으로써 보편적 가치를 실행한다며 이러한 실정을 중국과 대비했다. 중국의 성현은 자유를 홍수, 맹수같이 심히 두려워하여 이를 가능한 한 논하지 않으려 했다는 것이다.

진화론적 사고 틀로써 자유주의를 이해하고 소개한 옌푸는 자유주의의 핵심인 개체자유 개념도 진화론과 연계시켜 개체자유의 근거인 천부인권론을 비판적으로 해석했다. 민의 자유를 하늘이 주었다면 그 천[天理]은 진화론과 밀접하게 관련된 것이다. 옌푸는 천부의 자유를 논하면서, "인도에 반드시 자유를 상정하지 않으면 안 되는 까닭은 대저 자유가 아니면 선악공죄가 다 자기에서 나온 것이 아니고, 행불행을 말할 뿐이고, 그래서 민덕이 진화하는 근거가 되지 못한다"라고 했다. 인간사회에는 천연(진화)법칙이 관통하며, 그로 인해 경쟁에 의한 진화가 가능하므로 생존경쟁의 주체로서 '자유'로운(그 의미에서 평등한) 개인 내지 집단이 전제되어야 한다는 주장이다. 옌푸의 자유론은 이와 같이 진화론을 매개로 천부를 해석하고, 사회계약론에는 동의하지 않으면서 공리주의적인 자유관이었음을 알 수 있다. 또한 진화 과정에 따라 속박에서 자유로 나아가게 되며 진화는 군체 형식으로 실현되므로, 진화의 산물인 개체자유는 국가에 속한다고 보았다. 그리고 정치의 관대한 정도, 자유의 다소는 국가의 상황에 따라 다르다고 주장했다.

옌푸는 만년에 루소의 사회계약론을 비판하여, 나면서부터 자유평등하다는 루소식의 천부인권을 부정하고 자연세계(천)는 물경천택(物競天擇)이라고 했다. 옌푸가 진화론을 사용하여 개체자유의 가치관을 확립한 결과 개체자유가 목적인 동시에 수단이 되어버린 모순이 중국 근대 자유주의 사조에 내포되었고, 그로 인해 자유주의사상의 발전을 제약한 측면이 있다.

일본 망명 후 량치차오는 나카에가 1886년 번역·출판한 서양철학사인 『이학연혁사(利學沿革史)』를 읽고 근대에 이르는 수백 년간의 서양사상사를 파악했고, 당시 일본에서 영향력이 컸던 후쿠자와 유키치, 나카에 조민, 가토 히로유키, 더 나아가 키드의 사회진화론, 블룬칠리의 최신 이론 등등 다종다양한 사상체계에 대한 지식을 폭발적으로 축적하며 세계관의 변화를 겪게 되었다. 변법운동을 전후한 시기에 량치차오는 인인이 모두 자주지권을 가지고, 하고자 하는 일을 행하고, 각기 이익을 누리는 공평한 상태를 지향한 공(公) 개념을 주장했음은 앞에서 언급했다. ≪만국공보≫ 등을 통해 근대 서양 사상에 대한 상당한 지식을 가지고 있었고, 1896년경 옌푸가 번역하여 간행하기 전의 『천연론』 초고를 읽었다고도 한다.

그런데 량치차오는 망명 후 2개월 만인 1898년 12월 요코하마에서 창간한 순간(旬刊) 잡지 ≪청의보(淸議報)≫ 15책(1899.5)에 가장 먼저 블룬칠리의 『국가론(國家論)』을 연재하기 시작했고(일역에서 중역),[13] ≪청의보≫ 47책(1900.5)

부터 일본인 사회학자 아리가 나가오(有賀長雄)의 『사회진화론』을 연재하기 시작했다. 이는 량치차오가 근대 세계를 만든 사상가 열전이라 할 수 있는 홉스, 스피노자, 데카르트, 베이컨, 루소, 애덤 스미스, 다윈, 몽테스키외, 벤담, 아리스토텔레스, 칸트, 키드에 관한 소논문 형식의 시리즈를 시작한 ≪청의보≫ 96책(1901.11)보다 18개월이나 앞선 것이다.14) 유럽 사상가 열전 시리즈는 량치차오가 프랑스인 알프레드 푸예(Alfred Fouillée)의 『철학사(Histoire de la Philosophie)』(1875)를 나카에가 번역한 『이학연혁사』에 주로 의거하여 원고를 작성했다고 알려져 있다. 그런데 사회진화론은 아리가 나가오의 『사회진화론』을, 블룬칠리의 국가론은 가토 히로유키의 『국법범론』과 아즈마 헤이지(吾妻兵治)의 『국가론(國家論)』 등의 번역서를 통해 파악했고, 량치차오는 이 두 계통의 사상을 소개하는 것을 가장 급선무로 생각했음을 알 수 있다. 또 기라성 같은 사상가들 반열에 키드가 포함되어 있는 사실도 당시 일본에서의 사회진화론의 인기를 반영하고 있다.

그가 무술변법 실패 후 일본에 망명한 시기는 가토의 학술사상이 전변한 후였는데, 특히 가토가 사회다윈주의를 수용하여 국가 간 경쟁은 국민의 경쟁이며 국권과 자유권은 다른 것이 아니라고 주장하는 저서를 발표한 때였다. 량치차오는 루소의 민권사상에도 공감했지만 국가주의사상도 긴밀한 관심을 가지고 연구, 소개했다. 가토는 진화론에 근거하여 천부인권을 부정하고 『인

---

13) 일본의 메이지유신 후 급속한 부강에 대해 큰 관심을 가지고 있던 캉유웨이는 일본서적을 다량 구매하여 연구했다. 7,000종이 넘는 일본 서적을 분류, 해설한 목록집인 그의 『일본서목지(日本書目志)』에 히라타 도스케(平田東助) 등이 번역한 블룬칠리의 『국가론』이 포함되어 있었다. 무술변법 이전 량치차오도 『국가론』 내용에 대해 알고 있었을 것으로 추정되고 있다. ≪청의보≫에 연재한 「국가론」은 고전 한문으로 번역된 아즈마 헤이지의 『국가론』을 부분적으로 요약한 것이다.

14) ≪청의보≫는 1898년 12월 창간하여 1901년 12월까지 100책을 발간한 후 정간했고, 이를 발전시켜 1902년 2월 ≪신민총보(新民叢報)≫로 이름과 체제를 바꾸어서 새로운 잡지를 창간했으며 1907년까지 발행했다.

권신설』과『강자의 권리 경쟁』을 출판하여 강권이 곧 자유이고 우승열패는 천리라고 주장했다. 량치차오 또한 사회다원주의의 영향을 깊이 받아서, 이후 '우승열패의 이치'는 공리(公理)라고 생각했고 이것이 그의 전 사상체계의 밑바탕을 형성했다. 맹렬한 강권이 문명화되며 온화한 강권으로 나아가 고상해진 것이 바로 사회진화라고 보았다.

개인의 이익보다 사회유기체 자체의 생존을 강조하는 키드의『사회진화론』은 1894년 출판되었는데, ≪만국공보≫에 1899년「대동학(大同學)」이라는 제목으로 축약·연재되었다. 키드는 다윈과 스펜서를 비판하며 사회유기체의 생존을 강조했다. ≪만국공보≫를 통해서 소개된 키드의 '국가간섭지향형' 사회진화론을 통해, 사회혁명을 피하기 위해 빈부문제를 해소하거나 예방하는 것이 필요하다는 학설과 서구사회의 빈부문제와 마르크스의 존재에 대해서도 많은 중국인이 처음으로 알게 되었다.

량치차오는 일본에서 키드의 이론을 학습하고「인군진화론(人群進化論)」을 발표했다. 1902년 ≪신민총보≫에는「진화론혁명가 키드의 학설(進化論革命者頡德之學說)」을 게재하면서 마르크스주의도 소개했다. 부익부빈익빈의 자본주의를 사회주의가 대체하고 있으며, 20세기는 사회주의와 간섭주의가 승리하는 시대라는 인식을 피력하기도 했다.

사실 19세기 말에는 영국에서도 이전의 개인주의와 방임주의 지향으로부터 사회문제의 해결을 위한 국가의 적극적 간섭을 지향하는 사조가 신자유주의로 발전했음을 앞에서 언급했다. 키드는 19세기 말 산업사회의 생존경쟁에서 공정한 참여의 기회를 가지지 못하는 다수 대중에게 국가가 간섭하여 기회의 평등을 실현해야 한다고 주장했다. 그는 사회진화론 입장에서 진보를 위한 공정한 생존경쟁을 도모해야 하며, 공정한 기회를 제공하는 것이 중요하다고 보았다. 또 진보를 위해 개인의 이해가 사회유기체의 이해에 예속되며 진화가 진행된다고 보았다. 그러나 그는 사회주의에는 반대했다. 생산수단에

대한 국가경영은 개인적 생존경쟁을 중지시키고 사회를 퇴보시킨다고 보았기 때문이다. 15)

엔푸가 『천연론』을 번역·출판한 이래 사회진화론에 대한 관심과 경쟁의 세계에서 살아남아야 한다는 문제의식이 충만했던 중국인들은, 민의 횡적 결합구조와 그 조직원리를 의미하는 것으로 군(群)을 중시했다. 천자 - 관 - 민의 종적 상하관민체제를 청산하고 의회, 학회, 회사 같은 횡적 결합을 확대하는 합군(合群)을 통해 민권을 일으키고 평등한 체제를 건설하려는 희망을 '군'에 의탁하는 정서가 청 말에 매우 보편적으로 나타났다. 키드의 사회진화론은 사회유기체를 중시하는 이론으로서 일본과 중국에서 큰 반향을 불러일으켰던 것이다.

근대 중국 지식인들은 개인의 자유와 독립을 추구하는 가운데, 동시에 역사진화에 대한 낙관적 신뢰를 가지게 되었다. 그들은 자유와 민주가 역사진화의 방향이고, 역사진화의 원동력은 자유롭고 독립적인 개인이라고 강하게 확신했다. 진화론을 응용하여, 개인의 자유와 그 발전이 인류역사가 진화한 근원이라고 믿었던 것이다. 개인의 정치적 자유와 자치는 나라를 구하기 위한 개인해방의 필요성뿐 아니라 더 크게 자연계와 인류사회의 진화의 방향이라는 점에 관해서도 상당히 필연적인 추세라고 이해했다. 그들은 번영과 멸망의 기로에 서 있기는 하지만, 역사진화의 방향을 택하여 번영의 길로 갈 수 있다고 믿었던 것이다. 진화론의 영향하에서 자유주의사상이 수용되었다고 볼 수 있다.

---

15) 이상의 내용은 서정훈, 「19세기 말 영국의 사회진화론들」, 38~51쪽 참고.

5) 공리주의 지향

엔푸나 량치차오 등 초기 자유주의 선구자들은 개인의 자유라는 관념을 중국인에게 심어주었고, 개인의 역량을 육성하는 것이 국가부강의 기초라는 인식을 공유했다. 이 선구자들을 뛰어넘어 자유가 반향을 불러일으키게 된 것은 자유를 부강의 수단이라는 직접적 가치로 간주했기 때문이었다. 그러나 과연 개인이 자유롭게 되면 국가가 부강해질 수 있는가? 유럽국가가 부강하고 개인들이 자유와 권리를 누리는 것은 사실이었지만, 양자 간의 선후관계를 다시 생각해 볼 필요가 있다. 나라가 부강해지면서 자본가들이 재산권을 지키기 위해 자유와 권리를 주장함으로써 정치적 권리를 확보하게 되었던 것이 아닌가? 사실의 선후관계가 어떠했든 간에, 나라가 살아남으려면 부강해져야 하고 그 구성원이 자유롭고 자립적인 개인으로서 자신의 개성을 발휘하여 자기발전을 도모해야 한다는 것은 자명한 원리처럼 받아들여졌다. 이러한 개성주의와 동시에 중국인의 유가윤리적 사상체계를 흔들어놓고 그들에게 새로운 인생관을 심어준 것은 공리주의였다.

엔푸는 "부강이라는 것은 백성을 이롭게 함[利民]에 다름 아니다. 정치가 민을 이롭게 하려면 반드시 민이 각기 스스로 이롭게[自利] 할 수 있는 데서 시작해야 한다. 민이 각기 스스로 이롭게 할 수 있는 것[民各能自利]은 반드시 모두 자유로울 수 있는 데서 시작"한다고 했다. 그 때문에 '인인각득자유 국국각득자유(人人各得自由 國國各得自由)'한 서양인들이 부강하게 되었다며 공리주의 시각으로 설명하고 있다.

애덤 스미스의 『국부론』이 고전경제학 분야의 명저로서 18세기 영국사회에 적용되는 내용이 많았지만, 엔푸가 그것을 번역·출판한 『원부』는 중국사회가 개인들의 이익추구에 대한 부정적 인식에서 벗어나도록 '계몽'하기 위한 목적이 있었다. 의(義)와 이(利)를 대비하며 이익의 추구를 멸시한 오랜 전통으로부터 사람들의 자유로운 경제활동을 정당화하고 경제영역에서 영리추구의 자유를 확보하도록 중국인들의 사고방식을 변화시켜야 했던 것이다.

또 일본 망명 후 《청의보》, 《신민총보》에 량치차오가 연재한 유럽 사상가 열전 중 홉스와 벤담에 관한 글에서 영국의 공리주의사상이 소개되기도 했다. 전기했듯이 일본에서는 이미 1870~1880년대에 걸쳐 벤담과 밀의 공리주의 서적들이 다수 번역·출판되었다. 그러나 유럽사상의 조류를 소개하며 량치차오가 저본으로 삼은 『이학연혁사』는 벤담의 사상을 매우 간략히 소개했을 뿐이다. 이 책은 프랑스인 푸예가 공리주의를 경시했던 입장을 드러내고 있을 뿐 아니라, 번역자 나카에도 프랑스의 평등주의적 공화주의사상을 찬양하며 개인의 이익을 추구하는 이기주의 자유관을 '진정한 도덕적 자유'에 대한 도전이라고 생각했다. 량치차오는 벤담에 관한 원고를 쓰면서 12권의 참고문헌을 글 말미에 첨부했다. 참고문헌이 12권이나 있었다는 사실로 보아 당시 일본에서 공리주의 윤리철학에 대한 관심이 컸음을 알 수 있고, 량치차오도 푸예의 서술에 만족하지 못하여 수종의 참고서적을 읽으며 학습했음을 짐작할 수 있다.

량치차오는 1901년 「홉스 학안(霍布士學案)」에서 홉스의 인성에 관한 논의에 대해 '무엇이 선인가? 쾌락일 뿐이다. 무엇이 악인가? 고통일 뿐이다. 그러므로 쾌락을 얻을 수 있는 것은 모두 선이다. …… 이익이라는 것은 모든 선한 것의 장점이므로 모든 사람이 마땅히 힘써야 하는 것이다. …… 이기심은 모든 생각의 근원이다. 홉스는 인생의 직분을 논하면서 마땅히 세와 이익을 따라 각기 그 이익의 최대치를 구하는 것은 즐거움(樂)을 택하고 고통을 피하는 것이니, 이는 천리자연의 법칙인 동시에 도덕의 극치라 했다'고 서술했다. 기존의 도덕관에서 보면 너무도 놀라운 관점이었음에도 량치차오는 "그 말이 까닭이 있고, 이치가 있다"라면서 욕망적 인성관을 소개한 것이다.

량치차오는 '공리주의(utilitarianism)'의 역어로 '낙리주의(樂利主義)'라는 어휘를 만들어 사용했는데, 일본에서도 '유틸리티(utility)'라는 말이 유용함, 효용의 의미를 가지고 있다고 보았으므로 이학(利學), 이용론, 이익주의, 실리설, 공리설, 공리학을 거쳐 공리주의로 귀착된 것으로 보인다.16) 사실 량치차오가 사용한 낙리주의라는 용어는 쾌락과 이익(공리)을 중시하는 공리주의의 두 측면을 포괄하는 좋은 번역어였고, 가오이한(高一涵)이 ≪신청년(新靑年)≫에 「낙리주의와 인생」을 발표한 것으로 보아 5·4시기17)까지 낙리주의가 사용되었음을 알 수 있지만 끝내 '공리주의'에 밀려서 살아남지 못했다.

량치차오는 「낙리주의 태두 벤담의 학설(樂利主義泰斗邊沁之學說)」(1902)을 발표하여 벤담의 공리주의 윤리철학을 본격적으로 소개했다. 영국 공리주의 계보의 홉스, 흄, 벤담, 밀 부자는 모두 인성에 대해서 이익에 대한 욕망과 생명에 대한 자아보존의 본능적 추구라고 해석했다. 그런데 벤담이나 밀의 공리주의는 개인의 이익에서 출발했지만 궁극적 목적은 개인이 아니라 인류의 공익, 즉 최대 다수인의 최대의 이익과 행복이었다. 량치차오도 벤담이 인류의 공익을 추구한 점을 찬탄했지만, 쾌락을 수량적으로 셀 수 있다는 사실과 쾌락의 질을 중시하지 않는 관점을 비판했다.

특히 밀의 공리주의는 쾌락의 질적인 면, 정신적 쾌락을 중시하여 공공에의 기여로 얻는 쾌락이 개인의 감각적 행복보다 훨씬 큰 가치가 있다고 보았다. 밀의 자유원칙은 각각의 개인들이 자기이익과 자아가치의 가장 현명한 판단자이므로 타인의 이익을 침범하지 않는 한 개인의 선택은 합리적이며 정당하다고 천명했다. 개인의 자유가 중요한 이유는 사람들이 자기쾌락을 추구

---

16) 공리주의라는 번역어는 한대 동중서(董仲舒)가 '그 의(義)를 바르게 하며 그 이(利)를 도모하지 않고, 그 도(道)를 밝히며 그 공(功)을 헤아리지[計] 않는다'는 말에서 나온 것이다. 송대 성리학은 도의적 동기 이외의 동기에서 어떤 행위를 하거나 결과를 계산해서 하는 행위는 모두 '공리'라고 배척한 반공리주의적 이상주의 성격을 띠었다.

17) 중국사에서 '5·4시기'는 1919년 5·4운동 이전 ≪신청년≫을 중심으로 신문화운동이 일어난 1910년대 후반부터 1920년대 초까지를 지칭한다.

하는 권리를 가지고 있을 뿐 아니라 모든 개인이 자기의 개성에 따라 자유롭게 발전하여 자아를 발현하고 완성시킬 수 있기 때문이라 보았다. 창조적인 사회는 바로 개성이 충만한 사회라는 것이 밀의 공리주의적 자유주의의 원리이고, 이러한 생각이 중국 청년들을 매료시켰다.

중국의 자유주의자들이 천부인권을 소개하기는 했지만 특별히 지지하고 주창한 사람은 거의 없었고, 주로 공리주의 권리사상이 민국 초 인권사상의 이론적 기초가 되었다. 중국인들이 자연권사상에 관심을 가지기 시작한 1890년대 말경, 일본에서는 1870년대 이후 유행한 천부인권사상과 사회계약론, 자유민권운동이 퇴조했고 사회진화론, 사회유기체론, 국가유기체론, 사회정책주의에 대한 관심이 높아졌다. 유럽에서도 이 시기에 천부인권사상은 철지난 사상으로 치부되었고, 공리주의적 권리관념과 법률실증주의적 권리관념이 대세를 이루고 있었다.

량치차오나 중국인들은 유럽의 사상적 발전 과정과 무관하게 사회진화론 같은 최신 이론을 먼저 수용하면서 동시에 그 이전 시대의 여러 사상체계를 학습했다. 사회진화론은 특히 '과학적 이론'으로 여겨진 '최신' 학설로서 망국의 위기를 극복할 강국으로의 진보 전망을 고취해 주는 듯했고, 공리주의는 개인의 이익과 인류의 공익을 동시에 고려하며 권세(권력)와 이익을 동시에 성취할 수 있는 근거를 제시해 주는 것으로 받아들여졌다. 근대 서구의 신식 관념이면서 전통적 관념과도 부합하는 측면이 긍정적으로 작용했다.[18]

---

18) 권세를 가지면 이익이 따라온다는 것은 중국과 동아시아 문명권의 오랜 관념이었다. 청 말에 서양의 권리관념을 수용하면서, 량치차오도 '천하에 권리(權利)는 없다. 오직 권력(權力)이 있을 뿐이다. 권력을 옹유하면 이익이 따라온다'고 보았다. 사회진화론의 영향도 있었으며, 권력과 이익의 정당성의 근거로서 서양의 권리 개념을 상정하고 법률적 정당성의 기초로 삼았다[王艶勤, 「近代中国自由主义人权思想的理论基础」, ≪湖北大学学报≫, 38-6(2011), p.59]. 근대 중국에서는 권력과 권리가 똑같이 '취안리'라고 발음되어 구별되지 않고 사용되는 경향마저 있었다.

공공선과 개성, 자유를 동시에 추구할 수 있는 공리주의적 개인주의는 5·4시기 중국 자유주의의 특성이 되었다. ≪신청년≫에는 가오이한의 글뿐만 아니라 천두슈(陳獨秀)의 「인생진의(人生眞義)」, 리이민(李亦民)의 「인생 유일의 목적(人生唯一之目的)」라는 글도 실렸는데 모두 공리주의적 개인관과 인생관을 고취하여 개인주의사상의 확산을 주도했다. 중국의 5·4시기에 퍼져 있던 개인주의 내지 이기주의도 그 내면에서는 사회와 인류의 공익을 정당성의 가치목표로 삼았던 것이다. ≪신청년≫에 발표된 이바이샤(易白沙)의 「나(我)」에서는 "선후로 말하면 내가 선(先), 그다음에 세계, 국가는 후(後)"라고 하고, 다시 "경중으로 말하면 세계가 중(重), 국가가 그다음, 나는 경(輕)"이라고 강조했다. 청년층의 잡지 ≪신조(新潮)≫에도 최대 다수의 최대 행복이라는 새로운 인생관은 개인주의의 합리성을 논증하는 것으로 보이지만 인류의 공익을 지향하는 공리주의이므로 이기주의와 인도주의가 충돌하지 않고 전자가 후자의 기초가 된다고 생각하는 글이 다수 게재되었다.

6) 개인의 자유와 국가의 자유

량치차오는 일본에 간 후 일본만의 색채를 띤 자유주의사상을 본격적으로 수용하며 인생은 평등하고 인권은 하늘로부터 부여받은 것임을 학습했다. 루소사상에 심취했던 그는 자신이 발행하던 ≪청의보≫(98·99책, 1901)에 「루소학안(盧梭學案)」을 실어 루소의 사상을 소개했고, 예외적으로 ≪신민총보≫(11·12호, 1902)에 다시 「민약론의 거두 루소의 학설(民約論鉅子盧梭之學說)」을 게재했다. 특히 루소사상을 전파한 나카에 조민의 영향을 크게 받아 자유를 입국의 본원이라 인식하고 적극적 자유관을 형성하게 되었다. 량치차오는 망명 초기 ≪청의보≫와 ≪신민총보≫에 발표한 단문들을 엮어서 『음빙실자유서(飮氷室自由書)』라는 제목으로 책을 출판했다.[19] 이 책을 통해 자유와 권리

개념을 설파하면서 "우리나라에는 민지(民智)가 미개라, 자유의 진리를 아는 자가 매우 적다"라고 한탄했다. 또 ≪절강조(浙江潮)≫에는 번역소설 「자유혼」을 연재하며 봉건전제에 반대하는 자유정신을 찬양했다.

이러한 량치차오에 대해 스승 캉유웨이는 '자유'의 뜻이 '심히 악하여 통절히 여긴다'고 꾸짖었다. 이에 대해 량치차오는 자유를 변호하며 "천지의 공의로운 이치와 중국의 시세가 다 이 뜻을 밝게 밝히지 않으면 공을 이룰 수 없다"라고 했다. 단 '자유'라는 번역어에 대해서는 의논할 여지가 있다며, 자유와 자주, 자치라는 용어의 사이에서 곤혹감을 표현했다. 캉유웨이가 자유와 복종의 관계에 대해 관심을 표하자, 량치차오는 "자유와 복종, 양자는 상성(相成)하는 것이라, 진자유는 복종하지 않은 것이 없다"라며 '자유' 자체의 가치에 대해 충분히 긍정했다. 「자유를 논함(論自由)」이라는 글에서는 '자유가 아니면 차라리 죽음'이라는 말에는 자유가 18~19세기 중 구미 제 국민의 '입국의 본원'이었음을 드러내준다고 했다. 그리고 자유와 복종의 관계를 잘 처리하여 '합군'에 부정적 영향을 미치지 않게 하는 방안에 대해서는 앞으로 고민해 볼 문제라고 설명했다.

캉유웨이는 프랑스에서 벌어진 것과 같은 동란이나 혁명이 열강에 의한 분열을 초래할 수 있다고 우려하면서, '마땅히 민지를 여는 것을 논의해야지 민권을 흥하게 해야 한다고 말하는 것은 당치 않다'며 질책했다. 그러나 량치차오는 중국의 부패와 재앙의 근원은 (국민의) 노예성에서 비롯되었다며, 이런 성질을 제거하지 않으면 중국은 세계 만국 사이에서 결코 설 수 없을 것이라 주장했다. 그리고 자유는 '사람으로 하여금 그 본성을 알게 하고, 타인에게 강제를 받지 않게 하는 것'이라며 스승을 설득했다. 또한 프랑스혁명에 대한 생

---

19) 량치차오는 『음빙실자유서』의 서언에서 밀의 "인간사회의 진화에서는 사상의 자유와 언론의 자유와 출판의 자유보다 더 중요한 것은 없다. 이 3대 자유가 모두 나에게 갖춰져 있다"라는 말을 인용하며, 책 제목을 거기서 따왔다고 밝혔다.

각이 지나친 우려라 보고 "금일 중국을 치료하려면 반드시 먼저 사람들로 하여금 권리가 있음을 알게 하고 사람들마다 자유가 있음을 알게 한 연후에야 가능하다"라며 캉유웨이에게 보낸 편지에 『민약론』이 "바로 오늘 중국을 구할 유일무이의 양약(今日救時之良藥 不二之法門)"이라고 주장했다.

루소의 『사회계약론』을 나카에가 직접 한문으로 번역한 『민약역해』(그 자신의 일역본인 『민약론』의 한역본)가 1882~1883년 일본에서 출판되었고, 중국에서 그 '번각본(해적판)'으로 1889년에 『민약통의(民約通義)』가 출판되었다. 따라서 천부인권설이나 사회계약설에 대해서 시세에 민감한 중국인은 들어보았거나 읽어보았을 것이다. '민약론'은 변법파가 민권론을 제기하는 근거가 되었지만, 캉유웨이는 보편적 민권론에 대해 강한 경계심을 가지고 있었던 것이다. 1900년대 초에는 재일 중국인 유학생 양팅둥(楊廷棟)이 번역한 『루소민약론(路索民約論)』이 출판되어 상당히 보급되기도 했다.[20]

량치차오는 '자유가 아니면 차라리 죽음을 달라'는 자유정신이 서양의 400년 역사의 개혁과 진보를 초래했다고 보았다. 그렇다면 량치차오의 마음속 자유는 어떤 의미였나? 그는 "자유라는 것은 단체의 자유이지 개인의 자유가 아니다. 야만시대에 개인의 자유는 승하고 단체의 자유는 망했다. 문명시대에는 단체의 자유는 강하고 개인의 자유는 감소한다. 이 두 가지는 일정한 비례 관계가 있다"라고 하면서 '야만시대로부터 차츰 문명이 진화하며 자유는 개인자유로부터 차츰 단체자유로 전변해 왔는데, 중국은 야만시대에 처해 있다'고 생각했다. 중국은 강자인 권력이 그 세력에 의거하여 약자에 대해 개인자유를 행사하는 사회이며 '힘만을 중시하는' 무질서, 무법률의 사회라고 본 것이다. 야만시대에는 인류가 통치력이 박약해서 일종의 자유상태에 처해 있는데 이러한 자유는 감히 자유라 말할 수 없고 '자유의 덕'이 없는 상태이다.

---

20) 狹間直樹, 「中江兆民 『民約訳解』の歷史的意義について」, pp.37~41.

여기서 말하는 야만시대의 개인의 자유는 사회의 규범이나 법률의 구속을 받지 않는 '민약' 이전 상태에서의 자유이다. 이는 후쿠자와 유키치가 단체의 자유와 개인의 자유의 관계를 서술하고 야만자유에 반대하며 '문명자유'를 제창한 자유 개념의 영향을 받은 것이다. 개인의 자유가 아닌 단체의 자유가 문명적 자유라고 서술한 것은 개인의 자기결정권을 존중하는 의미의 개인의 자유가 아니고 '제 멋대로' 행동하는 개인들의 문명 이전(즉 민약 성립 이전)의 비문명적 자유를 의미한다.

량치차오는 사회계약(민약)이 성립된 후, 즉 법제가 설립된 후 입법에 따르는 '인의의 자유'를 '문명의 자유' 혹은 '단체의 자유'로 칭하며 문명의 자유가 진정한 자유라 보았다.[21] 법률은 내 자유를 속박하기도 하지만 보호하기도 하고 내가 제정한 것이기에 법률에 반드시 복종해야 한다. 량치차오는 '내가 제정한 법률은 일종의 밖으로부터의 단련이 아니고, 한 사람의 수령이 무리의 생을 규율하는 것이 아니다', '인인 심중의 양지(良知)가 같음에서 발하여, 인도에 적용하여 나의 자유를 족히 보장하며 타인의 자유 역시 침범하지 않는' 것이 법률이라고 이해했다. 따라서 법률을 지킨다는 것은 누가 권면하는 것도 핍박하는 것도 아니고 스스로 법칙 안에 거하는 상태이다. 또한 '한 사람이 이러할 뿐 아니고 인인이 이러해야 군체[群]의 자치를 이룰 수 있고, 기율 혹 법률을 준수하여 …… 가지런한 군대의 진퇴같이 이루어지면 …… (모든) 사람에게 자유를 더한다'고 했다.

량치차오는 '자유의 덕'을 세우는 진정한 자유를 저해하는 자유의 위험성[禍]에 주목하고 공에 기초한 제제[자치지덕(自治之德)]의 필요성을 강조했다. "왕왕 권리의 한계를 알지 못해 남人을 침범하고 자기[己]를 손상하는 전횡과 자의로 흐를 수 있다"라는 것이다. 그리고 중국에는 오랫동안 부패사회가 이

<hr>

21) 梁啓超,「論自由」,『梁啓超集』(花城出版社, 2010), p.99.

어져 와서 문명학설이 잘 이식되지 않는다고 보았다. "자유의 설이 들어와도 행복을 증진하지 못하여 질서를 파괴하고, 평등의 설이 들어와도 의무를 지지 않고 제제를 멸시하며, 경쟁의 설이 들어와도 외계를 적으로 삼지 않아 단결이 흩어진다. 권리의 설이 들어와도 공익을 도모하지 않고 사견을 늘어놓으며 ……"라고 한탄한 것이다.[22]

량치차오는 문명의 자유를 확립하여 민족의 독립과 부강을 성취하는 것이 가장 중요한 과제인데, 사상의 자유가 있어야 국민도덕교육과 참정권 행사가 올바로 이루어지며 자립적 국민이 민족의 독립과 부강을 성취할 수 있다고 보았다. 그는 민권의 자유는 천하의 공리이며 세계의 자연적인 진보라고 믿었다. 후쿠자와의 영향을 받고 나카에를 통해 루소의 인권사상을 강하게 흡수하여 자유관이 형성된 것이다. 특히 량치차오는 "문명의 진보 원인이 한 가지가 아니지만, 사상의 자유는 그 총인이다. …… 유럽의 오늘은 14~15세기에 …… 사상계의 노예성을 씻어내서……"라며 르네상스 이래로 이어진 비판 정신과 사상의 자유를 중시했다. 사상의 자유는 무엇인가? 량치차오는 자기의 육체와 상대적인 정신 또는 심사(心思)라는 '진정한 나(我)'를 누리는 것이라 보았다. "정신, 심사가 진실한 아이며 육체적 아는 일종의 물(物) 혹은 가짜의 아이니, 가짜 아는 진실의 아에 절대 복종해야 한다"라고 서술했다.

량치차오는 진짜 자유를 요구하는 자는 반드시 자기심사의 주인이 되어야 하고, 외물의 노예가 되어서는 안 된다고 주장했다. 이는 나카에가 '정신, 심사는 타물의 속박을 받을 수 없다'라며 심사의 자유를 논한 것을 상기시킨다. 량치차오도 심중의 노예를 제거하면 심사의 자유를 획득하게 되고, 심사의 자유를 획득하기 위해서 "고인(古人)의 노예, 세속의 노예, 경우의 노예, 정욕의 노예가 되지 말아야 한다"라고 주장했다. 육체적 정욕뿐 아니라 '고인'이 전해

---

22) 梁啓超, 「新民說」, 『飮氷室合集』 专集 4, pp. 127~128.

준 사상, 학설, 윤리로부터도 자유로워지는 진정한 자유를 추구한 것이다. 량치차오의 자유관은 나카에의 적극자유관의 영향을 받은 것으로, 루소류의 프랑스식 사변적 이성주의, 합리주의 및 자유주의 이론에 소급하는 측면이 있다고 볼 수 있다.

자유주의의 특징인 개체자유의 근거는 서양의 경우 천부인권사상에 입각하여 개인이 태어나면서부터 자유가 예비되어 있다는 것을 전제로 한다. 하지만 자유롭고 평등한 '자연상태'를 상정하기 때문에 '태어나면서부터 자유롭고 평등하다'고 설명하는 루소식 천부인권사상은 중국에서 크게 지지를 받지 못했다고 볼 수 있다. 하늘이 부여한 권리라는 사상이 유가적 천리(天理)로 이해되어 거부감을 없애 주었지만 오해를 초래했고, 일종의 도덕으로 귀착되었다.

옌푸는 '자유는 중국 역대 성현이 심히 두려워한 것'인데, 자유가 중국문화와 서양문화의 기본 차이라 보았다. 그는 서양 국가가 "자유로 체를 삼고 민주로 용을 삼는다(以自由爲體 以民主爲用)"라고 하면서, 개인과 국가의 관계에서 자유를 파악하고 자유와 개인권리의 밀접한 관계를 천명했다. 그리고 자유와 자주를 구분하여 "개인으로서는 자유를 귀하게 여기고 나라로서는 자주를 귀하게 여긴다(身貴自由 國貴自主)"라고 했다. 또한 경쟁에서 군(群)이 살아남으려면 부강해야 하는데, 그 민이 자사(自私)하고 자유해야 부강해질 수 있으므로 자사, 자유할 수 있는 자치능력을 키워야 한다고 보았다.[23] 그는 자유를 홍수나 맹수같이 보는 수구 세력과 루소의 천부인권론을 열정적으로 전파하는 혁명파라는 양극단 사이에서 양측의 충돌을 막고 구망(救亡)의 길을 찾으려 했으며, 개인[己]과 집단[群]의 권계를 명확히 하는 것을 자유의 전제로 함으로써 자유의 무게중심이 개인에서 국가로 옮겨갈 수 있게 했다.

---

23) 嚴復, 「論世變之亟」, 『原强』(1895.2)[王栻 編, 『嚴復集』 1(中華書局, 1986), pp.2~3, 11].

옌푸는 심리의 자유나 사회적 자유는 개개인의 윤리적 행위로서 스스로 책임져야 하는 사회에 대한 개인의 자유이기 때문에 개개인의 사상이나 언론의 문제나 윤리적 자유 또는 사회적 문제는 국가의 법률이 시행되는 영역이 아니므로 국가의 간섭대상이 될 수 없다고 했다. 그러나 정치적 자유[정계자유(政界自由)]는 국가(정부, 정계)의 관리에 대한 국민의 자유 문제이며, 여기서 국가의 관리와 국민의 자유는 반비례하는데, 국가의 개인의 자유에 대한 간섭이 '최대 다수의 최대 행복' 즉 사회의 공익을 실현한다는 점에서 정당화될 수 있다고 보았다.[24] 옌푸가 19세기 영국의 공리주의 자유관의 영향을 강하게 받았음을 보여준다.

또한 옌푸의 정계자유론은 국가가 개개의 민에 의해 구성되는 유기체라고 본 스펜서의 사회유기체론에 기초하지만, 개개인에게 자유를 허용하지 않으면 사회는 진화할 수 없다고 주장한 스펜서와는 다른 생각을 가졌다. 옌푸는 정계자유에 있어서 국가(정부)의 '소기자유(小己自由)'에 대한 제한의 폭은 기본적으로 진화의 정도에 의해, 구체적으로는 '국가가 처한 천시(天時), 지세(地勢), 국민의 능력[민질(民質)]의 여하'에 의해 정해진다고 보았다. 외세의 침략이라는 외인이 없어도 국민의 수준 등 내적 요인에 의해 국가의 '소기자유'에 대한 제한이 허용된다는 인식을 가지고 있었던 것이다.

옌푸는 애덤 스미스의 『국부론』을 번역하면서, 통합체로서의 국민국가의 재부와 세력을 증대시켜 다른 국가와 투쟁하게 될 것을 상정했다. 스미스가 설파했고 빅토리아 시대 영국에서 증명된 경제적 자유주의는 국가의 부강을 성취하기 위한 것으로 이해되었다. 애덤 스미스가 '사회(society)'라 한 것은

---

24) 이것은 영국인 존 로버트 실리(John Robert Seeley)의 『정치학개론(Introduction to Political Sciences: two Series of Lectures)』(1896)의 내용이다. 옌푸는 이 책을 번역하여 1905년 상하이 YMCA 야학에서 8회에 걸쳐 진행할 강의의 교재를 준비했고, 이듬해 『정치강의(政治講義)』로 출판했다.

사회를 구성하는 개인들의 총합으로서, 국민국가의 사회를 의미했다. 그가 사용한 'the nation', 'society'라는 단어는 그 구성원으로 이루어진 사회를 지칭하며 'general interest'이라 말한 것은 그 사회의 이익, 즉 개인들 모두의 혜택을 의미했다. 그러나 옌푸는 이들 어휘를 모두 국익으로 번역했다.[25]

밀의 이론에서는 개인자유가 목적 자체였던 데 비해, 옌푸는 '민이 개성이 적으면 그 나라는 반드시 망한다(民少特操 其國必衰)'는 논리를 중심으로 하여 개인자유가 '민지', '민덕(民德)', '민력(民力)'을 촉진하고 개인의 에너지를 해방시킴으로써 국가부강을 달성하게 한다고 서술했다. 개인의 자유 그 자체가 목적이 아니고 수단으로 이해되는 것이다. 밀의 '개인자유' 개념을 옌푸는 그리 좋아하지 않았다. 밀이 말하는 개인자유는 주로 개인 자체의 문제이지 사회 전체 혹은 국가와 큰 관계가 있지는 않으며, 밀은 능력과 활력의 각도에서 개성을 설파했다. 옌푸는 이러한 특성의 '개성'을 그 자신의 '민덕' 개념과 연관시켜, 이 개념에 국가부강을 촉진할 사람의 체질과 영혼이 포함되어 있다고 서술했다.[26]

또 밀은 정신력이 풍부한 개인을 찬양하면서 '이러한 생동적이고 능력 있는 개인을 적극적으로 키워야 사회가 그 의무를 다하고 그 이익을 보존한다고 볼 수 있다'고 강조했는데, 옌푸는 자신의 해석을 첨가해 '국가는 반드시 이러한 뛰어난 민을 양성[扶植]해야 함을 알아야 한다. 그런 후에 그 민은 천직을 다하고, 그 종족의 명귀와 그 국가의 강성을 본다'고 서술했다. 옌푸와 량치차

---

25) B. Sachwartz, *In Search of Wealth and Power: Yen Fu and the West*(New York: Harper & Row, 1969), 116~117쪽.

26) 밀의 『자유론』의 제3장 제목인 "개성(개인의 특수성)이 행복의 한 요소임에 관하여(Of Individuality, as One of the Elements of Well-being)"를 옌푸는 '행위자유의 원칙과 특수성이 인민덕성의 기초임을 해석함(釋行己自繇明特操爲民德之本)'이라고 번역했다. 개인의 복지를 지향한 밀의 뜻을 옌푸가 집체적 덕성으로 왜곡했다는 비판을 받는 부분이다(B. Schwartz, 1969, 140~141쪽).

오가 개인의 자유를 중시하고 그 의미를 환기시켜 중국인의 관념 변화에 큰 영향을 미쳤지만, 그들은 개인의 능력을 발양함으로써 국가의 목표를 달성할 수 있다는 것을 논증하려 했다. 그들은 국가주의의 구속을 받아, 개인가치의 본질적 의의는 국가부강에 공헌해야 한다는 관념을 가지고 있었던 것이다.

량치차오는 구미의 자유사상 발전사를 고찰하고 그 역사가 정치상 자유, 종교상 자유, 민족상 자유, 생계상 자유의 네 가지 자유를 얻고자 했던 쟁취사였다고 정리하면서, 그러한 역사의 결과로 여섯 가지의 문제, 즉 사민평등 문제, 참정권 문제, 속지자치 문제, 신앙 문제, 민족건국 문제, 노동자 문제가 발생했다고 보았다. 그리고 그는 금일 중국에 가장 급한 것은 두 가지로, 참정 문제와 민족건국문제일 뿐인데 둘 다 권리를 쟁취하는 문제로서 자유를 쟁취하는 것은 권리를 쟁취하는 것과 같다고 주장했다. 그의 권리-자유론은 구국론과 얽혀 매우 중요한 의의를 가지며 영향력을 발휘했다. 탁월한 지혜로 서양의 권리-자유론을 흡수하여, 중국이 멸망의 위기에 처해 있다는 인식하에 구국의 과제를 해결하고자 국가와 집체가 서로 결합된 자유를 추구한 것이다. 국가와 집체의 자유확립은 매우 긴박하고 필요한 것이었다.

옌푸와 량치차오의 자유사상은 국가정체를 핵심으로 하여 자유와 국가부강의 관련을 증명하려 했기 때문에 종국에는 권위주의적으로 변했다. 자유주의를 국가역량을 획득하기 위한 수단으로 보았다는 주장은 지나칠지 모르지만, 옌푸가 개인자유에 대한 제한을 주장했고 자유의 무게중심이 개인에서 국가로 이동한 것은 사실이다.

7) 능력으로서의 자유와 '국민 만들기'

칸트·루소·헤겔 계열이 이성에 의한 지배를 믿고 지향한 반면, 로크 및 그의 영향을 받은 사상가 계열은 자유를 '능력 내지 힘'으로 보는 경향이 있었는데, 옌푸는 후자의 영향을 받았다고 볼 수 있다. 옌푸에게 자유는 각 개인 내지 각 사회집단이 자기의 힘과 능력을 충분히 발휘하는 것을 의미했다. 그렇다고 천부의 능력을 그대로 발휘하는 것을 의미하지는 않는다. 능력으로서의 자유는 천부라는 말을 사용했음에도 현실에서 모든 사람에게 '자유'가 '천부' 적으로 부여된다는 뜻은 아니었다. 결국 능력을 발휘하여 사회를 진화할 수 있는 자에 한해서만 천부가 주어지고, 교육과 학습에 의한 후천적 '개명자영 (開明自營)' 능력을 보유한 자만이 자유를 향수하는 것이었다. 그 조건이 만족되지 않으면 '자유'를 누릴 자격이 없으므로 자유는 모든 사람에게 '천부'는 아니라는 것이다.

밀이 '자신의 능력이 성숙하지 않은 소아 미성년 또는 미성년 상태와 같다고 생각되는 미발달의 인종과 사회'에 대해 자유를 인정하지 않았던 것같이, 옌푸의 자유도 대인이나 문명인같이 성숙한 인간에 한한 것이었다. 또한 개명자영으로서의 자유는 '타의 자유를 해치지 않는 것을 경계'로 한다는 스펜서의 정의원칙과 결부되었다. 옌푸는 '서'와 '혈구'로 표현되는 유가적 자타관계가 '자유'와 비슷해 보이지만 같은 것은 절대 아니라고 천명했다. 개명자영으로서의 자유는 자기이익의 추구(자영)에서 출발하는데, 최대한으로 자기이익이 보증되는 한 자기를 제한하는 것이다. 옌푸는 중국의 서나 혈구는 오로지 타자에 대한 배려를 의미하지만, 서양의 자유에는 이러한 배려 안에 자기보존의 의도가 포함되어 있다고 파악했다. 옌푸에게 자유는 우선적으로 영리추구의 자유와 경제적 자유를 의미했고, 그것은 정의의 원리와 호혜의 원리에 의해 조정될 수 있는 것이었다.

1895년 발표한 『원강』에서 옌푸의 자유 개념은 스스로 이익을 도모하는 민의 능동성을 의미했다. 그리고 그 능동성은 민 각자의 '자주'에서 연유한다고 보았다.[27] 옌푸는 '자영의 사(自營之私)'에 의한 혼란의 발생을 우려했는데, 자유가 도를 넘으면 타인의 자유를 침해하고 그로 인해 다툼이 일어나 사회의 질서가 붕괴되므로 인도를 보존할 근거가 없어진다고 했다. 혼란을 가져올 가능성이 있는 '자영'을 개명적 개인의 의식과 결부시켜, 자영을 포기하지 않으면서 상호성의 윤리를 요청했던 것이다.

옌푸는 개인의 자유가 무한히 확대되면 개인과 개인의 자유가 충돌하여 란(亂)의 상태가 되고, 자유의 남용에 의해 '강권사회'를 초래한다고 보았다. 개개인의 '자영'의 무한 발휘에는 개개인이 속한 사회의 진화를 방해하는 요인이 포함되어 있기 때문이다. 따라서 자유의 경계를 정하는 것이 중요한데 바로 이것이 사회적 자유이다. 그가 밀의 『자유론』을 『군기권계설』이라는 제목으로 번역하여 출판한 이유이다. 앞에서 언급한 헉슬리의 『진화와 윤리』를 번역한 『천연론』에서도 옌푸는 자영의 과잉에 의한 자영 간의 충돌을 방지하기 위해 '자기억제'나 '자제'의 윤리, 사회질서를 유지하기 위한 자기희생의 이타적 윤리가 필요하다고 강조했다. '천부의 자유'라 해도 민의 자치능력이 배양될 때까지 그 행사를 유보해야 한다는 논리와도 상통하는 것이다.

량치차오는 진정한 자유를 제창하면서 그 주체가 될 개인을 상정하며 내재적 한계와 곤란을 느끼지 않을 수 없었다. 중국의 모든 개인이 현상을 변혁하여 역사를 움직이는 신민(新民), 신인(新人)이 되어야 했다. 그는 공덕, 국가사상, 진취모험, 권리사상, 자유, 자치, 진보, 자존, 합군, 생리분리(生利分利, 경제학), 의력(毅力, 정신력), 의무사상, 상무(尙武), 사덕(私德), 정치능력, 민기(民氣)를 '신민'의 16항 조건으로 제시하며 추구했다. 분명히 개인주의 색채도 있으나, 개인에 내재하는 불가양도의 가치관념은 포함되어 있지 않다. 개인 그 자체가 목적으로서 개인이 평등하며 방기나 양도할 수 없는 인권을 가졌다고 강조하는 개인주의사상과 차이가 있다. 국가, 민족, 계급 내지 인류사를 일컫는 대아(大我)의 행복을 궁극적 목표로 생각하며, 개인과 사회에 있어서 대아

---

27) 민두기, 『중국 근대개혁운동의 연구』, 283쪽.

를 우선하는 압력에서 벗어날 수 없는 곤란이 있었던 것이다.

현대 국가의 건립과 강성은 국민의 자주, 자유의 능력이라는 기초 위에서 가능하므로, 량치차오의 민족주의의 중점은 처음부터 국민에 놓여 있었다. 국민이라 말할 때나 신민이라 말할 때나 이들은 특정 정치공동체의 구성원이면서 민족국가의 주권의 정체(整體)이기에, 국민 만들기는 국가 만들기이며 또한 민주 만들기이다. 그의 민족국가사상은 민족주의와 민주화와 불가분한 국민사상이었다.[28]

신민설의 중심 이념은 '이군(利群)'을 중심축으로 하여 '합군'의 중국을 건립하는 것이며, 군은 모든 계층의 국민자치군체가 형성하는 공공관계이다. 자신에서 출발하여 국가까지 확장하는 유가식 수신제가치국평천하와 유사하지만, 유가에서처럼 자신을 중심으로 한 사인관계를 수립하는 것은 아니다. 량치차오는 중국과 서양을 비교하면서 "중국인은 인(仁)을 논하기 좋아하고 태서인은 의(義)를 논하기 좋아한다. 인(仁)은 인(人), 즉 내가 남(人)을 이롭게 하고 남도 역시 나를 이롭게 하므로 중점이 항상 인(人)에 있다. 의란 나 자신이다. 내가 남을 해치지 않고 남이 나를 해치는 것도 허락하지 않는다. 중점은 항상 나에게 있다"라며 서양 개인주의의 원리를 간파했다.[29]

그러나 량치차오가 추구한 것은 나 자신에게 머무르는 데서 그치지 않고 자신[국민자주(國民自主)]을 기초로 삼아 '군(群)'을 중심으로 하는 공공 네트워크를 형성하는 것이었다. 따라서 국민의 공덕을 강조하고, 국민의 공공의식 건립을 시도하며, 국가를 공동의 아이덴티티 대상으로 삼아 민족국가의 응집력을 형성하려 했다. 그가 구상한 정치공동체는 구성원인 국민들이 법률적·정치적으로 자유를 옹유할 뿐 아니라 공동체에 대한 충성과 의무, 즉 공덕을

---

28) 張灝, 『梁啓超與中國思想的過渡』(江蘇人民出版社, 1993), p. 29, 117.
29) 梁啓超, 「新民說」, 『飮氷室合集』 专集 4, p.35.

가진다. 유가적 인(仁)을 중심으로 한 도덕이상국과 구별되고, 도덕공동체의 성격과 정치윤리공동체의 성격을 둘 다 내포한 서양의 공화주의적 '시민공화국' 이상과 유사하다고 볼 수 있다.

량치차오는 경쟁적 세계에 대면하여 정치적 민족주의를 제창하면서, 어떻게 '천하'로부터 '국가'로 전환하느냐, 어떻게 '노예'로부터 '국민'으로 전환하느냐, 어떻게 서양 같은 보편적 국가로 전향하느냐에 대해 고민했다. 민족의 독특성과 근원성을 찾기보다 중국을 세계 속에 편입시켜 중국이 전 지구적 경쟁에 참여하는 하나의 보편적 국가가 되게 하려는 것이었다. 그는 엄격한 의미에서 자유주의자는 아니었지만, 그의 '신민설'에는 허다한 개인의 권리, 개인도덕의 자주성, 인성에 내포된 악함과 한계를 인정한 인식[유암(幽暗) 의식]이나 시민사회 관념 등 자유주의 관념이 내포되어 있다.

량치차오는 이러한 자유주의의 기본 이념을 민족, 국가, 공동체의 맥락 중에 놓고 서술하여 중국의 자유민족주의의 최초 형태를 제시했다. 그는 내셔널리즘(nationalism)의 역어로 국가주의, 국민주의, 민족주의의 세 가지를 사용했는데, 그 함의가 미묘하게 달랐다. 국가지상, 즉 국가가 무엇보다 중요하다는 의미로 1903년 이후에 국가주의를 사용했고, 국민주의는 국민의 자립과 자주정신을 강조할 때, 민족주의는 국내 여러 민족의 연합이나 외래 제국주의에 대해 일치단결하여 대처해야 할 때 사용했다. '신민설'을 주장하면서는 국민주의를 중시하여 사용했다.

1898~1900년을 경계로, 이전에는 자유주의나 민주주의의 개념과 제도가 소개되었다면 그 이후에는 급속히 정치운동으로 전변하여 국회개설운동 내지 입헌론으로 확산, 전개되었다. 국가존망의 위기 속에서 중국인들이 제도적 개혁을 촉구하는 운동을 전개할 때, 서양의 제도는 이미 자유주의정신 위에 민주주의의 옷을 입고 있는 상태였다. 중국인들은 그러한 민주주의제도를 도입하려 했고, 개혁운동과 혁명운동에 헌법 제정과 의회제 지향이 공통적으

로 나타났다. 특히 러일전쟁 후 민주헌정을 제창하는 목소리가 높아졌다.

그러나 중국 지식인의 자유주의사상 서술은 구망도존(救亡圖存)에 급급해서 당장의 사회정치적 문제의 해결에 노력을 집중하게 되었고, 국가부강에 초점을 두어 자유나 인권 등 궁극적 가치에 관한 고심을 중시하지 않았다. 청말의 환경적 요인에 의해 개인의 자유보다는 국가의 자유가 우선이었고, 자유가 문명의 자유(량치차오)나 총체의 자유(천톈화)라는 개념에서 망국의 위기를 탈피하기 위한 '전체적 자유'로 변용되는 경향이 있었다. 이 시기 무술변법 실패 후 처형당한 탄쓰통과 혁명파 장빙린(章炳麟, 章太炎)의 경우가 개성의 자유와 해방을 직접적 목표로 하며 인성문제를 탐구했던 예외적인 인물이라 할 수있다. 아나키즘에 공감한 장빙린은 격렬하게 개인주의를 제창했는데, 개인을 구사회의 구속으로부터 해방시켜야 하고 집단여론(군론)의 규범을 타파해야한다며 가정뿐 아니라 국가에 이르기까지 모든 조직을 부정했다. 개체가 진짜이고, 촌락, 군대, 국가는 모두 환상이며 허구라 주장했다. 모든 권위를 부정하는 아나키즘사상에 입각한 개인과 자유의 중시라 볼 수 있다. 아나키즘은 청 말부터 민국 초기에 걸쳐 지속적으로 중국 지식계에 영향을 미친 주요사조 중 하나였다.

8) 국가주의와 강권론

일본에서 자유민권사상을 수용하여 인생은 평등하고 인권은 하늘이 내려준 것임을 학습한 량치차오는 동시에 일본 국가주의사조의 영향도 받아 강권정치가 국제정치를 지배하는 상황을 목격한 후 루소사상에 회의를 느꼈다. 이 두 계통의 사상은 이후 그의 머릿속에서 떠나지 않았는데, 그는 근대의 사상계를 평권파(平權派)와 강권파(强權派)의 두 조류로 파악하기도 했다. 루소의 민약론을 신봉하는 평권파의 말에 따르면 '인권은 천수자(天授者)라 인인이 모두 자주의 권을 가지며 평등하고, 국가란 인민이 합의해 계약을 맺어 성립한 것'이다. 고로 인민은 무한한 권을 가지며, 정부는 인민의 권리를 지키기위해 존재하고 불가불 민의에 순종해야 한다. 개인의 이러한 자유평등한 권리를 유추, 적용하여 '민족국가'도 자유롭고 평등한 권리를 가지며, 모든 국가는 다른 국가에 대해 이러한 기본적 권리를 침해할 수 없다는 민족주의가 성립된다. '정의가 힘'이다. 평권론의 효과는 개인의 적극적 기운을 증가시켜 사회[人群]의 진보에 도움이 된다.

집단주의적 사회진화론의 입장에 선 강권파의 말은 '천하에 천수의 권리는없고 오직 강자의 권리뿐'이라는 것이다. 그러므로 중생은 천연의 불평등에처해 있으며, 자유의 권은 피로써 획득해야 한다. 국가는 경쟁으로 도태하거나, 합군하여 외적에 대처할 수 있다. 개인보다 국가가 우선하고 정부는 무한의 권을 가지며, 인민은 의무에 복종해야 한다는 사상이다. 이 이론은 '민족국가'가 '민족제국주의 국가'로 변질되는 상황을 이론적으로 지지하여, 국가 간생존경쟁에서 살아남는 강자의 권리를 인정하는 제국주의의 원동력이 되었다. 그 효과는 법치의 확립과 단체이익의 보호이고, 폐단은 침략주의가 세계평화를 유린하는 것이다. '힘이 정의'이다.

중국의 정황은 아직 민족주의 단계를 거치지 못했기 때문에 응당 인민이정치질서의 주체임을 인정하는 평권파의 이론을 채용하여 민족국가를 건립해야 할 것으로 보이기도 했다. 량치차오는 "민족주의는 세계에서 가장 광명정대하고 공평한 주의이다. 타민족이 우리를 침략할 자유도, 우리가 타민족을 침략할 자유도 없다. 본국에서는 인인이 독립하고, 세계에서는 국가의 독립을 추구해야 한다"라고 이해했다.[30] 그러나 20세기 전환기 국제정치의 현실은 경쟁과 우승열패의 세계였으며, 량치차오는 강권의 의가 비록 공리는 아

---

30) 梁啓超, 「論民族競爭之大勢」, 『飮氷室文集』.

니지만 부득불 공리가 되었다고 보았다.

량치차오는 세계적인 민족제국주의 시대에 처하여 블룬칠리의 국가학설을 통해 간섭주의를 학습하면서, 처음에는 중국이 아직 민족주의 단계라서 루소의 민약론 같은 방임주의가 필요하며 장차 국가주의를 논하게 될 것이라 보았지만, 곧 루소에 대해 회의를 가지면서 국가주의학설에 경도되었다. 민권확립도 불가결하고 국권도 지켜야 하는데 어느 것을 우선해야 하는가? 스스로 갈등하던 량치차오는 '민권과 자유는 천하의 공리이며, 세계가 자연스럽게 진보하여 그 자격을 쌓아 오늘에 이르렀다'고 찬양했지만,31) 강권에 대하여 이렇게 말했다.

"천하에 이른바 권리라는 것은 없고 단지 권력이 있을 뿐이다. 권력이 곧 권리인 것이다." 강자의 권리, 즉 강권이 행해지는 것은 인류뿐 아니라 온갖 생물 내지 무기물에 이르는 세상의 법칙이다. 강권과 자유권은 그 실체가 다르지 않다. 타력의 방해를 배제하고 자신이 원하는 바를 얻는다는 점에서 같은 것의 다른 이름일 뿐이라는 것이다. 량치차오는 한국에도 큰 영향을 준 「자유를 방기하는 죄(放棄自由之罪)」(≪청의보≫, 30책, 1899.10)에서도 '자유권'을 자신을 지키는 권력이자 힘의 개념으로 보고, 개개인의 자유의 한계를 개인 간의 권력균형에서 찾고자 했다. 자유권이란 오로지 사적 이익을 위한 계책일 뿐이라는 것이다. 전제국의 군주와 귀족, 자유국의 인민은 모두 자유권을 갈망하는데, 문명한 나라에서는 모든 인민이 자유권을 가지게 된다고 보았다.

---

31) 량치차오, 「세계 제일의 보수주의자(地球第一守舊黨)」, 『음빙실자유서』, 강중기 외 옮김(푸른역사, 2017), 32쪽. 량치차오는 이 글에서 오스트리아의 보수주의 재상 클레멘스 메테르니히(Klemens Metternich)가 외국 학문을 금지한 것은 정신상의 학문, 즉 민권과 자유를 금지한 것인데, 인민이 일단 민권과 자유의 이치를 알게 되면 (그가 했듯이) 조종하여 복종하게 하고 구차하게 꾸미는 술수는 더 이상 소용없게 된다고 비판했다. 유럽에는 민지가 크게 열려 자치와 독립을 요구하는 목소리가 팽배해 있으므로 음모와 간계로써 가리고 억압할 수 없다는 것이다. 메테르니히 비판은 서양학술을 받아들여 진보해 나갈 수 있다고 확신한 량치차오가 그것을 막는다고 본 장즈둥을 비판하는 것으로 직결되었다.

자유라 하고 평등이라 하는 것은 '이상가'가 하늘이 사람을 낳을 때 모든 사람에게 자유와 평등의 권리를 주었다고 말하는 것과 다름을 알 것이다. 우리 인류는 동식물과 동등하며, 하늘이 특별히 사람에게 자유와 평등을 준 것은 아니다. 캉유웨이는 옛날에 강학회(強學會) 서문을 지었는데 "천도는 친소가 없으며 항상 강자를 돕는다"고 했으니, 참으로 탁월한 말이다! 세계에는 단지 강권이 있을 뿐이고 …… 강자가 항상 약자를 제어함은 실로 진화의 일대 법칙이다. 그러니 자유권을 얻고 싶은 사람은 다른 방도가 없다. 오직 먼저 스스로 강자가 되기를 강구해야 할 뿐이다.[32]

천부인권론은 '이상가'의 주장이라고 부정하면서, 강권이 자유권인 현실을 인정하고 자유권을 얻고 싶은 사람은 스스로 강해져야 하는데[自强] 이는 한 사람이나 한 나라나 같은 이치라고 주장한 것이다. 가토 히로유키의 강권론의 영향으로 보이지만, 량치차오는 일본 독일학파의 태두로서 오로지 진화론을 중심으로 자아심을 도덕과 법률의 표준으로 삼은 가토의 논의가 '상당히 치우치고 과격한 점이 많아서 폐단이 있다'고 보았다. 그러나 그 주장에 근거가 있고 학계에 큰 영향을 주었으므로 소개할 필요가 있다면서 사상의 자유 문제, 이기심과 이타심 논의 등을 소개했다.

가토는 사회진화론의 영향을 받고 또 독일 국가주의 권리설을 신봉하며 블룬칠리의 저서를 번역했다. 당시 일본에는 블룬칠리가 쓴 『국가론』의 번역서가 3종 출판되어 있었다. 일본에 망명한 량치차오도 ≪청의보≫(1899.4)에 블룬칠리의 『국가론』을 번역, 게재하여 국가주의에 대한 관심을 일찍이 표현했

32) 량치차오, 「강권을 논함」, 『음빙실자유서』, 88~92쪽 요약. 캉유웨이가 ≪강학보≫의 서문에서 "천도는 친소가 없으며, 항상 강자를 돕는다(天道無親 常祐强者)"(≪강학보≫, 1, 1895.11)라고 쓴 것은 『노자』의 "천도무친 상여선인(天道無親 常與善人)"이라는 구절을 패러디한 것으로 보인다.

고, ≪신민총보≫에도 「정치학 대가 블룬칠리 학설(政治學大家伯倫知理之學說)」 (38·39 합병호, 1903년)을 게재했다. 그는 '루소는 19세기의 어머니, 블룬칠리 는 20세기의 어머니'라고 파악했다. 그리고 "오늘날 중국에서 가장 부족하고 가장 먼저 힘써야 할 일은 유기적 통일과 강력한 질서이며, 자유와 평등은 그 다음이다"라고 천명하여, 인권(민권)과 국권 사이에서 갈등을 하다 결국에 후 자 쪽으로 기운 국가주의 경향을 드러냈다.

대내적으로 자유와 민권을 요구하면서 전제주의 정체에 반대해야 하고, 대 외적으로 부강하며 진보한 국가를 건립하여 제국주의 열강과 자연계에서 경 쟁하는 것이 불가피한데, 자유보수적인 블룬칠리의 학설이 량치차오의 이러 한 요구를 만족시켜 줄 수 있는 것으로 보였다. 그리고 강권파의 이론을 사용 하여 평권파의 과제를 수행하기 위해 강권이 바로 자유권이라고 동일시한 가 토의 학설에 공감한 것이다. 강권을 가진 자만이 자기행동을 타자로부터 제 약당하지 않는다는 의미에서 '자유'를 향수한다고 보았으며, 점점 더 많은 사 람이 자유를 누리는 방향으로 인류사회가 진화해 왔다고 파악했다.

1903년 미국을 여행하던 중 량치차오는 공화정체의 병폐를 목도하며 현실 적 응용 면에서 폐단이 심각한 공화정이 군주입헌제만 못하다고 인식했다. 또 트러스트의 발생 등 세계 자본주의의 발전이 중국을 위협할 수 있기에 강 력한 통일정부가 필요하다고 확신하게 되었다. 그는 자유민주적 입장에서 후 퇴하여 통일과 질서를 강조하게 되면서 개명전제론(開明專制論)을 주장하기 시작했다.

량치차오의 이 시기 '개명전제론'과 이전의 '신민설'은 사실 동전의 양면이 다. 1903년 이전에 자유와 민주 등을 찬양했던 이유는 그러한 관념이 국가부 강의 기초라 믿었기 때문이다. 그는 개인자유보다 국가이익을 더 크게 의식 하며 국가부강으로 가는 빠른 길을 찾고자 했고, 1903년 이후 국가주의로 전 향하며 루소의 정치이상을 공격했다. '신민'이란 것이 하룻밤에 만들어질 수 있는 것이 아니므로 국가의 생존을 위해서는 반드시 중앙정부의 역량을 강화해야 한다고 보았던 것이다.

량치챠오는 민족의 독립과 부강의 성취라는 급선무를 위해 반드시 먼저 국민이 정치자유를 쟁취해야 한다고 보았다. 민족독립을 어떻게 취득할 것인가를 고민하며 일본의 민권이론가와 마찬가지로 국민참정 문제에 주안점을 두었는데, 국민참정은 반드시 참정의 주체를 고려해야 했다. 따라서 국민도덕을 교육하는 문제가 중요하다고 인식하여 '사상자유'라는 개념을 제기했고 '신민'의 창출을 시도했던 것이다.

일본에서 '독일주의에 의존하여 일본의 교육이 정부에 복종하는 것을 그 정신으로 삼고 있으며, 전국의 청년들이 독립과 자존의 기질을 갖추지 못하고 미천하고 저급하고 비속한 자가 되었다'는 구가 가쓰난의 비판을 듣고, 량치차오는 중국의 실정을 생각했다고 한다. 그리고 몽테스키외가 '무릇 절반 정도 개화된 전제군주의 나라에서 교육의 목적은 오로지 사람들을 복종시키는 데 있다'고 한 말을 소개하면서, 전통 시대 중국의 예악(禮樂)도 백성을 유순하게 복종시키는 수단이었다고 인정했다. 그러면서 그는 이렇게 한탄했다.

만약 정신이 없다면 날마다 서양학술을 말한다 해도 천하를 부패하게 하여 저절로 신속히 멸망하게 할 것이다. …… 중국의 교육이 아직 서양문명의 모양도 정신도 갖추지 못하여 …… 관료들이 스스로 기꺼이 노예가 되고 우리 인민을 노예로 삼으려 하니 …… 참으로 책망할 것도 없다. 우리 국민을 돌아보니 끝내 깨닫지 못하는구나.[33]

옌푸와 량치차오는 구망도존을 위한 계책으로써 자유주의의 이론과 사상

---

33) 량치차오, 「정신교육은 자유교육이다(精神敎育者自由敎育也)」, 『음빙실자유서』, 102~105쪽.

을 선전, 소개했을 뿐 궁극적 가치로서 추구한 것이 아니어서, 자유주의의 선구이지만 진정한 자유주의자는 아니었다고 보는 시각이 일반적이다. 옌푸의 주장은 중국 자유주의의 두 전통, 즉 국가의 독립과 부강을 중요시하는 측면과 개인자유와 국가민주화를 연결시킨 도구주의의 성격을 가지고 있어서 서양의 고전자유주의를 심각하게 변용시켜 권위정치론을 긍정하고 혁명에 반대하게 되는 귀추를 보였다.

량치차오가 공덕(公德)을 확립시켜 '집단(군체)을 이롭게[利群]' 하는 공공심, 애국심, 단결심, 자치력을 추구하고자 한 데에는 모두 국정과 국권을 중시함으로써 민족국가를 건립하고자 하는 기원과 신념이 반영된 것이었다.34) 량치차오는 집체주의적 무리[群] 개념에 관심의 초점을 두어서 자유주의 가치관의 실질적 내용에 대한 이해를 방해한 측면이 있고, '신민설'의 최종 이상은 자유주의로 보기 어려운 것이 사실이다. 그러나 비록 자유주의를 국가주의와 민족주의 깃발 아래 두곤 했지만, 량치차오는 서양 자유주의의 근본 가치를 이해했다고 평가된다.

개인에게 자유(자주지권)가 부여되었을 경우에 초래될 방임과 혼란에 대한 우려와 경계는 동아시아 삼국에서 공통으로 나타난 현상이라 해도 과언이 아니다. 사실 근대 서양 자유주의의 역사에서 개체의 자유를 중시하면서 동시에 그것을 이성적으로 사용하도록 절제하고 억제해야 할 필요성에 대해서는 영국이나 특히 독일의 자유주의 전통에서 강력하게 제기되고 발전했다[프랑스 이성주의(합리주의) 전통에서 이성적 성취를 신뢰한 것과 차이가 있다]. 인간의 이

---

34) 청 말 혁명파 중 쑨원과 장빙린이 다분히 종족적·정치적 민족주의 성향을 가졌다면, 량치차오는 국민을 핵심으로 하는 국가민족주의(대 중화주의) 성향으로 분류된다. 민국 초 량치차오는 자치권리를 가진 시민의 자주를 핵심으로 하면서 동시에 자결권을 가진 민족의 공화주의적 '공민공화국' 건립을 시도했다. 청조가 붕괴된 민국 이후 문화정체성의 위기를 겪으며 문화민족주의 성향이 흥기했다[許紀霖, 「現代中國的自由民族主義思潮」, ≪社会科学杂志≫(2005) 참조].

기적 본성 내지 악성을 규제하는 제도적 장치가 필요하다는 공감대가 자유주의적인 법치를 발전시킨 한 축이기도 하다.

자유의 공정한 법칙은 "인인이 자유하나, 타인의 자유를 침범하지 않는 것으로써 경계하며 삼간다." 진정으로 자유한 국민은 복종해야 할 것이 세 가지가 있다. 첫째는 공리에의 복종(服從公理)이고, 둘째는 자신들이 정한 법률에의 복종(從本群所自定之法律)이며, 셋째는 다수가 옳다고 하는 조리에의 복종(服從多數之經義)이다. 따라서 "문명인은 가장 자유로우며, 야만인도 역시 자유로우나 그 성격이 다르다. 제재력이 없는 자유는 무리를 해치는 도적이요 제재력이 있는 자유는 무리의 보배이다."[35] 량치차오는 자유와 제재가 서로 어긋나는 것이 아니라 서로를 성립시키는 것으로서 분리할 수 없다고 강조했다. 결국 자유주의는 불가불 이 세 가지의 복종을 따르는 것이라 보았던 것이다.

사실 한자문화권이 자유에 접속하는 과정에는 곤혹과 의심이 얽혀 들어가 있어서 자유가 '주의'로 여겨지기 어려웠다. '자유'의 가치에 대해 유보적이었으므로 '자유주의'의 수용도 어려웠던 것이다. 자유주의에서 자유는 중요한 개념이지만 자유가 '주의'가 될 수 있는가, 사상투쟁의 목표로 선택해야 하는가에 대한 회의가 있었다. 량치차오는 「자유를 논함」에서 '자유'가 유행어가 되어버린 대세에 대해 언급하면서, '사랑[愛]이나 이익[利], 또는 즐거움[樂]이 좋다고 해서 애주의, 이주의, 락주의를 실행하자고 말할 수 있는가? 자유가 좋다고 자유주의를 주장할 수 있는가?'라며 이의를 제기했다. '주의'라는 어휘가 20세기 교체기에 유행하기 시작하면서 각종 '주의'가 범람했다. 량치차오도 1899년에 국가주의와 세계주의를 논했고, 이후 '독립과 합군', '자유와 제제'를 논하

---

35) 원문은 다음과 같다. "文明人最自由, 野蠻人亦最自由, 自由等也, 以文明之別, 全在其有制裁力與否. 無制裁之自由, 群之賊也, 有制裁而自由, 群之寶也"(梁啓超, 『飮氷室文集』上, p.197).

면서 '자유주의'라는 용어를 직접 사용했다.[36] 자유주의라는 용어를 사용하기 시작했으나 당시 정치술어로서 확립되지는 않았고, 량치차오도 '자유지의(自由之義)'와 '자유주의'를 번갈아 사용했다. 옌푸는 1906년에 출판한 『정치강의』에서 유럽정치에 대해 설명하며 '자유주의'라는 단어를 사용했다.

이처럼 당시 중국에는 각종 주의가 유행했으며, 그러한 와중에 지식인들은 세계역사의 전개에 대해 파악하고 그것을 참조해서 중국이 미래에 추구해야 할 사상 방향을 탐색하고 있었다. 자유주의에 대한 접속도 고도의 선택이 요구되는 문제였고, 역사 전개에 대한 파악과 긴밀히 결합되었다. 그러나 자유에 대한 서술, 특히 자유를 실현하는 절차에 관해서나 개인가치를 보장하는 사회를 건립하는 방법에 관해서 논할 때 자유주의는 더욱 열정을 불러일으킬 수 있는 민족주의나 국가주의에 뒤떨어졌다.

9) 혁명파의 자유주의와 민국 초 민권 개념

일본에 유학 갔던 중국 학생들이 일본에 자리 잡은 루소류 공화혁명사상, 즉 민주주의적 자유주의사상의 영향을 받아 여러 혁명단체를 만들어 혁명운동에 투신했다. 혁명파 쩌우룽이나 천톈화 등은 군주전제체제를 타도하고 공화국을 건설해야 하는 혁명론의 타당성의 근거를 루소류 자유평등론에서 찾았다. 쩌우룽은 그녀의 『혁명군(革命軍)』에서 [중국의 정사(正史)인] '24사는 거대한 노예의 역사'라 규정하며, 천부의 자유를 강조했다. 천톈화는 『자유혼』이라는 소책자를 통해 자유주의 공화사상을 전파했다.

그러나 천톈화나 쑨원 등 혁명파들도 '총체의 자유'를 위해 개체의 자유를 제한해야 한다는 생각을 가지고 있었다. 개개의 자유에 기초한 질서 형성의

---

36) 梁啓超, 「十種德性相反相成義」, ≪淸議報≫, 82・84冊, 1901.6・7(梁啓超, 『飮氷室文集』上, p.197).

가능성을 부정적으로 받아들이는 경향이 있어서, 정부권력을 제한하여 개인의 능력을 발전시키고자 하지 않고 개인의 자유를 규제하여 국가의 자유를 신장하는 것을 목표로 삼고 있었다. 전제로부터 벗어나 공화로 나아가야 한다고 주장했지만, 자유를 위해서 '전제'가 필요하다는 모순을 배태하고 있었던 것이다. 쑨원은 중국에 자유가 없는 것이 문제가 아니라, 자유가 너무 많은데 모래판처럼 산산이 흩어져 있는 것이 문제라는 인식을 가지고 있었다. 혁명파의 자유주의는 프랑스 루소류의 민주공화론이어서 언제든지 국가 본위 또는 권위주의체제로 전변할 여지가 잠재되어 있었다.

혁명파와 입헌개혁파의 사상의 분기는, 혁명파가 루소의 천부인권적 민주공화이론을 존숭한 데 비해 입헌개혁파는 영국식 입헌군주제하 자유주의를 지향하면서 이루어졌다. 옌푸는 19세기 진화론의 관념에서 루소의 천부인권설은 비역사적이라고 비판하며 시종 천부인권론에 반대했고 민주정치도 자유의 산물이라고 보는 영국식 자유주의사상을 가지고 있었다. 량치차오의 사상도 비교적 영국 전통의 자유주의와 유사했는데, '민권'의 목적이 '민지를 계발하고 민덕을 새롭게' 하는 절차를 거쳐서 개인으로 하여금 최고의 인격발전을 이루도록 하는 것이라고 보았다.

영국과 프랑스가 자유주의 정치사상 전통에서 차이가 있었음에 주의하게 되었지만 그 구별이 국가와 개인 관계를 파악하는 데 변화를 가져오지는 않았다. 그것이 서양 자유주의사상의 극히 핵심 주제였음에도 그러했던 것이다. 중국 지식인들은 대체로 민주를 추구하고 서양 자유주의사상에 대한 관심이 컸으나, 민주사상을 수용하면서 집체주의 관념이 강했던 바람에 개인주의적 자유주의사상과는 하늘과 땅의 차이를 보이게 되었다고 평가된다.[37]

---

37) 옌푸를 연구한 황커우는, 서양의 사고방식에 중국의 낙관 정신과 전통이 결합되어 사상의 맥락이 근본적으로 다른 것[霄壤之別]으로 변천되었다고 보았다(黃克武, 『自由的所以然: 嚴復對約翰彌爾自由思想的認識與批判』, pp.125~151 참조).

혁명적 자유주의는 「임시약법(臨時約法)」에 주권재민을 명시했고, 의회제와 사법독립제도를 확립시키도록 했으며 약법 제정 과정에 절차적 자유주의로서 작동했다. 혁명적 자유주의의 결정체라 할 수 있는 「임시약법」의 몇 가지 특성을 살펴보자.[38]

첫째로, 주권재민이 천명되었다. 중화민국 인민은 일률 평등하며, 종족·계급·종교의 구별이 없고, 인민이 향유하는 자유권은 신체·주택·이사·재산 보유와 영업·언론·저작·간행·집회·결사의 자유, 서신비밀과 신교의 자유 등등이다.

그런데 인민에게 공전의 자유와 권리를 승낙한 다음, '법률에 의하지 않고는' 제한하거나 박탈할 수 없다는 단서를 달았다. '본장에 열거한 인민의 권리는 공익을 증진하기 위해, 치안유지 혹은 긴급하거나 비상시에 필요하면 법률로 제한할 수 있다'고 주석을 달았다.[39] '법률에 의하지 않고는'이라는 단서도 권력을 장악한 사람에게 쉽게 전제의 기회를 부여할 수 있게 한다. 기본인권이 입법기관이 제정한 보통법률로 쉽게 취소될 수 있다면 헌법이나 약법보다 보통법률이 우위에 놓이게 되는 것이다. 또한 '공익' 증진이나 치안유지와 비상시 필요라는 것도 모두 모호한 규정들이다. 의회정치와 사법독립제도가 불완전한 상황에서 당권자의 해석과 시행에 좌우될 여지가 많아 인권에 대한 위협요소를 내포하고 있었다.

둘째로 의회제, 책임내각제, 사법독립제도를 확립하여 권력견제의 정신을 반영했다. 입법기관인 참의원과 내각의 권한을 확대하여 내각제를 실행하며

---

38) 이하 임시약법에 대한 내용은 石畢帆, 『近代中國自由主義憲政思潮研究』(山東人民出版社, 2004), pp.36~50의 내용을 요약한 것이다.

39) 중국은 일본을 중개로 대륙법 계통의 법문화 전통을 답습하면서 자유를 타당하지 않은 이유로 제한할 수 있는 법체계를 도입했다. 반면 영미법 계통의 국가는 자유를 우위에 두는 법문화 전통을 가지고 있다. 한국의 헌법도 일본의 법문화 체계를 답습하여 기본 인권을 '법률에 의해 제한'할 수 있는 길을 열어 두고 있다.

총통이 제한받는 제도를 택했다. 이는 위안스카이(袁世凱)라는 대총통을 견제하기 위한 의도적 법제였다는 평가를 받는다[爲人成法]. 청 말 민국 초에는 사법독립에 대한 인식이 보편적이어서 사법권 독립과 법원 설치, 법관의 인신보장, 그리고 법관선발 고시제도를 채택했다.

셋째로 「임시약법」의 제정 과정에 절차의 정의 이념이 실현되었다. 기초적 토론과 반포 과정에서 합법적 심의와 표결절차가 실행되어 기타 외압이나 회유 없이 참의원의 자유의지를 체현했다. 이것이 이후 북양정부 시기 '법통'의 근거가 되는 권위를 형성했다.

그러나 약법은 인민의 자유와 권리의 침범에 대한 구제방법이 없었다. 법률로써 어떻게 보증할지에 관한 규정이 없었던 것이다. 민국 초 수년간 허다한 법령이 제정, 반포되었지만 '행해지는 법'이 필요하다는 주장이 제기되었다. 법이 반포되었는데 행해지지 않아도 된다면 법이 없는 것과 마찬가지이며 법치의 뿌리가 뽑힌 상태라 할 수 있는데, 법이 반드시 행해지게 하는 법은 국회를 통해 국민이 동의한 '헌법'이고 그것의 제정은 법치를 실현하는 데에 필수적 요소였다.[40] 1920년대 초 이래 제헌 논의는 끊임없이 제기되었고 헌법 초안 작성도 수차례 시도되었지만 민국 시대를 거치며 1947년까지 제헌은 성취되지 못했다.

신해혁명 전, 혁명파와 입헌파 사이에서 벌어진 논쟁의 초점은 변혁의 방식, 즉 체제 외 혁명이냐 체제 내 개혁, 개량이냐 하는 문제보다 신질서를 구축하는 방안 자체가 다르다는 데 있었다. 권력의 혁명을 주장한 혁명파는 국가최고권력을 인민의 수중에 두는 공화국체로 나아가야 한다고 주장했고, 입헌파는 그들의 관심을 권력이 누구 손안에 있느냐에 대한 것보다 권력이 제한을 받느냐의 여부와 입헌을 통해 국가의 새로운 권위를 건립할 수 있느냐에

---

40) 량치차오, 『음빙실자유서』, 295쪽.

두었기 때문에 입헌정체를 강조했다. 혁명파는 권력탈취에 치중하여 국가의 최고권력을 군주의 손에서 탈취하여 인민 자신이 장악하기를 원했고, 량치차오를 대표로 한 입헌파는 어떻게 신권위를 건립하느냐와 정치질서의 정당성의 기초가 권력의 원천이냐 입헌의 권위냐 하는 문제를 고심했다.

혁명 후 국가와 중앙권력은 사분오열했고 정치질서에는 공인된 권위가 결여되었다. 그렇다면 해결방안은 무엇이었나? 크게 보아 신속히 강력한 중앙정부를 건립하여 각종 봉건 세력을 평정하고 행정권력으로 질서를 회복함으로써 안정시키는 방법과, 각종 정치 세력이 협상과 타협을 통해 헌법을 핵심으로 하는 헌정질서를 건립하여 혁명을 통해 방출된 각종 정치역량을 의회 안으로 끌어들여 활동하게 하는 방법이 있었다. 그러나 중앙권력 중심의 방안은 신속한 효력이 있으나 불안정하고, 새로운 권위를 다시 수립하는 방안은 매우 어렵고 오래 걸린다는 문제가 있었다.

민국 초년의 정치적 혼란과 당쟁, 국회 해산과 군벌 혼전의 난국 속에서 량치차오는 다시 '정체가 국체보다 중요하다'는 지론을 제기했다. 신해혁명 후 창건한 정치공동체는 공화정체가 근거할 정당성의 기초, 즉 헌정을 창건하지 못했던 것이다. 권력의 귀속 문제가 시종 권위의 재건립 문제를 압도하여 권력투쟁만 계속 이어졌고 정치의 권위는 결여되었다. 미국식 혁명으로 신해혁명이 진행되었으나 미국식 헌정의 길을 가지 못하고 프랑스혁명식으로 전환되어, 제도의 확립이 아닌 권력의 장악을 통해 질서를 재건립하는 식의 통일을 시도하게 되었다.

혁명파의 후신인 '민권당'은 인민의 공권, 즉 참정권에 중점을 두었고, 이는 의회권력을 통해 실현된다고 간주했다. '폭민전제(暴民專制)'라는 말이 회자될 정도로 민국 초에 의회정치는 혼란했고 민권당에 대한 부정적 인식이 팽배했다. '민권당'이라는 호칭은 인민의 공권인 참정권을 토대로 혁명세력이 의회권력을 장악했다는 의미였다. 당시 민주공화국은 주권재민을 바탕으로 했으므로 민권과 국권은 별개의 것이 아니라는 인식에 공감하는 이들도 없지 않았다.

강한 정부를 희망하는 민심이 결합되어 국가, 군주, 정부, 인민의 권리의 경계를 분명히 하고자 하는 시도는 제기되지 않았고, 인민의 사권에도 관심이 없었다. 권력이 견제를 받느냐, 즉 헌법이 권력을 제약할 수 있느냐라는 새로운 권위 수립과 관련한 근본적 문제에 대한 모색은 사회의 관심 밖에 놓여 있었던 것이다. 혁명파의 자유민권사상도 참정권 위주의 공권을 쟁취하여 전제를 타파하고 공화정의 정권을 창출하고자 했지 국민 개개인의 자유권을 보장하는 데 취지가 있었던 것은 아니었다.

국가가 인민의 자유권리와 행복의 실현을 목적으로 한다면 국가는 수단이고 인민의 자유와 행복이 공명한 도리이다. 그러나 국가이익을 중시하는 사회유기체론 내지 국가유기체론의 영향과 중국이 처한 엄혹한 현실로 인해 개인의 이익은 보류되어도 좋다는 인식이 상당히 보편적으로 퍼져 있었다. 국권이 강해져야 민권도 보장받을 수 있다는 것이었다. 그러니 중국의 국운이 흥기하려면 만능 정부가 아닌 건전한 자유사회가 확립되어야 하며 이를 위한 제도적 확립이 필요하다고 본 장스자오(章士釗)의 생각은 당시 중국사회에서 보기 드문 '자유주의적' 입장이었음에 틀림없다. 그는 「임시약법」에 인민의 자유권리가 침범당하는 데 대한 구제방법과 규정이 없다고 핵심을 찌르는 비판을 했다.

장스자오는 또한 국가이익과 정부이익을 구분하지 않는 세론을 비판했다. 그도 강한 국권을 중시했지만, 강대한 정부가 독재나 전제로 치달아 가는 위험을 경고한 것이다. 그는 '중국의 큰 우환은 국가가 무엇인지도 모르면서 신성하여 더럽혀질 수 없는[不可瀆] 것으로 여기는 것'이라며 '국가신성'을 타파해야 한다고 주장했다. 그리고 ≪신청년≫에 버금가는 영향력을 가졌던 잡지 ≪갑인(甲寅)≫을 발행하여 좋은 사회로 개조하기 위한 사상계몽을 전개하면서 개인의 자유권리사상을 전파했다. 영국 유학 시절 공리주의의 영향을 받아 그 역시 최대 다수의 최대 행복을 추구하며 국가이익을 중시했지만, 시종 법치와 헌정, 민주정치와 인권의 신장을 위한 사상을 피력했다. 특히 민국 초기 장스자오의 사상은 국가의 부강이나 국권을 강조하는 세론에 저항하여, 인민의 자유와 행복의 관점에서 민주정치를 주장하는 자유주의 성향을 나타내었다.[41]

신해혁명 후 민주공화국이라는 제도의 정립을 통해 국가정치의 영역에서 개인의 독립을 보호하고 촉진할 수 있는 최소한의 기초가 마련되었다면, 그다음으로 사회생활 영역에서 개인을 구윤리와 도덕으로부터 해방하는 과정이 필요했는데, 신문화운동은 그러한 의미에서 일어났다고 볼 수 있을 것이다. 국가개조 내지 사회변혁을 추구함에 있어서 개인개조가 우선이냐 사회개조가 우선이냐를 둘러싼 논쟁도 제기되고 있었다. 청 말 량치차오의 '신민' 만들기처럼 신문화운동은 국민성개조 사조로 시작되었고, 5·4시기에는 국민의 저열한 (노예) 근성을 비판하는 사상운동으로 전개되었다.

2. 민국 시대의 자유주의

1) 5·4시기의 개인주의

개인자유라는 화두가 청 말 지식인의 강렬한 반향을 불러일으킨 주요인은 부강한 민족국가를 건립할 수 있다는 민족주의적 가치에 기인한 것이었다. 자유주의는 본디 군주나 민족주의의 소환에 항거한다. 집단주의적 정체성은 단결에 도움이 되지만 현실적 대가가 너무 크다는 것이 자유주의 진영의 생각이다. 하지만 중국 지식인들은 국가의 독립이 위협받는 상황에서 자유롭고

---

41) 邹小站,「章士钊≪甲寅≫时期自由主义政治思想评析」, ≪近代史硏究≫(2000), pp.69~97.

독립된 민족국가가 건립되지 않는다면 개인의 신체와 정신에 대한 완전한 보호를 보장할 수 없다고 믿었기 때문에 민족국가 건립이 20세기 중반까지 시종 궁극적 목표가 되었다.

민족주의적 관심 속에서 추구된 개인가치의 확립은 개인을 전제주의의 정신적 질곡으로부터 해방시키고, (해방된) 개인들을 민족국가의 사회유기체 속에 융화해야 한다는 두 과정으로 이해되었다. 이러한 민족주의적 자유주의의 목표들은 청 말 배만반제(排滿反帝) 민족주의에 매몰되었다가, 민국 초 10년간 민족주의사조가 약세였던 시기에 변화의 조짐을 나타냈다. 혁명 후 임시약법 체제와 중국 자본주의경제의 신속한 발전 속에서 자유주의가 사상계 주류로 떠오르게 된 것이다.

신해혁명 후 정치적 혼란에 대한 반성과 북양군벌정부가 사상계를 통제하지 못한 상황이 지식인들로 하여금 자유주의를 전파할 수 있는 공간을 만들어 냈다. 「임시약법」에 명시된 자유권과 참정권도 보장받지 못하는 상황에서 지식인들은 헌정문화의 기본 요소가 결핍되었다며 국민의 자질을 문제시하여 사상개조를 위한 사상계몽운동을 전개했다. 민주공화정이라는 제도가 수립되었어도 국민이 유교적 가치관과 가족주의·종족주의 윤리관을 가지고 있는 한 독립적 개체로서 주권행사의 주체가 될 수 없다고 본 천두슈는 새로운 가치관을 가진 '신청년'을 육성하지 않으면 문화도 사회, 정치도 바뀌지 않을 것이라 보았다. 천두슈가 창간한 ≪신청년≫ 잡지는 봉건적 사상의 몽매상태에서 벗어나기 위해 '인권과 과학'이라는 사상계몽의 기치를 들었다. 1915년 창간 시에는 '인권과 과학'이었는데 나중에 '민주와 과학'으로 바뀌었다.

민주와 과학을 근대 서양문명의 요체로 파악하고 학습하고자 한 것은 빈곤하고 약한 중국을 변혁시키고자 고심했던 중국 지식인에게 상당히 공통된 지향이었다. 그러나 천두슈는 민주와 과학의 실행에 방해가 되는 전통문화에 대해 과격하게 비판하면서 '신문화' 건립을 호소했다. 특히 유교의 예교질서는 개인의 인격 및 인권과 자유의 확립, 즉 민주의 구현에 장애가 되는 것으로 보였다. 서구 계몽운동과 마찬가지로 유교라는 거대한 권위에 도전하기 위해서는 이성과 과학에 대한 신뢰에 의거해야 했다.

여기서 과학이란 자연과학을 학습하자는 의미보다는 과학적 정신을 추구하는 방법적 원칙 내지 이성적 비판정신을 내포하는 개념이었다. 권위에 맹종하지 않는 태도, 비판적·실험적·이성적 방법으로 진리를 추구하는 과학정신은 자연현상의 원리를 발견케 하여 미신으로부터 벗어나게 할 뿐 아니라 정신적 권위와 예정된 교조로부터도 빠져나오게 할 수 있다고 보았다. 과학의 방법을 인류 사회와 문화에 관련된 문제의 연구와 해결에도 적용하면 사회를 개조하고 자유롭고 평등한 사회를 건설할 수 있다고 믿는 과학주의 사조가 형성되었다.

신문화운동은 그 전개 과정에서 민주와 과학을 기치로 자유평등관을 발휘하여 개인 중심 본위를 견지했다. 모든 사람이 자유의 권리를 가지고 있고 절대 타인을 노예로 삼을 권한이 없으며 스스로 노예로 자처할 의무도 없다. 또한 독립적이고 자주적인 인격을 수립하고 일체 행동, 일체 권리, 일체 신앙은 모두 각자의 고유한 지혜와 능력에 따를 뿐이다. 개인과 국가의 관계에서 개인을 본위로 삼는 것이며, 이는 곧 '일체의 윤리, 도덕, 정치, 법률, 사회가 바라고 국가가 추구하는 것이 개인의 자유와 권리 및 행복의 옹호일 뿐'임을 의미했다. 천두슈와 후스는 국가의 자유가 개인의 자유를 대신한다는 주장에 반대하여 청년학생들에게 큰 영향을 미쳤다.

신문화운동의 전기는 중국 근대 자유주의의 황금시대라고, 또 자유주의는 신문화운동의 정신적 동력이라고 일컬어진다. 그러나 당시 누구도 '자유주의(자)'를 표방하지는 않았다. '개인의식', '개인자유'를 강조하며 '개인주의'라는 용어가 자유주의와 동의어로 사용되었다. '자유주의'라는 말은 '주의'로 인식되지 못하거나 기피되어 개인주의가 사용되는 경향이 있었으며, 당시 일본과 한국도 비슷한 상황이었다.

이 시기에는 사상해방과 인격독립을 바탕으로 한 개인 본위의 자유주의가 가족 본위의 종법주의를 대체해야 한다는 주장이 강하게 펼쳐졌다. 5·4시기는 국가와 개인의 관계에 있어서 사람이 사람 노릇을 하며 응당 독립의 가치를 가져야 한다는 사실이 강조된, 중국사상사에서 전무후무한 개인 중시의 시대이다. 그럼에도 개인 본위 계몽의식의 깊숙한 내면에는 개인주의 가치와 민족주의가 연결되어 있어서 개인자유가 일종의 수단으로 부지 중 변화되곤 했다. 그러나 개인자유와 국가부강 사이에 어떤 필연적 관계가 있다는 논증이라든지, 개인은 희생하여 국가에 충성해야 한다는 사상은 사라졌다고 할 수 있다.

민주와 과학을 기치로 인권과 자유를 추구했으나, 민주와 과학은 개인자유의 수단이면서 동시에 민족진흥의 수단이었다. 개체 중시, 사상의 자유와 학술의 자유 등을 지향한 계몽운동이었지만, 자유주의 색채를 띤 사상운동의 지속기간은 길지 않았다. 1918년 후반에 이미 급진주의사조의 엄중한 도전에 직면했고, 1919년 5·4애국운동 이후에는 지식인들이 자유주의를 포기했다 해도 과언이 아니다. 옌푸 이래 진화론과 서양에 기대했던 공정성[公理]에 대해 회의가 일어났으며, 자유주의에도 환멸을 느끼게 되었다.

중국은 자유의 전통을 결핍하고 있어서 자유에 대한 성찰이 거의 자유에 대한 부정으로 이어졌고, 개성과 개체의 지위가 없었기 때문에 이해에 한계가 있어 오해로 귀결되었다. 자유는 과학과 민주의 발달을 위한 전제이며 기초이지 그 반대가 아니다. 근대 유럽문명의 원류인 그리스문명은 진리를 사랑하는 과학적 전통과 민주공화의 정치체제를 발전시켰는데, 이것을 가능하게 한 근본적 실질은 철저한 자유주의적 전통과 인문주의 정신이었다. 인간의 주체성 즉 자유정신이 과학과 민주를 발전시켰던 것이다. 민주와 과학은 자유의 결과이지 원인이 아닌데, 청 말과 유사하게 5·4시기에도 민주와 과학을 통해 개인의 자유와 인권, 나아가 민족의 부강과 진흥을 도모했던 것이다.

중국이 부강해지기 위해 자유가 확립되어야 한다는 수사는 큰 지지를 확보하기 어려웠다. 중국인은 독립적 인격과 개체의식을 결핍했고 그 사회에는 집단의식과 사회관념이 발달해서 개인자유가 없는 것은 우려하지 않고 사회가 '공정'과 '질서'를 결핍하는 것을 두려워했다. 말을 바꾸면 '노예의식'과 같다.42) 자유는 개인생존과 사회발전에 필수적이라고 간주되지 않았다. 햇빛이나 공기처럼 생명에 반드시 필요하다고 생각하지 못하여 질서를 위해 기꺼이 자유를 방기해도 이상하게 보이지 않았다. 게다가 자유는 성정에 맡기는 것[任性]과 동의로 여겨져서 혼란이 사라지지 않았고, 사람을 부패시키는 사치품처럼 보는 경향이 있어 자유에 대해 시종 혐오와 두려움을 품었다. 서양문명에서 가장 주목해야 할 자유와 인권을 눈앞에 두고도 알아보지 못했다는 것이다[視而不見]. 요컨대 '민주와 과학'의 구호는 중국사회의 봉건적·전제적 정치문화를 끝낼 수 있는 역량이 없었다.

후스는 훗날 1923년을 기점으로 개인해방이라는 주제로부터 집단주의 시대로 전환되었고 반개인주의 경향이 확장되었다고 평가했다. 집단주의 경향은 민족주의운동과 공산혁명운동의 양측으로 전개되었다. 제1차 세계대전 후 서방세계의 분열 양상은 부르주아계급 문명의 파산으로 비춰졌고, 서양 자본주의와 관련된 '자유주의'는 시종 중국 지식계의 호감을 얻지 못했다. 후스는 남들은 자유주의를 '19세기의 유산'이라고 비웃을지 모르지만' 자유주의가 18~19세기의 혁명구호였고 유럽혁명과 미국의 독립전쟁과 남북전쟁의 정신이었음은 사실이라고 지적한다. 하지만 그는 19세기 중엽 이후의 '신종교 신조'는 사회주의라 인정하고 '자유적 사회주의', '신자유주의'라 자칭하면서 자유주의를 자본주의로부터 구출하려 했다. 자유주의는 자본주의 정치철학이

---

42) 张广照, 「自由: 現代文明的 基石」, ≪经济学周报≫(1989.4.6), p.21.

아니며, 귀족과 자산계급만 자유를 얻었던 과거와 달리 20세기의 자유주의는 전 민족이 자유를 쟁취하게 해줄 것이라고 옹호했다.

당시 중국은 국가적 곤경에서 벗어나게 할 세계적 조류의 '새로운 주의'를 모색하고 있었다. 자유주의는 더 이상 '새로운 것'이 아니었을 뿐 아니라, 개인이나 자본가와 연계되어 불평등과 각종 폐단을 초래했다는 부정적 평가 내지 배척에 직면했다.[43] 이미 자유주의의 시대는 지나갔다는 생각이 19세기 말 이래 유럽에서 제기되었고 사회민주주의가 풍미하는 가운데 자유주의는 제국주의와 연관된 것으로 인식되었으며, 일본과 중국의 사회주의자들은 이러한 평가를 적극 선전했다.

개인주의사상을 고취하는 입센주의(Ibsenism)를 소개한 후스도 개인과 사회를 소아와 대아로 상정하고 그 둘이 불가분하다고 이해하며 사회유기체론적 '사회불후론(社會不朽論)'을 제기했다.[44] 그는 개인으로 구성되는 사회에서 개인과 사회 간 평형을 모색하며 '비개인주의적 신생활'을 통해 개인개조를 사회개조로 발전시킬 것을 주장했고, 이러한 생각이 개인주의와 상충된다고 느끼지 않았다. 개인의 자유와 정부의 간섭 사이에 조정이 필요하다는 생각은 당시 대부분의 자유주의자들도 공감했다.

사실 민국 시대의 대표적 자유주의자로 후스를 지칭하고 신문화운동을 자유주의운동이라고 했지만, 후스는 사회주의의 주장에 대해서도 긍정적이었다. 그 자신이 '신자유주의' 또는 '자유적 사회주의'를 설파했듯이 사회주의와

---

43) 1920년대 초 중국을 방문한 세계적 석학 존 듀이는 대표적인 신자유주의자로서, 사회경제적 민주주의의 실현을 위한 정부의 역할을 중시했다. 또 사회주의적 자유주 성향의 버트런드 러셀(Bertrand Russell)도 중국을 방문하여 세계대전의 결과로 나타난 세계적인 자유주의 감퇴 현상을 전했으며, 농업국가인 중국은 민치로 인한 혼란이 우려되므로 독재가 더 나을 수도 있다는 견해를 제시했다. 모두 개인주의적 자유주의 지향과는 상반된 주장들로서, 중국 지식인들에게 큰 영향을 미쳤다.
44) 사회를 구성하는 개인이 사멸한 다음에도 사회는 존속된다는 점에서 개인보다 사회를 중시하는 관점이다.

자유주의 사이에서 동요했고, 단지 계급투쟁이라는 수단을 인정하지 않았을 뿐 사회주의적 사회정책의 채택을 원했다.[45] 후스는 스스로를 자유주의자로 칭하지 않았는데, 1926년 이후 국민정부의 일당훈정체제 아래에서 집중적으로 자유주의에 관해 서술했다. '자유주의' 또는 '자유주의자'라는 라벨은 1920년대 말부터 1930년대 초에 국민당 측과 공산당 측이 각기 부정적 의미로 사용하기 시작했다.

2) 쑨원의 자유관과 이당치국(以黨治國)

1920년대 후반에서 1930년대에 걸친 중국의 자유주의운동은 국민정부의 훈정체제에 대항해서 일어났는데, 국민당이 주장한 훈정론의 모태가 된 쑨원의 자유관을 살펴보자.

신해혁명 이후 헌정 실시를 위한 헌법이 제정되기 전 단계로서 실시된 약법체제는 헌정민주사상이 상당 정도 반영되었다고 평가받았음을 앞에서 서술했다. 하지만 이후 위안스카이 정부하에서 좌절을 느꼈던 쑨원이 조직한 중화혁명당의 강령은 헌정민주사상이 오히려 퇴보한 것을 보여준다. 강령 중 당원 간이나 당원과 비당원 간 권리의 불평등, 당내 민주의 취소, 영수독재 실행, 군국서정(軍國庶政) 일체를 완전히 당원의 책임으로 부과함, 입당과 탈당의 자유가 없음, 결정된 결의에 대한 복종과 자유 제한, 영수집권의 인치(人治)가 그러한 예이다. 공화제 시대를 연 혁명당의 인사들이 공화제 실행의 사회적 기초를 마련하지 못하고, 그 자신들이 전통적 인치관념과 행위방식에서 벗어나지 못했음을 여지없이 보여주었다.

---

45) 사회주의적 사회정책을 당의 강령으로 표방하는 자유당의 조직을 고려하기도 했지만, 일생 정치에 투신하지는 않았다. 1939~1941년 전시에 맡은 주미대사직이 예외라면 예외였다.

하와이와 홍콩에서 교육받은 쑨원은 서양의 자유와 평등을 본받으려는 의지가 강했다. 그러나 10여 년의 정치투쟁 중 좌절과 회생을 경험하며 당이든 민중이든 자유를 갖게 되면 분산, 분열된다는 것을 절감했다. 그는 혁명투쟁의 과정에서 자유와 평등을 창도하면 응집역량을 형성하지 못하고 오히려 옛날식 자유와 쉽게 결합하여 분산주의, 분열주의로 흘러가 무정부 상태의 부정적 측면이 조장되는 경향을 보고, 모래판같이 만들어 버리는 자유를 우려했다.

쑨원은 중국에 개인의 자유가 너무 많고 오히려 국가의 자유가 없다고 말하곤 했다. 중국의 소농민은 단절된 작은 토지에서 생업을 영위하여, 분업도 없고 서로 왕래도 거의 없어 풍부한 사회관계를 형성하지 못하고 소생산자의 분산성과 낙후성을 극복하지 못해 왔다는 것이다. 이들은 국가관념이 없고 견고한 가족과 종교단체에 소속감을 가지고 있을 뿐이었다. 자연경제의 기초위에서 모든 농가가 생산의 기본 단위(농노와 다름)로서 세금을 납부하는 한 전제적인 폭압이 인민에게까지 미치지는 않았다. 낡은 것을 답습하는 중국사회 소농민의 분산성을 쑨원은 모래판 같은 자유에 비유한 것이다.

쑨원은 중국이 사회를 충분히 응집시킬 수 있는 자유자본주의 역량을 결핍하고 있기 때문에 중국이 처한 사회상황에 맞게 세계 조류에 영합해 가야 한다고 주장했다. 그는 루소를 비판하며 천부인권론은 진화의 이치와 모순된다고 보았고, 프랑스혁명으로 민권을 획득한 후 남용으로 폭민정치를 초래한 것을 보고 천부인권론에 대해 부정적으로 인식했다. 그는 밀의 자유론에 만족하여 찬사를 보냈는데, 다른 사람의 자유를 침범하지 않는 범위에서 인간자유를 정하는 이론에 공감했던 것이다. 그러나 쑨원은 결국 국가지상의 자유평등론에 호감을 가지고, 개인의 자유를 희생해야 '국가의 자유'를 쟁취할 수 있다고 생각하게 되었다. 그리고 그의 만년에는 국가자유의 성취를 목적으로 개인자유의 제한과 희생을 요구하는 제약 있는 자유론을 제창했다.

블룬칠리 등이 주장한 독일의 자유평등론도 인간의 천성적 불평등을 인정했고, 스펜서의 인간불평등론도 쑨원에게 영향을 주어 그가 국가의 자유를 강조하게 되었다고 볼 수 있다. 민주공화정을 지향한 쑨원의 국가관은 블룬칠리의 영향을 강하게 받았다. 블룬칠리는 군주입헌제가 바람직하다고 주장했지만, 쑨원은 통치자가 누구인지보다 국가주권을 우선시하는 관점에 동감했다. 쑨원은 권(權)과 능(能), 즉 정권과 치권을 분리하여 인민은 민권을 충분히 가져야 하며 여기서 나라의 일을 집합하는 대역량인 정권이 나온다 했다. 그리고 나랏일을 관리하는 정부권은 치권인데 정부도 만능이어야 한다고 설파했다.[46]

　1919년 이후 소비에트 러시아를 학습한 후 나온 '이당치국'론은 당이 국가의 위에 존재하는 체제이다. 당내에 민주주의적 집권제를 확립하여 당원의 권리와 의무를 설정하고, 전 당당원이 참여하는 토론·의결·선거 제도의 민주적 실행을 보증한다고 했지만, 당의 결의를 준수하고 실행할 의무가 있는 정당의 집권제도로서 민주와 권력집중을 강조한 민주집중제를 지향했다.

　이는 중국을 개조하는 길에 대한 인식의 변화를 보여주고 있는데, 사회의 철저한 개조와 근본적 해결을 추구한 급진주의의 영향과 사회주의혁명에 성공한 소비에트 러시아의 영향을 받았다. 당을 중심으로 혁명을 추진하고, 혁명이 성공한 후에는 당을 사용하여 권력을 유지하는 것이다. 이는 국회를 토대로 정당내각을 건립한다는 자유민주주의적 지향을 포기한 것으로서, 혁명

---

46) 쑨원의 이 이론은 블룬칠리의 영향을 받은 것으로 보인다. 블룬칠리는 국가주권과 통치자의 관계에 관해서, 국가가 법률을 제정하면 통치자는 합법적 범위 내에서 자유로이 법률이 부여한 최고권력을 행사한다고 생각했다. 즉, 국가의 주권은 법률이고 통치자의 주권은 관리와 시정권(施政權)이라 표현했다. 또 국가주권인 주치권(主治權)과 통치권인 봉행권(奉行權)의 분리원칙을 제시하며 분권을 주장했고, 국가주권은 입법권에 표현된다며 그의『국가론』에서 주장했다. 쑨원이 스위스 학자라 하고 블룬칠리의 이름을 적시하지는 않았지만, 그의 서적을 참고한 것으로 추정할 수 있다(夏良才, 「孫中山的国家观与欧洲'主权国家'学派」, pp.88~89).

정당이 정권을 탈취하여 그것을 장악하는 것을 의미했다. 또한 당원의 개인 자유 희생과 기율 준수를 강조하며 감찰위원회를 설치하여 통제하고자 함으로써 결국 혁명정당도 법치가 아닌 인치를 행하게 되었다.

쑨원은 「민권주의 강연(民權主義講演)」에서 "프랑스의 자유와 우리의 민족주의는 상통한다. 민족주의는 국가의 자유를 제창한 것이기 때문이다. 평등은 우리의 민권주의와 상통한다. 민권주의는 인민의 정치적 지위가 모두 평등하다는 것이다. …… 그 외에 박애의 구호는 …… 그 의미가 우리의 민생주의와 상통한다. 우리의 민생주의는 8억 인의 행복을 추구하고, 8억 인의 행복을 도모하는 것이기 때문"이라며, 자신의 삼민주의가 프랑스의 자유·평등·박애 이념과 상통한다고 피력했다. 프랑스혁명의 자유·평등 이념을 국가의 자유, 정치적 지위의 평등으로 단순화할 수 없지만 상통하는 바가 없는 것은 아니다. 그러나 삼민주의 중 민족과 민권의 목표가 (신해혁명에 의해) 달성되었으므로 이제 민생주의에 매진하자고 한 주장은 반만공화혁명(反滿共和革命)을 통한 체제변혁을 지향한 그의 자유주의 인식의 한계를 보여준다.

사실 쑨원의 혁명론 중에서 당시 서양 정치사상의 새로운 조류에 대해 파악하고 중국에 어떻게 적용할지를 천착한 혜안이 돋보이는 부분은 민생주의를 실현할 평균지권(平均地權)과 절제자본론47)이라 할 수 있다. 영국의 자유주의자들은 개인의 토지소유권, 사회발전에 따른 지대상승분의 귀속 문제를 심도 있게 토론했었다. 밀도 토지소유자의 노력이 가해지지 않은 토지의 가치상승분은 불로소득이므로 사회에 환원해야 한다는 주장을 했고, 헨리 조지

---

47) 절제자본론은 중국이 아직 산업화되지 못한 단계에서, 산업자본주의 국가들에서 나타난 빈부격차 등의 문제를 사전에 예방하기 위해 대기업 경영이나 국민의 생명과 관련되는 중요 사업을 국가가 담당한다는 것이다. 민간에서는 중소기업을 경영하며 국가자본과 공존하는 체제를 지향한 것인데, 한국의 독립운동가들에게 큰 영향을 미쳐서 해방 전후 단계에서 대기업의 국가 경영에 대한 지지가 높았다.

(Henry George)는 보다 과격하게 토지의 절대적 사유권에 대해 부정적이어서 토지의 지대는 사회 전체의 몫이므로 전액 세금으로 환수해야 한다는 단일세 주장을 폈다.

헨리 조지의 단일세론이 쑨원에게 큰 영향을 준 것은 주지의 사실이다. 토지지대는 생산의 3요소 중 생산비용을 증대시킬 뿐 아니라 자본과 노동이 인간의 노력의 산물인 데 비해 토지는 그렇지 않은 경우가 많아서 자유주의자들의 토론주제 중의 하나였다. 사유재산권의 중시가 자유주의의 중요 원칙이지만, 불로소득에 대한 개인의 소유권 인정에 대해서는 부정적이었던 것이다. 자유주의자들은 산업화 사회에서 토지문제를 사회불평등의 주요 원인으로 인식하고 시정하는 방법을 찾으려 했으며, 쑨원은 중국이 산업화하기 전에 빈부격차 발생을 막기 위해 단일세론 같은 방법을 도입하고자 했다.

쑨원의 평균지권론은 토지소유자의 소유권을 인정하되 지가자율신고 이후의 토지가치 증가분은 모두 세금으로 환수한다는 것으로서, 도시의 토지가 주된 과세대상이었다.48) 국가의 토지 우선매수권을 인정하는 것이었지만, 현실 정치에서 실행할 기회를 가지지는 못했다.49) 그럼에도 토지문제가 중국에서 가지는 심각성에 주목하여 농민의 토지소유 지향과 산업화로 초래될 토지가격 상승에 따른 빈부격차의 심화, 그리고 생산에 대한 과도한 지대부담을 해

---

48) 평균지권이 도시의 토지를 대상으로 한다면, 농민의 토지소유문제에 관한 해결책은 토지개혁(또는 토지혁명)에 의한 '경작자의 토지소유[耕者有其田]' 정책의 실현이라 할 수 있다. 대만에서 국민정부는 이 정책을 실행하여 자경농을 육성하고 녹색혁명을 일으켰다.

49) 쑨원은 칭다오의 독일 점령지에서 헨리 조지의 토지공개념을 실행한 빌헬름 슈라마이어(Wilhelm Schrameier)를 초청하여 광동정부의 토지개혁과 토지세 획정안에 대해 자문을 했으며, 쑨원의 아들 쑨커(孫科)는 1926년 광저우시 토지문제 처리를 그에게 맡기기도 했지만 평균지권을 본격적으로 실행할 기회는 없었다. 공산당의 토지혁명정책에 맞서기 위해서 국민정부가 중앙정부 차원에서 관련 법령을 제정하는 등 평균지권 토지정책을 시도하지 않은 것은 아니지만, 계속되는 내전과 중일전쟁의 와중에 막대한 행정력을 필요로 하는 이 정책의 실행은 불가능했다. 대만에서 국민정부는 평균지권조례와 시행세칙을 공포하고, 지가신고를 받아 토지증식세와 지가세를 징수하여 그 징수액을 공적 소유로 귀속시켰다.

소하기 위한 방편으로 평균지권을 구상한 것은 쑨원이 반만공화혁명에 그치지 않고 자본주의 선진국의 빈부격차라는 폐단을 예방하는 이상적 국가건설상을 제시했고, 그 청사진에 자유주의가 영향을 미쳤음을 보여주는 중요한 의미가 있다.

3) 국민정부 시기의 인권논쟁

국민혁명 후 국민정부가 건립한 훈정체제는 소련의 혁명당의 역할을 모델로 하여 개조된 국민당이 혁명정당으로서 국가의 위에 군림하며 집권하는 일당독재의 당권국가체제이다. 쑨원이 「혁명방략(革命方略)」에서 애초에 제시했던 혁명단계론에서는 헌정에 이르는 준비단계로서 군정 3년과 훈정 6년을 설정했으나,[50] 국민당의 훈정체제는 1927년부터 1949년까지 지속되었다. 국민당은 1927년 집권하자 곧 국민당의 이념인 삼민주의를 모든 학교에서 일률적으로 교육하는 이른바 '당화교육'을 시행했고, 사상의 자유를 중시하며 당화교육을 반대하는 후스를 '반혁명분자'로 낙인찍었다. 모든 반혁명분자를 당이 서면으로 증명하면 법원은 반혁명죄로 처벌해야 한다는 제안도 국민당 내에서 제기되었다.

그리고 중국을 통치하는 국가의 최고 근본법은 모두 국부 쑨원이 남긴 주된 가르침에 근거한다며, 그의 가르침에 위배하는 것은 곧 법률 위반이므로 법으로 다스려야 한다는 주장이 상하이 ≪민국일보(民國日報)≫에 게재되었다. '총리(쑨원)가 남긴 가르침'을 최고 근본법으로 삼는다고 하며, 헌법은 고

---

50) 「혁명방략」은 쑨원 개인의 혁명방안이라기보다 '중국혁명동맹회'와 '중화혁명당'이 각각 1906년, 1914년 제정·반포한 것인데 물론 쑨원의 의사가 적극 반영된 것이다. 그가 사망할 때까지도 훈정단계를 거쳐 정치적 훈련을 한 후 헌정단계로 나아가야 한다고 주장했다[이승휘, 『손문의 혁명』(한울아카데미, 2018), 23~72쪽 참조].

사하고 훈정 시기 기본법인 약법도 제정하지 않은 상황이었다. 혁명정당을 자처하는 국민당의 자의적 인권침해를 막기 위해 영미 유학생들이 주축이 되었던 ≪신월(新月)≫ 잡지가 선봉에 섰다. 1920년대 말의 이른바 '인권 논쟁'은 후스를 비롯한 자유주의자들이 창간한 ≪신월≫과 ≪노력주보(努力周報)≫를 중심으로, 장제스(蔣介石)가 이끄는 국민당정부의 '이당치국' 훈정에 반대하는 인권론을 제기하며 일어난 것이다.

국민당의 이론가였던 왕징웨이(汪精衛)는 '인권론'에 대해 '자산계급의 자유주의적 사상계통'이며 '철지난 18세기 제도'라고 폄하했다. 인권론자들은 소수 유산자의 전유물인 민주정치와 18세기의 자유주의를 모방하려 하지만, 그것은 대다수 민중으로부터 정치적·경제적 기회를 빼앗기 때문에 중국은 진정한 민주주의인 전민주의로 나아가야 한다고 주장했다. 이전에 자유주의를 논할 때는 서양의 자유주의에 관한 논설이 대부분이었는데 이 무렵부터 '중국적 자유주의'라는 이름이 나타났다. 그러나 중국식 자유주의사상은 명명과 동시에 관 뚜껑 닫는 식으로 배척의 대상에 처하게 되었다.

≪신월≫ 잡지에 결집한 자유주의자들은 자유의 가치를 변호하며 인권과 산의 상태를 지적하고, 인권보장을 위해서는 헌법을 제정해야 하지만 적어도 약법이라도 제정해야 한다고 주장했다. 특히 뤄룽지(羅隆基)는 인권운동의 돌파구를 찾기 위해 그의 스승이었던 해럴드 래스키의 「인권의 의의」, 「인권과 국가」, 「인권과 법률」 같은 글을 잡지에 소개, 발표하며 활약했다. 인권론자들은 중국에 사람 노릇을 위한 필요조건이 결핍되어 있다고 본 것이다. 중국 자유주의의 황금 시기인 동시에 ≪신월≫ 잡지의 황금 시기였던 이 당시의 신월파는 공산주의파, 삼민주의파와 함께 사상계의 정족지세(鼎足之勢)를 형성하고 있었다.

신월파가 정부의 탄압으로 인권투쟁과 정치적 발언을 그만두고 문학 방면으로 잡지의 성격을 바꾼 후,[51] 래스키의 또 다른 제자 왕짜오스(王造時)가 ≪주장과비평(主張與批評)≫을 창간하고(1932) 장기적으로 국유경제의 사회주의를 지향하며 민주법치와 민권보장을 주장했다. 국민당의 일당전정과 개인독재에 반대한다는 것을 창간 선언에서도 표방했고 헌정과 정당정치를 주장하여 1년 만에 폐간당했다. 왕짜오스는 1년 후 다시 ≪자유언론(自由言論)≫을 창간했으나 또 폐간당했다. 뤄룽지나 왕짜오스는 래스키가 중심이 되었던 페이비언식 사회주의의 영향을 받았다.[52]

다른 한편 1930년대 중국의 지식인들은 소련의 계획경제의 성취를 보고 그것을 모델로 채용하려는 욕구가 컸을 뿐 아니라, 이오시프 스탈린(Iosif Stalin)의 국내 통제정책에 대해서도 높이 평가했다. 장제스는 일찍이 1923년 국공합작 추진 과정에서 소련의 건당, 건군을 직접 시찰하고 매우 긍정적으로 평가했다. 그는 소련에서 '개인은 자유가 없지만, 당이 자유를 가진다'며, 소련의 이러한 경험이 중국에 완전히 적합한 예라고 피력했다. 그가 집권한 1928년 이후 국민정부가 사상통일의 중요성을 제기하면서 자유주의와 민주주의를 중국에서 실행하면 큰 혼란을 초래할 수 있다고 주장한 것은 장제스와 국민당의 입장에 다름 아니다. 1930년대 ≪전도(前途)≫나 월간 ≪부흥(復興)≫ 등 국민당 계열 잡지류에는 스탈린의 통제정책을 찬성하는 글들이 자주 발표되었다.

다른 한편 파시즘이 흥기한 1930년대의 세계정세 속에서 국민당 측은 적

---

51) 1930년 후스는 상하이의 중국공학(中國公學) 총장직에서 사임하고 베이징으로 떠났으며, 뤄룽지는 체포되고 상하이 광화대학(光華大學) 교수직에서 추방되었다. 두 대학 모두 상하이의 유력한 대학들이었다.

52) 1920년대의 중국 지식인들이 후스의 스승인 존 듀이와 버트런드 러셀의 영향을 크게 받았다면 1930년대 중국인의 '정신적 영수'는 래스키라 할 정도로 그의 학설이 큰 영향을 미쳤다. 학계와 언론계의 인물들뿐 아니라 테크노크라트 고관인 첸창시(錢昌照) 등 수많은 고위관료가 래스키로부터 직접 배운 사람들이었는데, 이들은 래스키의 사상에 동조하면서 그의 중요 저작들을 속속 번역하고(1930년대에 7종의 번역서가 출판됨) 그 내용을 소개하는 문장을 잡지에 발표했다.

극적으로 독일과 이탈리아의 파시즘을 찬양하고 중국에 수용할 것을 제기했다. 수년 사이에 여러 잡지가 발간되며 파시즘을 선전하고 찬양했다. 이 시기 지식계도 '최근의 정치사상은 무엇인가? 물론 독재주의다'라며 파시스트체제의 독재주의가 근대 정치사상의 주류인 자유주의를 대체하고 있는 최신식 이념이라고 파악하는 경향이 있었다. 심지어 교육 분야에 대해서도 '자유주의와 통제주의 중 어느 편이 바람직한가?'라는 물음에 대한 답을 구하는 과정에서 중앙집권적 교육행정제도가 필요하므로 중국의 가야 할 길은 통제주의가 합당하다는 결론에 이르기도 했다.[53]

국가와 민족의 독립과 자유를 가장 심각한 과제로 간주하는 민족자각심이 고조했지만, 소련식 계급관념이나 파시스트체제에 대해서는 경제상 최저생활을 보장할지라도 그 대가가 정치자유의 상실이라는 사실을 인식하고 반대하는 목소리도 적지 않았다. 그럼에도 국민당계 잡지들은 영미 자유주의와 공리주의는 중국 청년에게 해독(害毒)을 입히며 중국인의 의지를 분산시켜 국력을 쇠약하게 하는 나쁜 이념이라고 배척했다. 반면 독일과 이탈리아의 파시즘을 본받는다면 중국의 민족부흥을 가능하게 할 것이라고 찬양했다. 당시 국가의 독립과 자유가 위협받는 상황이었음을 고려하더라도 개인의 자유를 지키는 문제가 왜 소중한지에 관해 얼마나 심각하게 무지했는지, 자유를 얼마나 무시하고 있었는지 짐작할 수 있다.

자유주의자들이 훈정체제하 국민당정부의 압박과 공산주의 혁명파들의 비판을 양쪽으로부터 당하면서, 자신들이 발행하는 ≪노력주보≫와 잡지 ≪신월≫ 등을 통해 인권운동을 제기하며[54] 가장 활동적인 면모를 드러낸 시기는

---

53) 파시즘을 선전한 이러한 글들은 당시 군국주의적 일본에서 자유주의 파산론 등 자유주의를 비판하는 논설을 번역하여 소개한 것이다.
54) 지연의식, 공동체의식으로 사상유파가 형성되었던 과거의 사(士) 신분이 사회의 주변 신분인 지식분자로 전화되었는데, 중국 자유주의사상이 집단역량으로 나타나는 과정에서도 지연과 유학했던 대학(연구기관) 등 연고가 같은 점이 중요한 변수가 되었다. 자유주의자들은

1930년대였다. 그러나 이 당시 중국의 자유주의는 시민들을 설득할 수 있는 명확한 사상적 이론 내지 주장을 제시하지 못했다. 자유주의자들은 사회주의자들의 평등의 호소에 공감하고 동조했지만 사회정의를 대표하는 목소리로 간주되지 못했고, 따라서 영향력 있는 정치 세력이 될 수 없었다.

국민정부의 자유주의에 대한 탄압보다 심각한 비판은 공산주의운동 측으로부터 왔다. 비마르크시즘은 민족개량주의와 자유주의가 다소의 영향력만 가지고 있고 국가주의와 무정부주의는 이미 영향력을 상실했다면서, 중국자유주의는 혁명성을 상실하고 퇴락의 길을 갈 뿐이라고 공격했다. 루쉰(魯迅)과 취추바이(瞿秋白)는 반자유주의의 선봉으로서 개인주의적·개량주의적·실험주의적·자유주의적인 5·4신문화운동을 비판하며, 5·4를 초월하여 무산계급 영도하에 문예운동과 정치투쟁을 결합한 혁명적 문예부흥을 이루자고 제기했다.

사회주의자 내지 공산주의자로부터 공격받은 자유주의는 주로 경제적 자유주의를 의미했고, 자본주의와 명확히 구별되지 않고 사용되었다. 따라서 비난은 일부분에 대한 것에 불과하므로 자유주의의 전체 운명을 결정할 수 없다는 반론도 제기되었다. 후스를 필두로 하는 자유주의 지식인들은 특히 사상과 언론의 자유를 중시하며 투쟁했으나 1930년대에도 자유주의에 대한 정부로부터의 압력은 계속되었고, 일본의 중국 침략으로 인해 대외정세가 불안정해지자 자유주의에 대해서는 대체로 부정적 비판이 많아졌다.

공산주의자들이 근거지를 옮기며 세력을 확대시켜 가자 이들에 대한 토벌작전을 전개한 국민정부는 「민국을 위해하는 행위를 긴급히 다스리는 법(危害民國緊急治罪法)」을 1931년에 공포했다. 공산당 '반도'뿐 아니라 치안을 어지럽

≪노력주보≫, ≪신월≫, ≪독립평론(獨立評論)≫, ≪주장과 비평≫, ≪자유중국(自由中國)≫ 등의 잡지를 발행했는데, 이러한 인문잡지류 간행물을 떠나서는 이들의 사상적 전개를 생각할 수 없다.

히는 자도 반도로 몰아 징역 15년 내지 사형에까지 처할 수 있는 법이었다. 공산당뿐 아니라 삼민주의나 장제스 세력에 반대하는 사람은 누구나 처벌할 수 있는 법이었다. 실제로 비밀군사재판 등 권력남용과 탄압이 비일비재했기 때문에 반정부활동이 전개되었는데, 후스파 이외에 주목해야 할 것은 '중국민권보장동맹'이다.

민권보장동맹은 공산당을 탄압하던 난징국민정부에 대해 '쑨원의 유지'에 어긋난다고 반대하며 민권보장을 명분으로 공산당원이나 반장제스파로서 투옥된 인사들을 구출하는 활동을 펼쳤다. 쑨원의 미망인 쑹칭링(宋慶齡)은 언론·결사·출판·집회의 자유를 주장하며 감옥에 있는 정치범에 대한 원조를 제기했고, 저명한 학자이자 베이징대학 총장을 지낸 교육자이며 교육부장관을 역임한 차이위안페이(蔡元培) 등을 주축으로 하여 상하이와 베이징의 저명한 지식인들이 대거 합류했다.

그러나 정치범 체포를 무조건 반대하고 그 석방문제에 집중하는 쑹칭링에 대해, 후스는 법률 차원에서 체포에 대한 확실한 근거가 있는지와 체포 후 법에 입각해 처리되는지를 따져봐야 한다며 반론을 제기했다. 민권보장문제를 정치문제로만 보지 말고 법률문제로 보아야 법치의 길로 나갈 수 있다고 주장하여 갈등과 분열이 노정되었고, 결국 후스는 동맹에서 제명되었다. 후에 차이위안페이 등도 탈퇴했다. 법치에 의해 공정하게 인권이 보장되는 자유주의 사회를 지향한 후스 등 자유주의자와 다수 인민의 권리를 정치적 혁명으로 실현하고자 한 쑹칭링이나 루쉰 등 '민권파'의 정치적 입장이 병존할 수 없었던 것이다.[55]

---

55) 민권동맹의 활동분자 양취안(楊銓)이 암살되는 등 국민당의 탄압이 심화되자 동맹의 활동이 침체되었다가, 항일전쟁 과정에서 공산당에 대한 탄압 중지와 항일민족통일전선을 제기하며 다시 반정부활동을 펼쳤다. 민족주의적 전쟁을 민주주의와 결합시킬 것을 주장한 측면이 있다.

4) 자유민족주의

1930년대 전반에는 난징국민정부의 국가 건설에 대한 기대가 컸지만, 중앙정부와 지방 군사세력(군벌) 간의 혼전도 끝나지 않았고 공산주의 혁명세력은 근거지를 확대하고 있었으며 무엇보다 일본의 중국 침략이 현실로 나타나고 있었다. 신청년그룹이 자유주의 지향과 공산주의 운동파로 분열된 후, 자유주의자 중에서도 지향하는 바가 다른 유파가 전면에 나타나고 있었다. 영미 유학생 중심의 자유민주주의자들이 후스 등을 중심으로 ≪노력주보≫와 ≪신월≫에 결집되어 인권신장을 강조한 데 비해, 장쥔마이(張君勱), 장둥쑨(張東蓀) 등은 ≪재생(再生)≫ 잡지를 창간하고 국가사회주의를 표방하며 국가사회당을 결성했다.

전자가 영미식 자유주의사상 신념과 원칙을 추구하며 점진적 개혁을 위한 사상계몽에 주력한 자유주의자들이었던 데 비해, 재생파는 자유사회 건설을 위해 정치활동에 적극 참여했다. 민국 초 량치차오와 헌정수립을 위한 연구 활동을 함께한 '연구계'였던 장쥔마이와 장둥쑨은 일찍부터 자유주의와 사회주의의 융합을 도모하며 1910년대에 ≪해방과 개조(解放與改造)≫를 창간했고 ≪시사신보(時事新報)≫를 통해 계몽활동을 전개했다. 이들은 중국 전통문화의 장점을 보존하며 서양문명의 장점을 수용하고자 하는 입장을 가지고 있었고, 중국의 현실(국정)을 충분히 고려한 출로를 모색했다.[56]

재생파가 추구한 국가사회주의는 사실 사회주의라기보다 사회주의 정신을 취하는 것이라 할 수 있다. 생산수단의 공유제와 사유제를 결합시켜 국가의 통일적 계획하에 생산을 촉진시키자는 주장이다. 즉 사인기업의 소유권은 유

---

[56] 후스파가 사상이념형이라면 재생파는 정치공리형이라고 구별되기도 한다. 전통문화에 대한 재생파의 보수적 입장으로 인해 자유민주주의파와 공산주의 세력의 공동의 적으로 공격받기도 했다.

지하되 관리권(영업권)과 이윤분배권을 국가계획에 따라 진행함으로써 민족의 자활과 사회정의[公道]의 실현을 촉구했다. 신자유주의자 조지 콜(George Cole)의 영향을 받았으며, 국가역량을 동원하여 경제와 생산을 발전시키되 자본주의의 폐단을 방지한다는 점에서 쑨원의 절제자본론과 상통하는 측면이 적지 않다. 민족의 위기 속에서 자력갱생을 추구하며 계획경제방식을 적용하고자 한 것이다.

재생파의 국가사회주의는 혼합경제체제 운영에 중점을 두었으므로 경제적 자유주의 측면에 대해서는 상당히 유보적일 수밖에 없었다. 이들의 정치적 입장은 수정민주주의 주장으로 나타났다. 즉, 민주주의의 법률과 제도를 중시하지만 필요시에는 법률과 제도를 변경하지 않고도 독재(전정)의 성질을 운용할 수 있도록 하자는 주장이다. 기초가 민주적인 강력한 정부라면 민주제도를 훼손하지 않는다며, 법률·제도상의 독재(전정) 주장이 아니라 도덕상·정신상의 전정(專政)이라고 주장했다. 이에 대해 '독재의 정신은 민주정신과 근본적으로 상이하다. 독재는 정신의 일종이 아니다'라는 비판이 즉각 제기되었다. 수정적 민주정치론은 민주적 가치 확립에 치중하여 제도 건립을 경시한 중국 지식층의 도덕이상주의 경향을 단적으로 드러낸다. 민주적 방식으로 선출된 지도자의 도덕성을 신뢰하고 독재까지도 허용하자는 주장이다. 민족의 위기 앞에서 국가권력과 개인자유의 관계에서 평형을 추구한 것이다.

1930년대에 일본제국주의의 침략을 당하며 발생한 '민주와 독재' 논쟁은 중국의 자유주의 내지 민주주의의 취약한 기초를 여지없이 드러냈다. 당대 중국에서 자유주의 성향의 대표적 지식인들인 장팅푸(蔣廷黻), 딩원장(丁文江), 첸돤성(錢端昇) 등은 '비민주'적이기는 해도 '실력 있는 중국'을 단기간에 성취하기 위해서 독재도 불사할 수 있으며, 장제스 정부의 효율적 전시체제 운영을 위해 권력을 집중시켜 주는 것이 바람직하다고 주장했다. '민주와 독재' 논쟁은 재생파의 수정민주론과 더불어 1930년대 중국 지식계의 보편적 정치인식을 드러내준다.

사실 민주와 자유주의의 관계에 있어서, 민주는 권력의 합법성의 귀속 문제(권력 창출의 문제)인 데 비해 자유주의는 자유와 권력에 대한 여러 가지 시각 중 하나로서 권력의 행사방법이나 그 제한에 관한 입장이라 할 수 있다. 그런데 19세기 자유주의가 민주의 기본 원칙을 흡수하여 자유주의적 민주가 서양의 주류 정치사상이 되었고, 권력에 대한 보편적 참여를 의미하는 민주주의의 형태로 동아시아에 전파되었다. 재생파는 자유주의적 민주의 입장에서 자유와 권력의 평형문제를 탐색했다고 볼 수 있는 것이다.

장쥔마이는 자유와 권력의 관계를 정신과 물질의 관계로 보는 심물이원론(心物二元論) 입장에서 파악했다. 권력은 활발한 기계의 운전동력 같은 것으로서 물질의 세계에 속하며, 자유는 인류의 전진동력으로서 정신의 한 측면이라는 것이다. 국가정치 영역에서는 반드시 권력이 중심축이 되어 행정의 효율을 제고해야 하며, 사회문화 영역에서는 반드시 자유를 중심축으로 하여 사회적 자유와 사상의 해방을 확보해야 한다고 보았다.

장쥔마이는 민족국가와 개인자유는 서로 배타적인 관계가 아니고 유기적 관계 속에서 적극적으로 상호작용한다고 해석하여, 어느 한쪽이 중심이 된다고 보지 않았다. 그는 모든 개개인이 공민으로서 자치적 권리를 가지며 개인의 정신자유와 도덕적 자주성을 중시하면서 자유헌정을 국가조직형식으로 삼는 나라, 즉 자유주의를 민족 공동의 이념으로 삼는 민족주의 국가를 지향했다. 그는 개인자유를 기초로 한 민주정치와 언어문화 면에서 중국만이 가진 특수한 민족문화의 정신가치 내지 아이덴티티를 소유한 민족국가공동체를 지향하여, 문화민족주의 성향을 가진 자유민족주의자라는 평가를 받는다.[57]

---

57) 자유민족주의는 자유주의를 민족 공동의 이념으로 삼는 민족주의로서, 언어문화 측면에서 민족을 정하고 자유헌정을 국가조직형식으로 삼는 것이다. 자유민족주의의 핵심은 민족정신이 아닌 각각의 개개인이며, 공민은 자치적 권리를 가지고 민족도 자결의 권리를 가진다

량치차오의 사상과 같은 맥락의 주장을 펼쳤던 장쥔마이는 1920년대 초 후스 일파와 '과학과 현학' 논쟁[58]을 벌이는 과정에서도 물질과 정신, 제도와 문화를 구분해서 파악하며, 과학과 정치제도는 보편성이 있으므로 서양에서 배울 수 있고 보편적 민주헌정제도를 실현해야 하지만 문화도덕 같은 정신적 측면에서는 중국문화를 중시해야 한다고 했으며 또한 양자의 병존이 가능하다고 주장했다. 일원론의 과학적 세계관을 주장한 후스 일파는 과학과 민주가 결합된 보편적 제도와 법칙이 지배하는 자유주의 공화국의 건설을 추구했다.[59] 후자가 논전에서 승리하는 양상이었고 민국 시기에 과학주의가 흥기하면서 민족주의적 문화정체성 문제는 중시되지 않았다.

그러나 재생파의 자유민족주의는 자유헌정을 국가의 조직형식으로 삼고 민족문화의 핵심은 개인의 정신자유와 도덕적 자주성으로 확보하고자 했다. 문화로써 민족의 경계를 삼지만, 추상적 민족정신의 서사가 아닌 자유주의적 공공문화가 국민들의 집단적 정체성을 형성하는 민족문화라 보았다. 중국적 문화정신을 가진 민주헌정국가를 건립하려 한 장쥔마이의 구상은 장기적으로 볼 때 중국인의 정서와 역사적 현실에 부합하는 것이었다. 특히 외세 침략

는 이념이다[Yael Tamir, *Liberal Nationalism*(PrincetonUniversityPress, 1993)].

58) '과학과 현학' 논쟁은 신청년파를 대표하는 후스가 보편주의적 일원론의 과학주의 입장에서 문화는 보편적이며 과학적 방법으로 우주와 인생과 사회의 모든 문제를 파악하고 해결할 수 있다고 주장하면서 시작되었다. 장쥔마이는 물질과 정신, 제도와 문화를 구분해야 한다며, 문화도덕 측면에는 과학세계 너머의 영역이 있다고 주장했다. 후자는 량치차오를 계승하는 동시에 독일의 유심주의철학의 영향을 받았다.

59) 과학파의 일원론적 자연관은 이학(理學)적 세계관을 결합한 것이고, 장쥔마이의 이원론철학의 인생관은 심학적 세계관을 바탕으로 한다. 자연세계와 그와 다른 원리를 가진 인간의 정신세계, 이 양 세계를 통합하려면 과학적이면서 도덕적인 방식의 지행합일 실천방식을 취해야 한다는 것이 장쥔마이의 주장이었다. 장쥔마이는 독일 유학 시 유심주의철학의 영향을 받았지만, 중국의 철학 전통 중 주희(朱熹)의 성리학(주자학, 객관적 유심론)과 구별되는 또 하나의 전통인 육구연(陸九淵, 육상산)의 주관적 유심론이라 할 수 있는 심학(心學)과 연계되기도 한다.

이라는 국가적 위기 앞에서 그의 주장은 민족문화의 독특성 내지 본원적 성격을 추구하며 민족의 자신감을 고무하여 큰 설득력을 발휘했다.

량치차오와 장쥔마이의 개인자유·민주정치·민족문화를 융합한 민족국가 공동체 구상은 유가의 영향을 보여준다. 개인과 사회, 국가 간의 상호 관계에 있어서 각각이 서로 유기적으로 작동하며 건설하는 이상적 세상에 대한 낙관을 특징으로 하는 것이다. 민주와 독재 논쟁에서 국가나 사회공동체가 개인을 억압하고 구속할 수 있다는 가능성을 배제하고, 도덕적이고 유능한 지도자 [내성외왕(內聖外王) 전통]를 전제했던 독재 용인파의 주장도 이러한 낙관적이고 조화론적인 세계관의 표현이었다.

청 말 반만주족을 표방한 혁명파의 종족민족주의와 량치차오를 필두로 하여 국민을 핵심 개념으로 삼은 국가민족주의는 모두 정치민족주의였다. 전통 중국의 천하공동체 관념은 정신과 사회정치질서가 결합된 형태로서 내성외왕을 전제로 하고 개인의 안신입명 및 수신과 사회질서를 직결시킨 도덕이상주의를 띠고 있었다. 청 말 정치질서의 위기 속에서도 유교적 가치관은 여전히 영향력을 가지고 있었다. 유교적 가치관이 붕괴되는 문화의식의 위기는 5·4신문화운동 이후에 나타났다. 청 말에는 민족주의와 민주주의가 연결되어 혁명파든 입헌파든 민주정치의 함의를 가진 민족국가공동체를 추구했다. 그러나 민주에 대한 이해에 구별이 있었으니, 국체를 정함에 있어서 급진적 전민공화냐 온화한 군주입헌이냐의 문제를 둘러싼 대립이 혁명파와 입헌파 사이에 존재했던 것이다. 자유민주주의를 민족의 공동 이념으로 삼는 자유민족주의라는 공감대는 충분히 성립되어 있었다고 할 수 있다.

자유민족주의의 핵심은 어떠한 민족국가공동체를 건립하느냐인데, 보다 보편적인 자유민주정치 공동체를 추구할 것인가, 아니면 독특한 문화정체성을 가진 민족공동체를 지향할 것인가가 문제였다. 그런데 5·4신문화운동을 거치며 과학적 세계관이 중국 사상계를 휩쓸었다. 그러나 장쥔마이는 문화로써 민족을 설정하고 자유헌정으로써 국가의 조직형식을 구성하는 문화민족주의적 자유민족주의를 지향했다. 그가 추구한 것은 개인자유를 기초로 하여 민주정치를 내용으로 하고 민족문화의 아이덴티티를 가진 민족국가공동체인데, 이는 유가의 영향을 보여준다. 개인과 집단과 국가 간 상호관계에 있어서 사덕을 바로 세움으로써 공덕을 확립하고자 했던 청 말 량치차오의 주장은 유가식 자유민족주의의 원류라 할 수 있는 것이다.[60]

3. 제3의 길: 1940년대 중국의 자유주의 중간노선

1) 진정한 자유주의?

1930년대까지 줄곧 비주류 사상체계로서 극소수의 지식인들에 의해서만 명맥을 이어가던 중국자유주의가 1940년대, 특히 전후의 상황변화 속에서 지식인들이 가장 중시하는 사상으로 부상했다. 5·4운동 후 사회주의가 부상했던 것처럼 전후에는 자유주의가 부상하여 모종의 희망을 기탁할 대상이 되었는데, 그 이유가 무엇인가? 갑작스러운 '자유주의' 표방의 물결로 인해 오해와 왜곡의 여지가 많았기 때문에 우선 자유주의란 무엇이고 자유주의는 구미에서 어떠한 적극적 역할을 수행했는가를, 때늦은 감이 있지만 새삼 검토하기 시작했다. '자유주의는 일반인들의 생각처럼 자유에 관한 학설을 뭉뚱그린 것이 아니고, 일정 내용을 갖춘 사회철학이다'라는 문장은 역설적으로 많은 사람이 그렇게 생각하고 있었던 현실을 묘사한다.

자유주의자들은 '방종이나 사심자용(私心自用)이 자유로 간주되지만, 거짓

---

60) 许纪霖, 「现代中国的自由民族主义思潮」.

228

자유이다', '산만과 방종은 모두 자유가 아니다. 거짓되게 자유로 생각되기 쉽다'며 자유에 대한 오해를 바로잡기 시작했다. 나아가 '자유라는 명사와 개념을 폐기해야 한다고 주장하는 사람이 있지만, 자유는 본디 말하기 쉽지 않다'며 자유의 개념을 어떻게 정의할지에 대해 고심했다. '주의'라기보다 자유사상이나 생활태도로 보아야 한다거나, 리버럴리즘은 도량이 넓음, 용인, 편협하지 않음, 편견 없음, 개혁을 중시하는 태도 등으로 설명할 수 있을 뿐이라며, 사회주의처럼 일정한 체계적 내용을 내포하고 있지 않다고 생각하는 주장도 사실 서양의 자유주의 발전과정에서도 나타난 리버럴리즘의 성격과 무관하지 않다. 자유주의란 어떤 특정 사상을 지칭하는 것이 아니며, 전체 인류문화는 자유정신의 성장의 결과라고 말할 수 있다는 표현도 일리가 있기는 하다. 인류의 역사가 자유의 확대 과정이라고 볼 수 있을 뿐 아니라, 근대 서양 각국에서 나타났던 자유주의 주장이나 성장 과정도 각기 상이하여 체계적이고 선명한 주의 주장을 구성하지 못한 측면이 있기 때문이다.

위와 같은 자유주의에 대한 1940년대의 인식은 자기 맘대로 하는 것을 '자유'로, 자유에 관한 학설을 뭉뚱그린 것을 '자유주의'로, 자유주의는 어떤 주의가 아니고 관대한 태도라고 생각하는 경향이 중국에 여전히 만연되어 있었음을 알게 한다. 그러나 다른 한편에서는 서양 근대사에서 자유주의가 수행한 작용을 제시하며 그 보편적 의의를 모색하여 중국에 적용하는 방안을 적극 검토하고 있었다. 양런펜(楊人楩)은 자유주의를 정교분리를 이끌어낸 근대 구미문화 생성의 원동력, 근대 사회의 진보역량, 진리를 추구하는 원칙으로 보고, 종교·정치·경제적 속박을 타개하고 인류진보를 촉진한 세계성이라고 생각했다.[61] 푸쓰녠(傅斯年)은 미국의 뉴딜정책과 영국노동당이 자유주의와 사회주의의 융합이라고 설명하기도 했다.

---

61) 楊人楩, 「自由主義者往何處去?」, ≪觀察≫, 2-11(1947).

자유주의는 이와 같이 합리적 평등정신으로 민주국가를 이끌어낸 사상이라는 평가와 동시에 반드시 자본주의와 조합되는 것은 아님을 강조해야 했다. 자유주의적 방임주의 경제원칙이 자본주의와 결합된 정치적 자유주의로 발전한 결과 빈부 불평등과 대외침략주의로 진전되었음을 인정하면서, 자본주의를 혐오한다고 자유주의를 버리겠는가라고 반문하며 자유주의를 자본주의와 분리시키면 자유주의의 본질이 나타난다는 주장도 등장했다. 나아가 세계가 혼란해지고 가난과 기아의 두려움에 빠진 것은 자유주의가 포기되었기 때문이라고도 보았다.

자유주의는 이제 긍정의 대상이 되었고, 누구도 '자유'의 가치를 부인할 수 없게 되었다. 이제 상대방을 비판하려면 '진정한' 자유주의가 아니라고 비평할 수밖에 없게 되었다. 그리하여 신자유주의, 진자유주의, 가짜(僞)자유주의라는 용어가 자주 등장했는데, 이는 자유주의를 긍정하고 그 가치를 인정함을 반영하는 것이다. 동시에 '원래 자유주의'로는 이미 불충분하다는 생각이 보편적으로 깔리게 되었다.

2) 사회주의적 자유주의·사회민주주의

전후 자유주의의 유행은 자유주의를 수정하고자 하는 주장과 궤를 같이했다. 근대 사회로의 진보에서 적극적 작용을 한 자유주의는 20세기에도 그 의의를 잃지 않았지만 19세기 판과 20세기 판에 차이가 있는데 그 핵심은 경제평등이었다. 이 시기 자유주의자들의 모호한 태도를 혹자는 이렇게 꼬집었다. "한편으로 자유주의자임을 승인하는 것을 부끄러워하지 않으면서, 다른 한편으로 자유주의는 족하지 않다며 스스로 사회주의자로 자임하거나 혹은 개량주의적 사회정책을 사회주의라 부회한다"라는 것이다.[62]

사실 5·4시기 이후 중국 지식인들은 사회주의가 자유주의와 다른 사상계통이라기보다 한 단계 더 발전한 사상체계라고 보았다. 자유주의, 경제의 공평, 세계협력 등 세계가 필요로 하는 이상을 달성할 수 있는 것은 오직 사회주의 밖에 없다고 보았다. 또 '진정한' 사회주의는 개인자유와 충돌하지 않는다거나, 사회주의가 자본주의에 반대하는 이유는 자본주의가 개인의 자유발전을 방해하기 때문이고 자유주의가 없는 사회주의는 상상할 수 없다고도 설파했다. 물론 사회주의자들이 자신들에 대한 경계를 해소하기 위해 포장한 것일 수도 있지만, 개인해방사상을 내포하는 사회주의의 자유주의적 측면을 강조한 것은 당시 사회주의와 자유주의에 대한 중국인의 모호한 개념을 반영한다고 볼 수 있다.

혹자는 중간노선의 의미가 좌우의 사이에 있다는 것인데, 만약 좌경이 진보의 상징이라면 '자유주의는 좌이며 더욱 좌이다[左而又左的]'라고 했다. 시종 현상에 불만을 가지고 부단히 진보를 구하기 때문에 자유주의가 진보성을 갖는다고 설파했는데, 이미 좌경이 진보라고 보는 이 시대의 사상적 조류를 바탕에 깔고 있는 것이다.

19세기 후반 이래 자유주의적 이상이 후퇴하며 수정된 자유주의로 활로를 모색하던 자유주의는 1, 2차 세계대전으로 인해 세계적으로 결정적인 타격을 받았다. 전시통제정책과 계획경제의 성취는 전후에도 국가의 역할에 대한 기대를 확장시켰다. 다른 한편에서는 세계적으로 민족주의운동이 대두했고, 독일과 러시아에서는 전체주의적 국가사회주의 체제가 성립되었다. 이 시기 대부분의 지식인들은 자유주의 시대란 사회주의를 향한 전 지구적 발전 과정의 하나라는 마르크스주의 교의의 지배를 받는 상황이었다. 사회주의적 통제경제 내지 혼합적 관리경제가 영국과 미국에서도 실행되었고, 영국에서는 사회

---

62) 鄭伯奇, 「自由主義·批判·批判的態度」, ≪時與文≫, 1-24(1947); 章请, 『'胡适派学人群' 現代中國 自由主义』, p.521.

주의적 노동당이 집권했다. 정치적 견해가 명시적으로 사회주의가 아닌 곳에서도 자유시장보다는 '적극적 국가'에 의해 혼합경제와 관리경제를 추구하는 것이 세계적 경향이었다.

자본주의 영국도 사회주의 영국으로 바뀜으로써 자유주의가 평화적 개혁주의가 되었다. 자유주의는 역사적으로 속박을 해제하는 작용을 수행했고 그 과정에서 유혈혁명을 피할 수 없었는데, 최근 100년간 자유주의운동의 최대 성과는 무혈로 이룬 화평혁신이고 그 상징이 영국의 변화이며 그 실행이 미국 루스벨트 대통령의 뉴딜정책으로 나타났다고 이해했다. 전후 유럽은 평등의 실현을 가미한 자유주의를 지향했고, 다른 한편 유럽의 사회주의 진영 역시 자유주의 요소를 수용하여 사회민주주의화 하는 전환이 진전되고 있었다.

1940년대 중국의 자유주의로의 전향은 국제 사조에 맞추어 갔다기보다 전통적 자유주의는 당시 중국 현실에 맞지 않는다는 정서 때문이었기도 하다. 개인 본위의 정통 자유주의를 견지한 경우는 예외적이었고, 대다수의 자유주의자는 이미 진보적 자유주의에 접근했다. 이제 자유보다 민주에 역점을 둔 민주주의적 사회주의(민주사회주의 또는 사회민주주의) 방향으로 나아갔다.[63]

대표적인 자유주의자였던 후스의 사상에도 개인주의와 집단의식이라는 두 종류의 모순 관념이 자연스럽게 화합된 채 결합되어 있었고, 장쥔마이와 장둥쑨은 개성주의로 개인주의를 대체했다고 말할 수 있다. 개성주의는 자기에 대해 자기가 책임과 능력을 발휘하고 권리를 행사하는 독립정신을 의미했다. 이들은 민족국가 본위 사상을 제기하는 동시에 개인의 독립적 인격과 존엄을 충분히 긍정했다. 정부권력과 개인자유의 관계를 국가, 사회, 개인 관계 중 근본 문제로 인식하며 양자의 평형과 협조를 추구하고 국가, 사회, 개인의 관계

---

63) 19세기 이후 자유주의와 민주주의, 민주주의와 사회주의, 자유주의와 사회주의 사이의 대립과 상호보완 내지 결합에 관해서는 보비오의 『자유주의와 민주주의』에 명쾌하게 설명되어 있다.

도 효율, 공평, 자유의 관계로 파악했다. 장쥔마이는 래스키의『정치학강요(A Grammar of Politics)』를『정치전범(政治典範)』이라는 제목으로 번역·출판하며 공평과 자유는 충돌하지 않는다고 본 그의 주장에 공감했다.

중국에서는 공리주의 권리사상이 자연권리사상을 대신해 인권사상의 사상적 기초가 되었음을 앞에서 살펴보았다. 옌푸가 일찍이 천부인권론과 사회계약론을 부정한 이래 최대 다수의 최대 행복을 추구하는 공리주의적 자유주의가 지속적인 영향력을 발휘하여, 민국 시대 중국의 신자유주의자나 사회민주주의자가 모두 유사한 사상적 성향을 가지고 있었다.[64]

후스나 푸쓰녠 같은 자유주의자들도 신자유주의를 표방하며 이미 1920년대 이래 사회주의 또는 사회적 사회개량정책을 긍정하고 있었다. 후스는 1941년 이후 더 이상 사회주의를 추구하지 않는다고 말했지만, 소련에 대한 환상은 끝났다 할 수 있어도 사회주의에 대한 희망은 잃지 않아 '사회화 경제제도'를 말하고 '재산권은 더 이상 신성불가침의 인권이 아니다'라고 주장했다. 후스뿐 아니라 많은 자유주의 지식인이 유사하게 소련이나 중국공산당 내지 공산주의혁명에 대해 실망하고 회의하면서도 사회주의 요소(경제적 평등)를 중시하는 수정적 자유주의의 입장을 견지했다.

1930년대 중국 지성계에 강한 영향을 미친 해럴드 래스키의 사상은 개인적 자유의 존중과 옹호라는 기본 입장 위에 서서 어떻게 자본주의 사회의 불평등문제를 해결하고 정치적·경제적 민주주의를 실현할지 탐색한 것이었다. 마르크스주의의 폭력혁명론에 반대하고, 헌정과 보통선거라는 평화적 방법으로 의회를 구성하여 이를 통해 노동자의 권익을 향상시키고, 노동자의 정당이 집권하고, 생산수단의 사회적 소유를 지향하는 페이비언 사회주의 사상이 래스키의 기본 입장이었다.

---

64) 王艳勤,「近代中国自由主义人权思想的理论基础」, pp. 59~60.

그러나 세계대공황을 겪고 파시즘이 흥기한 1930년대 초 이후 래스키는 마르크스주의의 신도임을 자처하고 자본주의 민주제의 모순을 해결하지 못하면 혁명이 초래될 수밖에 없음을 학술적으로 분석했다. 그는 사회문제의 근본 폐단과 병은 정치체제가 아닌 경제적 기초에 있으며, 자유와 평등의 실현에 있어서 그 관건은 경제평등에 있다고 보았다. 어떻게 경제평등을 실현할 것인가? 그는 현존하는 소유제와 분배제도 그리고 계급관계를 합작과 점진적 원칙으로 개조할 것을 주장했다. 자본가 계급의 결단과 양보가 자본주의로부터 사회주의로 평화적인 전환을 가능하게 할 것이나 그렇지 않으면 폭력혁명을 초래할 것이라 예측했고, 나치즘과 파시즘의 흥기는 민주주의를 파괴할 것이라는 매우 불길한 예감을 토로했다.

그의 영향을 받은 중국 지식인들은 정치적 자유와 경제적 평등을 함께 실현하는 길을 낙관하고 중간노선의 주축이 되거나 정부가 주도하는 경제발전과 광공업을 직접 경영하는 자원위원회를 이끄는 관료가 되었다. 래스키는 자유와 평등을 실현하는 관건이 경제적 평등에 있다고 보았지만, 개인의 자유에 대한 옹호와 보장의 역사를 가지고 있는 영국과 중국의 실정은 달랐음을 인식해야 할 것이다. 제2차 세계대전 종전 후 중국의 새 질서를 수립하는 장면에서 자유주의자의 활동과 중간노선에 대한 모색이 활발했지만 1946년 이후 국공대립의 국면에서 자유냐, 평등이냐는 다시 사생결단의 화두가 되었다.

3) 정치자유와 경제평등

1948년 당시 국민당정부 측 신문 《중앙일보》의 편집인이었던 인하이광(殷海光)은 자유주의의 역할을 긍정하면서 "사상해방을 위해 전통에 도전할 뿐 아니라 인권자유와 경제평등을 위해서 노력해야 한다. 중국의 자유주의자는 현재, 바로 이런 목표를 향해 노력하고 있으며 …… 그것은 중국의 복음"이라고 서술했다.[65] 그 자신은 자유주의자로 자임하기 이전이었지만, 인권자유와 경제적 평등이라는 중국자유주의의 입장을 간단명료하게 제시한 것이다.

당시 자유주의의 수정적 입장은 경제적 평등에 대해 적극적·긍정적 태도를 취하며 이것을 어떻게 정치적 자유 내지 민주와 결합시킬 것이냐에 쟁점을 두고 있었다. 저명한 정치학자 샤오궁취안(蕭公權)은 1940년대에 벌어진 민주를 둘러싼 논쟁이 '정치민주'와 '경제민주' 관념이 협조할 수 없어서 일어났다고 보았다. 경제민주는 사회주의와 공산주의가 대표하며 인류평등을 중시하는 데 비해, 정치민주는 영미의 전통적 자유주의 입장이라 개인자유를 중시한다는 것이다. 전후 중국 지식인들에게 양자를 어떻게 절충, 조화할 것인가는 큰 관심의 대상이었다.[66] 분배의 평등을 추구하는 경제(적) 평등과 경제적인 문제의 결정 과정에 대한 인민의 참여를 의미하는 경제(적) 민주는 차이가 있지만 엄격히 구분되지 않고 사용되었다.

래스키의 제자였던 우언위(吳恩裕)는 「자유냐? 평등이냐?(自由乎? 平等乎?)」라는 글에서 액튼 경(Lord Acton)의 유명한 글귀를 인용했다. '평등추구의 열정은 자유에 대한 희망을 물거품으로 만든다'는 말인데, 자유와 평등 두 가치의 모순, 충돌에 관한 명언이다. 그러나 우언위는 이에 반대하며 "전민의 보편적 자유 획득은 반드시 경제평등 위에 건축해야 한다. 우리는 반드시 경제상 불평등을 취소해야 그다음에 비로소 전민의 자유를 실현할 수 있다"라고 주장했다.[67]

20세기 전환기 이래 반자본주의 정서가 강했던 중국에서는 경제평등을 추구하자는 호소가 1940년대 사상계의 여론을 주도했다 해도 과언이 아니며, 자

---

65) 훗날 대만의 대표적 자유주의자가 된 인하이광이 1948년 《중앙일보》에 게재한 논설 「論自由主義及其任務」의 일부이다.
66) 蕭公權, 「說民主」, 《觀察》, 1-7(1946).
67) 吳恩裕, 「自由乎? 平等乎?」, 《觀察》, 3-12(1947).

유주의 지식인들이 중국의 출로를 모색함에 있어서 사회주의가 결정적인 사상적 자원을 제공했다. 정치자유의 구호는 경제평등과 한 쌍으로 제시되었다.

샤오궁취안은 경제평등이 정치자유의 기초라며, 자본주의는 정치자유를 중시하면서 경제평등을 소홀히 했고 공산주의는 경제평등을 시도하며 정치자유를 희생하는데, 정치자결방식(政治自決方式)으로 경제를 통제하는 사회를 건립하면 모두가 자유롭게 되고 자유와 평등 간 모순이 해소될 수 있을 것이라 주장했다. 그러나 정치자유와 경제평등, 양자의 절충이 가능한가? 가능하지 않다면 어떤 길을 가야 하는가? 인하이광은 "제3의 길의 가능성은 없다. 국공이라는 두 가지 '주도력'이 존재하고 있어서 제3의 길은 역량을 발휘할 수 없는 비애의 숙명에 처해 있다"라며 현실을 예리하게 분석했다.[68]

1940년대 '민주정단동맹'에 결집된 지식인 단체들의 지향을 살펴보면 개인의 자유와 사회경제적 평등을 동시에 추구하며 사회적·경제적 민주주의를 강조한, 신자유주의적 민주주의와 사회민주주의의 중간노선을 보여준다. 통일건국동지회는 언론결사의 자유, 각 당의 승인, 민의기관 설립, 국방정부 수립을 주장하여 국민참정회(國民參政會) 성립의 길을 열었다.

민주정단동맹의 정치민주화 방안은 민주정신의 실천과 당치(훈정)의 종결을 바탕으로, 헌정 실시 전에는 각 당파로 구성된 국사협의기관을 설치하고, 법치를 행하고, 인민의 생명과 재산 및 신체의 자유를 보장하고, 모든 불법적 특수처치를 반대하며, 사상학술의 자유를 존중하고, 합법적 언론·출판·집회·결사를 보호한다는 것이었다. 특히 당치 종결에 있어서 주의할 점으로 헌정의 실시와 민의기관의 설립, 언론·결사의 자유보장이라는 기본적 자유와 법치를 제시했다.

---

68) 殷海光, 「我們走那條路」, ≪青年雜誌≫, 1-2(章请, 『'胡适派'学人群' 現代中國自由主义』, p.528 참조).

사회주의 지향이 강한 자유주의 언론인이었던 스푸량(施復亮)은 신민주주의와 신자본주의를 제기하면서, 이것이 바로 '금일 중국의 자유주의'라 주장하며 중간노선의 주창자가 되었다.[69] 의회민주제를 포기하지 않는다는 점에서 사회주의혁명론과 다르다. 그러나 소수 특권계급의 독점적 민주정치(예컨대 부르주아 민주주의)가 아니고 노농계급을 포함한 모든 평민이 참여하는 전 민적 민주주의를 표방했다. 즉 전체 인민이 함께 다스리는[共治]의 민주정치로 변혁해 가자는 내용의 신민주주의 정치와 산업발전을 위해 자본주의 경제방식을 택하되 제한해야 된다는 의미의 신자본주의 경제를 추구하는 중간노선을 제시한 것이다.

좌익 성향의 인민구국회도 당시의 '헌 단계 혁명'의 성질을 '자산계급적 민주주의혁명이며 사회주의혁명은 아니다'라고 규정하고, 민주연합정부의 수립을 제기했다. 계급연합에 의한 의회제를 추구하며, 경제적 생존권과 경제적 민주를 중시하는 신자유주의를 지향한 것이다.

정치적 자유와 경제적 평등은 어느 것도 포기할 수 없는 가치였지만 자유의 요구는 항상 평등의 요구 앞에서 뒷전으로 밀렸으며, 평등의 요구는 인위적 불평등과 특권을 제거하는 공의로운 것이었다. 자유를 중시했지만, 자유를 평등의 조건이며 수단으로만 인식했다는 한계를 가지고 있었던 것이다.

다른 한편 소련에서의 경제적 성취와 자유의 문제에 관해 주목하며 중국의 길을 모색하면서 정치적 자유와 민주의 부재가 초래할 위험을 경고하는 목소리도 제기되었다. 소련의 노동자들이 실업의 우려가 없는 경제적 안전을 누리는지 몰라도 경제적 민주는 가지지 못했음을 지적하면서, 설사 경제적 민주가 있다 해도 그것을 위해 정치적 민주를 희생할 수는 없다고 보았다. 국립 베이핑대학(北平大學)의 저명한 교수들이 연합하여 서명한 「중국의 출로」 선

---

69) 施復亮, 「中間派的政治路線」, ≪時與文≫, 1-1(1947).

언문에는 "경제평등을 위해 정치민주를 절대 희생시켜서는 안 된다. 정치적 민주가 없으면 경제평등의 기초를 잃게 될 것이다. 정치가 소수인의 독재하에 있다면 경제적 평등이 있다고 해도 그것은 주어지는[賜與] 것이어서, 통치자가 수시로 바꿀 수도 있고 주었던 것을 거두어들일 수도 있는 것이다"라고 경고했다. 시의적절한 경고였지만, 귀 기울이는 사람은 드물었다.

자유와 정의(사회적 공의)의 평형을 추구한 중국의 자유주의자는 자본주의의 발전 과정에서 분배의 정의와 평등을 경제발전과 마찬가지로 중요한 문제로 인식하고, 자유와 정의를 함께 중시했다. 이는 사회민주주의가 현대 중국 자유주의의 주류를 형성했음을 의미한다.

1940년대 중국 중간노선의 중심적인 추진세력이었던 재생파는 영미식 자유주의 정치이상을 견지하면서 사회주의 경제사상을 흡수하고 조화와 타협을 도모하여 당대 중국자유주의의 주류인 사회민주주의 계열을 이끌었다. 1940년대의 민주사회주의 또는 사회민주주의 지향이라 할 수 있는 중간노선은 민주주의, 정치적 자유주의, 사회주의, 계획경제체제를 결합하고자 했다. 사실상 자본주의 경제체제를 근간으로 자유민주주의 정치제도를 수립하며 부분적 계획경제에 약간의 사회정책을 더한 것이었다고 볼 수 있다.

장쥔마이는 국가를 통해 자유를 보장하고 사회주의적 정책을 통해 리버럴한 가치의 실현을 구하는 중간노선을 이상적이라고 보았다. 앞 장에서 서술한 대로 일본의 침략이라는 국가적·민족적 위기상황하에서 중국의 자유주의자들은 자유의 이상을 실현하기 위한 '강력한 행정력'의 필요성을 인정했다. 청 말 민국 초의 자유주의 수용 시기에도 중국 지식인들은 국가적·민족적 위기를 느끼며 개인의 자유와 권리의 확장보다는 국권의 확립을 중시하며 양자를 조화시키고자 했다. 그러나 강한 정부의 위험성을 충분히 경계하지 않았던 점에서 중국자유주의의 한계를 드러낸다.

'강한 정부'의 능력과 선의에 대한 기대와 믿음은 1940년대 말 중공의 '지도

성'을 인정하고 그 중추에 참여하기를 지향하거나(적극적 자유), 사상과 신념의 자유 등 기본적 인권을 억압하는 정부에 협력하는 결과(소극적 자유)로 나타났다. 국가권력이나 정치집단이 개인의 자유와 권리를 침해하는 위험은 등한시하면서, 국가에 의한 자유와 근로자 및 노동자에 대한 국가의 적극적 보호정책 등 국가가 사회경제에 개입하여 다수의 자유를 확장, 실현하는 적극적 자유를 중시한 것이다. 자기이상의 실현을 위해 주체적으로 공적 사무에 참여한 고대 로마의 정치적 자유, 그리고 자유·평등·민주의 이상을 위해 구체제를 붕괴시키고 새로운 체제를 수립하고자 했던 프랑스혁명 과정 등이 적극적 자유를 실현한 대표적 경우라 할 수 있다. 1940년대 중국의 자유주의자들도 그러한 자유를 지향한 것인가?

국공내전에서 중국공산당의 승리를 예견하게 된 상황에서 재생파 자유주의자 장둥쑨은 정치적 자유의 희생이 불가피할 것을 예상하고, 생산(경제)력 발전을 위해서는 계획적 사회도 필요하다며 공산당 통치를 긍정했다. 자유와 평등도 결국 생산발전에 귀결되므로 합리적 한도 내에서 자유와 평등에 대해 상당한 제한이 필요하다고 인정하는 타협안을 제시했다. 그는 문화적 자유주의를 학술사상의 생명선으로 중시하도록 제안하면서 이를 통해 개인자유를 담보하기 위한 최소한의 조건을 확보할 수 있을 것으로 기대했다. 문화적 자유주의를 확보한다면 학술사상의 자유 안에서 사상과 언론의 자유가 내포될 수 있다고 보았고, 사상과 언론의 자유가 권력을 비판, 견제할 수 있는 자유주의의 핵심 요소로 기능할 수 있으리라 희망했던 것이다. 이 허망한 기대에 대한 대답은 '당천하(黨天下)'하의 반우파투쟁과 문화대혁명의 광란 중 문화예술인, 학자, 지식인에 대한 광기에 찬 탄압이었다.

개혁개방정책 시행 후 시장경제 확대에 대한 개혁과 보수 세력 간 대립이 1980년대에 있었지만, 이른바 '사회주의적 시장경제'는 대세로 이어졌다. 1990년대에 진행된 '자유주의와 신좌파' 논쟁은 중국에 '신좌파'[70]가 존재하느냐 하는 문제부터 의문시되지만, 지식인들의 논설에 분명한 입장 차이가 있었음은 부정할 수 없다. 주요 쟁점은 다음과 같다. ① 사회의 부패와 불공정의 원인에 관해 한 쪽은 시장경제와 국제자본으로 보고, 다른 일파는 제한을 받지 않는 권력으로 본다. ② 사유재산권과 시장경제정책을 계속 추진해야 하는가에 관해 한 편은 시장경제의 폐단을 지적하고 다른 한 편은 시장경제의 장점을 논하며 사회공정을 실현할 수 있다고 강조한다. 또한 ③ 현행 권력이 주도하는 개혁에 대한 비판에 있어서의 입장 차이, ④ 헌정민주를 목표로 제시하느냐의 여부, ⑤ '대약진', '인민공사', '문화대혁명' 등 과거사에 대한 입장의 차이도 포함한다. 즉, 귀중한 사회주의 유산을 포기하고 비판하는 실태가 지나치다고 보는 일파와 비판과 청산이 아직 부족하다고 보는 일파가 있는 것이다. 자유주의적 지향과 이에 반대하는 입장의 차이를 선명히 알 수 있다 하겠다.

자유주의와 사회주의는 모두 현상에 대한 비판과 투쟁정신에서 비롯되었으며, 부와 권력을 독점하는 특권과 권위에 저항하는 이념이다. 자유주의는 인간의 불완전성을 깊이 인식하기에 비판정신과 토론, 그리고 관용을 중시했다. 사회주의는 사회구성원 모두의 완전한 이성을 전제로 구축된 이론이어서 아름다운 청사진에도 불구하고 역사적으로 성공하지 못했다. 특히 공산주의 국가는 (공산)당의 무오류성을 전제로 권력을 구축했기에 소수 당권자들의 독재체제로 전락할 수밖에 없었다.

1949년 이후 국민당정부가 이끈 대만에서도 국민당 일당체제하에서 자유와 인권의 확립은 요원한 일이었다. 1947년 헌법이 제정되었으나 대륙이 공산

---

70) 영미에서 '신좌파(New Left)'는 20세기 후반에 등장했는데, 마르크스주의에 기초를 두지만 소련이나 공산주의를 지지하지 않는 진보적 사회주의를 지향하는 지식인 운동을 지칭했다. 계급의식이나 전투적 노동운동을 중시하지 않고, 다문화주의운동, 환경운동, 성소수자운동, 여성주의운동, 소외 계층의 인권신장운동을 펼쳤다.

세력에 의해 점령되고 국민당이 대만으로 퇴각한 후 헌법조항 가운데 필요한 것을 유보하면서 총통의 권한이 막강해졌고, 장제스는 총통직을 2차 연임한 데 이어 '비상시기 종신총통'의 길을 걸었다. 그 과정에서 후스는 최소한의 언론의 자유를 확보해 보고자 또 3차 연임을 막아보고자 끊임없이 노력했지만, 그의 사상은 '독소사상'이라는 공격을 당했을 뿐 현실적인 효과는 적었다.[71]

그러나 국민당정부의 탄압하에서도 후스는 1949년 이래 잡지 ≪자유중국≫을 발행하며 대만 청년들에게 자유주의와 언론의 자유의 소중함을 일깨워 줌으로써 장기적으로 자유주의적 개혁을 담당해 나갈 수 있는 사상적 기초를 만들었다. 그 이후 대만에서는 경제발전과 교육수준의 향상에 따른 민주화 요구에 의해 1990년대 이후 국민당 일당체제가 종식되었으며, 직접선거에 의한 정권교체가 이루어졌다.

---

71) 민두기,『中國에서의 자유주의의 실험: 胡適의 사상과 활동』(지식산업사, 1996), 184~194쪽.

제5장

한국의 자유주의

한국의 자유주의는 일본에서 서구 자유주의에 대한 관심이 이미 '운동'을 불러일으키고 그 운동이 일단 퇴조하며 '일본식' 논리로 변용되는 과정을 거친 이후의 일본 사상계와 접촉하면서 시작되었다. 이 사실은 근대 이후 한국의 사상계가 일본 지성계의 강한 영향을 받으며 형성되어 갔음을 생각할 때 한국자유주의의 성격 역시 구미의 자유주의와 다른 내함을 가지게 될 것을 예고한다. 구미사상 접촉의 통로가 일본만 있었던 것은 물론 아니다. 한국에서 활동한 구미 선교사들도 있었고, 갑신정변 실패 후 미국에 망명하여 유학한 서재필(徐載弼), 또는 중국, 일본을 거쳐 미국에서 유학했던 윤치호(尹致昊)처럼 직접 구미의 정치·사회의 제도와 사상을 습득하고 한국에 전파한 한국인도 있었다. 또 20세기 초 일본에서 망명생활을 하던 량치차오의 논설도 한국 식자층에게 큰 영향을 미쳤다.

1. 1880년대 개화파의 자유주의 인식

1) ≪한성순보≫와 갑신정변의 자유주의

한국에서 자유주의적 지향이 가장 먼저 적극적으로 표명된 것은 개화파 김옥균(金玉均)이 주도한 1884년의 갑신정변이었다. 정변에 앞서 개화파 박영효(朴泳孝)가 창간을 주도한 ≪한성순보(漢城旬報)≫에서는 구미의 자유주의제도를 비교적 빈번히 기사로 실었다. 유럽의 자유민주주의 정치제도를 소개하며, 특히 의회(민회)를 중시하여 부강의 근원이 되는 제도로 이해했는데 그중에서도 영국의 입헌군주제를 '군민동치'의 바람직한 체제라고 보았다(1888년 12월 20일 자). 나아가 「구미입헌정체(歐米立憲政體)」라는 제목의 평론은 유럽과 미주 여러 나라의 입헌정체를 소개하고 있는데, 입헌정체에는 군민동치제와 합중공화제가 있다며 3권분립이나 민선의원[代議士]에 의한 의회제[議政體]와 입법권에 관해 매우 자세히 설명하면서, 군주라도 자기 뜻대로 독단할 수 없다는 자유주의의 원칙을 천명했다(1884년 1월 30일 자).[1] ≪한성순보≫는 서양 여러 나라에서 나타나는 입헌자유민주제의 기초에 대해 '나라를 다스리는 주권이 민에게 있으며 모든 권력은 민에게서 나와 시행되는 것이다. 그 근본 원인은 모든 사람은 평등하기 때문이다'라고 설명했다. 헌법(장정)에 의한 의회(공의당)정치에 의해 그러한 원칙이 실현되고 있다는 내용을 게재하기도 했다(1884년 2월 7일 자).

미국의 역사와 정치를 소개한 「미국지략속고(美國誌略續稿)」(1884년 3월 8일 자)에서는 '불역(不易, 불변)의 통의(通義)'라며 'right'에 대한 설명을 싣고 있다. "통의란 자유를 구하고 생명을 지키는 것이니, 그 이치는 인력으로 억제할 수

---

1) 신용하, 『한국 개화사상과 개화운동의 지성사』(지식산업사, 2010), 157~160쪽 참조.

없으며 귀신도 뺏을 수 없다"라고 했다. 이는 후쿠자와 유키치가 지은 『서양사정』 초편의 「아메리카합중국사기(亞米利加合衆國史記)」를 번안한 문장이지만 자유주의사상의 핵심 내용을 소개한 셈이다.[2] 이상의 기사들은 문명국의 기본권 실태를 소개한 글로서 한국에서 이를 당장 실행하자고 주장한 것은 아니지만, 여기에 박영효를 비롯한 초기 개화파의 개화의지와 관심이 반영되어 있음은 물론이며 이들의 개혁방향이 간접적으로 드러난다고 볼 수 있다.

개화파 지식인들이 자유주의의 기초 개념을 이해하고 있었다는 사실은 이보다 앞서 1882년 임오군란 직후 당시 일본 유학 중이던 유길준(兪吉濬)과 윤치호가 일본 대정대신 산조 사네토미(三条実美)에게 올린 상서에도 소략하나마 나타난다. 임오군란으로 인해 대원군이 다시 득세하고 청 조정이 조선을 속방으로 간주하며 정치에 개입하는 것을 막고자, 일본의 병력을 빌려 대원군을 제거하고 청조의 개입도 물리치겠다며 차병(借兵)을 요청하는 문서 중에 "타인의 속박을 받아 마침내 조선은 '자유지권(自由之權)'을 잃게 된다"라고 하며, 이번 차병 요청은 대원군에 대한 복수와 조선의 독립을 위함이지 자신들이 이를 이용하여 사욕을 채우려 함이 아니라고 주장했다.[3] 비록 외세의 도

---

[2] 1883년 박영효 등이 수신사로서 3개월간 일본을 시찰한 후, 후쿠자와의 제자들을 기자와 인쇄공으로 대동하고 귀국하여 국민의 계몽을 위해 ≪한성순보≫ 창간을 추진했다. 이 신문은 통리아문이 박문국을 설치하여 발행했던 만큼 개화파뿐 아니라 정부 측의 개화 의지의 상징 같은 최초의 근대식 신문이었지만 한문으로 발간되었다. 한성부판윤 박영효 밑에서 신문발행사업에 종사한 유길준은 국한문 혼용을 시도했지만 여의치 않았다.

[3] 김흥수, 「임오군란 시기 유길준 윤치호 연명 상서」, ≪개념과 소통≫, 21호(2018), 300~303쪽. 유길준과 윤치호가 파병을 요청하는 상소를 한 데에는 후쿠자와 유키치의 뜻이 반영된 것임이 틀림없다. 후쿠자와는 임오군란 소식이 일본에 전해진 직후 그가 발행하던 ≪시사신보≫를 통해 일본정부에 조선 파병을 촉구하는 주장을 펼쳤다. 후쿠자와는 청조의 화이질서의식을 혐오했고, 조선을 속방으로 삼으려는 시도와 대원군의 복귀를 적극적으로 비판하며 일본병력의 조선 파견을 '의거'라 표현했다. 후쿠자와는 1882년 임오군란 이후, 조선에 대한 일본의 내정간섭과 수년간의 보호국화를 주장하면서 개화파에게 조선정부를 맡겨야 한다고 주장했다[쓰키아시 다쓰히코(月脚達彦), 「朝鮮開化派와 후쿠자와 유키치(福澤諭吉)」, ≪한국학연구≫, 26(2012), 315~323쪽].

움을 요청하는 상황이지만, 청조의 속방이 되어 외교권을 빼앗길 것을 우려하며 국가의 독립확보를 자유권 개념으로 피력한 최초의 문서가 아닌가 한다.

갑신정변을 주도한 김옥균이 일본 자유주의사상의 태두 후쿠자와 유키치를 사사하고 그의 사상에 고무되었다는 사실은 잘 알려져 있다.[4] 그러나 김옥균의 사상을 체계적으로 파악할 수 있는 자료가 남아 있지 않아 1880년대 전반 조선 개화파의 자유주의사상을 분석하기가 용이하지 않다. 갑신정변 시기의 일지라 할 수 있는 『갑신일록(甲申日錄)』은 사태의 추이에 관한 기록이며, 단지 그 기록의 맨 마지막 부분에 제시된 14개 조문의 정강을 통해 갑신정변을 주도한 세력의 개혁사상을 짐작할 수 있을 뿐이다. 14개의 조문 중에서 자유주의적 관점에서 관심을 끌만한 부분은 무엇인가?

앞에서 서양과 일본, 중국의 자유주의에 관해서 간단히 살펴본 바와 같이 자유주의는 강조점을 달리하는 다기한 이념체계를 내포하고 있다. 그러나 공통적으로 개인의 권리와 자유를 다른 어떤 가치보다 우선시하며, 국가체제 속에서 그것을 지킬 수 있도록 제도적으로 보장하는 장치를 만들어 유지하는 것을 중요시하는 것이 특징이라 할 수 있다. 개인의 권리와 자유를 평등하게 지켜주는 체제에 대한 구체적인 설계의 차이는 각국이 처한 역사적 조건에 따라 상이한 정치체제, 나아가 여러 가지 근대 사상계통으로 발전하기도 했다.

여기서 또 한 가지 염두에 두어야 할 점은 한국이 서구자유주의에 관심을

---

4) 후쿠자와는 이웃인 조선에 불이 나면(서양세력 또는 청 때문에 조선이 독립을 유지하지 못하고 미개한 상태에 머물면) 일본에도 위험하다는 의식에서, 조선(내지 아시아)을 '개조', 개혁하여 '문명화'의 길로 나아가게 해야 한다며 개화파를 지원했다. 1882년 10월 임오군란의 후속 처리를 위해 박영효가 수신사로 일본에 갈 때 김옥균이 동행했고, 김옥균은 후쿠자와의 도움을 받으며 개화정책 실행을 위한 차관을 얻고자 노력했지만 실패했다. 1884년 4월 귀국할 시점에는 이미 정변을 결행할 마음을 굳히고 후쿠자와에게 털어놓았으며 모든 원조를 아끼지 않겠다는 약속을 받았다고 한다. 실제 후쿠자와는 일본칼, 권총, 폭약 등을 그의 제자 이노우에 가쿠고로(井上角五郎)를 통해 개화파에게 제공했다고 한다(쓰키아시 다쓰히코, 「조선개화파와 후쿠자와 유키치(福澤諭吉)」 참고).

가지기 시작한 19세기 후반 서구에서는 자유주의가 정치적으로 정착되었고 동시에 민주주의와 결합하면서 성격이 변하여 자유민주주의, 신자유주의(사회자유주의) 내지는 국가주의적 자유주의로 변용이 일어났다는 사실이다. 그러나 우선은 자유주의의 가장 기본적인 문제의식이라 할 수 있는 정부(또는 군주) 권력의 제한과 동전의 양면이라 할 수 있는 개인의 기본권 보장을 초기 개화파가 어떻게 파악하고 조선에서 실현하려 했는가를 고찰하고자 한다.

갑신정변을 일으킨 개화파는 과연 군주권을 제한하고자 했는가? 갑신정변의 14개조 정강 중 제4, 7, 8조에서는 내시부, 규장각, 혜상공국의 혁파를 주장하고 있다. 내시부는 왕 주변에 인의 장막을 치고 왕권을 농단하기까지 하는 기관으로서 그 혁파는 군권제한과 관련 있을 수 있다. 한편 규장각과 혜상공국은 왕권을 강화하여 권력장악력을 보강하려는 취지로 설립된 근왕기관이었지만, 현실적으로 고종이 정국을 장악하지 못하는 상황에서 민씨 등이 정치정보기관으로 이용하는 실정이었기 때문에 그 혁파가 반드시 군권제한을 의미하지는 않았다. 그러나 이들 기관은 조정을 중심으로 한 통치체제의 곁가지로서 왕권을 강화할 수도 있고 여타 실권세력의 근거지가 될 수도 있기 때문에 군권제한의 의미가 없지는 않다고 볼 수 있다.

군주권력을 제도적으로 제한한 구미의 경우를 보면 미국이나 프랑스의 공화제와 영국처럼 군주제와 타협하여 헌법으로 군권을 제한한 입헌군주정으로 나눌 수 있다. 조선에서는 공화제 지향이 19세기 말까지는 표명되지 않았으며, 어떻게 군주권을 제한하느냐에 관심이 국한되어 있었다. 갑신정강 제13조에서는 '의정소'를 제시하며 "대신과 참찬은 날마다 합문 안에 있는 의정소에 모여서 정령을 결정하고, 이를 포고하여 시행케 할 것"이라 천명했다.

이는 국왕이 천단해 온 정치권력을 대신과 참찬의 회의체, 즉 내각에 이양하도록 요구한 것으로 볼 수 있는데, 결국 군주권을 약화해 군주와 신하가 함께 통치하거나 나아가 신권의 정치장악을 제시했다고 해석할 수 있다. 물론 조선 초에 신권을 강화하고자 하는 지향이 있었고, 또 세도정치 시기에 사실상 신권이 정치를 좌지우지했음에도 군주권 제한과 내각정치를 표방하고 나서지는 않았다. 이런 점에서 정령을 결정하는 의정소의 설치를 제안한 것은 자유주의적 정치제도의 영향을 받았다고 할 수 있다. 그러나 의정소의 권력 행사에 대해 어떠한 법적 제한도 없다는 점에서 입헌주의적 장치를 결여하고 있으므로 자유주의적이라 볼 수 없는 한계가 있다.

군주(정부)의 권력에 대한 제한에 소극적이었던 갑신파 지식인들은 인민 개인의 기본권 보장 문제에 대해서는 어떠한 인식을 가지고 있었는가? 개인의 기본 권리는 빼앗을 수 없고[不可奪] 양도할 수 없는데[不可讓] 이것이 지켜지지 않을 때 저항할 수 있는 권한을 인정하는지, 또 그 기본 권리라는 것이 개인에게 인정되는 근거가 무엇인지에 대해 어떻게 이해하고 있었는지 살펴보아야 할 것이다. 권리에 대한 인식이 있었다고 추정할 수 있는 부분은 갑신정강 제2조의 "문벌을 폐지하여 인민평등의 권(權)을 제(制)한다"라는 문구이다. 신분제 혁파 내지 평등권까지 제시하여 봉건적 구속을 철폐하고 인민을 해방하고자 한 의미는 인정되지만, 갑신파 지식인들에게 영향을 준 실학파와 북학파 지식인들이 이미 신분평등을 지향하고 있었던 점을 상기하면 반드시 자유적이라고 단정할 수는 없다. 그러나 당시 구미의 제도를 소개한 글에서 대개 '민'을 사용한 데 비해 갑신정강에서는 '인민'이라는 용어를 사용한 것을 보면 새로운 인식, 즉 일본에서 영향 받은 리버럴한 정신과 태도를 반영하고 있음은 확실하다. 14개조 정강만으로 그들이 그 권리의 성격을 어떻게 이해했는지, 특히 자유권을 어떻게 파악했는지까지는 알 수 없다. 단지 '인민의 권'을 논한 사실은 그들이 자유주의적 권리의식을 가지고 있었음을 확실히 보여준다 할 수 있다.

2) 박영효의 1888년 상소문5)

갑신정변으로부터 4년 후인 1888년에 쓰인 박영효의 상소문은 이해의 깊이가 한층 진일보했음을 확인시켜 준다. 박영효 역시 갑신정변의 주도세력으로서 거사 실패 후 일본에 망명했던 4년의 기간 동안 상당히 성숙해지고 또한 변용된 일본의 자유주의를 충분히 습득할 수 있었을 것이다. 또한 박영효 역시 후쿠자와에게 사숙했기에 일본의 여러 자유주의 유파 중에서 국부론 입장의 영국식 자유주의에 가까운 지향을 가지고 있었을 것을 짐작할 수 있다. 그가 고종에게 올린 상소문을 통해 그의 개혁 구상을 살펴보자. 왕에게 올린 상소문이라는 한계를 가졌음에도 국가존망의 위기의식에서 그는 조선의 존립을 위해서는 군권을 제한해야 하며 백성에게 자유의 권리를 주어야 한다는 주장을 명백히 전개했다.

진실로 일국의 부강을 기하고 만국과 대치하려 한다면, 군권을 줄이고 민으로 하여금 마땅한 자유를 얻도록 하여 각기 보국의 책임을 지게 한 연후에 점차 개명한 상태로 나아가는 것보다 좋은 방법이 없다(상소문 제6조).

대저 민은 자유의 권을 가지며 군권에는 정함이 있으니, 그로써 민과 국이 영원히 편안하다. 만약 민이 자유의 권이 없고 군권이 무한하면 비록 잠시 강성할지 몰라도 머지않아 쇠망하게 된다(상소문 제7조 11항 주석).

박영효는 군권의 제한과 민권의 확립을 연계하며 '자유지권'을 제기하고 그것을 법적으로 제도화한 것이 문명이라 이해했다. 민은 자유지권을 가지며

---

5) 박영효, 「조선 내정개혁에 관한 건백서」, 『日本外交文書』第21卷. 여기에서는 김갑천, 「박영효의 건백서: 내정개혁에 대한 1888년 상소문」, ≪한국정치연구≫, 2(1990)을 참조했다. 김갑천은 역사학회 엮음, 『한국사자료선집: 5』(일조각, 1973)의 『日本外交文書』을 대본으로 했다.

군권은 정함이 있어야 가히 문명의 법이라 할 수 있다는 것이다. 이와 같이 군주권력의 제한과 민의 자유권 보장을 연계하여 있는 것으로 보아 그가 자유주의 핵심 논리에 접근해 있었음을 알 수 있다.

또 군주에게 "만기를 친재하려 하지 말고 각기 관사에 맡기도록 할 것"을 말하며 정무를 각 부처가 전임토록 하라고 제시하여 군권을 제한하고자 한 그의 자유주의적 제한정부이념을 재확인케 한다. 그렇다면 이러한 권력제한을 법적으로 확립하는 방안을 강구했는가? 과연 입헌주의적 지향으로 발전했는가? 물론 상소문에서 헌법제정 문제를 논하지는 않았다. 그런 의미에서 박영효의 자유주의적 지향은 분명한 한계가 있었다. 그러나 군권제한과 민의 자유권을 논한 다음에 이어서 군주에게 만기를 친재하려 하지 말고 각 관사에 정무를 전담하도록 하라고 것으로 보아 그가 제한정부 이념에 기반을 두고 장차 입헌을 추구하려는 생각을 가지고 있었다고 짐작할 수 있다.

또 박영효가 입헌을 제기하지는 않았지만, 권력분립과 법치주의를 매우 강조함으로써 군주와 지배층의 자의적인 권력행사를 견제하려 한 사실 역시 자유주의적 지향이라 볼 수 있다. 그의 상소문은 제1조에서 세계 대세를 논한 다음 바로 이어지는 제2조에서 법치주의와 사법권의 독립을 제기하며 중시하고 있다. 나라를 바로 세우는 데 법률을 제정하고 올바르게 운용하여 공평한 나라의 기강을 확립하는 것보다 중요한 일은 없다고 본 것이다. 사람들이 법과 조례에 의거한 규준을 알고 법도에 따라 행동할 수 있게 해야 하며, 법에 따라 죄를 다스릴 때는 신분에 상관없이 편파적이거나 치우치지 않게 하여 비천한 사람이라도 '법으로 보호'해야 한다고 강조했다. 또한 기준을 엄격히 하여 법으로 다스리되, 가혹한 형벌을 폐지할 것을 누누이 역설했다.

법치주의를 논한 제2조에서 구체적 지침으로 제시한 12개 항목 중 첫 번째 항목에서는 '모든 경우의 송사와 대소경중의 죄는 다만 재판관에게 맡겨 판결케 하여야 하며 군주의 권한으로 재판을 마음대로 해서는 안 되는 일'이라 강조했다. 또한 행정권에서 사법권을 분립시킨 권력분립을 통한 권력제한과 법치주의를 논하며 군주가 재판에 개입하지 말 것을 천명했다. 연좌제 폐지, 증거주의, 고문 금지, 권력층의 사형(私刑) 금지 등의 조항도 함께 제시했다. 입헌군주제 지향을 짐작하게 하지만, 입헌군주정을 주장하지는 않았다. 이 단계에서는 군민공치를 상정하고 있었던 것으로 보인다.

한편 박영효는 민의 자유지권은 하늘이 공평하게 부여했다고 천명하여 천부인권사상의 영향을 받았음을 보여준다.

하늘이 인간을 창조하면서 모든 사람에게 동등하게 준 것은 움직일 수 없는 통의이다. 그 통의란 사람이 스스로 생명을 보존하고 자유를 추구하며 행복을 바라는 것이다. …… 그러므로 인간이 정부를 세우는 본뜻은 이러한 통의를 공고히 하기를 바라는 데 있는 것이지 제왕을 위해 세운 것이 아니다. …… 이는 문명의 공의이며 하늘의 지극한 이치를 잇는 것이다(상소문 제8조 1절).

1870년대에 일본에서는 이미 '자유'가 번역어로서 정착되어 활용되었기에 자유주의 이념이 소개된 1880년대의 한국에서도 리버티와 프리덤이 곧바로 '자유'로 번역되었지만, '자주'도 역시 빈번히 채택되었던 점은 일본이나 중국과 비슷하다. 국가의 자유의 경우에는 종종 자주, 자주지권으로 표현되었다. 그러나 자유주의의 핵심 개념인 라이트는 '통의'와 '공의'를 병용하다가 '권리'로 정착되는 과정을 보였다. 박영효의 상소문에도 통의와 공의가 함께 등장한다. 생명, 자유, 행복 추구의 통의를 천명하며, 이것이 인민의 공의이며 직분이라 했다. 공의와 직분이라는 단어는 후쿠자와가 번역·출판한 『서양사정』외편에서 "Individual Rights and Duties"라는 원서의 장 제목을 '인생의 공의와 직분'이라 번역한 데서 나왔다. 그는 라이트를 통의와 공의 두 가지로 번역했는데, 다른 한편 공의는 right뿐 아니라 justice의 번역어로도 사용되었다.

같은 문장에서 국사범(정치범)을 보호하는 국제공법을 '문명사회의 국제 공의'라고 한 것은 international justice를 의미하는 것이다.

후쿠자와는 라이트를 통의로 번역했지만 공의와 권리(權理), 권의(權義)도 사용했다. 일본에서 라이트가 권(權), 권리(權利), 권리(權理), 통의(通義), 지의(至義), 도리(道理), 공의(公義) 등으로 다양하게 번역되었던 것은 그만큼 동아시아 문화권에서 민의 라이트라는 개념이 생소했기에 여러 가지 번역어로 탐색되었던 것이다. 하지만 상소문이 쓰인 1888년경에 후쿠자와는 이미 '권리'라는 번역어로 낙착을 보았음에도 박영효나 후술할 유길준도 '통의'를 사용했다. 후쿠자와를 통해 서양사상을 학습했는데, 기왕에 대유행을 이룬『서양사정』,『문명론의 개략』,『학문의 권장』에서 사용한 번역어인 통의를 그대로 사용한 것인가? 후쿠자와는『학문의 권장』에서 권리(權理), 권의(權義)를 자주 사용했다. 권리통의(權理通義)를 줄여서 권의(權義)라 쓴다는 설명도 했다.

박영효가 1888년 무렵의 최신 저술은 보지 못했을 가능성도 있으나 '권리'라는 말이 지닌, 권세와 이익을 누린다는 개념에 대한 거부감이 작용했기에 사용하지 않았을 수 있다. 권리에 비해 보편적으로 통하는 의라는 의미의 통의라는 말은『맹자』의 유명한 어구에도 나오는 어휘이기도 하므로[6] 내포된 유교적 가치관이 주는 평안함을 선호하여 통의가 채택되었다고 생각된다. 또 본디 올바르고 윤리적이라는 라이트의 어원을 고려할 때 통의라는 번역어도 설득력이 없지는 않았다. 그러나 '통의'는 무엇을 할 수 있는 능력(힘, power)이라는 의미를 전달할 수 없었다.

사실 라이트는 자유주의이념의 핵심 부분으로서, 주로 '무슨 rights', '무엇에 대한 rights'의 형태로 쓰였다. 그리고 그러한 개인의 rights를 지키는 것이

---

[6] "勞心者治人 勞力者治於人 治於人者食人 治人者食於人 天下之通義也"(『孟子』, 藤文公 上). 이외에도『사기(史記)』나『한서(漢書)』에도 천하의 통의, 고금의 통의라는 말이 사용되었기 때문에 통의는 전통 지식인들에게 비교적 익숙한 용어였다.

자유주의 정치제도이다. 박영효는 권리의 이러한 '빼앗을 수 없고 양도할 수 없는' 성격에 대해서 알고 있었지만 막연히 이해했던지라, 빼앗아서는 안 된다는 당위로 이해하지 않고 뺏을 수 없다고 해석한 듯하다. 『공자』에 나오는 '삼군(三軍)으로부터 그 장수는 빼앗을 수 있지만 사람의 마음은 빼앗을 수 없다'는 문장을 인용한 것은 그 방증이다.

박영효는 "하늘이 인간을 창조하면서 모든 사람에게 동등하게 준 것은 움직일 수 없는 통의이다. 그 통의란 사람이 스스로 생명을 보전하고 자유를 구하며 행복을 바라는 것"이라며, 생명권·자유권·행복추구권이라는 기본적 인권을 제시했다. 민이 자유의 권을 가진다고 천명한 그는 자유란 스스로 가하다고 생각하는 바를 행할 수 있는 것으로서 다만 하늘과 땅의 이치를 따를 뿐이며 속박할 수 없고 굽힐 수도 없는 것이라고 이해했다. 그리고 하늘이 동등하게 부여해 준 자유[天賦之自由]이므로, 이러한 '자유의 권'을 갖는 '민'은 당연히 평등하다고 보았다.

그런데 '사람이 세상에서 다른 사람들과 교제하며 살면서 서로 도움과 이익을 얻으려면 불가불 자유의 일부를 포기하고 세속의 통의를 따르지 않을 수 없기 때문에 국법에도 순순히 복종하게 된다'며, 빼앗을 수 없는 천부인권인 자유권을 일부분 버리고 세속의 통의를 따라야 한다고 설명했다. 세속의 통치를 따르고 국법을 지키는 것은 의무이다.

이는 천부의 자유를 버리는 것 같지만 실은 그 야만의 자유를 버리는 것이고, 천하에 통용되는 공동의 이익을 얻는 것이다. 법률을 세워서 인죄를 다스리면 비록 천부의 자유가 감해지는 듯하지만 실은 법률로써 죄를 규제함으로써 이로 말미암아 처세의 자유를 크게 증대시키게 된다. 처세의 자유는 법률에 순종함으로써 법률 안에서 누리는 자유이다. 인간은 사회적 존재의 상태에서 사회적 자유를 증대할 수 있고, 개인은 천하의 일원이기에 공적 이익이 증대하면 그 수혜자가 되는 것이다.

야만의 자유는 죄를 범했어도 벌을 받지 않으며, 법의 범위를 넘어서 힘으로 멋대로 포학하게 구는 것이다. 박영효는 '법이 비록 관대하나 법을 범하지 않고, 힘에 의존해 제어하지 않으나 제어가 되는 것이 문명의 자유라. 법 안에서 행동하는 자유이고, 힘으로 다스리지 않아도 마음에 의해 규제되는 것은 문명의 자유를 누리는 것'(상소문 6조)이라 설명했다.

그는 조선사회의 신분제도의 폐단과 남녀귀천의 차별을 비판하면서 야만의 자유가 바로 이와 같다고 했다. 야만의 자유는 자연상태의 자유가 아니라 조선사회에서 행사되는 자의적 자유를 말했다. 서구는 문명국, 조선은 야만국이라는 박영효의 인식을 반영하고 있다. 후쿠자와 유키치는 사회계약론 관점에서 야만상태의 자유와 사회상태의 자유를 구분했고 '문명의 자유'라는 개념으로 법에 의해 규율되는 자유를 논했는데, 개화기 개화파에 공통적으로 그 영향이 나타났다. 자연상태의 자유는 법과 규범이 생기기 전 만인의 만인에 대한 투쟁상태의 자유이고, 인간이 사회적 존재로서 법률이 허용하는 (시민)사회적 자유(civil liberty)를 누리는 것이 문명의 자유이다. 그러나 법이 있어도 없는 것이나 마찬가지 상태라면 야만의 상태일 뿐이다.

박영효는 "인민으로 하여금 그 통의라는 것을 향유하도록 할 수 있는 몇 가지 일"을 제시했다. 그 첫째로 "남녀와 부부의 권을 균등하게 할 것이다"(제8조 3절)라고 하여, 평등한 인권 개념을 제시했다. 다음으로는 봉건적 신분차별, 즉 '반상중서(班上中庶)의 등급을 폐지하는 것'을 제시했다. 특권적 계급의 인민에 대한 권리침해와 '야만적 자유'를 방지해야 한다는 것이다. 문벌 타파와 능력에 의한 인재 등용을 강조하는 한편 양반의 횡포를 척결해야 함을 제기하여, 조선사회의 병폐를 청산하지 않고는 새 시대의 인권관념이 실효를 얻을 수 없다는 인식을 보여준다. 또 남녀균등의 권리관념까지 제기한 것은 당시로서는 매우 선진적이고 급진적 주장이었다 할 수 있다.

양반의 횡포로 인해 서민의 인권이 침탈당하는 가장 빈번한 경우로는 가렴

주구로 인한 재산의 늑탈, 그리고 부당한 처벌과 불공정한 재판을 들 수 있다. 앞에서 언급했듯이 박영효는 '법에 따라 죄를 다스릴 때는 신분에 상관없이 편파적이거나 치우치지 않게 하여 비천한 사람이라도 법으로 보호해야 한다'는 것을 강조했다. 권력의 횡포로부터 약자들의 인권을 법으로 보호해야 한다는 자유주의적 원칙을 지지했음을 보여준다.

앞에서 박영효가 인민이 통의를 공고히 하기 위해서 정부를 세웠다는 사회계약설을 인용한 것을 서술했는데, 그는 또한 자유권을 일부 양도받은 측의 권리행사가 양도의 목적에 합하지 않을 때는 이의를 제기할 수 있다고 보았다. "그러므로 정부가 그 통의를 보호하며 백성이 좋아하는 것을 좋아하고 백성이 싫어하는 것을 싫어하면 권위를 얻을 수 있을 것입니다. 만약 이와 반대로 그 통의를 벗어나 백성이 좋아하는 것을 싫어하고 백성이 싫어하는 것을 좋아한다면, 백성은 반드시 그 정부를 혁파하고 새로운 정부를 구성함으로써 그 커다란 취지를 보전할 것입니다. 이것이 바로 인민의 공의이며 직분입니다"(제8조 1절)라고 서술하고 있다.

저항권 내지 혁명권에 대해서는 인민의 권리이자 의무이며 또한 '문명의 공의'이자 '하늘의 지극한 이치를 따르는 것'이라 천명했다. 후쿠자와가 번역한 미국의 「독립선언」을 일찍이 「미국지략속고」를 통해 소개했던 박영효는 이 선언문에서 천명된 생명권, 자유권, 행복추구의 권리 등의 내용뿐 아니라, 정부는 이 권리들을 지키기 위해 세운 것이라는 개념과 그 정부가 목적에 반할 때는 무너뜨리고 새로 세울 수 있다는 저항권 개념까지 군주에게 올리는 1888년 상소문에 게재함으로써 자유주의사상을 자기 나름으로 이해하고 수용하고 있었음을 보여준다.

박영효의 상소문은 군권을 제한하고 민권을 확립해야 하는 이유와 원리를 강조했을 뿐 아니라, 일본과 서구를 모델로 한 자유주의사회와 자본주의 경제체제의 근대 국가 구상을 제시했다. 즉 교통, 운수, 발전, 우정 등 제반 분야에서 자본주의적 발전을 지향해야 하며, 산업의 진흥과 교역의 이익을 추구하는 정책을 시급히 시행할 것을 제기했다. 이보다 앞서 ≪한성순보≫에 게재한 「회사설(會社說)」(1883년 10월 21일 자)에서도 상공업과 교통·통신, 철도회사, 주식회사 등의 분야에 대한 자본주의적 경제 건설을 추구하는 내용을 제시했었다. 또한 교육의 발전, 군사력 강화방안 등등 구체적인 대책을 내놓기도 했다. 앞에서 박영효가 사법권 분립과 공정한 재판에 관해서도 언급했음을 밝혔는데, 정치·경제·군사·교육 등 사회 모든 부문에서 근대 국가를 건설하기 위한 초보적 청사진을 제시했다고 볼 수 있다.

3) 유길준의 『서유견문』

사제지간이자 개화파 동지인 박영효와 유길준은 사상적 지향에서 결정적 차이는 없다. 단지 유길준이 보다 체계적인 저술을 남겨 그의 자유주의사상에 대한 파악이 용이한 셈이다. 이들은 모두 후쿠자와 유키치의 영향을 받았지만, 유길준은 후쿠자와가 설립한 게이오기주쿠에 적을 두고 후쿠자와로부터 개인교습을 받았다 해도 과언이 아닐 정도로 밀접한 관계 속에서 서양의 정치, 역사, 사상을 학습했다. 박영효와 유길준은 모두 천부인권을 근거로 민의 자유권을 주장했고, 자유를 권리(통의)와 결부시켜 제기했다는 점에서 후쿠자와의 영향을 확인할 수 있다.

유길준은 그의 『서유견문(西遊見聞)』 중 「인민의 권리」라는 장에서 "대저 인(人)의 권리는 자유와 통의를 말함이라"라며, 자유는 그 마음이 좋아하는 대로 무슨 일이든지 따라가며 굴복하고 구애될 우려가 없음을 말하는 것이로되 결단코 임의방탕 하는 취지는 아니며 법에 어긋나게 멋대로 하는 것이 아니라고 설명했다. 천하인(天下人)의 '보동(普同)한 권리'인 자유와 통의는 마음대로 할 수 있다는 자유와 바른 이치인 통의로 구성되는데, 이 자유와 통의의 권리는 모든 사람이 태어나면서 누리는 것이다. '하늘이 부여해 준 도리'로서 '천하 사람들의 보편적 권리'라는 그의 선언에서 그가 자연권과 천부인권설을 수용했음을 보여준다.

박영효와 유길준은 인민의 자유와 통의, 권리의 근거를 공히 천부인권사상으로 상정하며 자유와 통의라는 권리를 가진 인민은 당연히 평등하다고 보았다. 그런데 자유를 좋아하는 바를 마음대로 하거나 임의로 방탕하거나 개인 이익만 추구하는 것이 아니라, 국가의 법률 내에서 타인을 방해하지 않는 가운데 자신의 직분에 따라 구애받지 않고 하고자 하는 것을 하는 권리라 규정했다. 자유의 보존이 통의의 효용이고, 통의를 잘 사용하는 것이 바로 자유를 보존하는 것이라며, 자유와 통의는 뺏을 수도 구부릴 수도 없는 인생의 권리라 해석했다.

유길준은 후쿠자와의 『서양사정』 중 「인간의 통의(人間の通義)」의 서술을 답습하며 자유권리사상을 전개했다. 통의란 당연한 정리(正理)로서 천리(天理)와 상경(常經)에 어긋나지 않게 스스로 서로의 직분을 지키는 것이며, 보편적 의무라 보았다. 인민의 권리를 자유와 통의로 구분하고, 이것들은 출생과 더불어 누리는 것이며 불기독립의 정신으로 무리한 속박과 불공정한 방해를 받지 않는 것이라 설명했다. 인권이 보호되는 문명의 정치를 '인의(仁義)의 정치'(인민의 자유를 보장하고 속박하지 않으며 국법의 집행이 관대함)로 설명한 것은 박영효와 유길준이 같았다.

나아가 유길준은 이러한 인권을 천연의 통의인 '무계(無係)의 통의'와 인위의 통의인 '유계(有係)의 통의'로 구분했다. 일신에 속하여 다른 사람과 관계없는 '인생의 천부의 자유'를 의미하는 '무계의 통의'를 열거하자면 구체적으로 신명(身命)의 자유와 통의, 재산의 자유와 통의, 영업의 자유와 통의, 집회의 자유와 통의, 종교의 자유와 통의, 언사(言詞)의 자유, 명예의 통의가 있다. 무계의 통의는 태어나면서 가지는, 즉 '하늘이 주신 공도'(천부인권)로서 누구나 평등한 본연의 인권인 절대적 권리라 할 수 있다. 이 천부의 자유와 권리는 사람이 하고 싶은 대로 행하되 '하늘과 땅의 바른 이치를 따라 취사선택하는 이외에는 어떠한 경우도 속박을 받지 않는다'고 했다. 박영효와 후쿠자와가 동일한 표현으로 개진한 자유에 대한 내적 규율이다. 그러나 '천지(天地)의 이치[正理]'를 따른다는 내적 제한은 사실 도덕적 자유의 의미를 지닌다.

유길준은 신명의 자유를 위해 차별을 부정하고 평등을 추구했는데, 그는 "신명의 자유란 정직한 도(道)로, 그 행동거지를 조심스럽게 하여 자기의 분수를 넘지 않을 때에는 아무런 구애도 받지 않고 속박도 없으므로 자주적인 낙을 누릴 수 있다"라고 했다. 그는 '정직한 도'와 '자주'를 강조했는데, 인격적·도덕적 완성을 추구하며 이를 통해 진정한 자유에 이른다고 본 것이다. 박영효와 유길준의 자유는 유교철학(또는 유교적 인격주의)에서 벗어나지 않으면서 법률의 범위 내에서 누리는 자유 개념을 상정하여 전통과 서구 근대 자유주의의 개념이 융합된 모습을 드러낸다.

자연권사상도 유교의 인성론과 연결시켜 순조롭게 수용했다. 하늘로부터 누구나 권리를 부여받는다는 자연권사상은 유교의 천(天) 개념을 통해 소화되었고, 천부(天賦)로 번역된 자연권은 천명으로 주어진 인간의 도덕적 본성인 성(性)으로서 이해된 것이다. 유교의 천은 본성과 관련된 보편타당한 이치를 포함하므로, 자연법은 추상적이고 보편적인 신의 명령이라는 개념보다 인간의 도덕감정에 기초한 포괄적인 의미로 이해되는 모습을 보였다. 유길준은 "인민의 권리는 …… 천부에 속하며 하늘로부터 받은 바른 이치[天授正理]"라고 서술했다.

그런데 박영효와 유길준의 '천지의 이치를 따르는 자유' 개념은 루소적 자유 개념, 즉 '일반의지'에 따라 행동하는 것이 자유로운 것이라는 의미로 해석할 수도 있다. 자유의 내재적 제한이라 함은 일반의지에 따르도록 강제할 수 있다는 것인데, 이는 자유의 침해가 아니고 진정한 자유를 누리게 하는 것이라 하지 않았던가. 내재적 제한을 도입한 자유 개념은 정통 자유주의에서 이탈한 비자유주의적 성격을 내포한다. 밀이 자유에 대한 외재적 제한 사항으로서 '타인에게 해를 주지 않는 한 무엇이든 할 수 있다'는 자유 개념을 설파했던 것과 비교할 수 있다.

사람의 자유는 이러한 내면의 도덕과 외적 법률로 규율할 수 있다. 유길준은 누구나 구체적인 사회현실 속에서 후천적으로 사람들과 관계하는 가운데에서 누리는 상대적인 세상의 권리를 '유계의 통의'라 이름했다. 사회생활을 영위하려면 천부인권의 자유를 일부 양도하거나 포기하지 않을 수 없다고 보고, 천부인권과 인간교제의 도리가 조화될 수 있게 하는 것이 법이라 보았다. 한 개인이 처세하는 자유를 달성하여 천하의 큰 이득을 얻기 위해서도 법이 필요한 것이다. "자유와 통의는 법률을 따르며 정직한 도리로 그 몸을 조심히 다스려 천수한 권리를 보유하며 인세(人世)의 락(樂)을 향수"할 수 있도록 해준다고 할 수 있다.

서로 평등한 인민은 과연 어떻게 질서와 사회를 만들어 내는가? 권리는 뺏을 수 없고 스스로 훼손해서도 안 되며, 권리를 제한하는 도는 오직 법률만이 그 당연한 의를 가질 뿐이라 했다. 또한 하늘이 부여해 준 일신의 자유를 어느 정도 양도해야 하며, 일신의 자유의 일부를 양도하고 인세의 규구(規矩, 규칙)에 순종하여 그 혜택을 입으니, 이는 서로 교역함과 같은 이치라 보았다. 법률은 천하의 보편적 이익을 도모하기 때문에 자유를 침해하는 듯하지만 결국 처세하는 자유를 크게 증대한다는 것이다.

법률에 의한 인권보호는 진정한 자유를 위해 규제나 법의 보호와 간섭이 불가피하다는 의미이며, 공동의 이익을 도모하는 법률의 효용과 불가결성은 누구도 부정할 수 없는 세상의 원리이다. 그러므로 "사람의 권리는 법률이 준 바라 해도 틀린 말[謬誣]이 아니다"라고 했고, '법률은 스승이며, 권리는 부하[卒徒]'라는 비유는 법률이 인권보다 상위 개념이라는 인식을 보여준다. 천연의 권리를 하늘이 부여하여 태어날 때부터 내면적으로 가지고 있다 하더라도 법률로 인정되지 않으면 행사할 수 없다는 법실증주의 사고의 영향을 받은 것이라 생각된다.

한편 유길준은 개인의 자유권만 인정하면 사회적 책임성의 결여를 초래할 우려가 있으므로 자유와 통의를 짝 지우고 있다. 생명·재산·영업·집회·종교의 자유권을 말하면서 동시에 이들의 통의권도 언급하며 사회적 존재라는 인간의 숙명으로 인해 타인과의 관계에서 자유의 제한은 필연적임을 주지시킨 것이다. 통의는 당연하고 바른 이치[正理, 權理]라는 뜻으로, 소유권 또는 관직에서의 권한같이 고유한 성격을 잃지 않고 직분을 지키는 것을 의미한다.

유길준의 자유와 권리에 관한 인식은 후쿠자와와 유사하지만 차이 나는 부분도 있는데 바로 유교에 관한 관점이라 할 수 있다. 후쿠자와도 유학에서 시작하여 양학으로 나아갔으므로 유학을 깊이 이해하고 있었지만, 서양문명을 적극적으로 받아들이지 않으면 나라의 독립을 지키기 어렵다고 생각하여 유교사상을 동양의 정체원인으로 보아 다분히 배격하는 입장이었다. 법에 복종하는 범위 내에서 자유와 권리를 보장하고 법치주의를 지향한 것은 후쿠자와와 유길준이 같았지만, 앞에서 언급했듯이 자유와 권리를 '하늘과 땅의 바른 이치를 따라' 행사해야 한다는 데서 의미에 차이가 있었던 것으로 보인다.

유길준은 욕심을 막고 천리를 보존해 정직한 도를 따르는 것은 '좋은[良] 자유'이고 인욕과 사벽에 치우치는 것은 '나쁜[惡] 자유'라 하여, 주자학적 인식에서 '천리(天理)'에 합치하는 자유와 권리의 개념을 보여준다. 자유가 있는 곳에는 도덕도 반드시 함께 있어야 했던 것이다. 자유와 도덕의 짝짓기는 서구적 법치와 유가적 덕치의 짝짓기로, 박영효와 유길준의 사상에 공통적으로 나타난다. 법치를 도덕에 의한 규율과 책임이 수반되는 것으로 이해하고 법치의 도입을 주장했지만 덕치와 겸용도 포기하지 않았다. 이들은 주자학 가치관이 지배한 조선사회 내의 지배층으로서 유교의 문제점을 피부로 느끼지 못했으며, 오히려 그 안에서의 보편적 진리를 확신했던 것이다. 유길준은 법치를 통해 예의염치의 질서를 지키고 패란을 다스려야 한다고 보았고, 오륜의 도덕에 기초하여 내 맘대로(아진방탕)의 자유를 통제하고자 했다. 서구의 개인주의적 자유관념을 관계와 윤리 중심의 유가원리와 결합시켜서 체계화했다는 평가를 받는 이유이다.

자유와 권리를 논하면서, 신명(생명)의 자유를 위해 차별을 부정하며 평등을 추구했고, 사유재산을 보호함에 차등이 없다고 했으며, 영업의 권리를 보장함으로써 자유롭고 새로운 자본주의체제를 지향했다. 유길준의 『서유견문』은 사회진화론에 기반을 둔 문명개화론, 즉 경쟁을 통해 진보한다는 논리를 유교의 변통론에 적용하여 시세의 변화와 피차 형세와 장단점을 살펴서 서양문화를 수용해야 한다는 입장에서 쓰였다. 유길준은 외국문화를 자기 나라의 실정에 맞게 수용하며 자신의 좋은 문화를 계승·발전시키는 것이 진정한 '행실개화'라 강조했다. 서양의 장점은 정치, 기계, 물품에 한정된다고 보았고, 유교윤리는 변하지 않는 보편성을 가졌다고 믿으며 윤리를 돈독히 하는 행실의 개화를 추구했던 것이다.

후쿠자와는 인간의 욕망을 긍정하고 이것이 없다면 공공의 부가 증진되지 않는다고 말했다. 그는 『서양사정』에서 개인의 욕망 추구가 타인의 그것의 방해가 되지 않는 상태를 '문명'이라 설명했다. 유길준 역시 『서유견문』에서 개인의 욕망과 이익추구를 긍정하고 세간에 경쟁이 필요함을 언급한 다음, 사욕을 멋대로 구하는 것은 공도를 방해하는 것과 같으므로 강기가 있는 도로써 예의를 지켜서 타인에게 해를 끼치지 않고 경쟁할 것을 논했다.[7] 후쿠자와는

---

7) 유길준은 "자기의 뜻을 달성하고자 하여 세인을 고려하지 않고 공도(公道)를 방해하고 사욕을 멋대로 구하는 우환이 없음은 교도(敎導)하고 정화(政化, 백성을 정치로 가르쳐 교화함)하여 다다른 바니 …… 가르침이 없는 이민(夷民)이 …… 홀연 난동하여 서로 싸우는 추태는 가련하고 가증할지나, 이는 경쟁하는 도에 강기(綱紀, 도리와 기율)가 없는 까닭이니 …… 가르침

'문명'이란 말을 사용하여 개개인의 욕망의 대립을 조화시키는 시각을 가지고 있었지만 유길준은 도덕의 문제에 결부시킨 것이 차이점이다.

또 입헌군주제의 좋은 점을 언급하며, 입헌군주제를 도입함으로써 군주의 정치가 '공'임을 제도적으로 보장하고 인민 각자는 '일신의 정욕', 즉 '사'를 버리고 자신의 업에 힘쓰며 올바로 경쟁하면 사회의 부강을 증진시킬 수 있다고 주장했다.[8] 유길준도 사유재산 보호와 영업의 권리를 보장하는 문제를 중시했다는 것은 유길준이 자본주의 경제체제에 의거한 국력의 증강을 기대했다고 볼 수 있다. 그러나 어떻게 입헌군주제를 이룰 것인가는 제쳐두고, 스스로 절제하여 정욕을 버리는 인민의 수양을 중시한 것은 유교적 도덕정치의 시각을 버리지 않았음을 보여준다. 유길준은 근대사회의 바람직한 새로운 인간상을 서양의 시민(citizen)보다는 동양적인 의미의 '군자' 또는 '사'에서 찾았다고 평가되기도 한다.[9]

유길준은 개화의 달성과 국권의 유지가 기본적으로 개인 인권에 기반을 두고 있음을 인식했지만 "개화의 단계는 …… 국인이 그 마음을 합일하여 …… 개화를 함께 힘쓰는 것"이라고 했다. 개화된 사회에는 사회적 불평등이 없으니, 나라의 권리를 지키기 위해 인민권리의 중대함을 알고 개인의 권리를 지켜야 함을 강조했다. 개화를 달성하여 독립을 유지한다는 생각은 당시 개화 지식인들의 보편적 인식이었고, 개화를 위해 인민의 권리도 중시된 것이다. 그런데 후쿠자와의 경우는 이미 1880년을 전후하여 문명개화 과정에서 국민의 권리제한이 불가피하다는 논조로 변했고, 개인들 간의 자유, 권리의 문제

이 있는 사람은 시비를 이해하며 예의를 지켜 타인에 해를 끼치고[해] 자기의 뜻을 달성하는 악습이 없으니……"라고 서술하고 있다[유길준전서편찬위원회, 『유길준전서』(일조각, 1995), 130쪽].

8) 같은 책, 150쪽.

9) 정용화, 「유교와 자유주의: 유길준의 자유주의 개념 수용」, ≪정치사상연구≫, 2(2000), 79~81쪽.

와 국가 간의 권리나 자주독립의 문제가 같은 맥락으로 다루어질 수 없다며 현실의 국제정치질서를 직시하여 '만국공법'에 의지할 수 없다고 주장했다.[10)]

유길준은 『서유견문』을 후쿠자와에게 사숙할 무렵인 1880년대 초부터 쓰기 시작했고, 1887년부터 본격적으로 집필하여 1889년에 탈고했으나 1895년에 출판한 것으로 알려져 있다. 그런데 후쿠자와가 국제정치의 현실 속에서 만국공법의 적용에 대해 회의적으로 바라본 것에 비해 유길준은 여전히 공법에 대해 기대를 가졌다. "국법의 공도로 인(人)의 권리를 보호하는 것이니, 방국의 교제도 역시 공법(公法)으로 조절하여 천지의 편벽되지 않은 정리(正理)로 하나로 보는 도를 행한 즉, 대국도 일국이요 소국도 일국이라. 일국의 국(國)되는 권리는 피차 동연한 지위로……"라며 약소국에 대한 강대국의 폭거를 공법이 불허할 것이라고 보아 여전히 '만국공법'에 의지하는 모습을 보였다. 개인들에게 도덕의 규제를 받는 자유와 권리를 행사하도록 요구하는 것과 같은 이치로 국가들 사이에서도 만국공법에 입각한 '신의외교'를 추구한 것인가? 열강들의 각축이 치열했던 19세기 말 조선이 스스로의 힘을 키워 독립을 도모하기는 요원한 상황에서 다른 선택지가 없었던 것일까?[11)]

---

10) 『문명론의 개략』에서도 사람 사이의 교제와 마찬가지로 '각국 교제는 천지의 공도(公道)에 의거하는 것이다. …… 자유롭게 무역하고 자유롭게 왕래해서 오로지 천연(天然)에 맡겨야 한다. …… 그런 주장에는 참으로 일리가 있다. …… (하지만) 각국의 교제와 인인(人人)의 사교는 완전히 취지를 달리 하는 것이다'라고 썼다. 개인들 간의 교제든 국가 간의 교제든 천지의 공도를 따라야 하지만 각국 정부가 있는 한 국가는 그렇게 하기 어렵다는 것이다. 후쿠자와는 한 걸음 더 나아가 개인들의 권리제한도 불가피하다고 말하게 되었다(김석근, 「福澤諭吉의 '自由'와 '通義': '獨立不羈'의 정치학」, 102쪽 참조). 이에 『통속민권론(通俗民權論)』과 『통속국권론(通俗國權論)』이 1888년 동시에 출판되며 후쿠자와의 국권 중시 논리가 천명되었다.

11) 유길준은 중국과의 조공관계라는 현실과 만국공법이라는 보편적인 근대적 국제법 관계에 대한 기대 사이에서 '양절체제(兩截體制)'라는 개념을 제시했다. 두 측면이 두 개로 접혀 있다는 말로서, 조선과 중국이 조공관계이지만 각기 근대적인 국제법 관계를 공유하는 특수한 관계에 있으며, 조선은 중국의 속국이 아닌 독립국임을 주장했다(김용구, 『만국공법』(소화, 2008), 156~159쪽 참조].

주지하듯이 개화파는 일본이 서양문명의 장점을 학습하여 백성을 계몽시키고 문명개화를 이루어 부강을 성취한 모델을 적극 채택하여 조선도 근대국민국가를 형성해야 한다고 생각했다. 그들은 일본 계몽사상의 영향을 직접적으로 받으며 문명의 보편성을 믿게 되었고 '국민' 형성과 국민의 정치적 동원을 위해 개인의 권리를 인정해야 함을 인식했다. 공리주의적 경향에서 백성의 자유가 결과적으로 나라와 백성에게 평화와 부를 가져다줄 것이라 믿었다.

국가의 자주독립이라는 과제의 절박함이 개인의 자유와 독립성을 요청했으므로, 자연히 개인의 자유와 국가의 자주독립은 불가분하게 연결될 수밖에 없었다. 개화지식인들은 개인과 국가이익의 일체성을 전제하는 유가적 시각으로 민주주의를 이해했으므로, 조화를 추구하는 개인과 그 연장선상의 가족, 사회, 국가가 연결되는 유기체적이고 유가적인 공동체관을 견지한 모습을 읽을 수 있다.

1880년대 개화파 지식인의 자유와 권리에 대한 인식은 초보적이었음에도 이들은 앞서나간 일본을 통해서 서양을 학습하고 근대 자유주의사상을 수용했기 때문에 그 기본 내용을 빠르게 이해할 수 있었다. 후에는 일본에 수용된 여러 자유주의 유파의 영향을 받아 지식이 확대되었지만, 1880년대에는 후쿠자와 유키치의 영향을 가장 많이 받았음은 틀림없다.

1884년의 '갑신정강' 중에서 문벌 폐지, 인민평등의 권의 제정, 군주권한의 제한을 모색한 점이나, 1894년 갑오개혁 시 추진되었던 사회신분제도와 양반특권의 폐지, 노비와 천민의 해방, 인신 매매 금지, 천민의 면천 허용, 연좌제를 시행하지 말 것, 과부의 재가는 귀천을 막론하고 그 자유에 맡길 것을 규정한 신분제 개혁은 신명의 자유와 평등을 추구한 것으로, 자유주의 수용의 획기적 의의라고 인정할 수 있을 것이다. 신분제 폐지와 천민해방 등은 실학파에 의해서도 제기된 바 있지만 이때의 개혁은 자유평등한 권리의식에서 추진되었고, 갑오개혁 시에는 비록 일본 세력의 지지하에 진행되었다는 곡절이 있지만 이를 정부가 공포하고 실행에 옮겼다는 점에서 중요한 의미가 있다고 생각된다.

19세기 말 동아시아 지식층은 군민공치와 군민동치를 같은 개념으로 보았고, 군주의 전제를 막고 민이 통치에 참여하는 정치체제 건립에 공감했다. 혁명에 의한 공화제 시행이 아닌 한, 군주제를 유지하면서 전제를 막는 체제는 입헌군주정이고 이는 군민공치(동치)와 같다. 그러나 군민공치(동치)가 모두 입헌군주정인 것은 아니다. 군주정에 민이 참여하는 방법은 여러 가지가 있겠으나, 헌법을 제정하여 군주의 권한을 그 안으로 제한시키지 않는다면 자유주의적인 체제는 아닐 것이다. 또한 일본, 중국, 조선에서 모두 군민공치 지향이 나타났는데, 여기서의 '민'이 반드시 '인민' 일반을 지칭한다고 보기는 어렵다.

'민'은 물론 관념적으로는 모든 사람을 다 포함하지만, 유교문명권의 개념에서는 민을 관리에 대비되는 존재로 본다. 자유민권운동 시기 일본에서는 사족(士族)이 중심이 되어 지주, 상인 등과 함께 유사(有司, 관리)의 전제를 비판했다. 중국의 지식층인 신사층(紳士層)은 정치 참여를 지향하며 민권사상을 근거로 국회설립운동을 펼쳤다. 그런데 이들은 모든 일반 민의 정치 참여를 상정하지 않았다. 명확한 기록은 없지만 조선에서도 마찬가지로 군민공치의 한쪽 주체가 될 민으로 식자층을 상정했을 수 있고, 심지어 군주 1인 전제가 아닌 내각의 실질적 권한확대를 통한 고관들의 통치를 의미했을 수도 있다. 조선의 지식인들 역시 민주정을 할 여건이 준비되지 않았다고 생각하며 일반 민의 참정에 관해서 훗날의 일로 미루는 모습을 보였던 것이다.

그럼에도 유길준은 나라의 정령과 법률은 대중의 공론으로 정해야 한다거나 인민이 관리천거권과 직무감찰권을 가져야 한다고 제시했다. 또한 일체의 대권을 군주 1인이 독단하지 못하며 의정, 행정, 사법으로 분장된 입헌군주제를 염두에 두고 논의를 전개했다. 군주의 권세에 한계를 설정한다는 것은 당시로서는 급진개화적 논리였고, 자유주의사상이 적극적으로 반영된 것이라 볼 수 있다.

유길준도 참여한 갑오개혁 이후 개화파정권은 군주권을 제한하기 위한 시도로써 행정부로부터 독립된 입법기구의 설치를 추진했다. 1894년 갑오개혁 시에는 개혁법령을 제정하기 위해 설치한 군국기무처를 행정부로부터 독립된 입법기구로 만들고자 했으나 고종이 거부했다. 그 이후 일본공사 이노우에 가오루(井上馨)가 부임하여 고종에게 제시한 '내정개혁 20조'에 의해 의정부를 내각으로 개칭하고 총리대신과 국무대신들만 참석하는(국왕은 참석할 수 없음) 내각회의가 국정을 논하고 칙령과 법률안을 제안하여 상주하는 방식으로 군권제한을 추진했다. 개화파는 입헌군주제를 지향했지만, 아직은 그럴 여건이 안 되었으므로 내각의 권한을 확대하여 군권을 제한하는 식의 '군민공치'를 실행하고자 했는데, 사실 일본의 영향력하에 진행된 일이었다. 그러나 고종과 내각 사이의 갈등이 고조하는 가운데 을미사변과 아관파천이 일어나 개화파정권은 무너졌다.[12]

19세기 후반 동아시아에서 프리덤이나 리버티의 번역어로 중국에서는 '자유'보다 '자주'가 선호되었고, 일본에서도 '자유라는 말은 나쁜 말'이라는 부정적 인식이 있었음을 앞에서 살펴보았다.[13] 그러나 조선이 자유주의 개념을 수용한 1880~1890년대에는 일본에서 이미 '자유'란 말이 크게 유행하고 있었고, 정치적 위기상황 속에서 자유가 자주독립에 필수적인 것으로 제시되었기 때문에 국가의 자유에 관해서는 자주라는 표현이 자주 사용되었지만 중국이나 일본에 비해 조선에서는 '자유'라는 용어가 배척받지 않고 정착했다.

불과 수년 후이지만, 1890년대 독립협회운동 단계에서는 어떠한 변화가 있었을까? 주지하듯이 독립협회운동에서는 서재필과 윤치호의 구미 체류 경력

---

12) 박찬승, 「공화」, 이경구 외 지음, 『한국의 근현대, 개념으로 읽다』(푸른역사, 2016), 124~126쪽.
13) 야나부 아키라, 『번역어 성립 사정』, 170~181쪽.

과 선교사들과의 관계 등을 통해 구미의 자유주의를 직접 이해하고 수용한 다음 이를 적극적으로 소개하며 한국에 정착시키기 위해 노력했다. 초기 개화파의 자유주의가 다분히 관념적이었다면 독립협회의 자유주의는 보다 구체적·실천적 적극성을 가지고 이념을 선전하는 동시에 실천방안을 제시하면서 '운동'을 도모한 점이 주목된다. 일본을 통해 서구 자유주의를 이해한 초기 개화파의 자유주의와 독립협회 시기의 자유주의는 과연 어떤 차이가 있는지 알아보자.

2. ≪독립신문≫에 나타난 자유와 권리의식: 서재필과 윤치호를 중심으로

서재필과 윤치호 등 독립협회파도 초기 개화파와 마찬가지로 근대국민국가의 형성과 발전의 필요에서 인권에 관심을 두고 개인의 자주와 그 독립성을 국가의 자주독립과 연결시켰다. 서재필은 ≪독립신문(獨立新聞)≫을 발행하면서 위기에 처한 나라를 살리기 위한 근대국가의 설립에는 국민의 역할이 중요하므로 국민을 계몽하여 나라의 주인노릇을 하도록 해야 한다는 강력한 동기를 가지고 있었다.[14] 조선 사람들의 가장 심각한 병폐가 남에게 의지하여 살려는 마음과 생활태도라 지적하며, 이것이 협잡, 청탁 등 병폐와 직결됨을 비판했다. 사람들이 자주독립의 의지가 없다는 것이다(≪독립신문≫, 1896년 12

---

14) ≪독립신문≫은 갑오개혁 시기 김홍집 내각의 내무부장관 유길준의 권유로 1896년 4월에 서재필이 창간했고 그가 1898년 5월까지 신문사를 이끌었다. ≪독립신문≫이라는 제호와 신문의 한글 전용 결정에는 서재필의 의지가 반영되었으며, 신문의 발간은 나라의 독립과 국민의 계몽을 목적으로 했다. 서재필 재임기간의 사설은 모두 주필 서재필이 쓴 것으로 짐작되지만, 독립신문의 입장에서 기술했다. 1898년 5월 이후부터는 윤치호가 발행을 맡았다. 독립협회는 '독립문 건립과 독립공원 건설 관련 사무 관장'을 취지로 1896년 7월에 창립했는데 이상재(李商在) 같은 활동가 이외에 이완용(李完用)이나 안경수(安駉壽), 윤치호 같은 고관들도 참여했다.

월 8일 자. 이하 연월일로만 표시함). 또 "국(國) 중에 놀고먹는 사람이 10분의 9요, 도적과 협잡배가 한량없고, 법률과 규칙이 서지 아니하여"라며 개탄하고 있기도 하다(1898년 3월 3일 자). 이러한 병폐는 '대한인민이 인민의 직분을 다하지 못하는 까닭'인데, 백성들의 이러한 태도는 나라의 운명과 직결된다.

1898년 3월 26일 자 사설에서는 열강 각국이 대한에 대해 촉각을 세우고 자국의 이해를 도모하는 상황에서 '대한인민의 직무가 대단히 무겁고 크니 ······ 그 직분을 모를 것 같으면 진실로 통곡한 일이라' 했다. 「세계는 여러 집이 사는 동리」(1899년 4월 20일 자)라는 사설에서는 "또 대한이 여러 나라 중에 제일 가난하고 제일 약한 중, 인민이 열리지 못하여 소견들이 좁고 ······"라며 지적하고 있다. 이와 같이 무기력한 국민들을 깨워 주인의식을 가지고 책임감 있게 역할을 하도록 계몽해야 했던 것이다.

1) 인권과 민권

≪독립신문≫은 초기 개화파보다 더 적극적으로 국가의 주인이 국민 개개인이고 국가의 운명은 개개 국민의 책임에 달렸음을 강조하며 근대국민국가 의식을 고취했다. ≪독립신문≫의 가장 중요한 역사적 공헌은 '누가 나라의 주인인가?'라는 질문에 직설적으로 답한 것이다. 즉 '인민이 나라의 근본이고 나라의 주인으로서 권리를 가지고 있다'는 민권론을 제기한 것이다. 나아가 '관인은 월급을 주고 고용한 사환인데 사환이 상전이 되고 정작 주인은 노예가 되어 인민의 생명과 재산을 빼앗았으니, 인민은 이제 주인의 권리를 되찾아야 한다'고 선포했다(1898년 11월 16일 자).

그러면 인민이 나라의 주인이라는 근거는 무엇인가? ≪독립신문≫도 '천생의 권리와 사람마다 가진 자유권'이라 하며 천부인권에 기반하여 개인의 권리인 자유권과 평등권을 제창했다. '백성마다 얼마큼의 하나님이 주신 권리가 있는데 그 권리는 아무라도 **빼앗지** 못하는 권리'라 했다(1897년 3월 9일 자).
"천생의 권리", "하늘이 주신 권리"(1899년 1월 10일 자)라는 표현에서 나타나
듯, 하늘이 내린 보편적 권리로서 인권이 제시되었기에 이러한 새로운 권리의
개념이 저항을 받지 않고 용이하게 받아들여졌을 것으로 보인다.

　이 시기 ≪제국신문(帝國新聞)≫에서도 미국「독립선언」에 천명된 생명과
자유와 재산이라는 천부불가양(天賦不可讓)의 권리를 인용하면서 자유와 권리
의 개념을 설명했다. ≪황성신문(皇城新聞)≫ 역시 자유권은 하늘이 균등하게
부여하고 모든 사람이 함께 얻는 것이며, 사람의 권리를 박탈하는 자는 하늘
을 거역하는 것이고 또 권리를 양도하는 자는 하늘을 망각하는 것이라며 천부
인권을 강조했다(≪황성신문≫, 1898년 2월 17일 자). 권리사상이란 자타의 권
리를 존중하는 사상이므로 타인의 권리를 침해할 수 없고 자신의 권리가 침해
당하면 즉시 이를 회복해야 한다(≪황성신문≫, 1900년 5월 7일 자). 권리를 박
탈하는 자나 양도하는 자나 모두 하늘을 거역하는 것으로 제시된 만큼 권리는
침해해서도 안 되고 침해당해서도 안 되는 것이다. 그 이후 한말에도 '인생의
대죄악은 자유를 버리는 데 있다'는 량치차오의 논설이 여러 신문과 잡지에
반복적으로 소개, 인용되면서 자유를 버리는 일은 하늘로부터 받은 것을 버리
는 것으로 하늘에 죄를 짓는 것이라는 천부권리 관념을 각인시켰다.[15]

　≪독립신문≫에서는 민권이 문명세계의 보편적 개념임을 강조하며, "나라
에 법률과 규칙, 장정을 세워서 사람의 권리를 정하고, 사람마다 가진 권리를

---

15) 량치차오의 『음빙실자유서』는 1908년에 번역·출판되었는데 1906년에 중문본 광고가 ≪황
　성신문≫에 실린 것으로 보아 1908년 이전부터 식자층에 량치차오의 논설이 상당히 잘 알
　려져 있었을 것으로 추정된다(노관범, 「〈음빙실자유서〉 일독법: 한국 사상사에서 보는 량치
　차오」, 량치차오, 『음빙실자유서』, 438, 455쪽). 예컨대 설태희(1906)와 이진하(1906)는 중
　문본을 읽고 '인생의 대죄악은 자유를 버리는 것'이라 썼으며 여병현(1908)의 글 등에서도
　이 글귀가 자주 인용되었다. 량치차오도 사실 천부인권설을 그대로 믿고 수용했다고 볼 수
　는 없는데 루소사상에 크게 주목하여 중시했고 그에 근거한 입론을 폈다. 그러나 블룬칠리
　의 국가주의 학설 쪽으로 점차 경도해 갔음은 앞에서 살펴보았다.

남에게 빼앗기지 않게 해야 한다"라고 주장했다(1897년 3월 18일 자). 또 "나라가 자주독립하려면 먼저 이러한 백성의 권리부터 보호할 생각들을 할 것"을 설파했다(1897년 3월 9일 자). 개인의 입장에서도 권리를 지켜야 하고, 나라 자체에서도 민권을 보호하는 제도를 만들어야 한다는 것이다.

사람마다 천부의 자유권을 평등하게 가지고 있으므로 부당한 봉건적 구속으로부터 사람들을 해방시켜야 한다는 논리는 신분제의 폐지와 남녀평등이 이루어져야 한다는 주장으로 직결되었다. 이에 따라 양반제도를 철폐하고 평등권에 기초한 개인능력 중심의 사회적 관계로 재조정할 것을 촉구했다. 특히 양반사회의 폐단이 능력을 평가할 생각 없이 친척이나 친지를 관직사회에 끌어들여 무능하고 부패를 일삼는 풍조를 만들었다고 보아, 양반제도를 조선사회의 병폐로 보고 귀천빈부를 차별하지 말 것을 누누이 언급했다. 기독교적 창조론과 음양의 조화론을 근거로 남녀동등을 논한 것은 동서양 사상의 융합을 보여준다. 또한 봉건적 억압으로부터 개인을 해방하고자 천부인권으로서의 자유와 평등권을 주장한 것은 근대 부르주아사회 형성의 사상적 실마리를 제공해 주었다고 볼 수 있다.

우선 라이트를 권리로 일관되게 번역한 점을 주목할 필요가 있다. 1880년대에 후쿠자와가 이미 라이트의 번역어로서 권리를 택했음에도, 자기의 권세와 이익을 주장한다는 개념으로 인해 권리의 사용을 망설이며 군주와 민이 각자 자기의 직분에 충실함을 의미하는 통의(通義, 通儀), 권리(權理)를 사용했던 유교적 지식인들인 초기 개화파와 비교하면 큰 변화이다. 미국에서 서양식 교육의 세례를 충분히 받은 서재필의 경우에는 인간이 자신의 이익을 추구하는 것이 당연한 일로 받아들여졌다. 권리 주장에 대한 거부감이 사라진 셈이다. 그는 천부인권으로 표현된 권리 개념을 바탕으로 생명, 자유, 재산에 관한 권리를 제시하며 '조선인민의 목숨과 재산과 자유권이 튼튼하게 보전되기를 죽는 날까지 빌 터'라고 천명했다(1897년 1월 19일 자).

≪독립신문≫에도 개인의 권리인 인권이라는 말보다 먼저 민권이라는 말이 사용되었다. 'droit civil'이 민권으로 번역되었고, 국권과 한 짝을 이루며 쓰였다. 민권은 일본에서 자유민권운동의 풍파를 일으킨 핵심 개념이었는데, 한말에도 인권보다 민권이 주로 확산된 것이다. ≪제국신문≫에서 "…… 민권이 즉 국권이라 하는 말을 밝히 알아들을지라"라거나 ≪독립신문≫에서 "자유니 민권이니 하는 말도 모르고 ……"라고 한 예에서 보이듯이, 자유와 권리를 자유와 민권이라는 어휘로 대체하여 사용하고 있다.

≪독립신문≫에는 'people's right'가 아닌 'individual right'의 개념으로, 즉 민권이 자의적 권력으로부터 보호되어야 할 개인의 권리 개념으로 제시되었음에도 재산과 생명을 지키기 위해 '민권'이 성해야 한다며 여전히 '민권'이 사용된 것이다(1896년 10월 6일 자). 이것은 일본과 중국의 영향도 무시할 수 없겠지만, 무엇보다 아직 '개인'이라는 관념이 확립되지 않았고 더욱이 개개인의 권리라는 개념은 생각조차 할 수 없었기 때문에 집단으로서 백성의 권리라는 개념인 민권이 보편적으로 사용된 것이다. 관[또는 군(君)]에 대비되는 민은 익숙한 관념이며, 특권세력의 권력독점에 반대하는 지식인 입장에서 자신들을 집단적으로 민으로 간주했다고 볼 수 있다. 백성들 사이에서 일어날 수 있는 이해의 갈등은 상정되지 않은 상태이다.

민권옹호론은 개별 인권보다 국권의 확보와 유지를 위한 '동원'이라는 관점에서 인정된 집합적 개념의 '민권'이었다. 정치공동체에 대한 책임을 자각케 하려는 목적에서 민권의 제기가 개인 차원이 아니라 '시민권' 차원으로 전개되었다. "백성의 권리가 아무쪼록 더 생기도록 힘써 서양제국이 대한에 대하여 만국공법을 시행하기 싫어도 억지로 좀 시행하도록 만들어 봅시다"라고 하며 백성의 권리를 신장하면 국권이 신장되고 만국공법도 시행되리라 기대하는 논리를 폈다. 그만큼 민권의 신장이 국권의 신장과 직결된다고 믿었던 것이다. 그러나 민권이라는 용어를 사용하면서도 '사람마다', '백성마다' 가진 권리라 함으로써 집단이 아닌 개인이 가진 권리를 상정했음을 알 수 있다. 아직 개인이라는 용어를 사용하지 않았지만 개인과 통할 수 있는 '자기'가 ≪독립신문≫에 천 번 넘게 사용되었고, 백성의 생명과 재산의 보호를 강조하되 지나친 자유와 민권을 경계한 것은 개인의 권리에 대한 논의가 구체화되고 있었음을 보여준다.16)

≪독립신문≫은 '권리'라는 용어를 '법이 인정한 활동이나 특정 이익을 주장할 수 있는 법률상의 능력'이라는 개념으로 사용했다. 법의 목적은 "사람마다 가진 권리를 남에게 뺏기지 않게 하고, 또 남의 권리를 아무나 빼앗지 못하게 하기 위함"(1897년 3월 18일 자)이라 설명했다. 이는 이해공동체로서의 한 덩어리의 백성이 아닌 서로 갈등하는 개인 관념을 표현한 것으로서, 자유주의에 대한 이해가 한 단계 더 심화되었음을 보여준다.

개인자유권의 신장과 확보는 사회적 관습 및 봉건적 신분제도에서의 해방과 관련된 문제로 거론되었다. 백성이 가진 기본적 권리 내용으로서 생명·자유·재산권이 제시되었는데 특히 재산(재물)의 권리를 강조한 점에 주목해야 할 것이다. "인민의 생명과 재산에 대한 일은 어디까지든지 보호"해야 한다며, 자의적 수탈과 인신지배에 반대하고 인민의 인권과 신체에 대한 자유를 요구했다. 재산권 보호를 정부의 큰 임무로서 중시했고, 개인의 자유독립을 위해서는 법률과 장정을 엄히 규정함으로써 협잡과 권세로 남의 재산과 돈을 빼앗지 못하게 해야 한다고 강조했다. 생명과 재산에 대한 자유권 주장은 양반과 관료의 전제적 수탈, 수취로부터 인민을 보호하기 위한 방어적 성격을 가진다. 정치·사회적 구속으로부터의 해방과 인민의 생명과 재산의 보호는 동전의 양면과 같았다고 할 수 있다.

≪독립신문≫은 정부가 인민의 생명과 재산권 보호를 위해 엄격한 법 집행

---

16) 이헌창, 『경제·경제학』, 215쪽.

등을 통해 인권을 침해하지 못하도록 조처를 취해야 함을 주장하는 한편, 백성들이 스스로 벌어먹고 살아야 한다는 경제적 자립과 자조(自助)의 의의를 신문 발간 초기부터 중시했다. 경제적 독립성 없이는 자신의 자유를 지킬 수 없거니와 인민들의 자립의지 없이는 어떤 권리를 부여한다 해도 독립할 수 없고 주체적 국민으로서 국가를 위해 기여할 수도 없다고 본 것이다.

신체와 재산의 자유권 개념에 대한 강조는 자본주의체제 지향과 관련이 있을 뿐 아니라, 인간의 욕망을 인정하고 이익을 추구하고 사유재산권을 보장하려는 자유주의적 지향의 중요한 일면을 받아들인 것이다. 다른 한편 교역이 증대되면서 미약하나마 자본주의적 성장을 이룬 세력이 등장했던 현실을 반영하고 있기도 하다. 상업적 이익의 추구를 백안시하던 전통 시대 사고방식으로부터 큰 전환을 했음에 틀림없다. 이익 개념이 승화되며 권리(權利)라는 번역어 사용도 확대되었다. 사적 이익을 추구하는 의미의 권리와 라이트가 근접하게 되었다.

박영효도 '일신의 안락함과 자유, 개인 소유의 재물은 인생의 대의(大義)이며, 그것을 위해 사람들이 자유를 보호하려 할 것이다'라고 했다. 개화파 지식인들이 상업과 통상교역을 중시한 것은 천시되던 상업에 대해 새로운 관념이 형성되었음을 보여준다. 그런데 이익과 행복의 자유로운 추구를 긍정하면서 이익과 행복의 추구가 '인생의 대의'라는 의(義) 개념을 이익에 덧입혀 상업적 이윤 개념의 이익을 도덕적 가치로 승화했던 점에 주목하고 싶다. 쾌락이 모든 도덕의 기초가 되고 사람들의 안전과 편리가 정부의 기초가 된다는 공리주의계약론의 사고를 반영한 것이다. 실리와 도덕이 일치하는 자유주의라 말할 수 있다.

이 시기 개인의 자유관념의 수용은 곧 신분질서에 기초한 구체제의 혁신을 위한 필요조건일 뿐 아니라 새로운 '근대적' 정치사회 변혁의 사상적 전제조건이라 할 수 있다. ≪독립신문≫은 생명권, 재산권과 함께 자유권을 하늘로부터 부여받은 백성들의 권리, 즉 기본 인권으로 제시했다. 고문 폐지나 죄형 법정주의 등 재판과 관련된 제안들도 신체에 대한 자유권을 보호하기 위한 것 이었다. 생명권과 재산권은 모두 신체와 자신의 노동에 대한 소유권 및 자유 권과 연관되어 있으므로 궁극적으로 이러한 인권을 보호하기 위한 계몽에 대 해 고심했다고 할 수 있다.

그러나 "자유라 하는 것은 우리 마음에 있는 욕심대로 하는 것이 아니요, 욕심을 능히 제어하여 좋은 일이 아니면 하지 아니하는 것이 실상 자유의 본 의라"라고 하며 자유에 대한 경계도 놓치지 않았다. 특히 "내 마음대로 자유 를 하되 …… 법률에 어긋나거든 …… 법률에 어기는 일은 하지 말고"(1897년 2월 18일 자)라 하며 법률 내에서의 자유를 강조했다. 자유의 권리는 법률의 제한 속에서 주어지므로 법이 허용하는 범위에서 자유를 제한하고자 했던 것 이다. 문제는 어느 정도의 자유를 허용하며, 자유의 적용이 얼마나 공정한가 이다.

서구의 자연권이론에서도 자유에 대한 제한은 당연한 것이었다. 로크는 "자유는 자신이 지켜야 할 법이 허용하는 범위 안에서 …… 자기 행위와 재산 과 기타 모든 소유를 자기가 원하는 대로 처리하며 …… 다른 사람의 자의적 의지에 복종치 않고 자유롭게 자신의 의지에 따르는 것"이라 했다.[17] 로크는 사회계약 이전의 자연상태에서도 자연법의 구속을 받았다고 보았다. 이는 사 회상태에서 이성인 법에 복종하는 것과 마찬가지로, 이성의 지배하에서 자유 를 행사하는 것이라 할 수 있다. 밀은 "자유라 불릴 만한 가치가 있는 유일한 자유는 다른 사람의 행복을 빼앗으려 하지 않고 행복을 얻으려는 다른 사람의 노력을 방해하지 않는 한도 안에서 우리들이 좋아하는 방식으로 우리들 자신 이 행복을 추구하는 자유"라고 서술하기도 했다.[18]

---

17) 정용화, 「서구 인권 사상의 수용과 전개: 〈독립신문〉을 중심으로」, 75쪽 재인용.

≪독립신문≫에서는 자유인을 자주인·자립인·독립인의 의미로 이해하며, 자신이 판단하고 자신의 힘으로 벌어먹고 사는(자조) 사람이라 규정했다. 경제적으로 자조, 자립할 능력이 없으면 진정한 자유를 기대할 수 없다고 강조한 것이다. ≪독립신문≫은 국민에 대한 계몽의 취지가 강했기 때문에 국가차원의 자주독립보다 개인 차원의 자주독립을 더 빈번히 비중 있게 다루었고,[19] 백성들이 의존적 삶의 방식을 벗어나 자조하며 자유독립적 개인으로 환골탈태할 것을 촉구했다.

≪독립신문≫은 또 언론(출판), 집회, 결사의 자유권도 천부인권 차원으로 이해하고(천생권리) 공론을 형성하는 문제의 중요성을 제시했다. 언론과 집회의 자유는 인민이 자유권을 스스로 주장할 수 있는 사회적 수단으로서 보다 적극적인 자유라 할 수 있다.

2) 법치의 중시

≪독립신문≫은 창간 초부터 인민의 생명, 재산과 자유의 권리를 보호하기 위해 정당한 법률과 공평한 재판을 중시하며 '공평'과 '법치'를 강조했다. 권리를 다 빼앗기고 노예 형편에 처한 백성들이 어떻게 주인으로서의 권리를 되찾을 수 있는가? 재판을 잘 하는 것이 나라의 근본이라고 주장한 논설을 살펴보자. 거기에서는 "법률이라 하는 것은 상하, 귀천, 빈부, (세력) 유무를 상관치 아니하고, 공평 이 글자만 가지고 재판을 하는 까닭에 사람이 가난하고 권세가 없고 지위가 낮더라도 법을 범치 않고 옳은 일만 하면 세상에 두려워할 사람이 없고 남에게 압제받을 묘리가 없는지라"(1896년 7월 14일 자)라며 법 집

---

18) 정용화, 위의 글, 75쪽 재인용.
19) 이나미, 『한국 자유주의의 기원』(책세상, 2001), 49쪽.

행의 기본 정신과 원칙을 천명했다. 그러나 "열리지 못한 나라에서는 사람이 권리만 있으면 나라 법률을 자기에게 편하고 이롭도록 시행을 하는 고로 혹 옳은 일이 그르게 되고 그른 일을 옳게도 만드는 법이 있는지라"라고 하며, 조선의 현실은 "법은 둘째가 되고 권리가 제일이더니 ……"라고 비판했다. 여기서 '권리'는 권세(power)와 같은 뜻으로 쓰였다. '권리를 다 빼앗기고'라 할 때는 라이트의 뜻으로 쓰였는데, 혼용되고 있음을 알 수 있다.

《독립신문》에서는 "정부로 하여금 백성의 권리를 침범치 못하게 하는 일"(1898년 8월 4일 자)이 급선무라고 제기했는데, 정부의 자의적 권리침해로부터 백성을 보호하기 위해서는 무엇보다 법치가 확립되어야 했고, 현실적으로는 양반들의 횡포를 막아야 했다. 예컨대 부당한 잡세징수에 대해 호소했다는 괘씸죄로 벌을 주는 등 양반이나 관부의 자의적인 행패에 당할 수밖에 없는 백성의 처지를 고발하며(1897년 3월 16일 자 논설) 이렇게 백성을 만만하게 보고 심하게 대접하면 나라 안에 화를 부를 것이라고 경고했다.

양반들의 자의적 사형(私刑)을 비판했을 뿐 아니라, 김홍집 내각의 사법개혁으로 2심재판제도 등 근대적 사법제도가 출범했지만 여전히 자행되던 전근대적 고문과 불공정한 재판을 고발했다. 근대식으로 설립한 재판소도 (양반의 편에 서서) '백성의 가죽과 살이 다 없어지고 뼈가 드러나도록 때리고 …… 다시 데려다가 태형을 가하는' 실태라며 참혹한 고문 현실을 '백성의 가죽을 벗긴다'는 표현으로 비판했다(1897년 4월 27일 자). 죄가 있으면 징역을 시키거나 사형을 할 수 있으나 이런 고문은 폐지되어야 한다는 것이다. 또 이른바 '고등재판소라는 상급 법정이 설립되었지만 조선의 형조나 포청에서 하던 행태와 다르지 않은 모양새이고 청탁과 뇌물이 물처럼 흘러간다'고 고발했다. 지금의 고등재판소는 "죄 있는 사람도 세력이 있다든지 돈이 있으면 고등재판소를 사는 권리가 있고" 죄가 없는데 원통한 일을 당하는 사람은 호소할 데가 없다고도 비판했다(1897년 6월 15일 자 논설). 결국 "전국 인민을 법률로 보호하는 아문이요 …… 인민의 재산을 보호하는 본의로……"(1898년 6월 2일 자)라며 고등재판소가 민사재판을 담당하도록 주장하여 관철시킨 결과를 이루어 냈다.

또한 민권은 누구든지 평등하게 가져야 하고 법률에 따라 보장되는 권리라 강조했다. 서재필은 공평한 법률과 재판의 중요성을 실현하도록 사법제도를 개혁하고자 하는 노력이 민권신장의 관건이라 파악했다. 권리는 양반의 전유물이 아니라며 보통 사람인 인민들의 '천생권리', '사람마다 다 가지는 자유권'이라고 천부인권사상을 소개한 것은 평등의식을 고양하는 계기가 되었다.

≪독립신문≫은 올바른 법률과 장정 집행의 중요성 및 공정한 형벌과 형정에 관해 거듭 강조하여 일반 백성의 자유권이 권력의 횡포에 침해당하는 보편적 현실을 시정하려면 법치가 제대로 이루어지는 것이 최급선무라고 인식하고 있었다. '군주에 대한 충성은 군주가 반포한 칙령과 장정을 지키고 그대로 시행하는 것'이라며 정부법률을 지키는 자야말로 충신이라고 거듭 강조했다(1896년 4월 11일 자). 반대로 재판 없이 형벌을 가한다든지 멋대로 사형(私刑)을 가하는 자는 법률을 멸시하는 나라의 역적이고 인민의 원수와 같다고 비판했다(1897년 12월 11일 자).

독립협회는 정부에 대해 인민의 생명과 재산을 보호하는 기초를 세우기 위해 몇 가지 약조를 해달라고 제시했다. 무단히 사람을 잡거나 구류하지 말며 잡으려면 그 사람의 죄목을 분명히 써서 그 사람에게 보여야 한다거나 피의자가 잡힌 후 24시간 내에 법관에게 넘겨서 재판을 청해야 한다는 것이었다(1898년 8월 4일 자). 이와 같이 피의자를 보호하는 무죄추정원칙은 '아직 죄의 유무를 모르는데 어찌 죄인이라 하며, 또 만일 그 사람한테 튼튼하게 보증 서는 사람이 있으면 집에 돌아가게 하고 그 사람이 재판하는 날 재판소로 오게 하는 법이 있는지라'고 설명되며 불구속 수사의 당위성을 설파하기도 했다. 그 당시 양반들이 지체 낮은 사람들을 잡아다가 가두고 사형을 가하거나, 재판에 넘겨진다 해도 증거를 엄격히 따지거나 형법에 따라 판결하는 것조차 지켜지지 않았으며, 사적인 인연에 따라 자의적으로 판결이 내려지는 일이 비일 비재했다. 그러한 조선의 현실에서 《독립신문》이 제기한 죄형법정(법률)주의, 무죄 추정과 불구속 수사의 원칙, 죄형개인주의, 영장제도, 공개재판, 판결증거주의, 일사부재리 주장(1898년 8월 4일 자, 1899년 10월 11일 자)은 법치에 관한 인식의 전환을 가져오고도 남을 일이었다. 또한 갑오개혁을 통해 폐지되었던 연좌제가 공적으로는 실행되지 않아도 가족의 영역에서 여전히 행해지고 있는 현실도 고발했다.[20]

재판에 의한 처벌은 생명의 위협을 수반하므로 생명권과 재산권 보호에서 관건이 되는 문제인데 조선의 실정은 그것이 자의적으로 행해지며 인권이 무참히 짓밟히고 있었다. 이에 자유와 권리를 보호하기 위한 법적·제도적 장치를 거듭 강조했던 것이다. 재판 문제는 기본적 인권 보호의 척도이기에 이와 관련한 현실을 비판하고 법치와 공정한 사법질서를 세우는 문제를 다룬 논설이 당시 《독립신문》에 눈에 띄게 많았던 이유이다. 박영효도 앞에서 살펴본 상소문에서 법치주의를 강조하며 증거주의, 고문 금지, 사형(私刑) 금지 등을 제시하고 사법권 분립을 제기했다. 당시 지식인들에게 이 문제가 얼마나 중요하게 여겨졌으며, 당시 조선의 사법 실태가 얼마나 자의적으로 잔혹했는지 알 수 있다.

이전의 관념적이었던 자유에 대한 주장이 다분히 내적 능력을 키우는 데 치중했다면, 《독립신문》이 발행된 1890년대 후반 독립협회의 활동은 자유주의사상의 객관적 실체에 보다 근접한 듯하다. 법치와 입헌주의가 개인의 자유를 보장하기 위한 제도적 원리라 볼 때, 법치주의의 고양은 자유주의사상 확산의 중요한 한 축이라 할 수 있다. 문명국이란 "법률과 장정과 …… 공평하

---

20) 갑신정변의 실패로 처형된 홍영식의 조카딸이 역적의 조카라는 이유로 인권이 짓밟힌 사례를 들어 연좌제를 고발했다. 개혁적 개화파가 밀려나고 온건 개화파가 세력을 잡았던 1890년대 말경 다시 연좌제와 도륙법을 부활하려는 움직임이 있었다.

고, 사람마다 자유권이 있으며"(1899년 2월 23일 자)라고 하며, 반드시 지향해 나가야 할 문명화의 핵심지표로서 공평한 법 집행과 자유권을 제시한 것이다.

3) 참정권과 민주주의: 관민공동회와 만민공동회

≪독립신문≫은 인민이 나라의 주인이라고 천명했다. 그러나 결코 인민주권론의 의미는 아니었고 모든 권한이 군주에게 주어진 군주주권론에 가까웠으며, 인민은 나라의 중요 구성요소로서 군주에게 복종하고 충성해야 한다고 보았다. 따라서 민중의 계몽과 교육이 매우 중시되었고 인민참정 문제가 거론되기도 했다. 그러나 참정권이 보편적 인권이라 주장하면서도 실제 적용대상은 제한적이었고 실행에 대해서는 매우 유보적이었다. 혁명이나 민중의 무력행사에 반대했고, 정치 참여도 현명하고 박력 있는 '개화파' 같은 지식인을 중심으로 고려했다.

모든 민이 아닌 사회 내 특별한 계급의 민이 참정권의 대상이었고, 민 일반의 정치 참여를 주장하지 않은 것이다. "조선 백성이 민권이 무엇인지 모르므로 함부로 그것을 주어서는 안 된다"(1897년 3월 9일 자)라거나 "…… 우리나라 인민들은 …… 자유니 민권이니 하는 것은 말도 모르고, 혹 말이나 들은 사람은 아무렇게나 하는 것을 자유로 알고 남을 해롭게 하여 자기를 이롭게 하는 것을 권리로 아니 …… 이러한 백성에게 홀연히 민권을 주어서 하의원을 설시(設施)하는 것은 도리어 위태함을"(1898년 7월 27일 자) 초래한다며 다수의 지배를 우려했다. 인민이 참여하는 하원을 구성하는 것은 백성에게 정권을 주는 것과 같으므로 시기상조라 본 것이다.

백성에게 권리를 부여하는 것은 불안한 일이었다. 민권을 주장하는 것이 군권의 약화를 초래할 수 있다는 우려도 자연스러운 일이었다. ≪독립신문≫에서는 "민권이 성한 즉 군권이 반드시 들리리라 하오니 사람의 무식함이 이에서 심함이 있을 것인가"(1898년 10월 25일 자)라고 개탄했다. 개화파 입장에서는 군권을 강화하면서 위로부터의 개화를 추진하고자 했기에 이렇게 말했지만, 수구세력 입장에서는 결국 군권이 약해지고 자신들의 권한이 약화될 것이 명약관화하게 보였다.

민권이 개인의 천부의 권인 생명과 재산권을 의미할 때는 보호의 대상이지만, (보편적) 참정권을 의미할 때는 민권에 반대한 것이다. 자유주의에서의 민권 개념은 본디 모든 개인의 재산, 생명, 자유를 보호하는 것인데, 자유주의 내지는 초기 자유민주주의제에서도 개인은 재산세를 내는 유산자를 의미했고 사회 대다수인 기층 민중의 정치 참여를 배제했다.[21]

결국 ≪독립신문≫은 '자유'를 주장했지만 '민주'는 억제하는 자유주의이념에 머물렀다는 평가를 받는다. 독립협회가 추진한 의회개설론, 인민주권론의 주체는 전체 인민이 아니라 신지식인이자 소수의 엘리트였다고 할 수 있다. 그러나 독립협회파는 정치주체로서 인민을 중시하고 '민주'와 자유민권론을 제기하면서, 민권의식을 자각하는 시민층을 육성하기 위해 계몽과 개화에 앞장서고 교육을 통해 시민적 능력과 덕성을 키워서 인민의 참정능력을 제고하고자 노력했다.[22] ≪독립신문≫ 창간 직후에 지방관찰사나 군수 등 지방관에 대한 투표권을 국민에게 부여하자고 제안한 것은(1896년 4월 14일 자, 16일 자) 지역 사정을 잘 아는 지방 차원에서부터 먼저 민주주의를 훈련하고 차츰 확대하려는 생각에서였다고 보인다. 나아가 국민은 정부가 애국, 애민하는 정부

---

21) 인민주권론을 제창한 루소도 인민이 정치적 권리를 가진다고 했지만, 그가 말한 인민은 시민과 애국자만 의미하며 서민은 제외되었다고 보인다. 밀도 선거권 확대를 옹호했지만 일반 노동자의 참여를 제한하고자 했다(정용화, 「서구 인권 사상의 수용과 전개: 〈독립신문〉을 중심으로」, ≪한국정치학회보≫, 37-2(2003), 81쪽 참조).
22) 로크의 자연권이론은 자연법적 한계를 강조하고 권리와 의무의 균형을 모색했다. 자연법은 인간 모두에게 각인된 필연이 아니라 이성에 의해 획득되는 것이고, 그 발전은 인간이 자신의 이성과 자유역량을 얼마나 키우느냐에 달려 있다고 보았다.

인지 아닌지 감독하다가 그렇지 않으면 교체할 권리도 가지고 있다고 주장했다(1898년 3월 3일 자). 국민주권에 입각한 참정권과 혁명권까지도 고취했다고 말할 수 있다.

시민이란 정치적 권리와 의무를 갖는 인민의 새로운 모습, 즉 능동적 시민의식과 국민적 의무감을 지닌 구성원이다. ≪독립신문≫은 개인들이 나라의 주인 역할을 할 수 있도록 계몽하려는 취지가 강했기 때문에 개인 차원의 자주독립을 비중 있게 자주 다루었고, 자연히 개인의 자유와 권리를 중시하는 관점을 보여주었다. 그러나 보편적 인권을 표방했지만 현실에서는 '정치적'으로 제한되어 '개인권'이라기보다 국가 내의 '시민권' 차원으로 수용되었던 것이다.

≪독립신문≫이라는 매체를 통해 서재필과 윤치호는 대중을 상대로 하나의 '이념'으로서 자유주의를 소개하고 전파했다. 자주독립과 문명개화사상을 연계하여 강조함으로써 대중을 계몽하고자 한 것이다. ≪독립신문≫은 교육과 민중계발 등에 힘썼지만 신문만으로 대중의 자유주의와 민주주의적 개혁사상을 고취하기가 곤란하다고 보고 독립협회의 주도하에 토론회와 강연회를 개최했다. 1897년 8월 말부터 모화관을 개조한 독립관에서 매주 토요일마다 개최된 토론회에 수백 명씩 참여했다. 진보를 위해서는 정부비판도 필요하다며 집회와 토론의 중요성을 고취했다. 자유민권, 개화, 산업진흥, 자주독립을 주된 주제로 하여 강연회와 토론을 벌였다.

서재필이 미국으로 돌아간 후 윤치호가 ≪독립신문≫의 발행인이 되었는데 그는 매일 신문을 간행하며 열성적으로 발전시켰다. 1898년 독립협회가 주관한 '만민공동회'나 정부 측 관리도 참여한 '관민공동회'는 윤치호가 회장으로서 박정양(朴定陽) 등 정부고관들과 개혁정치를 위해 협력함으로써 성사될 수 있었던 측면도 있다. 만민공동회는 민의 정치적 참여보다 '동원'을 위한 성격이 강했다고 볼 수 있지만, 주최 측의 의도를 뛰어넘는 광범한 계층의 민중이 '참여'하며 때로는 강한 영향력을 발휘했다.[23] 특히 그해 10월 28일부터 11월 3일까지 종로에서 진행된 관민공동회는 개혁강령인 「헌의6조(獻議六條)」를 채택하고 고종의 재가를 받았다. 여기에는 중추원을 의회식으로 개편하는 내용 등이 포함되어 있는데, 입헌군주제를 지향하는 근대적 정치공동체의 건설이 평민들도 참여한 새로운 공론장에서의 토론을 통해 추구되었다는 사실은 조선에 새바람이 불어온 것이 틀림없다.[24]

「헌의6조」는 국가의 주권 확립과 이권 수호 등 대외적 자주권을 표방했고, 국민의 재산권과 신체의 자유 보장 및 정치 참여 등 대내적 자유민권의 확립, 내각책임행정, 행정근대화와 입헌대의정치 등 근대적 자강개혁을 천명했다. 10월 29일에 결의된 내용을 이튿날인 10월 30일에 고종이 재가했고 중추원 설치, 신문조례 제정, 탐관오리 처단, 민폐사항 처리, 상공학교 설립 등 민중의 요구에 부합하는 「조칙오조(詔勅五條)」를 내렸다. 그리고 11월 4일에 의회식 중추원 관제가 공포되었다. 조선에서 행해진 자유주의운동의 최대 성취라는 역사적 의의를 인정할 수 있을 것이다. 그러나 수구세력의 모함에 고종이 동조하여 독립협회는 혁파되고 의정원 설립은 좌절되었다.[25] 추진된 의정원은 상원의 성격을 가지는 것이어서 민의를 대변하는 기관으로서는 미흡하다

---

23) 1898년 만민공동회는 러시아의 부산 절영도조차를 무산시켰고, 러시아가 지하자원 개발권과 철도부설권을 차지하는 것에 반대하여 러시아의 한반도정책에 영향을 미쳤다. 의정원 설립운동을 추진했으며, 권력을 전횡한 형조판서 조병식(趙秉式)을 해임시키는 등 당시로서는 전대미문의 결집된 여론을 형성하여 정치적 영향력을 발휘했다.

24) 이 시기에 의회개설운동이 일본의 사주를 받은 세력(안경수, 정교 등 소장파)이 황제권을 약화하고 자신들이 권력을 장악하려고 의회개설운동을 추진했다는 연구가 있다[이태진, 「서양 근대 정치제도 수용의 역사적 성찰」, ≪진단학보≫, 84(1997)]. 이것이 사실이라고 해도 광범한 사회세력이 자발적으로 참여하여 개혁추진방안을 채택해 의회제를 결의한 관민공동회의 역사적 의의는 지워지지 않을 것이다.

25) 의회식 중추원 관제가 공포된 날, 조병식 등 수구세력은 독립협회가 왕정을 폐지하고 공화정을 실시하여 박정양을 대통령으로 선출하려 한다는 유언비어를 퍼뜨리고 고종을 충동해 독립협회를 혁파하고 박정양내각을 전복시켰다.

는 평가도 있지만, 민선 대표가 참여하는 입법기구를 인정했다는 사실 자체에서 국민의 참정권을 공인했다는 의미를 찾을 수 있다.

사실 의정원 설립운동의 내면을 살펴보면 국가에 대항하기 위해서 개인의 자유와 권리를 제창했다기보다는 외세에 대항하기 위해서 운동이 일어났다고 볼 수 있다. 반대파를 무마하기 위해서였지만 충군애국론을 강조했고, 군민공치이념으로써 수구적 정부를 비판했다. 그러나 명백하게 전제권력에 대한 입헌적 제한 사상을 전파하고 개혁정치를 추구했다. 또한 민권이념을 전파하고 언론집회의 자유를 요구하는 등 자유주의나 계몽주의 사상을 소개하면서 입헌군주제를 염두에 둔 군민공치제와 애국론, 경장론(更張論)을 제기했다. 나라를 위한 민권 개념을 제시했고 민주주의와 공화주의의 옹호를 금지했지만, 천부인권을 표방하며 군주권 제한을 도모하고 의정원 설립운동을 전개한 것은 한국에서 자유주의사상의 확산에 결정적으로 기여했다.

독립협회는 개항 이후 자유주의와 민권의 확립을 가장 활발하게 주장한 단체이고, 사회사상사적 측면에서 본다면 본격적으로 국민과 '개인'을 발견하여 그들을 민주주의사상과 결합시켰다고 평가된다. 또한 민주주의와 공화적 사상 및 민족주의사상이 결합된 사회사상을 성립시킴으로써 한국사회의 '근대성'을 발전시켰다고 평가된다.[26]

1896년 4월부터 1898년 5월까지 편집인으로 있었던 서재필은 자신의 경험과 사상을 《독립신문》에 쏟아 부으며 조선이 근대국민국가로 발전하기 위해 절박하게 필요했던 국민계몽의 소망을 실천적으로 표현했다. 그가 '추방'에 가까운 출국[27]을 하게 된 후 신문 발행을 맡게 된 윤치호는 《독립신문》

---

26) 신용하, 『한국 개화사상과 개화운동의 지성사』, 468쪽.
27) 명성황후 시해 후 어수선한 시기에 11년 만에 귀국한 서재필은 2년 4개월의 길지 않은 조선 체류 기간 동안 중추원 고문을 지내면서 독립협회 활동, 《독립신문》 발행, 배재학당 강의 등 맹활약을 했다. 아관파천의 풍파와 친일파와 친러파의 갈등 속에서, 외세의 야욕과 이들과 결탁한 세력을 비판하며 독립과 자주를 추구한 서재필은 양측으로부터 모두 배척을 당했

의 영문판 ≪The Independent≫에 "An Honest Confession"(1898년 5월 19일 자)이라는 글을 실었는데, 거기에는 다음과 같은 내용이 담겨 있다.

독립신문의 국문판과 영문판을 통한, 특히 국문판을 통한 서재필 박사의 사업은 아무리 높게 평가해도 과하지 않다. 국문판을 통해서 그는 압박받는 한국인들에게 모든 인간이 태어난 때부터 평등하다는 사실 …… 그것이 천부의 것이며 인류보편적인 이론이기 때문에 진리인 사실을 가르쳐 주었다. 그는 한국인들에게, 그들이 국왕과 양반들을 위하여 짐을 지는 가축과 같이 부림을 당하는 소나 말이 아니며, 불가양의 권리들과 번영은 우연히 길에서 줍는 것이 아니라 오랜 노력과 연구와 투쟁을 통해서 획득되는 것이라는 사실을 가르쳐 주었다.

냉정한 인물평을 한다고 정평이 나 있던 윤치호의 이러한 평가는 결코 과장이 아니었다. 배재학당에서 서재필의 강의를 들었던 이승만(李承晩)은 후일 이렇게 회고했다.[28]

다. 일본공사관 측은 서재필의 신문 발행을 방해하고 협박해 창간이 늦어졌고, 러시아 공사 스페에르(Alexis de Speyer)는 '미국당(American party)'(서재필을 지칭)이 없어지기를 바란다는 반미 입장을 천명하며 고종으로 하여금 그를 해임하도록 압력을 가했다. 결국 조선정부는 미국공사관과 협의하여 그가 조선 땅을 떠나도록 했다[이정식, 『구한말의 개혁 독립투사 서재필』(서울대학교 출판부, 2004), 159~238쪽; 신용하, 『한국 개화사상과 개화운동의 지성사』, 334~336쪽 참조].

[28] 이정식, 앞의 책, 219~220쪽 재인용. 이 글은 이승만의 수기 「Autobiographical Notes, 1912」의 일부분이다. 이승만은 만민공동회 총대위원으로서 적극적으로 활동하다가 1899년 독립협회와 만민공동회가 해산당한 후 한성감옥에 구속·수감되었다. 그때 집필한 『독립정신』과 당시 ≪제국신문≫에 투고한 논설을 통해 백성의 자유와 권리를 중히 여기면서 균평한 이익을 보호해 주는 개화한 세상을 제시했다. 인민의 생명과 재산을 보호하는 나라의 성립을 설파하고, 개인의 권리가 확장되고 평등한 사회를 추구하는 동시에 국가의 독립을 중시하는 개화사상을 전개했다[조맹기, 「이승만의 공화주의 제헌헌법정신」, ≪한국출판학연구≫, 40-1(2014), 200~201쪽].

내가 배재학당에 가기로 한 포부는 …… 단지 영어를 배우고자 하는 것이었다. 그러나 나는 그곳에서 영어보다 훨씬 더 중요한 것을 배웠는데, 그것은 정치적 자유에 대한 사상이었다. 한국 사람들이 정치적으로 어떻게 억압받고 있었는지 조금이라도 아는 사람이라면, 기독교국가 시민들은 그들의 통치자들의 억압으로부터 법적으로 보호받고 있다는 사실을 생전 처음 들은 나의 가슴에 어떠한 변화가 있었던지 상상할 수가 있을 것이다. 너무나 혁명적인 것이었다. 나는 우리나라에서도 그와 같은 정치적 원칙을 따를 수 있다면 얼마나 좋을까 하는 생각을 하게 되었다.

서재필은 또 배재학당에서 '협성회'라는 토론모임을 주관하여 청년들이 사회와 국가, 나아가 세계에 관한 지식을 습득하고 자기 나름의 사고와 판단을 하면서 토론을 통해 발전방향을 모색할 수 있도록 훈련시켰다. 처음에는 '한자와 한글의 혼용'이나 '부녀자 교육' 같은 주제로 토론을 연습했지만, 학생들과 참여자들의 요구로 '한국에서의 상하 양원 의회의 설립' 같은 정치적 주제를 다룰 만큼 토론회가 발전했다. 독립협회의 강연과 토론회도 협성회에서의 경험을 발전시킨 것이었다. 서재필은 배재학당에서 청년들에게 '민주주의'라는 낱말을 소개하고, 그들에게 자유민주주의 정치원칙이 정립된 나라에 대한 꿈을 심어주었다고 볼 수 있다.

4) 윤치호의 자유주의와 사회진화론

윤치호는 서재필과 사상적으로 공감했고, 서로 지적으로 인정하고 존중했다. 윤치호는 대한제국의 패망의 그림자가 더욱 짙어지던 시기에 외교부협판, 교육부협판 등 관직에 있으면서 고종과 조정에 절망하고, 냉철하게 현실을 인식했다. 그는 사회진화론에 입각하여 세계를 야만, 반문명, 문명 단계로 구분했으며, 약육강식의 세계에서 살아남기 위해 힘을 길러 강자가 되는 것, 즉 정의보다 힘을 강조했다. 그리고 그 목적을 달성하기 위해 문명국 지배하에서 근대화 내지 문명화를 추구하는 개혁이 필요하다고 보았다. 또한 윤치호는 사회적 차별이 유교사상과 연관되어 있다고 보고 유교를 비판했으며, 문명화의 원동력을 기독교에서 구하여 교육과 기독교를 중시했다. 그런 면에서 미국을 이상적으로 보았지만, 현실적으로 일본을 모델로 삼고자 했다.

그는 근대화, 문명화하여 근대국가를 수립하기 위한 출발로서 개인의 인권을 중요하게 보았다. 인간에게는 뺏을 수 없는 권리나 자유(the inalienable right or liberty of man)가 있는데 아시아의 나라들은 포악한 정치로 인민을 약하게 만들었기 때문에 침략을 받게 되었다고 파악했다. 그리하여 윤치호는 인민의 성장 없이는 나라를 보전할 수 없으므로 민권신장이 국가의 자주독립과 국력신장의 기초라 주장했다. 그는 동시에 국권을 거론하고, 국권의 상징으로 군권의 확립을 주장하기도 했다.

그러나 윤치호는 이미 갑신정변 시기부터 현실 정부(왕조)에 대한 여지없는 절망감을 가지고 있었기에, 1880년대와 1890년대 조선의 현실을 '야만의 정치'(『윤치호일기』, 1884년 1월 29일 자. 이하 연월일로만 표시함), '억압의 악정'이라고 규정했다. 그는 조선왕조 500년의 역사가 '통치와 피치자의 감각과 이성을 파괴하는 최악의 범죄를 범해 왔다'고 비판하며(1893년 9월 24일 자), 이 '악랄한 체제는 …… 개인의 덕성과 재능을 파멸시켜 왔다'고 평가했다(1893년 12월 8일 자). 그리고 개인의 생명과 재산을 보호해 주지 못하므로 실제적으로 법이 없는 나라인(1895년 8월 5일 자) 실정이라 개탄했다. 따라서 인민의 생명과 재산의 안전을 보장해 줄 수 있는 강한 정부가 필요하다고 보았다(1895년 12월 20일 자).29)

---

29) 이하 윤치호에 대한 논의는 정용화, 「근대적 개인의 형성과 민족: 일제하 한국자유주의의

윤치호는 문명과 야만의 구분을 인의와 잔혹의 차이로 보았다. 따라서 이런 잔혹한 전제정부하에서 압제, 불공정에 시달리기보다 문명한 정치를 구현할 타자를 불러오는 편이 차선이라고 생각했다. '다른 문명한 나라에 맡기어 과중한 세금과 악한 정치하에 있는 백성을 구하는 것이 더 낫지 않겠는가'(1886년 9월 9일 자)라거나 '인민의 복지에 호의적인 관심을 가진 더 나은 정부를 가지면 다른 나라에 종속되었다 해도 실제로는 재앙이 아니다'(1889년 12월 28일 자, 1891년 3월 8일 자), 또 '인민들은 자신들의 안전을 지켜줄 수 있다면 누가 나라를 다스리든지 상관하지 않을 것'(1895년 12월 20일 자)이라는 생각을 가지고 있었던 것이다. 또 '현재 왕조 아래에서는 개혁을 위한 희망이 없음을 확신한다. …… 50년간 정부는 국가의 향상을 위해 한 일이 없다. 왕조의 노예들과 함께 없애버리자!'(1894년 10월 8일 자)라고 쓰기도 했다.

물론 자신의 일기에 쓴 글이기에 신문, 잡지나 저술로서 공표되는 내용이 아니어서 기탄없이 표현한 부분도 있겠지만, 그의 솔직한 생각임엔 틀림없을 것이다. "내 나라 지금의 인민정부 형세를 가지고 그 독립을 구하는 것은 열두 해 죽은 송장이 춤추고 노래함을 구하는 것이나 마찬가지이다"(1889년 4월 25일 자)라고 쓴 부분을 보면 그가 조선정부에 대해 얼마나 절망하고 있었는지 충분히 알 수 있다. "현 왕조가 빨리 사라질수록 민족(nation)의 복지는 더 나아질 것"(1894년 9월 18일 자)이라 쓴 문장을 통해서는 왕조 및 국가와 민족을 분리해서 민족의 구성원이자 개인들인 '수백만의 인민'의 복지와 자유를 중시하고 "한국인들이 언제 공포에 떨지 않고 생명과 재산을 향유할 수 있을까"를 고심한 개인주의적 자유주의자였음을 알 수 있다.

《독립신문》과 독립협회운동을 통해 변화와 개혁을 도모한 노력이 실패한 후 윤치호는 민권과 국권이 함께 강화되기를 기대하며 노력했지만, 양자를

두 유형」, 《한국정치학회보》, 40-1(2006), 11~13쪽을 참조.

조화시키고자 할 때 발생하는 모순상황에서 점차 벗어나기 시작했다. 군주권을 중심으로 국권을 확립하고 자주독립을 달성하기 위해 제한적 민권신장을 도모하여 자유주의적 이념을 실현하려던 구상은 점차 민권신장을 우선하는 논리로 전개되었고, 황제는 조선국 파멸의 책임자이며 조선 최대의 적이라고 비판하게 되었다. 민권신장을 위해서는 외국에의 종속도 무방하다고 볼 정도였다.

제국주의적 침략을 용인하는 이러한 발상은 을사보호조약에 대해서도 '선과 악 사이의 선택이 아니라 더 나쁜 악과 덜 나쁜 악 사이의 선택'(1905년 5월 10일 자)일 뿐이라 평가하게 했다. 조선의 통치가 최악이라는 것이다. 윤치호도 일본의 통치하에서 한국인이 '문명'의 정치로써 인의의 지배를 받으리라 예상하지는 않았다. '일본의 노예상태하에서 한국인은 한국인 지배자의 전제주의가 외국인 지배자의 전제주의로 가는 징검다리였다는 것을 배우게 될 것'(1905년 10월 16일 자)이라며 '노예상태'로의 전락을 예상했음에도 조선왕조 정부의 통치보다는 낫다고 본 것이다.

윤치호는 당시 개인주의적 자유주의관념을 내면화시킨 예외적인 인물이었다. 국가주의 경향이 없고, 인종적 관점에서 국가와 그 구성원인 인간을 분리시켰으며, 국가의 독립을 부차적 과제로 인식했던 것이다. 윤치호도 유길준과 비슷하게 사회진화론 입장에서 문명개화를 위한 기반으로서 민권을 추구하고 제국주의국가와의 경쟁에서 국권을 유지하는 문제에 집중했지만, 점점 정부와 국가에 대한 맹목적 충성심에서 벗어났다. 유길준은 유교적 가르침의 불변성을 믿고 군주에 대한 충성심을 견지했지만 윤치호는 여기서 벗어났다. 그러나 민중불신관으로 인해 인민주권론이나 인민참정권에 동의하지 않았던 것은 이 시기 모든 지식인에게 공통된 한계라 해도 과언이 아니다. 인민이 주인이 될 준비가 되지 않았다는 현실인식에 기반한 것이기에 오늘날의 잣대로 비판할 수는 없다고 생각된다.

윤치호는 공리주의적·자유주의적 사고방식에서 조선인의 생명과 재산을 보호해 주고 복지를 보장해 주는 정부가 좋은 정부라는 관념을 가지고 있었다. 따라서 문명화된 타국 정부가 통치하는 것이 나을 수도 있다는 생각에서 제국주의의 지배를 용인하는 입장에 서 있었다. 이는 로크나 밀 같은 자유주의자들이 비문명 지역의 미성숙한 사람들을 문명인이 문명화시킬 수 있음을 합리화했던 논리를 배경으로 하며, 다양성과 관용을 중시하는 자유주의 문명국의 '일시동인(一視同仁)' 한다는 선의에 대한 신뢰에 기초한 입장이었을 수 있다.

그러나 '이 세계를 지배하는 원리는 정의(right)가 아니고 사실상 힘(might)'이며 '힘이 정의라는 것이 이 세상의 유일한 신'이라는 사회진화론적 사고를 그 자신이 피력했고(1890년 2월 14일), 특히 1890년대의 일본은 이 사상의 강한 지배하에 있었다. 그러한 일본이 식민지 조선에서 '문명의 정부'를 세우고 조선 사람들의 생명과 재산을 보호해 주리라 기대할 수 있었을까? 그러한 기대를 했다기보다 냉철한 윤치호는 최악의 조선정부보다 더 나쁘지는 않을 것이라는 '문명'에 대한 헛된 믿음을 가지고 사회진화론 논리를 추종하여, 강한 국가가 약한 민족을 지배하는 것은 피할 수 없으며 그러한 상태에서 벗어나기 위해서라도 문명의 도움을 받아 강한 나라가 되어야 한다는 생각을 했던 것이라 볼 수 있다.

개화파와 독립협회의 애국계몽사상은 자유주의로 지칭하기에는 한계가 있다고 할 수 있을 만큼 국가를 중시하고 개인에 대한 공권력의 강제를 허용했다. 논리의 출발도 개인의 자유와 행복 추구라기보다 부국강병을 위한 국가주의적 관점에서의 근대화 모색이었다. 19세기 말부터 20세기 초에 조선에 들어온 사회진화론도 일본에서와 비슷하게 국가주의적 경향이 강화되어 이해되고 그 방향으로 작용했다.

그럼에도 모든 인민이 하늘이 내려준 평등한 자유권리를 가지고 있으며 이러한 인민이 나라의 주인이라는 계몽은 지식층뿐 아니라 일반 민중의 의식 속으로 깊이 파고들어 갔다. 독립협회가 신문이라는 매체와 강연회, 토론회를 통해 자유주의사상이 상층 엘리트를 넘어 일반 도시 인민에게로 확산되는 데 획기적 역할을 했음은 이론의 여지가 없다. 당장 세상을 바꿀 힘은 없어도, 민중은 현실의 부당함을 깨닫고 변혁의 기회를 위해 노력하며 기대할 수 있었을 것이다.

3. 20세기 초 자강기: 구국과 자유 사이

1) 법실증주의적 자유인권론

1905년을 전후하여 대한제국에서는 정기 간행물들과 근대학문, 특히 법학 관련 서적류가 폭발적으로 출판되었다. 국가존망의 위기의식과 일본유학생[30]의 귀국활동이 결합되어 나타난 결과물이라 할 수 있다. 따라서 1900년대 초 일본에서 유행했던 사조를 다분히 반영하고 있다. 자강기 대표적 간행물인 ≪대한자강회월보(大韓自強會月報)≫ 창간호에서 박은식(朴殷植)은 「대한정신」이라는 창간사를 통해 "현 시대는 세계인류가 생존경쟁으로 우승열패하는 시기라, 국민의 지식과 세력을 비교하여 영욕과 존망이 판가름 나니 ……" 국민교육과 실업발전으로 실력을 키워야 한다며 사회진화론에 입각한 자강의 절박성을 피력했다. 자강기의 잡지인 ≪대한자강회월보≫, ≪대한협회월보(大韓協會月報)≫, ≪서우(西友)≫ 등과 신문인 ≪대한매일신보(大韓每日申報)≫,

---

30) 갑오개혁 시기인 1895년 이후 관비 유학생들이 다수 도일했고, 러일전쟁 이후 사비 유학생들이 증가하여 사립대학으로 많이 유학했다. 망국의 위기에 처한 모국에 귀국한 이들은 자강과 문명개화의 절박함 속에서 활발한 출판, 언론 활동을 펼쳤다.

그리고 당시 법학 교과서들에 나타난 이 시기 정치사상을 살펴보면 다음과 같은 특성을 보인다.

첫째, '인권은 국권의 기초'라는 인식에서 개인의 자유와 국가의 독립 문제를 연계하여 개인의 자유와 권리의 중요성을 설파했다. 이것은 물론 19세기말 이래 박영효, 유길준, 서재필, 윤치호로 이어지는 한국 자유주의 선구자들의 자유주의에 대한 기본적 인식이기도 했다. 자강기 언론에 자유의 상관어로 가장 자주 등장한 단어는 자주와 독립이었다. 국권의 수호가 절체절명의위기에 처해 있던 상황에서 개인의 자유와 권리의 확립이 국가독립의 기초가된다는 명제는 강한 흡인력을 발휘했다.[31] 사실 동아시아 문화권에서 개인의자유와 권리라는 개념은 생소했을 뿐 아니라 거부감까지 불러일으키기도 했다. 그러나 19세기 말 개화세력에 의해 소개되었던 자유와 권리는 20세기 초자강기에 들어와 그 개념이 확산되었다. '자유자강하여 독립불기', 즉 자강을모색하고 부강한 나라를 건설하려면 민이 자주독립하여 바로 서야 한다는 인식이 널리 퍼졌다.

현금 육주 대세가 국민이 독립자유사상이 없는 곳은 인종을 보존하지 못하니 …… 망함을 면하는 것도 그 국민이 스스로 취하는 것이요, 부강도 그 국인이 스스로 구하는 것이로다.[32]

---

31) 을사늑약 체결 후 민영환(閔泳煥)은 "대한제국 독립을 위하여 죽고, 이천만 동포 형제의 자유를 위하여 죽는다"라면서, 짧은 상소문에 '자유독립'을 회복할 것을 간구하는 표현을 세번이나 썼다. 자유와 독립을 직결시켜 이해한 생생한 예시라 할 수 있다[「桂庭閔輔國遺書閔泳煥의 上疏文」, ≪대한매일신보≫, 음력 1909년 12월 3일 자, 『한국사료총서』 제7집 민충정공유고(한국사데이터베이스 참조)].
32) 남궁식, 「비쇄신이면 문명을 불가치요, 비문명이면 인류를 불가보라」, ≪대한자강회월보≫, 10(1907).

대저 하늘이 민을 낳으며 고루 자유를 부여했으니 …… 민이 능히 그 자유를 향유해야 국이 독립을 보존이라.[33]

상제가 인간을 만들며 독립자유권을 부여했으니, 자기의 독립자유권을 실한 자도 죄인이요 타인의 독립자유권을 뺏은 자도 죄인이라. …… 각 개인의 독립심을 합하면 국가의 독립권을 성립할지라.[34]

자유는 천부의 관직이오 인생의 양식이라. 자유를 가진 나라는 국이 살고, 자유를 실한 민은 민이 망한다. 고로 문명국민은 피로써 자유를 쟁취하니 …… 신성하도다 자유여![35]

헌정연구회가 1905년 펴낸 『헌정요의(憲政要義)』 중 제8장 「국민수지(國民須知)」에서는 '국민의 권리'를 '하늘이 부여한 바른 도리[천수(天授)한 정리(正理)]'이자 사람이 사람 되는 본분이며, 이 권리가 없으면 사람이 될 수 없으므로 임금이라도 이를 신하로부터 빼앗을 수 없고 아버지도 이를 자식으로부터 빼앗을 수 없다고 서술하고 있다. 무릇 국가의 법률은 국민의 권리를 보호하기 위하여 제정되므로 사람의 권리를 침범하는 자는 법률이 금지하는 바를 저지른 것이며 인간의 모든 죄악이 실은 모두 이 권리를 침해하는 데에서 비롯된다고 했다. 국민의 권리의식을 고취하면서 그 권리가 법률에 의해 보호되어야 한다는 의미를 강조했다고 볼 수 있다. 그리고 현재 만국 중 인민의 권리를 가장 존중하는 국가는 영국이므로 그 나라가 천하만방에서 가장 부강하다고 보았다.[36]

---

33) 설태희, 「포기자유자위세계지죄인」, ≪대한자강회월보≫, 6(1906).
34) 여병현, 「국민자존성의 배양」, ≪대한협회회보(大韓協會會報)≫ 9(1908).
35) 윤상현, 「자유성」, ≪대한협회회보≫, 10(1909).
36) 이상 「국민수지」 관련 내용은 김효전, 「근대 한국의 자유민권 관념: 당시의 신문잡지의 논설분석을 중심으로」, ≪공법연구≫, 37-4(2009), 179~180쪽을 재인용하며 정리한 것이다.

'인민의 자유는 국가독립의 원소'라며, 자주독립의 정신이 없고 자신의 자유가 중요한지 모르는 국민은 나라의 독립을 지킬 수 없다는 명제는 수다한 논설에 부단히 반복되었다. 개인의 자유와 국가의 독립을 직결시킨 인식은 양자를 조화시키는 논리로 발전했으며, 한국 자유주의의 특성으로 굳어졌다.

≪대한매일신보≫에서도 1905년 11월 7일 자 논설 「국민의무」를 통해 권리란 사람마다 그 안전을 스스로 보존함이요, 직분이란 사람마다 그 안전을 스스로 도모함이니, 국민 된 자가 그 안전을 스스로 지키거나[自保] 스스로 도모하지[自謀] 않고 오로지 윗사람에게만 위탁하면 국민의 당연한 의무를 스스로 버리는 것이라고 제시하고 있다.

권리와 직분은 앞에서 언급했듯이 라이트와 듀티(duty)를 후쿠자와가 번역한 용어로서, 듀티는 어떤 직에 합당한 역할이라는 뜻을 가진 '직분'이, 라이트는 통의나 정리가 사용되다가 권리가 쓰이게 되었다. 1900년대에 쓰인 논설에서는 통의가 더 이상 보이지 않고 권리가 광범하게 사용되었으며, 듀티는 아직 직분이 사용되었음을 볼 수 있다. 아무튼 권리행사와 의무이행이 짝을 이루어 제시되면서 국민의 직분인 의무가 중시되었다.

독자 노병익의 투고에도 루돌프 폰 예링(Rudolf von Jhering)의 말을 인용한 '권리는 국민의 마땅히 행할 의무'라는 문구가 보인다(≪대한매일신보≫, 1906년 11월 20일 자). 예링의 『권리를 위한 투쟁(Der Kampf ums Recht)』이 『권리경쟁론(權利競爭論)』으로 일역되어 가토 히로유키가 주장한 '강자의 권리의 경쟁' 개념을 뒷받침했던 것이다. 1909년이 되자 국권의 중요성을 더욱 강조하면서 "국가가 강하고 약함은 그 국민의 권리사상의 강약에 달려 있다. 스페인이 약하고 섬나라 영국이 강한 까닭은 모두 권리사상 때문이다"라는 주장도 등장했다(≪대한매일신보≫, 1909년 7월 29일 자). 원영희(元泳義)도 "서양은 민이 참정의 마음을 가지고 있어 강하게 되었다. 조국을 자기 집처럼 여겨 책임을 느슨히 하지 않는다"라고 서술하며 참정권을 강조했다.[37]

둘째, 개화기에는 개인의 자유와 권리에 대한 정당화의 근거가 천부인권사상이었으나 자강기에 들어서면서 법실증주의적 권리개념이 급속히 그것을 대체해 갔다. 평등한 인간의 권리는 '천생(天生)의 권'이자 '하늘이 부여한 권리'라는 인식은 독립협회와 ≪독립신문≫의 계몽선전 이래 광범하게 확산되어 식자와 대중의 자유평등관념의 기초를 형성했다. 한편 자강기 논설은 권리개념으로 자유를 이해하면서 천부의 권리임을 전제하기도 한다. "소위 민권이라는 것은 인민 천부의 권리니 타인의 이익을 해치지 않고 공익에 방애가 없는 범위에서 인이 모두 자유됨을 인하여 거주권, 행위권, 영업권, 신앙권이 있는지라"(≪대한자강회월보≫, 1906년 11월 17일 자)라며 타인과 공익을 해치지 않는 한 누릴 수 있는 천부의 권리로 제시하고 있기도 하다. 그러나 이 시대의 대세는 자유란 '법률이 허용하는 범위 내의 활동'이라고 보는 시각이었다.

타파강상(打破綱常)이 자유가 아니라 충애경근(忠愛敬謹)이 자유요, …… 완악난폭(頑惡亂暴) 행동이 자유가 아니요 **법률 범위의 내에서 활동이 자유**요 ……
자유의 문에 들어서려면 마땅히 먼저 자유의 지식을 연마할지어다(≪황성신문≫, 1907년 1월 23일 자).[38]

무법률즉무자유라 하니 법률이란 자유의 보장이며, **무도덕즉부자유**라 하니 도덕은 **자유의 표준**이라. 사상자유, 언론자유, 출판자유 삼자는 인류진화의 근본이며, 자유는 국가의 간성(干城)이다.[39]
법률 안에서의 자유를 강조했고, 또한 기존의 강상윤리로부터 벗어난 자

---

37) 원영희, 「정체개론」, ≪대한협회회보≫, 2(1908); 김효전, 「근대 한국의 자유민권 관념: 당시의 신문잡지의 논설분석을 중심으로」, 185쪽.
38) 이하 인용문에서의 강조는 모두 필자가 한 것이다.
39) 우고생, 「갑을자유문답」, ≪대한유학생회학보(大韓留學生會學報)≫, 1(1907).

유를 구하는 풍조가 있었음을 짐작하게 하는 동시에 충애경근이라는 윤리도덕의 유지를 상기시키고 있음도 읽을 수 있다. 천부인권설과 평등인권설이 확산되며 해방감을 불러일으킨 사회변화 속에서 기존의 사회질서를 유지하기 위해 법률 안에서의 자유보다도 설득력을 발휘할 수 있는 것은 윤리도덕의 강조일 수 있다. 그렇다면 자유권은 천부의 권리인가, 국법에 기초하는가? 자강기의 언론에 나타난 몇 가지 예를 들어보자.

> ······ 우리는 자유권을 법률이 인(人)에게 허여함을 알지 못하고, 단 '자유권은 천부인권이라 각자 가지니 누가 감히 제한하리오'라 주장하여, ······ 자유권을 신장코자 하면 법률을 연구하여 국가가 인민을 보호할 목적으로 낸 법률범위 이내에서 자유권을 활동하면 타국의 압제도 가히 배척하고, 개인 간에 침해도 불수(不受)라, 고로 **자유의 한계는 법률 범위 내에 있음이라.**[40]
> 자유란 ······ 국가 이전에 존재한 바 아니오, 그 실질 범위는 전적으로 법규에 의해 성립 ······ **자유권은 천연적으로 존재하는 행위의 힘을 국법이 인정하면 서부터 생기는 것** ······.[41]
>
> 대저 천(天)이 부여한 권(權)은 인(人)의 출생에 준 고유한 것이나, 비록 천부권이 있어도 안전하게 향유하지 못하게 되면 어찌 권리라 칭하리오. 고로 법률이 있은 후에야 그 권(權)을 각기 보존하니 소위 천부자유라 외치는 말은 공론에 불과하다.[42]

일본유학생들은 법실증주의의 영향을 받아 법률 내에서 자유와 권리가 보

---

40) 옥동규, 「인민자유의 한계」, ≪서우≫, 2(1907).
41) 법학소년, 「헌법상 팔대자유에 취하야」, ≪서북학회월보(西北學會月報)≫, 14(1909).
42) 설태희, 「법률상 인의 권의」, ≪대한자강회월보≫, 12(1907).

장된다는 인식이 확고했을 뿐 아니라, 그 자유와 권리의 근원이 국법이라고 명시하기도 했다. 유치형(兪致衡)의 『헌법』 등 한말 자강기 법학 교과서들은 천부인권을 부인하고, 권리는 국가에 의해 부여되며 신민의 권능은 복종관계에서 발생한다고 서술했다.[43] 1905년 이후 자강기의 자유권 사상은 법실증주의적 개념으로 전환되었지만[44] 천부인권의 레토릭은 여전히 호소력을 발휘하며 병존하는 상황이었다. 그러나 인간의 자유권이 천부인권이라 하더라도 법률의 뒷받침이 있어야 보호될 수 있으므로 권리로서의 자유권은 헌법으로 국가가 보장해야 성립한다는 법실증주의가 확산될 수밖에 없었다. 인민의 권리는 국권으로부터 기인한다는 국가주의적 인식이 성장한 것이다.

김상연(金祥演) 역시 천부인권설을 부정하면서 "자유권은 어느 때, 어느 곳이든지 동일한 천부의 인권으로부터 직접 생겨난 바 아니오, 오직 헌법이 자유라는 것을 법률상에서 승인함으로부터 생긴 것"이라고 주장했다.[45] 이와 더불어 '혹자는 우리 조선에는 아직 칙령으로 성문화된 법률이 확정되지 않아서 이러한 천부권의 법의를 아는 것이 무익하다고 하나, 그렇지 않다'고 쓴 것으로 보아 당시 이런 논의가 있었음 알 수 있다. 설태희(薛泰熙)는 독일식 국법실증주의에 입각하여 국권의 회복은 인민이 스스로 지식을 구하는 데 있다고 주장했다.[46]

셋째, 자강기의 법실증주의적 자유권 개념은 사회유기체론(국가유기체론)의 영향을 받아 국가주의와 연계되어 개인과 국가의 조화를 추구했다. 자강기 논자들은 국가를 독립된 행위주체로 규정하고 인민을 그 구성요소 중 하나로 파악하는 유기체적 국가론의 입장에 서 있었다. 개인의 존재의미를 국가나

---

43) 김효전, 「근대 한국의 자유민권 관념: 당시의 신문잡지의 논설분석을 중심으로」, 178~179쪽.
44) 김효전, 「자유·평등·박애와 근대 한국」, 245~248쪽.
45) 김상연, 『헌법』(1908), 117~118쪽.
46) 설태희, 「헌법」, ≪대한협회회보≫, 5·6호(1908).

사회 속에서 찾으며, '사회 없이 개인 혼자서는 완전한 인생을 기대할 수 없다. …… 개인은 인생을 완전하게 하기 위해 먼저 사회에 대한 의무를 다하여 사회를 진화하게 하고 완성시킬 것'[47]을 주장한 것이다. 즉 자유와 권리의 주체는 개인이라기보다 민, 인민, 신민, 국민 등 집합적 주체 또는 집단적 개인이라 할 수 있었다. 독립된 개인이 아니라 국가나 사회 같은 집단에 묶여 있는, 국권회복을 위해 '동원된' 인민이라 할 수 있다.

한편 국가는 "밖으로는 독립자존을 유지하고 안으로는 백성의 안녕과 행복을 유지하는 것을 기본 의무로 삼으니, 국가란 사회질서의 관리자요 또 사회행복의 보호자라, 전능한 권력과 공정한 법률로써 사회인민의 원만한 공동생존을 이루고자 하는 것"이라고 보았다.[48] 그러므로 '우리가 생명과 재산, 명예에 관하여 국가의 완전한 보호를 누릴 수 있는 것은 모두 국가통치권에 대하여 복종의 본무를 완전히 함에 기인하는 것'이다. 국가주의적 국가유기체론에 입각하여 국가의 절대성과 인민의 복종의무를 강조하고, 국가에 복종하는 것이 신민의 첫 번째 본무이며 권리의 향유는 복종의 결과라고 이해한 것이다.

김상연의 『헌법』에서는 신민의 공권을 신민이 국가라는 공동체의 일원이 됨으로써 가지는 권리로 이해했고, 유성준(兪星濬)의 『법학통론』에서는 신민을 통치권의 단순객체로 파악했다. 심지어 주정균(朱定均)은 『법학통론』에서 "신민은 국가에 대하여 복종할 의무가 있을 뿐이며 권리를 주장하기 불능하다 함이 온당하다"라고 주장했다.[49] 조성구(趙聲九)의 『헌법』에서는 신민의 의무를 먼저 설명한 후, 국가에 대한 신민의 공권을 행위청구권, 자유권, 참정권으로 나열하면서 신민의 복종의무를 강조했다.

---

47) 장응진, 「인생의 의무」, ≪태극학보(太極學報)≫, 2(1906), 20~21쪽.
48) 신해영, 『윤리학교과서』 4(1908), 2~4쪽[노상균, 「한말 '자유주의'의 수용과 분화: 일본유학생을 중심으로」, ≪역사와 현실≫ 제97호(2015), 353쪽 재인용].
49) 이상 법학 교과서들의 인용은 김효전, 「근대 한국의 자유민권 관념: 당시의 신문잡지의 논설분석을 중심으로」, 184쪽을 참고했다.

전재억(全載億)은 국가의 신민이 된 권리와 의무를 서술하면서, 신민의 권리에는 공권과 사권이 있다며 자세히 설명하고 있다. 공권이란 직접 국가사무에 참여하며 공직에 취임하는 권리이고, 사권이란 무릇 국가의 신민으로서 인격을 가진 자가 일체 향유할 수 있는 권리로서 그 종류는 불일(不一)하나 일본국헌법을 예로 들면 거주의 자유, 신체의 자유, 주소의 불가침, 서신의 비밀, 재산의 보장, 신교의 자유, 언론·집회·결사의 자유, 청원의 자유 등이라 열거했다. 그리고 공권과 사권에 근거한 자유를 나열한 후에, 신민의 의무로는 병역과 납세의 의무가 있다고 부연했다.[50]

그러나 당시 한국인의 보편적 정서는 "국가에 대한 권리청구보다는 의무심이 앞서야 국권을 회복할 수 있다"라는 말로 대변될 수 있을 듯하다.[51] 일본의 법사상 내지 국가사상의 영향과 대한제국 말기의 망국의 위기상황 속에서, 밖으로는 독립자존을 유지하고 안으로는 국민 개인의 안녕과 행복을 추구해야 한다는 목적을 위해 개인, 사회, 국가를 상호의존적 관계로 이해하는 것이 일반적 정서였던 것이다.

또한 자강기에 애국계몽을 목적으로 한 서구사상의 소개는 자유주의로 지칭하기에 한계가 있다는 인식이 일반적이다. 「국가와 교육의 관계」(≪태극학보≫, 16호, 1907)에서 김진초(金鎭初)는 영국의 사립 위주의 자유주의교육과 독일의 국공립 위주의 국가주의교육, 공사 병존의 프랑스 교육을 비교하면서, 국가가 교육과 학술을 지나치게 통제하게 되는 문제를 지적했다. 1908년 창간된 ≪대동공보(大東共報)≫에 '독립사상과 자유주의를 권하는' 역할을 하도록 주문하는 사설(1908년 12월 25일 자)이나, 자유주의가 유럽에서 미국과 남미로 전파되며 이곳의 나라들이 독립과 복락을 누리게 되었다고 주장하는 사

50) 전재억, 「국가의 신민된 권리급의무」, ≪법정학계≫, 6(1907), 5~7쪽.
51) 김용유, 「금일 오인의 국가에 대한 의무와 권리」, ≪서북학회월보≫, 1(1908), 30~32쪽; 김효전, 「근대 한국의 자유민권 관념: 당시의 신문잡지의 논설분석을 중심으로」, 184쪽.

설(1910년 2월 23일 자)이 ≪대한매일신보≫에 게재되었다. '자유주의를 배척하는 자는 망하고 자유주의에 복종하는 자는 보존하며, 자유주의를 거스르는 자는 쇠잔하고 자유주의를 따르는 자는 강함이 이러하도다'라 보았던 것이다.[52] 따라서 이 시기 ≪대한매일신보≫는 개인주의적 자유주의는 아닐지라도 자유주의를 전파하고 민중을 계도하려는 지향은 분명히 가지고 있었다고 볼 수 있을 것이다. 대한협회 회장 김가진(金嘉鎭)도 1909년 7월 1일 통감에게 제출한 의견서에서 정치상으로는 관대한 정치와 일인관리 감축, 경제상으로는 식산흥업과 수출장려를 할 것과 함께 "교육상 방침은 비교적 자유주의를 채용"할 것을 주장했다.[53]

개인에 대한 공권력과 국가의 가치를 중시하고, 개인의 자유보다는 부국강병을 위한 수단으로서 자유가 인식되는 경향이 있었던 것이다. 제국주의 시대에 서구열강과 경쟁해야 했던 동아시아 각국이 국가로부터 개인을 보호하는 개인주의적이고 고전자유주의인 문제의식보다 국가주의를 지향하게 된 것은 자연스러운 추세이기도 했다.[54] 그럼에도 개인의 자유가 없으면 국가가 견고해질 수 없으므로 개인과 국가를 조화시키기 위해 부심했다.

일본 사상계가 …… 각 방면에 개인성이 점점 발전, 향상하여 자유주의를 절규함에 이르러, 국가사상도 순차 진화하여 이전 특유한 절대적 애국성에 서양인의 자유적 애국사상을 가미하여 …… 개성 발달의 중요함을 창도하여 서로

---

52) 김석근, 「개화기 '자유주의' 수용과 기능 그리고 정치적 함의」, ≪동양정치사상사≫, 10-1 (2011), 68쪽.
53) 『통감부문서』 6권(한국사데이터베이스). 대한협회는 독립협회가 혁파된 후 1906년 건립된 대한자강회가 해산당한 후 다시 1908년 건립된 단체로서 1910년까지 활동했다.
54) 동아시아에서 자유주의의 선구자들이라 볼 수 있는 일본의 가토 히로유키뿐 아니라 후쿠자와 유키치, 중국의 옌푸와 량치차오가 모두 이러한 지향으로 귀결되었대강의화, 『이성이 설 곳 없는 계몽』, 손승회 옮김(신서원, 2007), 215~231쪽; 目潤鱼, 『自由主义与近代中国』(北京新星出版社, 2007), pp.2~18].

모순된 절대적 국가주의와 개인주의를 조화코자 하도다. …… 우리 대한동포
에게 …… 일언 각성할 것은 자국의 국체, 문명의 정도, 국시(國是) 여하를 불
고하고, 한갓 세계 문명국인의 사상을 모범하여 개인주의에 경향하면 이는 영
원히 파멸을 면치 못하리라.[55]

이 글에서는 나라의 형편상 개인주의적 자유주의가 확산되는 것을 경계하
며, 일본은 국가주의와 개인주의의 조화를 도모하고 있다고 전하고 있다. 국
가와 사회의 질서를 해치지 않으면서 개성을 발전시키기 위해 강조된 것은
'진정한 자유'였다. 문일평은 "자립자영의 정신이 있음이 진자유이며 …… 통
일적으로 단체를 구성함이 가장 귀한 온전한 자유가 될 것이며 …… 법을 멸
시함이 야만의 자유"이자 '가짜 자유'라 설파했다.[56]

개인의 자유권의 제한이나 유보 내지 희생, 그리고 집단의 이해와의 조화
를 강조하는 경향은 사실상 법률에 의해 자유권이 보장받지 못하게 되어 자
유권의 의미를 상실하게 했으며, 이러한 논리는 약자의 자유를 보호하는 국
법에 대한 복종과 권리보다 의무를 중시하는 국가우선주의적 주장으로 연결
되었다.

천부의 권리가 각인의 자유평등의 근원이라는 자연법사상(으로는) …… 국가
의 질서유지가 어려운지라 …… 고로 일반인의 위에 최고 권력이 있어, 각인
에 평등으로 복종을 명하여 질서를 유지하는 것이 단체적 생활에 필요조건이
라. 고로 인민은 절대적으로 국권에 복종의무가 있으니 …… 각자 완력으로
자기 신체 재산을 보호하는 것보다 국가의 권력을 의하여 보호함이 나은 까닭

---

55) 우양생, 「일본문명관」, ≪대한학회월보≫, 8(1908).
56) 문일평, 「자유론」, ≪태극학보≫, 3(1906).

이오. …… 권력과 복종이 있은 연후에 국가적 단체가 비로소 성립하여 국민의 자유가 보장될지라.[57]

가토의 『인권신설』과 『강자의 권리경쟁』이 한국에서 번역·출판된 것은 1908년이지만 『인권신설』이 일본에서 출판된 1885년 이후에 바로 한국 지식인에게 영향을 미쳤을 것임은 쉽게 추정할 수 있다. 가토는 자신이 신봉하던 천부인권설을 부정하고 자유, 자치, 평등은 망상이라며 우승열패야말로 만물의 법칙이라 주창했다.[58] 독일의 공법이론이 일본 헌법학계의 통설이 되었고, 사회진화론과 국가유기체론의 영향을 받은 일본식 국가주의적 자유주의 개념이 한국에서도 사조를 형성했다.[59]

사실 19세기 말경 영미의 자유주의는 정치권력으로부터 개인의 생명과 재산을 보호하는 측면에서 기본적으로 그 목표가 성취되었기에 고전자유주의가 쇠퇴하는 경향이 나타났다. 다른 한편, 다수 빈민의 개성 발전의 자유가 보장되지 않는 사회경제적 상황에 대한 대응으로서 공리주의적 진보적 자유주의 지향이 사조를 형성했다. 자유주의 공동체 내에서의 개인의 존재의미가 중시되고 사회공의의 실현에서 국가의 적극적 역할이 인정되는 영미의 신자유주의사상은 동아시아인의 공사 관념, 즉 사(私)를 억제하고 공(公)을 중시해 온 전통적 사유방식에 부합했고, 제국주의 시대를 맞이하여 국가 중심의 근대화 이념을 제공하게 되었다.[60]

---

57) 옥동규, 「인민자유의 한계」.
58) 김도형, 「가토 히로유키 사회진화론의 수용과 번역양상에 관한 일고찰: 『인권신설』과 『강자의 권리경쟁론』을 중심으로」, ≪대동문화연구≫, 57(2007), 178~184쪽 참조.
59) 정미량, 『1920년대 재일조선유학생의 문화운동』(지식산업사, 2012); 김효전, 「자유·평등·박애와 근대 한국」, ≪헌법학연구≫, 15-2(2009), 248쪽.
60) 楊貞德, 「自由, 自治そして歷史: 近代中國政治思潮における'個人'論」, 村田雄二郎 編, 『リベラリズムの中国』(有志舍, 2011), pp.146~157.

동아시아에 서구 자유주의가 소개된 시기에 가장 큰 주목을 받았던 밀의 사상도 개인의 자유와 공정한 분배를 중시한 공리주의 경향의 자유주의였기에 동아시아의 자유주의가 개인과 사회의 이익과 관련해서 조화론적 지향을 가지게 된 상황은 쉽게 이해할 수 있다. 여기에 블룬칠리를 위시한 독일의 국가주의의 영향이 중첩되었다.[61] 개인보다 사회, 민족, 국가를 우선시하며 개인과 집단 간의 조화를 추구하는 지향은 자유주의사상의 도입기 이래 일제 강점기를 거쳐 해방 후까지도 한국 자유주의의 기본 성격으로 자리 잡았다.

한말의 자유주의적 지향은 나라가 처한 현실에서 오는 역사적 과제에 부응하는 것이었고, 나라를 지키기 위한 '힘'을 키울 수 있는 자유주의의 기능적 측면, 즉 정치제도에 치중하여 전개됨으로써 그 근본적 가치를 탐구하거나 추구할 여지가 없었다. 백성 개개인이 자립하여 권리의 주체가 되고, 사회와 국가에 대한 책임과 의무를 다해야 나라가 설 수 있다는 의미에서 개인의 중요성을 이해했다. 민권이라는 용어를 대신하여 '인권'이 자강기 언론과 법학교재에 활발하게 사용된 것도 '개인'의 부상을 증명해 준다. 그러나 망국의 위기 속에서 국가발전에 공헌하는 이상적 개인으로서 '대아'를 설정했기 때문에, 개인의 가치는 국가이익 속에 해소되어 자유주의의 개인주의적 성격은 취약할 수밖에 없었다.

소아보다 대아를 중시하는 자아 개념은 사보다 공을 앞세운 유교 전통에서 발원했으며, 당시 시대적 상황에 부합되어 설득력을 가졌다. 국가와 사회의 공익을 개인의 자유와 권리보다 중시하는 한말 자유주의의 성격은 개인주의적 자유주의가 아닌 공화주의 지향이라 볼 수도 있을 것이다. 비록 대한제국 말기에 왕조를 타도하려는 공화혁명은 제기되지 않았지만 전제군주제의 틀로서 나라의 생존을 도모할 수 없다는 사실은 자명해 보였다. 이에 인민이 자

---

61) 강의화, 『이성이 설 곳 없는 계몽』, 223~231쪽.

유와 권리, 의무와 책임감을 가지고 새로운 나라를 건설하는 길을 찾고자 했고, 그 방법으로 입헌군주제를 상정한 것이 이 시기에 공감대를 이루었다.

2) 경제진흥과 자유주의 지향

경제적 자유주의 지향은 한말 일본유학생들 사이에서 나타났다. 그들은 부국강병의 문제의식에서 비롯된 경제문제에 대한 관심에서 식산흥업을 추구하며 자유주의사상에 경도되었다. 이들이 이론적·사상적으로 자유주의를 모색했다면, 다른 한편에서는 실제 현실에서 경제적 자본주의를 담당할 자본가의 성장이 19세기 말에 시작되고 있었다. 현실 경제세계에서 '조선의 부르주아'의 성장이라는 현상이 나타나 발전하고 있었던 것이다. 이하에서는 자강기 경제적 자유주의에 관한 이론적 모색과 실천적 변화를 간단히 살펴보고자 한다.

백남운(白南雲)은 갑오년(1894)을 권력과 부력(富力)이 분화된 시기로 파악했다. '부 자체가 사회적 총아'가 된 '조선의 중상주의의 개막'으로 볼 수 있는데 그 배경에 근대적 자유사상이 있다며, 특히 '권력의 비호 없이 은연히 나타나 부의 신주인'이 된 '경제적 신흥계급'의 존재를 주목했다. 그는 부력의 주체인 부르주아지는 최고권력계급, 향반계급 사역계급으로 구성된다고 보았다. 특히 사역계급은 '점진적인 자유사상과 계급해방' 사상의 도움으로 성장한 존재로서, 정치권력의 비호를 받지 않고 부를 쌓은 도시 시장의 상인계급과 농촌신흥계급이 조선의 중상계급을 형성하게 되었다고 한다. 더불어 이들이 정상적인 환경에서 성장했으면 유럽처럼 '금권당'(부르주아정당)을 형성할 수 있었을 것으로 보았다.[62]

---

[62] 안외순, 「백남운과 자유주의: '식민지 자유주의'에 대한 '조선적 맑스주의자'의 비판적 인식을 중심으로」, 《한국철학논집》, 16(2005), 77~78쪽.

이 시기 대표적 계몽운동 단체인 신민회(新民會)의 구성원을 살펴보아도 서북지방의 상공인층이 많았는데, 이들은 산업진흥이 애국이고 구국이라 강조했다. 안창호(安昌鎬) 등은 상인단체를 조직하여 일본상품 불매운동으로 한국상인의 상권을 보호하고자 했다. 또 이승훈(李昇薰) 등은 공동출자로 공장과 자기회사를 설립하여 민족산업을 육성해 보고자 노력했다. 이들은 이미 상공업에 대한 전통적 천시관을 벗어나 있었던 것이다.

'부가 사회적 총아'로 떠오르기 시작한 19세기 말부터 20세기 초기에 정치적으로는 이미 일본의 통감정치가 시작되어 망국의 위기를 돌이키기가 힘들어 보였지만, 한말 지식계는 부강을 실현하여 나라의 독립을 보존할 방법을 찾기 위해 절실한 모색을 계속했고, 경제적 자유주의 또는 자본주의적 발전방안을 적극적으로 도입하고자 했다.

우선 경제와 사회를 발전시킬 수 있는 추진력으로서 '욕망'을 재해석한 점이 주목을 끈다. 이익의 추구를 폄하한 유교적 가치관에서 억제와 절제의 대상이었던 욕망을 긍정적으로 인식하기 시작했다. "욕망이 없는 사람은 마치 식은 재나 마른 나무와 같아 세운의 진보와 인지의 개발함을 기대하기 어렵다"라고 보았다.[63] 또 재산에 대한 욕망을 긍정하여, 재산을 만들어서 그것을 증식하는 일은 '인생의 의무'라거나[64] 오늘날 국력부진의 원인이 욕망을 증진시키지 못했기 때문이라고 주장했다.[65] 욕망을 인간과 사회 발전의 핵심적인 요소로 파악하기 시작했음을 보여주며, 욕망의 적극적 추구를 통한 경제발전을 국부축적과 국력증진의 원리로 보게 된 것은 자유주의적 가치관에 근거한 자본주의적 인식이다. 상인의 역할에 대한 재평가뿐 아니라, 자본형성을 위

---

63) 김우균 옮김, 『경제원론』(1907).
64) 신해영, 『윤리학교과서』 1(1906)[노상균, 「한말 '자유주의'의 수용과 분화: 일본유학생을 중심으로」, 《역사와 현실》 제97호(2015), 358쪽 재인용].
65) 주정균, 「동양척식회사의 설립이 아국경제상황에 급하는 영향」, 《법학협회회보》, 1(1908).

한 개인저축의 장려와 함께 소비도 중시하여 자본주의 경제학의 기본 지식을 가지고 있었던 것을 수 알 수 있다.

국민을 향한 이러한 계몽과 더불어, 정부가 인민들이 안전하게 경제활동에 종사할 수 있는 법률과 제도를 제공해야 한다고 지적했다.[66] 정부가 화폐와 도로를 정비하여 경제발전을 위한 기본 장치를 조성해야 하고 나아가 확고한 법률제도를 통해 구성원의 생명과 재산을 보호해야 한다고 주장한 것이다. 이러한 제도적 장치와 법률의 보장은 자본주의적 발전에서 가장 중요한 기초가 되는 요건이며, 이것의 강조는 경제적 자유주의의 인식에 다름 아니다.

경제발전을 위한 시설과 제도 구축을 강조하되, 정부가 정책을 통해 개인의 경제활동에 개입하거나 경제활동에 직접 참여하는 것에 대해서는 부정적 인식을 나타냈다. 정치나 군사 관련 문제는 정부가 개입, 감독해야 하지만 경제의 전체적인 균형을 잃지 않는 한도에서만 가능하다고 주장했다. 외국과의 무역통상과 관련해서는 자유로운 무역활동을 보장해야 한다고 했는데, 보호무역의 폐해를 들며 보호주의에 반대하는 이러한 생각은 경제적 자유주의의 기본 인식에서 비롯된다.[67] 보호주의를 반대하는 것이 자유주의의 기본 입장이지만 낙후된 경제상태를 생각하면 보호주의를 고려할 수도 있었다. 그러나 이때 이미 통감정치하에서 주권을 상실한 것이나 다름없는 상황이었기에 보호를 해줄 주체를 일제 통감부로 인정할 수 없었으므로 보호주의에 반대했을 것이다.

통감정치하에서 경제적 자유와 권리를 주장하는 목소리는 나왔지만, 정치적 자유와 권리의 확보에 대해서는 소극적이었다. 유학생들의 국권회복 구상도 자유경제체제를 통해서 인민의 경제적 실력을 양성한 이후에 그를 바탕으

---

66) 유치형 술, 신해영 교열, 『경제학』(1907).
67) 이상 한말의 경제적 자유주의 주장에 대한 본문 내용과 각주의 출처는 노상균, 「한말 '자유주의'의 수용과 분화: 일본유학생을 중심으로」, 357~360쪽에서 재인용했다.

로 국가의 자유를 확보한다는 것이었다. 일본 통감정치의 부당함에 대해 저항하기가 사실상 불가능하여 그 속에서 정치적 자유와 권리를 확보할 수 있는 가능성에 대해 좌절감을 느끼고 있었던 탓일까?

한편 자유경제체제 추구에 반대하는 주장도 있었다. 일본과의 타협 속에서 시설과 법률제도를 근대화한다 해도 국권회복과 국가생존이라는 당면 과제를 실현할 수 없다는 생각이었다. 일본이 조선경제를 장악하기 위해 시설에 투자하는 것은 일본의 산업발전과 자본확장, 즉 일본의 진보를 위해서일 뿐이므로 우리는 우리 국가의 실력을 세워야 하는데 자유경제체제는 대한제국의 경제 수준에 적합하지 않다고 보았다. 경쟁체제는 효율적이지만 어느 정도의 역량을 키울 때까지는 국가에 의한 일정한 보호가 필요하며, 이를 통해 내지 상업을 발전시킨 후에야 외국과 무역도 할 수 있고 그런 연후에 국권회복도 가능하다는 보호무역론을 펼쳤다.[68]

그러나 대한제국정부가 통감부에 의해 장악되어 통제당하는 상황에서 산업보호의 주체를 국가로 설정할 수가 없었다. 국가가 상업을 보호해 줄 수 없었으므로 민족이나 사회단체로 대체하여 민족 스스로 보호해야 한다며 상업회의소, 계, 흥업단, 조합, 은행의 설립을 제시하기도 했다. 그리고 그 운영주체로 소상인, 소자본가, 도시민, 양반, 이속(吏屬) 등을 상정했다.

앞에서 살펴보았듯이 러일전쟁 이후 합방 전까지 기울어가는 나라를 구해보려는 지식인들의 자강의 모색은 많은 계몽성 잡지의 발행과 논설로 표출되었고, 경제발전에 대한 대책 강구도 그 일환이었다. 1904년 중추원에 제출된 '정치경장에 관한 주요 사항'이라는 정치개혁안은 자강을 갈망한 지식인들의 전반적인 근대화 구상을 담고 있었다. 의학교(醫學校) 교관이었던 장도(張燾),

---

68) 김대희, 「대한의 진보」, ≪야뢰(夜雷)≫, 6호(1907); 「國力」, ≪대동학회월보≫, 3호(1908) [노상균, 「한말 '자유주의'의 수용과 분화: 일본유학생을 중심으로」, 368~370쪽 재인용].

전 내부주사(內部主事)이자 개신유학자였던 장지연(張志淵), 유학(幼學) 김상연(金祥淵)이 제출한 시정개선을 위한 이 55개조의 개혁안에 나타난 정치사상을 살펴보자.

우선 황제의 통치주권과 흠정입법권을 인정하고(3, 4조), 행정 및 사법의 독립을 제안했다(4, 8, 11, 12조). 그리고 탁지부에 의한 재정일원화(15조), 백동화의 폐해를 막기 위한 은본위 화폐제도로의 개혁(19조), 군사 및 경찰제도 확장(21, 22, 23조), 의무교육 실시(25조), 대한신민의 공무담임권·행동자유권·사유재산권·언론 및 사상의 자유권 보장(40, 41, 42조), 대한신민의 납세 및 병역 의무 규정(43조), 완전한 새 법전의 편찬(46조)을 제기했다. 일본의 메이지 정부를 모델로 한국의 근대화를 추구하면서 입헌주의에 입각한 권력분립과 법치주의원리를 포함하며 인민의 자유권과 재산권 등 권리와 의무를 제시함으로써 이 시기 자유주의사상과 제도에 대한 관념이 확산되어 있었음을 확인할 수 있는 개혁안이다. 그러나 국가경제가 정상적으로 작동하기 위한 기본 요건을 조성하기 위해 재정개혁과 화폐제개혁 등을 제안했지만 곧 통감정치가 시행되면서 외교권뿐 아니라 내정간섭권까지 강탈당하여 이러한 정치개혁을 추진할 주체가 사라져버렸다.

4. 일제 강점기의 사상적 교차

1) 개조론과 문화교양주의

일제 강점기에 자유주의는 어떻게 전개되었을까? 근대 자유주의의 근본 취지가 권력으로부터 부당한 강제를 받지 않는 (개인의) 자유의 확보라면 식민통치하의 부자유한 처지야말로 자유를 위해 투쟁해야 하는 상황이었을 것이다. 해방 후 김병덕(金秉德)은 "정치적·사상적 자유의 주장은 군대, 경찰, 헌병, 감옥, 재판소 등을 지배하고 권력기구의 요직을 독점한 폭력통치 아래 선진 자본주의국과 같은 자유주의의 위력을 맛보지 못하고 말았다"라고 회상했다.[69)]

주지하듯이 일제는 강점 초기 헌병통치체제로써 무자비한 강압적 통치를 실행하며 대다수 한국민을 '노예' 처지에 빠뜨리고 있었다. 이 폭력에 대한 폭발적 저항이 '3·1운동'으로 전개되었고, 이후 이른바 '문화통치'라는 슬로건하에서 통제범위 내에서나마 다방면의 '문화적' 활동을 인정하는 변화가 나타났다. 이 시기 자유주의는 식민통치에 대한 비판 내지 저항의 무기였을 뿐 아니라 독립국가에 대한 전망도 제시해 주었다.

한국에서 자유주의에 대한 논의가 본격적으로 전개된 때는 1918년 이래 3·1운동 후 특히 1920년대로 보는 시각이 있지만,[70)] 1910년대의 개인주의 고취 또는 더 거슬러 올라가 독립협회 시기의 자유와 권리라는 인권사상의 계몽과 자강기 권리개념의 확산 등 그 이전의 서구정치제도와 사상의 모색을 고려하지 않는다면 1919년 3·1운동의 전국적인 폭발적 전개는 상상하기 어려운 일일 것이다. 특히 1911년 중국 공화혁명의 영향도 작용하여, 대한제국 멸망 후 국민이 주권을 가지는 나라를 모색하는 독립운동가들의 움직임이 1917년 「대동단결선언」으로 결집되기도 했다. 3·1운동 후 국내외에서 탄생한 다섯 개의 임시정부가 모두 민주공화정이라는 정치체제를 표방한 것은 주목할 만한 일로서, 1880년대 이래 인민이 권리를 행사할 수 있는 나라를 건설하기 위한 노력의 결과라 할 수 있다.[71)]

---

69) 김병덕, 「자유·자유주의·자유주의자」, 《신천지》, 22(1948), 52쪽.

70) 권희영, 「근대적 공간으로서의 한국 자유주의: 한국 자유주의 연구 서설」, 《한국사학》, 7(1999), 11~12쪽.

71) 조선왕조 멸망 후 10년이 안 되었지만 왕조복벽의 시도가 없었다는 사실은 이미 공화정 또는 자유민주주의 정치제도에 대한 긍정적 공감대가 형성되어 있었던 증거라 할 수 있을 것

식민지 자유주의는 문화운동으로 전개된 경향이 현저하다. 1910년대의 일본유학생들은 일본 사상계의 개인주의, 자유주의, 무정부주의, 민족주의, 국가주의 등 다양한 사조의 영향을 동시에 받았다. 이들은 일본에서의 잡지 발간과 귀국 후 활동을 통해 20세기 전반 한국 자유주의의 담당자가 되었다. 20세기 초 일본의 사조는 앞에서 살펴보았듯이 정치적 자유주의는 국가주의에 종속되었고 정신주의적 문화적 자유주의가 사회개조론과 함께 풍미하고 있었다. 특히 타락한 현실의 모든 방면에 대한 '개조'를 통해 압제와 착취가 없는 자유롭고 평등하며 평화로운 세계를 건설하자고 부르짖는 사회개조론에 식민지 출신 청년 유학생들도 공감하며 큰 기대를 걸고 활발하게 개조를 논했다.

개조론과 동시에(또는 그 한 부분으로서) 일본 지성계를 풍미한 문화주의는 경쟁적 물질주의에 반대하며 내면적 성찰을 통한 인격의 완성이라는 정신적 가치를 추구했다. '세계개조의 기초는 자아가 자유롭게 발전해 가는 것'이라 보고, 이렇게 완성된 자아를 '인격'이라고 칭하여 인격주의라고도 불렀다. 권위주의적 정치나 사회에 대항하지 않고 정치적 자유를 위한 투쟁으로부터 벗어나 자유로운 내면세계로 '퇴각'하는 지식인들의 사조가 교양주의였던 것이다.[72] 개조원리로써 자유(자유의지)와 사랑을 제시한 교양주의적 자유론은 개인의 자유를 요구하는 정신과 사회적 연대관계의 원리가 결합되어 있었다. 일본유학생들도 이러한 개조론과 문화주의의 영향을 받았는데, 그들은 사회적

이다. 국내외 임시정부의 결집 과정과 공화제 추구에 대해서는 박찬승, 「공화」, 144~151쪽에 잘 요약되어 있다.

72) 독일의 문화철학은 1870년대 부르주아계급과 노동자계급의 성장과 대두에 따른 사회 전반의 물질주의를 비판하며 등장했다. 노동자계급의 대두에 따른 사회혁명사조의 흥기와 물질주의에 대한 위기의식을 느낀 지식인들이 문화의 담당자로서 정신세계를 추구한 신이상주의(신칸트학파) 경향의 산물이다. 제1차 세계대전 이후 물질문명에 대한 회의로 인해 정신문화가 중시되었고, 독일의 사조가 일본에 영향을 주어 흥기했다(정미량, 「1920년대 재일조선유학생의 자유주의적 문화운동론 연구: 『학지광(學之光)』의 분석을 중심으로」, ≪사회와 역사≫, 74(2007) 참조].

선각자로서 민중을 이끄는 계몽적 역할을 수행하고 인격가치를 사회적으로 실현한 문화를 창조하여 사회를 개조해야 한다는 사명감을 가지고 있었다.[73]

　문화주의개조론이 본디 개인의 인격과 사회의 문화가치를 연계하여 추구하므로 사적 자유로 후퇴하게 된 것은 사실이지만 개인적 내면의 자유만을 지향한 것은 아니었다. 윤익선(尹益善)은 "개인적 차원의 자유를 넘어서서, 개인적 물질적 개성아(個性我) 물질아(物質我)를 초탈해 사회아(社會我) 세계아(世界我)에 나아가 영적인 자아의 전인격을 완성할 것"을 제시했다.[74] 이는 개인주의적 소아를 넘어서서 사회적 자유 나아가 우주적 차원의 영적 합일을 이룬 대아를 건설하자는 견해로서, 당시 일본 교양주의의 정신주의적 인격주의의 영향을 보여준다. 김준연(金俊淵)은 "세계개조란 정치적·경제적 자유를 완성하여 인격적 자유를 향유하는 것"을 목적으로 한다며 세계개조를 지향하기도 했다.[75] 식민통치하 조선에서는 정치적 자유주의를 논하기가 더욱 어려운 상황이었기에 특히 일본 문화주의개조론의 영향을 받아 문화적 측면이 중시된 자유주의 지향이 나타났던 것이다.

2) 반전통사상과 개인주의

　유학생들은 한국이 빈약한 원인을 찾는 과정에서 동양과 다른 서양사상의 특성으로 인식된 개인주의에 큰 관심을 나타냈다. 재도쿄유학생 단체인 학우

---

73) 문화주의의 자유주의적 문화운동론에 반대한 사회개조론이 사회주의운동이었다. 이 운동에서는 경제조직을 개조하는 정치운동을 통하지 않으면 사회 문제와 노동 문제를 해결할 수 없다고 보았다. 사유재산과 계급모순이 노동 문제의 근원인데, 이는 정치운동으로 해결해야 하는 문제였던 것이다.

74) 윤익선, 「세계아의 위지에 립하야써, 온갖 사업에 하수하라」, ≪개벽≫, 7(1921).

75) 김준연, 「세계개조와 오인의 각오」, ≪학지광≫, 20[정미량, 「1920년대 재일조선유학생의 자유주의적 문화운동론 연구: 『학지광(學之光)』의 분석을 중심으로」, 51쪽 재인용].

회(學友會)의 기관지 ≪학지광(學之光)≫에 실린 많은 글을 살펴보면 개인주의적 관점에서 조선의 사회문화적 폐단의 변혁을 고취하는 내용이 담겨 있음을 볼 수 있다. 1910년대 후반은 한국자유주의의 역사에서 개인주의적 지향이 풍미한 예외적 시기이다.

이 시기 유학생들은 개인을 해방시켜 세우고자 하면서 개인에 대한 현실적 구속의 실체인 가족제도와 또 그 사상적 바탕인 유교를 부정적으로 인식했다. 이러한 지향은 개화기에도 나타난 바 있는데, 사회의 지배세력으로서 양반이 유교적 가족제와 함께 비판의 대상이 되었었다. 1910년대 후반 일본유학생을 중심으로 한 젊은 층의 반전통사상은 망국에 책임이 있는 그 이전 세대와 달리 구사상, 구관습의 속박으로부터 벗어날 수 있었기에 과감한 주장으로 표출되었다.

송진우(宋鎭禹)는 개인의 자립을 제창하면서 전통적 가족제의 구속을 타파하자고 주장했다. "가족제도는 …… 인문이 미개하고 지식이 유치할 때 …… 교활한 전제가 법을 제정하고 가족제도를 이용하여 사회를 구속하고 지위를 확보코자 함에 발달된 것 …… 개인권리가 존중되고 국가위력이 팽창한 현대에서는 가족제의 존재를 용인키 어렵다"라고 설명했다.[76]

송진우는 가족제가 청년들을 관습에 묶어둠으로써 사회발전에 장애물이 된다고 보았다. 청년들을 나태에 빠지게 하는 함정이 되고, 문벌을 가리게 하여 적절한 인재등용을 가로막게 되므로, 개인은 가족을 통해 사회로 나아가는 것이 아니라 직접 사회와 만나야 한다고 주장했다. 기존의 가족제는 개인의 발전을 가로막을 뿐 아니라 국가와 사회의 발전에도 장애가 된다며 가족으로부터의 개인의 독립을 설파한 것이다. 개인이 독립하여 사회와 국가의 일원으로서 국가와 직접 관계해야 하는 것은 자유주의 국가관의 중요한 요소이다.

---

76) 송진우, 「사상개혁론」, ≪학지광≫, 5(1915), 4~5쪽.

가족제에 대한 비판은 자연히 가족질서를 기초로 하여 사회와 정치를 지배
한 유교에 대한 비판으로 이어져 유교 타파와 국수주의를 주장하는 논리로 전
개되었다.

유교는 모고사상(慕古思想)의 원천이라서, 사회는 정체되고 발전의 희망이 막히
는 결과를 가져온다. …… 유교는 전제사상의 단서라 단정(할 수 있고), 민주사상
이 팽창하여 자치권리의 평등정치를 실현하는 현대 조류에 부적합하다. ……
유교는 외족을 오랑캐로 대우하고 타학을 이단으로 간주하는 배타사상의 표
현이다. 인류평등의 진리를 부르짖으며 사상자유의 특색을 발휘케 하는 문명
의 이상에 반대된다.77)

유교는 그 복고적 경향으로 인해 사회를 발전시키지 못했으며, 평등과 자
유라는 현대의 문명가치에 저촉되는 전제적·배타적 이념이라는 측면에서 배
척의 대상으로 제시되었다. 송진우의 이 글은 1915년 5월에 발표되었는데,
중국에서 '타도공가점(打倒孔家店)'을 기치로 유교사상에 대한 비판을 시작한
신문화운동의 사상혁명이 시작하기 이전에78) ≪학지광≫에 게재된 것이다.
중국의 신문화운동은 유교적 전통, 특히 가족의 속박으로부터 청년들을 개개
인으로서 해방시키기 위한 자유주의적 개인주의의 추구에서 시작되어 거센
충돌과 큰 반향을 불러일으키며 사회변혁의 기폭제 역할을 했다.
　개인에 대한 압박을 가늠할 때, 일반인들에게는 사실 정부로부터 오는 정
치적·경제적 압박보다 유교윤리 지배하의 가족제로부터 오는 사회적 압박이

---

77) 송진우, 「사상개혁론」, 2~3쪽.
78) 중국의 경우 천두슈가 ≪청년잡지(靑年雜誌)≫(후에 ≪신청년≫으로 개명)를 창간한 것은
　　1915년 9월이며, 가족제도에 대한 비판의 글이나 루쉰의 『광인일기(狂人日記)』 등을 통한
　　유교에 대한 공격은 1917~18년 이후에 본격적으로 이루어졌다.

피부로 느껴지는 보편적인 속박이라고 볼 수 있을 것이다. 또한 사회적 신분
이 낮은 계층은 말할 필요도 없고 남자에 대해 여자, 연장자에 대해 연소자의
개성이 철저히 무시되던 현실은 인간의 보편적 자유와 평등의 권리를 지향할
때 가장 먼저 시정되어야 하는 문제였음에 틀림없다. 앞에서 인용한 ≪황성
신문≫에 게재된 1907년의 글에 이미 '삼강오륜을 타파하는 것이 자유가 아
니라 충성하며 삼가 공경하는 것이 자유요'라는 문구가 나온 것으로 보아, 개
인과 자유라는 관념의 전파와 함께 윤리강상에 대한 도전도 일찍부터 시작되
었다고 볼 수 있다.

  송진우의 앞의 인용 글은 윤리강상뿐 아니라 옛것을 사모하는 모고사상,
진리를 독점하고 다른 사상과 학문을 이단으로 간주하는 배타성 같은 유교의
문제를 제기했다. 고대의 하, 은, 주 삼대 때에나 존재했다는 이상세계를 사모
하며 그것으로 돌아가려는 지향, 진리를 독점함으로써 학문의 발전을 가로막
아 사회가 발전하지 못한 상황은 동아시아 유교문명에 내재한 근본적 문제로
서 제기되었다. 더욱이 자유평등한 권리를 가진 인민이 이끌어야 할 현대 민
주사회의 조류에는 부적합하다는 판단이 짧은 문장 안에 모두 제기되었던 것
이다.

  이광수(李光秀)도 유교는 성인이 제정한 예법을 서민들이 무의식적으로 복
종만 하게 하여 개인의식을 몰각케 한다고 보았다. 이에 비해 기독교의 경우
영혼을 구비한 각각의 개성을 중시하여 만민평등의 현대윤리를 발전시킬 수
있었다며, 기독교가 조선에 가져다준 선물이 개성과 개인의식의 자각이라고
설파했다. 이광수는 개인주의적 자유주의의 취지에서 유교의 윤리강상이 요
구하는 복종으로 인해 무자각해진 서민들을 변화시키지 않으면 현대문명을
발전시킬 수 없다고 보고 반유교적 주장을 제기한 것이다.[79]

---

79) 박찬승, 「식민지 시기 조선의 자유주의와 이광수」, ≪한국사학≫, 7(1999), 101~102쪽.

현상윤(玄相允)도 "편파하고 고루한 주자학사상을 좀 떼어놓고 툭 터진 사상, 툭 터진 사회에 한번 살아보자"라며 "구사상, 구도덕하에서 '나'라는 의식생활의 중심을 잃고 반기계적·반동물적 생활을 했다"라고 구시대를 비판했다. 수백 년간 성인의 가르침이며 진리의 상징으로 숭상되어 왔던 주자학을 '편파하고 고루한' 학문이라 비판했을 뿐 아니라, 그 윤리체제 속에서의 무비판적이고 복종적이었던 삶을 '반기계적·반동물적' 생활이라 표현할 만큼 전통문화와의 심각한 단절을 시도하고 있음을 볼 수 있다.80)

현상윤이 "조선 사람이 현대문명의 중요한 특색인 물질주의를 모르고 개인주의를 경시한다"81)라고 지적한 것은 '인권(민주)와 과학'의 기치를 내걸고 서구식 '신문화', 나아가 신문명을 재창조하고자 했던 중국의 신문화운동과 궤를 같이하고 있다 하겠다. 문예부흥과 종교개혁으로 시작된 권위 타파와 개인주의 발전의 역사를 따라가기 위해서, 기존의 권위주의적 사상과 사회관계로부터 벗어난 사상의 자유와 평등의 제창을 '나'를 찾는 개인주의로 주장한 점은 자유주의적 지향을 잘 보여준다고 할 수 있다.82)

구사상과 구관습에 대한 비판적인 인식에서 유교윤리와 가족제가 집중적인 공격을 받는 가운데, 특히 조혼제도가 시급히 척결해야 할 대표적 폐습으로 지적되며 조선·동아 등 일간지의 사회운동으로 제기되었다. 1910년대부터 이미 '연애'라든가 '자유연애'라는 말이 유행하기 시작했고 '자유결혼'이 젊은이들의 꿈이 되었던 상황은 유교적 가족윤리와 결혼제의 구속에서 벗어나고자 한 당시 시대풍조의 변화를 반영하고 있다.

양반제도 역시 조선사회의 발전을 가로막는 장애이자 망국의 주범으로 비

---

80) 소성(현상윤), 「문예부흥과 종교개혁의 사적 가치를 논하여 조선 당면의 풍기문제에 급함」, ≪청춘(青春)≫, 12(1918), 37쪽
81) 소성(현상윤), 위의 글.
82) 박찬승, 「식민지 시기 조선의 자유주의와 이광수」, 98~99쪽.

판받았다. 개인의 자유추구는 구지배세력인 양반의 속박으로부터 해방을 추구하는 문제로 직결되었다. 신분사회질서를 비판하며 개인주의를 옹호한 다음 글을 보자.

인민으로서 개인은 관헌의 노예에 불과하며, …… 자제로서 개인은 부형에게 무시되며, 연하의 개인은 연장자에게, 빈자는 부자에게, 상인은 양반에게, 농민은 사(士)에게, 공상인은 농민에게, 여자는 남자에게, 처는 남편에게 남김 없고 빠짐없이 고루고루 무시되고 말았도다. …… 이러한 사회상태를 생각할 때 일심결정으로 개인주의를 주창하지 않을 수 없다. …… 또한 우리 사회의 개인 개인이 그 각개에 전속한 자유평등의 가치를 깊이 자각하며 자중하여 그 가치를 실현하기 위하여 진심진력으로 분투 노력할 때까지는 개인주의를 역창(力唱) 않을 수 없는 줄을 통절히 느끼는 바이다.[83]

1910년대의 조선에서 개인주의 내지 개인의 자유는 구습을 타파하면서 지향해야 할 목표였지만 개인주의로 인해 극단적 방임주의에 빠졌다는 부정적 인식이 일반적으로 퍼져 있었다. 이러한 상황 속에서 당남인은 개인주의에 대한 비판보다 먼저 모든 개인이 자유평등의 가치를 자각하고 그 가치를 실현하는 개인주의의 기초를 정립하는 것을 당면한 과제로 인식하며 '개인주의를 제창하지 않을 수 없다'고 주장한 것이다.

일본에서 유행한 개인주의사조와 문화주의개조론의 영향하에서 '새로운 문화'를 건설하고자 개인을 속박하는 유교사상, 그에 입각한 가족윤리, 결혼제도, 사회신분적 불평등으로부터의 탈피를 주장한 전통타파적 개인주의 내지 자유주의정신은 1910~1920년대 도쿄에서 발행된 《학지광》에서 일본유

---

83) 당남인, 「우리 사회의 란파」, 《학지광》, 17(1918), 702~703쪽.

학생들을 중심으로 추구되었을 뿐 아니라, 1920년대 조선에서 발간된 잡지 ≪개벽(開闢)≫에 의해서도 제창되었다. 조선의 전제, 억압의 상징인 유교를 비판하고 사상혁명을 고취한 '신문화' 건설의 노력은 문화통치 시기에 창간된 신문과 잡지, 특히 천도교청년회가 중심이 되어 발간한 ≪개벽≫에 의해 주도되었다 해도 과언이 아니다.

≪개벽≫은 창간호에서부터 가족 본위의 구문화를 초월한 개인주의문화의 건설이라는 새로운 사조의 유행으로 노년층과 청년층의 갈등이 표출되고 있음을 지적했다. 그리고는 조상의 습관, 인습에 무조건 복종하던 속박의 시대가 지나고 '다 같이 각 개인의 자유발전을 도모하는 기운을 부여'하는 시대가 되었으며, 개인의 자유발전은 사회의 진보를 위해 필요한 일이라고 설득했다.[84] 조선 자유주의의 선구자인 박영효도 ≪개벽≫의 창간호에서 관존민비, 축첩, 미신이 가득한 현실을 비판하며 "미신과 악습을 타파하고 진리를 구할 것이며 …… 일신(日新)사상으로 윤리를 해석하여 사회를 근본적으로 개선하여 …… 민족을 자유계로 지도하는 천(天), 인(人), 물(物)에 대한 개벽"을 이룰 것을 기원했다.[85]

≪개벽≫ 2호는 논설에서 다시 유교적 가족제도 속에 뿌리 깊게 내려 있는 개성의 말살과 독립심이 결여된 비민주적 문화를 청산하고 개인주의문화를 건설하자며 다음과 같이 제창했다.

조선사람은 자립자영의 독립심이 결핍되어 있고, 부모에 맹종하며 가업을 계승하는데 …… 개인자유의지가 속박되어 있고, 자유발전과 자유활동은 구속되어 있다. 가족제도로부터 생긴 인습적 인격구속, 인격압박을 초월하여 개성

---

84) 오태환, 「급변하여 가는 신구사상의 충돌」, ≪개벽≫, 1(1920).
85) 박영효, 「개벽의 창간을 문하고」, ≪개벽≫, 1(1920).

의 자유를 발달시키고 천부재능의 자유발휘를 개방하여 개인으로 하여금 자립자영심을 양성케 하고 …… 노동의 자유적 가치를 표현하게 해야 한다.

가족제도를 비판했던 중요한 이유는 복종을 강제하는 유교문화에 내재한 청년층의 독립심 결여와 '부녀의 인격을 멸시'하는 풍토 때문이었다. ≪개벽≫, 3호에 게재된 「가족제도의 측면관」에서는 "인격의 근본 의의인 평등자유의 관념을 부인으로부터 탈취한 …… 동양윤리는 …… 그 극단의 말폐는 여자를 일종의 기계, 일종의 노예로 취급하여 …… 평등자유를 박탈했을 뿐 아니라 …… 일종의 소유물로 사유했다"라며 전통적 가족관념을 비판했다. '이러한 부인 멸시의 관념은 근대 인격관념의 사상과 자연히 충돌을 일으킬 것'이라며 이를 근대적 사회관념의 수립을 위해 가장 먼저 시정되어야 할 악습으로 제기했다. 나아가 부인의 독립재산제도와 직업 문제를 거론한 것으로 보아 경제능력이 없으면 부녀의 평등자유의 독립성을 현실적으로 확보하기 어렵다는 부녀해방운동의 논리를 일찍이 간파하고 있었음을 알 수 있다.[86] 유교적 가족제도의 폐단으로부터 벗어나기 위해 개인의 자립자영심을 강조한 것도 같은 이유이다.

≪개벽≫은 계속해서 '장유유서의 말폐로부터 유년 남녀의 해방을 제창할 개인주의'(2호)라든가, 효도를 강조하는 유교윤리 속에서 '언론의 자유는 가정으로부터 박탈되어'(4호) 있다는 내용의 글을 게재하여 자유평등의 근대정치문화와 병존할 수 없는 유교문화전통을 극복하고 배척해야 함을 주장했다.

1910년대 후반 조선에서 일본유학생들을 중심으로 제기된 개인주의적 자유주의 지향의 반전통적 문제의식은 중국의 신문화운동처럼 사회적 '운동'으로 발전하지는 못했다. 그러나 조선이 망하고 일제의 통치가 시작된 역사적

---

86) 창해거사, 「가족제도의 측면관」, ≪개벽≫, 3(1920).

상황 자체에서 형성된 '구문화'에 대한 불신과 '신문화'에 대한 기대감은 개인주의, 자유주의, 민주주의 같은 구미의 정치제도와 이념에 대한 호의적 환경을 제공했다. 또한 일본 사회의 개조론과 문화주의와도 긴밀히 연계되어 있었다.

1910년대 말은 제1차 세계대전의 종결, 러시아 볼셰비키혁명의 성공, 민족자결주의의 제창, 유럽에서의 자유주의의 변화로 인해 조선의 지식인들도 세계질서 개편과 사회개조에 대해 긍정적 희망을 가졌고, 중국에서는 신문화운동으로 개인주의적 자유주의가 비로소 잠시 꽃피운 시기였다. 일본유학생들의 개인주의 지향은 주로 기존의 유교문화 내지 가족제와 사회신분질서에 대한 비판으로 표출되었기 때문에 정치적 성격을 띠지 않아 일제 치하에서도 엘리트 유학생들이 주관하는 잡지를 통해 개진될 수 있었고, 3·1운동 직후 문화통치가 시작된 1920년대에 들어서면서 ≪개벽≫ 등을 통해 계몽적 성격으로 발전할 수 있었던 것으로 보인다.

≪개벽≫은 그 초기에 '신사상', '신문화'를 건립하려는 취지가 강했고,[87] '개인'을 봉건적 구속으로부터 해방시키고자 자유와 평등을 강조하는 입장이었다. 자유평등의 신사상을 추구하는 지향은 이 시기에 이미 사회적으로 상당한 공감대가 형성되어 있었지만 막상 그 확립은 용이하지 않았고, 그러한 와중에 구사상이 힘을 잃어 혼란해졌던 당시 상황을 한 필자는 다음과 같이 서술하고 있다.

    몇 천 년 동안 유교사상 ― 삼강오륜 ― 의 전제 밑에서 신음하던 우리 사상계

---

87) 최수일은 ≪개벽≫ 잡지에서 사회주의 계급운동을 주장한 것은 1923년 이후이며, 그 전에는 일본의 영향을 받은 문화주의를 배경으로 문화운동을 주도했다고 보았다[최수일, 『≪개벽≫ 연구』(소명출판, 2008), 432~465쪽 참조]. 천도교에서는 구국운동의 일환으로 신문화운동을 추진했고, ≪개벽≫ 이외에 ≪신여성≫, ≪별건곤≫, ≪학생≫, ≪어린이≫, ≪조선농민≫, ≪혜성≫ 등의 잡지를 발행하며 구국계몽운동을 전개했다.

는 신사조 — 자유, 평등사상 — 의 유입으로 갑자기 해방을 얻게 됨에, 구는 파괴되고 신은 건설되지 못하여 정치상 혁명의 시대의 그것과 같이 무정부 무질서의 상태가 되고 말 것이다. …… 전제계급의 낡은 사상과 자유평등의 신 (新), 신사상은 도처에서 충돌하고 있다. 어떻게 신을 건설할 것인가? …… 자유비평과 과학적 태도로 사상혁명을 하여 비평의 자유를 가지고 진리를 추구해야 한다. 이것이 과거 우리 사상계에 제일 부족한 점이다.[88]

이 글에서는 신문화의 추구가 유교윤리에 입각한 가족제도에 대한 비판에 머물지 말고 진리를 독점해 온 공자와 주자에 대한 비판을 포함하는 사상혁명으로 나아가야 하며 이를 '자유비평과 과학적 태도'로 수행하도록 제기하고 있다. 구사상의 압제로부터 해방을 넘어 신문명을 건설하기 위해 서양 근대 자유주의문명으로부터 학습해야 할 요체로서 비판적·과학적 정신과 방법을 제시한 것이다. 중국에서의 신문화운동의 전개 상황에 대해서도 알고 참조하며 신문화, 신문명 건설을 추구한 것으로 보인다.[89]

1910년대 후반부터 1920년대까지 개인주의적 자유주의 지향이 전개된 것은 개조론적 문화주의의 영향뿐 아니라, 망국의 상황에서 구문화에 대한 비판이 설득력을 가졌고 소아를 희생하며 지켜야 할 국가가 사라졌으며, 식민당국의 간섭과 압박에서 벗어나고자 하는 원망(願望)이 중첩된 결과일 것이다. 개화기는 말할 필요도 없고 한말 자강기 자유주의사상이 도입된 지 불과 십수 년 후에, 유교사상의 훈도를 적게 받고 일본에 유학하면서 신사상과 근대학문을 수학한 '신세대'들은 과감하게 전통과 단절하고 그것을 자유롭게 비판하는

---

88) 양명, 「우리의 사상혁명과 과학적 태도」, ≪개벽≫, 43(1924).
89) 북여동곡, 「동서의 문화를 비판하야 우리의 문화운동을 논함」, ≪개벽≫, 29(1922a); 「현중국의 구사상, 구문학의 개혁으로부터 신동양문화의 수립에 타산의 석으로 현중국의 신문학 건설운동을 이약이함」, ≪개벽≫, 30(1922b); 양명, 「우리의 사상혁명과 과학적 태도」.

'사상혁명'을 일구어 나가고 있었던 것이다.[90]

3) 개인주의와 민족주의

　망국의 상황 속에서 개인주의적 자유주의 지향은 오래 지속되지 못했다. 일제 강점기에는 자연히 개인보다 민족, 소아보다 대아를 우선시하거나 개인, 민족, 국가를 불가분리의 유기체로 보며 개인을 민족의 구성요소로서 철저히 민족에 흡입시켜 파악하는 사상이 보다 일반적이었다. 안창호의 '대공주의(大公主義)'로 대표되는 민족지상주의는 그러한 흐름에서 제창되었던 것이다. 민족이 반드시 개인에 우선한다고 본 것은 아니며 양측이 통합적으로 연계되어 파악되었다고 볼 수도 있지만, 개인은 유기체적 민족의 구성요소로서 민족 속에서만 정체성을 가진다고 생각했다.[91]

　'개인의 가치를 자각하며 개인의 향상심을 고취하여 그 진보발전의 범위를 넓혀 자기를 충분히 실현하려는 개인주의'를 지향하되 '진정한 자유'를 얻기 위해서 사회와의 조화를 중시하는 자유주의는 '진리아(眞理我)'의 개념과 표리를 이루었다.[92] '진정한 나'란 내가 속한 집단이 곧 '진짜 나'라는 인식이며, 나라는 일개인의 이기주의를 넘어서서 사회, 국가, 집단의 이익을 우선시할 것을 강조했다. 그러나 개인과 집단의 조화를 믿고 기대했을 뿐 개인과 개인, 또는 개인과 집단의 이해가 충돌하는 데 대한 고려와 대책은 없었다 해도 과언이 아니다.

---

90) 권희영, 「근대적 공간으로서의 한국 자유주의: 한국의 자유주의 연구 서설」, ≪한국사학≫, 17(1999).

91) 박만규, 「안창호 민족주의에서의 자유주의」, ≪한국사학≫, 17(1999); 정용화, 「근대적 개인의 형성과 민족: 일제하 한국자유주의의 두 유형」, ≪한국정치학회보≫, 40-1(2006).

92) 김윤경, 「개인과 사회: 소아에서 대아로 부분심에서 전체심」, ≪동광(東光)≫ 9(1927a); 「자유에 대한 일고」, ≪동광≫, 13호(1927b).

당남인은 "우리 사회에 그동안 전파된 개인주의는 위험한 개인주의여서, 자기 이외에 아무 존재도 인정하지 않아 인류, 국가, 민족, 사회에 대하여 의무나 책임의 관념이 없고, 자기 일개인뿐인 자아적 개인주의 즉 극단적 이기주의에 불과하다"라고 비판했다.[93] 많은 논설에서 개인주의는 대개 '극단적'이라는 수식어를 동반하며 극단적 개인주의로 서술되었는데, 개인주의가 부정적 경계 대상으로 인식되고 있었음을 보여준다.

그리고 그는 민족경쟁의 시대에 닥쳐 "국민 각 사람이 각성하여 큰 힘을 내지 아니하고는 조국의 독립을 유지할 수 없다는 것과, 큰 힘을 내는 길은 국민 각 개인이 각각 분발, 수양하야 도덕적으로 거짓 없고 참된 인격이 되고, 지식적으로 기술적으로 유능한 인재가 되고, 그러한 개인들이 국가의 천년대계를 위하여 견고한 단결을 해야 한다"라고 주장했다. 국민 각 개인이 도덕적이며 유능한 인재가 되는 것은 국가의 천년대계라는 목적을 달성하기 위함이었지, 개인의 이익과 관심사를 추구할 수 있는 자유와 권리를 확보하기 위한 것은 아니었다. 정치적 참여의 공적 자유가 허용되지 않는 식민지 상황에서 주권회복이라는 최종 목적을 위해 민족의 힘을 집중해야 했고, 민족의 정체성 속에서 개인의 자유도 달성될 수 있다는 인식이었던 것이다. 공적 정치에 참여하는 권리를 얻기 위해서 현대인의 자유라 할 수 있는 개인의 사적 자유와 권리이익의 추구는 주장할 수 없는 것이 논리적 귀결이고 당시 현실이었다.

안창호는 자각된 개인의 양심과 자유의사에 기초한 사회와 국가가 윤리의 주체라고 역설했다. 자유로운 공동체로서 민족이 개인의 자유를 침해해서는 안 된다고 주장한 점과 민족운동의 전개에 있어서 공론에 입각한 민주적 단결을 강조했다는 점에서 혹자는 안창호를 자유주의적 민족주의자 내지 민족주의적 자유주의자로 보기도 한다.[94] 안창호는 근대적 국민의 자격과 소양을

---

93) 당남인, 「우리 사회의 란파」.

갖춘 자각된 개인들의 단체(시민사회)들이 공개토론으로 여론을 결정하면 대공주의원칙에 따라 합동해야 한다고 주장했다.

안창호는 이 여론에 대해 "한민족의 뜻이요 소리요 명령"이라고 설명했고, "우리는 자유의 인민이니 결코 노예적이어서는 안 됩니다. 우리를 명령할 수 있는 이는 오직 각자의 양심과 이성뿐이라 할 것이니, 결코 어떤 개인이나 어떤 단체에 맹종하여서는 아니됩니다"라고 했다. 개인의 양심과 단체활동에서 비롯된 자유로운 공개토론은 자연스럽게 '하나의 의론'으로 수렴되어 민족공동체의 수립과 유지로 이어질 것이며, 그러므로 여기에 복종해야 한다는 생각은 루소의 일반의지를 연상시킨다. 루소도 개인이 사회의 실재라는 생각과 개인의 이기적 이해를 넘어선 정치사회에 대한 책임감을 조화, 종합시키고자 고심했으나 사회 쪽에 보다 강조점을 두었다. 하지만 대공주의라는 대의에 이의를 제기할 수 없고 단체에 참여하지 않거나 이탈할 수 있는 자유가 없다면 '자발성'의 강조는 공허할 수밖에 없을 것이다.95)

안창호가 말한 '양심'이란 '우리 민족사회에 대한 영원한 책임감'이었다. 망국의 식민지 상황하에서, 예컨대 민족의 독립을 성취해야 한다는 명제에는 절대다수의 한민족의 양심이 합의할 수 있으므로 합일된 '여론'을 구성할 수 있을 것이다. 그러나 근대국민국가를 운영하는 이념으로서는 지나치게 낙관적인 편이며, 자칫 결정된 합의에 복종해야 한다는 전체주의적 실제로 귀결될 위험성이 있다는 점에서 설사 민주적일 수 있을지 몰라도 개인주의적 내지 자유주의적 인식이라 보기는 어렵다. 대공주의는 사실상 국가 제일의 민족지상주의이다. '일개인은 민족에 봉사함으로써 그의 천직을 다한다'는 것이다. 그러나 개인의 자유와 민족의 독립과 자유를 어떻게 결합시킬지에 대해 고심한

94) 장동진, 「식민지에서의 '개인', '사회', '민족'의 관념과 자유주의: 안창호의 정치적 민족주의와 이광수의 문화적 민족주의」, 《한국철학논집》, 16(2005).
95) 장동진, 위의 글, 49쪽 참조.

그의 자유주의적 민족주의의 추구는 식민지 시기 한국자유주의의 고뇌와 특성을 여실히 보여준다고 할 수 있다.

한편 윤치호와 이광수의 경우처럼 개인과 민족을 구분 내지 분리해서 파악하거나, 윤치호같이 개인을 우선한 사유방식도 나타났다. 윤치호는 앞에서 살펴보았듯이, 한말 현실 정부(왕조)에 의한 시정개선과 국력강화의 가능성이 전혀 없다는 사실을 절감하며 절망감을 가지고 있었다. 따라서 인민의 생명과 재산의 안전을 보장해 줄 수 있는 강한 정부라면 다른 문명한 나라에 종속된 상태라 해도 재앙은 아니라는 관점을 가지고 있었다. 제국주의의 침략을 용인하는 이러한 발상은 을사보호조약에 맞닥뜨렸을 때조차 한국민이 일본의 노예상태로 전락할 것을 예상하면서도 차라리 '덜 나쁜 악'인 일본인의 식민정부가 오히려 조선인의 생명과 재산을 이전보다 잘 보호할 수 있을 것이라 판단하는 근거가 되어주었다.

그의 이러한 인식은 일제 강점기에도 한국은 독립자치의 능력이 없다며 독립운동에 대한 부정적 평가로 이어졌다. 3·1운동에 대해서도 '우리는 독립으로 이득을 볼 준비를 갖추지 못했다'며 '학생들의 어리석은 소요는 무단통치를 연장시킬 뿐'[96]이라고 평가했다. 독립하여 스스로 통치할 능력이 없다는 냉철한 인식 위에, 그는 현실적으로 언론과 출판의 자유 같은 개인의 자유와 재산권 보호를 위한 합리적인 행정의 실행 등 준비를 거쳐 자치를 허용할 것을 식민당국에 요청했다.[97]

윤치호는 '힘이 정의'[98]인 이 세계에서 적자생존, 약육강식의 경쟁 시대에 힘을 키우고 문명화하는 것이 민족의 생존을 위한 유일한 길이라고 인식한 것이다. 그리고 그러한 사명을 위해서 문명국가의 도움을 받는 편이 낫고 또 필

96) 국사편찬위원회, 『윤치호일기』, 1919년 3월 2일 자.
97) 정용화, 「근대적 개인의 형성과 민족: 일제하 한국자유주의의 두 유형」, 13쪽.
98) 국사편찬위원회, 『윤치호일기』, 1890년 2월 14일 자.

요하다는 생각은 로크의 재산권이론이나 문명화논리 같은 'cosmopolitanism of reason'에 맞닿아 있다. '문명의 유아상태'에 낙후되어 있어 이성의 능력을 가지지 못한 '야만' 지역을 '문명' 상태로 이끈다는 자유주의적 제국주의론으로서, 보편적 진보관을 바탕에 깔고 있는 것이었다.

이광수도 일본에서 유행한 개조론의 영향을 받아 계몽을 통해 모든 억압으로부터 해방된 인간, 즉 근대적 자아를 창출하는 과제를 추구한다고 자임했다. 개인을 억압하던 전통적 윤리문화, 즉 민족문화를 개조할 필요가 있었기에 이광수는 개인과 민족문화를 분리할 수 있었다. 그도 역시 유교적 구습 타파와 신도덕 건설을 주장했는데, 계몽된 인간으로서 선각자인 엘리트는 민족의 문화적 전통과 분리된 존재로서 자유의지를 가진 자아중심적 존재였다. 민족으로부터 분리되면 개인은 사적 자유의 공간을 확보할 수 있다. 개인적 자유를 가진 엘리트로서 이광수는 자아실현과 민족의 정체성을 위한 문화적 헌신 사이에서 딜레마를 느꼈을 것이다.[99]

그는 개인을 억압하는 주된 근원이 유교도덕에 있다고 보아 효도, 남존여비, 신분계급 등 구습을 비판하며 개인의 자각과 개조를 촉구했는데, 개인의 개조는 결국 민족의 개조를 위한 것이었다고 볼 수 있다. 그는 문화적 해결 방법으로 개조를 하면 민족의 정체성을 보존할 수 있다고 생각한 문화적 민족주의자 내지 자유주의적 민족주의자였던 것이다. 1920~1930년대의 이광수는 민족개조의 문제에 몰두하여 개인보다 민족을 중시했고, 개인의 자유를 주장하되 국가와 같은 단체를 위해 자발적으로 희생할 줄 아는 자유를 지향했다. 나아가 개성해방주의는 '극도의 개인주의'로 나아갔다고 비판하며 '우리주의'라는 집단주의도덕을 제창했다.[100]

---

99) 장동진,「식민지에서의 '개인', '사회', '민족'의 관념과 자유주의: 안창호의 정치적 민족주의와 이광수의 문화적 민족주의」.
100) 박찬승,「식민지 시기 조선의 자유주의와 이광수」, 114~117쪽.

1920년 창간된 《동아일보(東亞日報)》는 3대 주지(主旨) 중 하나로 '민주주의'를 들고 있는데, 민주주의와 자유주의를 혼용하는 경향도 보이지만 자유주의적 민주주의를 세계 대세로 보고 지향했으며 그것을 근거로 총독정치를 비판했다. 그러나 개인보다 집단과 민족을 강조하며 민족의 단결을 부르짖고, 1930년대에는 서구중심주의(서구추수주의, 숭양주의)를 비판하며 전통에서 조선 사람의 정체성을 찾아야 한다는 복고주의 경향마저 드러냈다. 1930년의 연두사에서는 "잠시 이기적 개인주의를 버리고 조선을 위하여 자신을 희생하자"라고 쓰고 있다. 당시 일본의 군국주의가 대세가 되었고 세계적으로도 자유주의가 몰락하고 있다는 인식을 반영했다고 볼 수 있다.[101]

공적 자유에 기반한 자유로운 정치적 공간 없이 사적 자유가 확보될 수 있는가? 식민통치하 공적 자유를 빼앗긴 상황에서 사적 자유에 대한 침탈을 어떻게 막을 수 있는가? 개인의 정체성은 민족과 문화와 깊이 연계되어 있고, 민족과 문화의 정체성의 자연스러운 진전은 정치적 자율성, 즉 공적 자유가 전제되지 않고서는 기대할 수 없다. 윤치호는 개인의 자유에만 관심을 두었고, 개인의 정체성에 관해서는 관심이 덜했다. 그런데 정치체제 선택에 관한 공적 자유를 박탈당한다면 결국 그가 추구하는 사적인 개인의 자유는 적절히 보호될 수 없다. 한편 개인의 사적 자유의 보장 없이는 민족의 자연스러운 문화적 선택의 자유를 기대할 수 없다. 그렇다면 윤치호는 근대국민국가의 개인과 민족(국가) 간 일체성에 관해 무관심했던 것일까? 이성에 의한 진보라는 역사관을 과신한 것이었을까?

1920년대 《동아일보》를 중심으로 전개된 자치운동은 정치적 결사체를 결성하여 정치적 발언권을 확보하고자 했다. 민족이 단결하여 교육을 진흥하

---

101) 채오병, 「제국의 사이클과 지역 정치문화: 전간기 동아일보의 '민주주의'와 '자유주의'」, 《사회와 역사》 94(2012), 183~205쪽.

고 실업을 확장하여 '모든 자유와 권리를 획득(獲取)할 것'을 도모한 것이다. 국권상실을 기정사실로 받아들이고 자치의회를 개설하여 언론·출판·집회·결사 등의 정치적 자유를 얻고 인민의 생명, 재산의 보호, 폐정의 개혁 등 생존권을 보장받을 방편을 찾고자 했는데[102] 이 운동은 교육이나 실업 측면의 준비론을 넘어 자치의회 개설을 통해 민중의 정치적 훈련을 도모한다는 단계적 독립운동의 성격을 지니고 있었다. 그러나 당시에도 '타협론'이라는 비판을 받았고, 특히 사회주의자들은 자치파를 독립의 목표를 방기한 민족부르주아지들이 '반동화'한 것이라며 비난했다. 그 이후에도 민족부르주아 계급의 경제적 자유주의 획득 운동이라는 취지로 평가받아 왔다.

그러나 식민통치를 부정할 수 없는 현실 속에서, 식민 당국도 받아들일 수 있는 범위에서 최소한도의 공적 자유를 추구하면서 합법적으로 독립을 준비할 수 있는 길을 자유주의사상의 틀 속에서 모색한 운동이라는 의의를 인정하지 않을 수 없다. 피압박민족이 해방과 자유를 성취하기 위해 자유주의사상을 토대로 하여 정치적·사회적·문화적으로 개인의 주체성을 확립하고자 했던 것이다. 식민지배하 한국에는 민족의 해방과 독립자유를 쟁취해야 하는 과제, 그러한 과제를 수행하는 데 필요한 개인의 자유와 권리 향상이라는 문제, 진보된 제국주의문명을 학습해야 하는 딜레마가 얽혀 있었다. 식민지 지배를 하는 제국주의국가들이 자유주의사상에 입각해 있었으므로, 자유주의는 학습의 대상인 동시에 극복의 대상이었다.

---

102) 「민족의 단결을 촉구하노라: 조선인은 단결하라」, ≪동아일보≫, 1922년 7월 25일 자; 이광수, 「민족적 경륜」, ≪동아일보≫, 1924년 1월 1일~1월 6일 자를 참조했다.

4) 사회적 자유주의 지향

1910년대 개인주의적 자유주의를 추구하는 경향이 물질주의적 자본주의 지향과 표리를 이루며 전개된 시기에도 민족의 독립을 회복해야 한다는 문제의식은 방기할 수 없는 과제였다. "개인의 행동이 국가민족에게 이익을 주는 경우에는 선이오, 해를 끼치는 경우에는 악"이라는 식으로 가치판단의 기준을 국가와 민족의 이익에 놓고 개인의 절대적 자유추구를 경계했다.[103] '절대적 개인주의'만 주장할 수는 없다며 공공의 도리 내지 윤리적 사회를 본위에 둔 생활에 입각한 사회적 이상과 개인의 자유의 합치를 요청하는 것이 시대정신이었다. 개인의 가치를 경시하지는 않았으나 공공의 도리를 병행하여 추구하도록 주장했던 것이다.

사실 당시 일본 유학생들은 엘리트로서 예비 특권층을 구성하고 있었으나, 자기실현과 자기보존을 중심으로 살아갈지 또는 '윤리인으로서 사회 본위 생활'을 할지를 고심했을 것이다. 개인의 가치를 우선시하며 개인의 실력을 키우지 못한다면 민족과 국가의 실력도 향상될 수 없다는 논리는 자아계발을 요구했다. 그러한 선각자적 능력을 가지고 민중을 계몽하여 민족을 독립시켜야 한다는 대의를 유학생들이 잊을 수 있었을까?

한편 일본사상계에서 비주류 사조로서 자유주의의 맥을 이어간 것은 와세다대학과 게이오대학 출신으로 ≪동양경제신보(東洋經濟新報)≫를 통해 활동한 자유주의 학자들이었다. 이들은 정부의 보호주의적 식산흥업정책에 반대하는 소수의견을 피력했으며, 영미의 신자유주의의 영향을 깊이 받아 산업화사회에 들어선 일본의 사회 문제 해결에 대해 적극적인 관심을 가지고 있었

---

103) 서상일, 「문단의 혁명아를 독하고」, ≪학지광≫, 15[최선웅, 「1910년대 조선에서 자유주의의 두 가지 유형과 성격」, ≪역사와 담론≫, 75(2015), 99쪽 재인용].

다. 이들의 영향을 받은 유학생들 역시 당시 '진실한 자유'라 인식된 사회적 자유에 경도되었다.

영미의 신자유주의는 개인주의적 고전자유주의의 발전을 기초로 하며, 산업화 이후 사회의 노동 문제와 사회경제적 문제에 대한 관심과 민주화된 정부에 대한 신뢰를 바탕으로 하여 공정한 분배를 위한 정부의 적극적 역할을 요청했다. 즉 개인의 자유에 대한 보장이 바탕에 깔려 있는 상태에서 사회경제적 조건이 개성의 발휘를 가로막는 경우가 발생하자 정부의 개입으로 그 문제의 해결을 모색하고자 하는 것이다. 대표적 신자유주의자인 그린은 적극적 자유와 공동선을 추구했고, 홉하우스는 재산의 사회성을 중시하여 사회적 정책을 통한 부의 합리적 재분배를 주장했다. 홉하우스의 이론은 중국과 조선에도 소개되며 사회적 자유주의의 지경을 넓혔다.

사회적 자유를 제창하는 논자들은 개인주의와 고전적 자유주의의 입장에 대해 비판했다. 개인주의적 자본주의근대화론을 이기주의, 배금주의라고 비판하며 '극단적 자유방임'을 배격하고 사회공익을 추구했다. 이는 윤리적 사회 본위 생활을 지향한 스펜서의 사회유기체론적 사회진화론의 영향으로 보인다. 생존경쟁의 수단이 지식과 자본이 아니라 건전한 사상과 도덕 및 윤리라고 보고 인격의 존엄과 정의, 도덕을 강조하는 한편, 힘과 자본이 도덕이라는 '강력'주의를 비판했다.

다시 말해 '그릇된', '위험한' 개인주의나 황금만능주의, 이기주의가 아닌 '대아'의 건설을 추구한 것이다. 물론 한말 때처럼 개인의 가치가 국가와 민족 속에 흡수된다는 논지는 아니고 개인과 사회·민족의 상호 작용과 조화를 중시한다. 개인적 가치와 사회적 공헌이 조화를 이룬다는 것이다. 와세다대학에 유학하며 신자유주의사조를 흡수한 장덕수(張德秀)는 '소아를 초탈하여 대아로 진입할 수 있는' 진실한 자유, 즉 사회적 자유의 실현을 주장하며 정치적·경제적 자유뿐 아니라 도덕적 해방의 '자유경지'를 제시했다.[104] 그는 '개인지상주의'와 '사회지상주의'가 모두 결점이 있다며, 개인은 사회에 대해 권리가 있는 동시에 의무도 있으므로 개인의 재능과 창의를 무시하지 않으면서 사회유기체 안에서 개인의 권리만을 강조하지 않는 신자유주의적 개인과 사회의 조화를 추구했다.[105] 1920년대 초반 ≪동아일보≫에는 당시 주필이었던 장덕수의 관심이 반영되어 정치적 자유를 넘어선 사회적 자유나 평등을 위해 제한된 자유주의를 제기하는 등 신자유주의 경향의 논설이 자주 등장했다. 1925년 1월 12~15일간에 실린 「자유권과 생존권」이라는 네 편의 사설은 정치적 자유권뿐 아니라 러시아혁명을 계기로 파급된 '생존권'을 세계 대세로 중시하면서 자유와 평등의 조화를 제시했다.

재산의 사회성을 제기한 홉하우스의 논리는 사유재산의 형성과 보존에 기여하는 국가와 사회의 공헌을 인정해야 하므로 부의 분배에 국가와 사회가 참여할 권리가 있다는 것이다. 개인과 사회의 조화를 통해 공동선을 달성하고자 한 신자유주의사상은 공적 목적과 공동체를 중시하는 동아시아인의 정서에 합치되었다. 재산의 사회성 개념을 토대로 한 누진과세법이나 상속세 같은 사회입법도 지지를 받았다.

이러한 논의에는 사회적 자유 개념과 그 사상이 반영되기도 했지만, 당시 일본에서 큰 지지를 받았던 사회정책주의가 영향을 주기도 했다. 1897년에 경제적 자유주의를 구성하는 개념요소라 할 수 있는 자유방임주의, 극단적 이기심, 제한 없는 자유경쟁, 빈부격차에 대해 반대하는 동시에 사회주의에 대해서도 반대하는 사회정책학회가 결성되었다. 이 학회 측 인사들은 독일에서 도입된 사회정책사상을 최신 사상이라고 인식하며 지지했다(자유방임사상은 지난 시대의 사상이라고 보았다). '자유주의'는 부정적 의미를 내포한 용어로서 방임

104) 최선웅, 「1910년대 조선에서 자유주의의 두 가지 유형과 성격」, 111쪽.
105) 정미량, 「1920년대 재일조선유학생의 자유주의적 문화운동론 연구: 『학지광(學之光)』의 분석을 중심으로」, 43쪽.

주의와 동일시되었는데, 이 말이 사용되기 시작했을 때부터 줄곧 극복의 대상이 된 셈이다. 일본의 이러한 사조는 식민지 조선에 직접적 영향을 주었다.

5) 경제적 자유주의

일제 강점기의 마르크스주의자 백남운이 '현대정치의 목적이 대체로 경제권의 보호'라 했듯이 유럽의 자유주의는 특히 사적 재산권보호를 위한 정치제도로서 발전했던바, 경제적 자유주의는 자유주의 발전사에서 특히 중요한 비중을 차지한다. 식민지 시대의 한국의 자유주의는 정치적 자유가 부재한 상황에서 앞에서 살펴본 문화운동 방면과 함께 경제 분야에서도 주장되었다. 한국의 경제적 자유주의는 자본주의적 발전의 현실에서 그 존재의미를 찾을 수 있을 것이다.

사회진화론의 영향하에 식민지 모국의 빈약한 현실에서 벗어날 방법을 찾으며 고심하던 일제 강점기 유학생들에게서도 경제적 실력을 키워야 하며 산업을 발전시키기 위해 자유주의적 경제체제를 확립해야 한다는 자강기의 논지가 그대로 계승되었다. 앞에서 살펴본 바와 같이 1910년대 ≪학지광≫ 등에 표출된 개인주의적 지향은 물질주의와 연계되어 부력을 증대시키는 자유경제체제의 추구로 나타났다. 당시에는 '힘', 즉 실력과 강력을 키워야 하며 그것은 구사상 및 구습 타파와 함께 식산흥업을 통해서 이루어져야 한다는 데 공감대가 이루어져 있었다. 유학생들은 '부'의 추구를 긍정했을 뿐 아니라 자본, 금전, 상업, 상인 등에 대해 모두 전통 시대와 달리 적극적 관점에서 관심을 표명했다. 심지어 이기주의까지도 '누가 이기(利己)를 악덕이라 하는고'라며, 악덕이 아니라 문명진보와 일국 강성, 우승열패를 위한 '미덕'으로 찬양했다.[106]

---

106) 서태호, 「이기지위덕이 과덕호」, ≪청춘≫, 14호(1918)[최선웅, 「1910년대 조선에서 자유

'부가 곧 힘[力]이오 금전이 곧 권세인 시대'라거나, 조선의 선결 문제는 금전과 부에 있으며 조선인이 비루한 것도 가난하고 궁핍하기 때문이라 보고 물질적·정신적으로 강한 힘을 키워 강자의 도덕을 갖추고 자본주의적 근대문명의 일원이 되기를 열망했다[경제력뿐 아니라 '지력(智力)', '뇌력(腦力)'을 양성해야 함은 물론이었다]. 그렇다면 어떻게 부력을 키울 것인가? 자유경쟁을 토대로 상공업을 발흥시키고 금융기관과 교통기관을 설립, 발전시켜서 부력을 축적해야 한다고 강조했다. 경쟁을 통해 진보한다는 진화론적 사고의 영향으로 자유경쟁에 대해 긍정하고, 현대사회에서 개인들의 영리추구에 의한 산업발전도 자유경쟁을 통해야 함을 지지한 것이다.[107]

이와 같은 부와 자력(資力)의 적극적 추구는 근원적으로 개인의 욕망추구에 대한 긍정을 기반으로 한다. 앞에서 언급한 대로 현상윤은 서구문명의 요체를 물질주의와 개인주의로 보고 두 가지를 함께 추진할 것을 주장했고, 송진우는 "현재 자본주의 시대는 개인을 중심으로 하는 통상 시대"라고 했다.[108] 자본주의의 토대가 개인주의라는 사실을 분명히 인식하고 있었으며, 개인 중심의 자본주의적 근대화를 추구한 것이다. 이는 자본주의문명을 모델로 국부의 증강을 추구해야 하는데 이를 위해 개인의 독립적 가치를 제고시켜야 하고 궁극적으로 이를 토대로 민족의 독립을 기한다는 실력양성주의 논리였다. 개인의

주의의 두 가지 유형과 성격」, 106쪽 재인용].

107) 한국 최초의 신조어 사전인 『현대신어석의(現代新語釋義)』(최록동 편저, 1922년 발간)에서는 '자유경쟁'이 본래 각자가 속박과 제한을 벗어나 무슨 일에서든지 자유롭게 경쟁함을 말하나 현재는 주로 이기적·개인적 영리주의에 관해 사용된다고 설명했다. 『신어사전(新語事典)』(청년조선사 편저, 1934년 발간)는 '자유경쟁'을 '초기 자본주의 시대의 생산의 경쟁, 가격의 경쟁, 시장의 경쟁, 금리나 지대 등의 경쟁이니, 자본주의 생산의 무정부 상태의 결과'라고 설명했다. 『현대신어석의』와 『신어사전』이 모두 '자유경쟁'이라는 항목을 싣고 있는 것은 이 신조어에 대한 관심을 반영한 것이다. 이 두 사전은 현대한국어로 윤문되어 『한국근대신어사전』(한림과학원 편저, 2010년 발간)에 실렸다.

108) 송진우, 「사상개혁론」.

자발성을 촉구하며 이기적 욕망이 사회적 진보와 발전의 촉매로써 긍정되는 사고방식이야말로 유교사상과 결별한 자유주의적 사고의 진전을 보여준다.

그러나 당시 조선의 산업 수준을 생각하면 자유방임주의적 경제관을 지지하기도 곤란했다. 보호가 필요하다는 관점이 제시되었지만 보호의 주체가 될 국가와 정부가 부재했다. 일제 식민당국의 통치하에서 누구에게 보호를 기대할 것인가? 조선의 지식인은 민족과 사회(기관)를 보호의 주체로 상정하며 유치한 산업에 대한 보호와 보호무역의 필요성을 강조할 수밖에 없었다. 일제 강점기 동안 산업경제계는 기본적으로 자유주의적 자본주의체제였다고 볼 수 있다.

백남운은 '일제 합병 초기에는 일시적으로 조선의 자본가들이 장애 없이 발전할 수 있었지만 일본 정치권력의 조직이 정돈되자 정치권력이 연장되면서 그 부력 역시 조선 전체 부르주아 항로에 암초가 되었다. 조선 부르주아는 원칙적으로 권력과 분리되었고, 혹 비호 받는 경우에도 치자와 피치자의 목적 방향이 교차했다'고 당대 상황을 서술했다

아시아적 정체봉건사회에서 바로 일제 식민지가 된 조선사회는 독자적인 근대화 과정을 밟지 못해 자유주의의 위력을 경험하지 못했다. 식민지 조선에서는 일제 통치 아래 급속도로 궁촌벽지까지 상품경제가 침투했고 근대적 소유권제도가 확립되었으며 자유경쟁에 의한 경제활동의 자유가 법제화되었다. 그러나 거대한 일본 독점자본의 지배적 진출과 일제 통치의 비경제적 착취, 수탈이 이루어지면서 미약한 민족경제로서는 이에 도저히 대적할 수 없었고, 자유발전의 길은 압살되었다.

문화통치 시기인 1920년 '회사령'이 철폐되어 조선의 부르주아들에게도 산업발전의 기회가 온 듯했지만 곧 일본의 잉여자본이 몰려들어와 산업계를 장악하고 조선 자본가들 다수가 몰락을 면치 못하게 되었다. 자본력도 취약하고 현실적으로 법과 무역장벽의 보호를 모두 받지 못했던 조선의 기업가들에

게 자유경쟁체제는 생존을 위협하는 것이었음은 췌언을 요하지 않는다.

일본독점자본의 전 경제 분야에 대한 압제적 지배와 식민지적 착취, 농업 분야에서 봉건적 지주의 대토지소유제는 민족경제의 근대적 발전을 저지했고 농민, 노동자 등 근로대중을 빈궁과 기아로 내몰았다. 후진 농업국이었던 조선에 대한 일제의 토지정책은 토지의 현실적 점유자인 농민으로부터 봉건적 영유자인 지주가 토지의 소유권을 가져온 것이었다. 일제 강점기 동안 '경제활동의 자유가 아무런 민족경제의 발전도 초래하지 못했고 …… 선진 자본주의국가와 같은 자유주의 위력을 맛보지 못하고 말았다'라는 김병덕의 한탄이 사실을 벗어나지 않을 것이다.

해방 후 "일본인의 자유가 조선인의 자유가 아니라는 것은 대한의 국호를 사용하던 사람들이 누구보다도 뼈아프게 느꼈을 것이다. 조선을 병탄했을 때 일본은 자유주의의 나라였다. …… 일본인을 기름지게 한 자유는 조선민족에게는 독이었다"라고 회고한 문장에도 경제 방면의 식민지 자유주의 실태가 잘 나타나 있다.[109] 일제 강점기 동안 자본주의적 경제체제가 초보적으로 성립되는 가운데 '자유'는 일부 자본가와 지주, 또는 친일세력에 국한되었던 것이다.

그러나 일제 강점기의 자유주의는 주로 경제적 자유주의 개념으로 사용되었다. 『현대신어석의』에서는 '자유주의'를 '국민의 자유를 확장하고자 하는 정치상의 주의', '경제상 자유무역 또는 자유방임주의', '모든 사물을 자유로 하는 주의'라 설명하고 있다. '자유방임'은 국가만능주의에 반대되는 경제상의 개인주의로서, 국가가 국민의 경제활동에 관해 조금도 보호, 간섭을 하지 않고 개인이 자유롭게 활동하게 하는 주의라고 설명했다. 『신어사전』에서는 '자유주의'를 '소유의 자유, 고용의 자유, 생산의 자유, 소비의 자유, 경쟁의 자유 등으로 봉건적 전제제도를 타파한 자본주의사상'으로 설명했다. 또 '자유

---

109) 김동석, 「민족의 자유」, ≪신천지≫, 7(1946), 42쪽.

경쟁'은 '초기 자본주의 시대의 생산, 가격, 시장의 경쟁 같은 자본주의생산의 무정부 상태의 결과'라 설명했다.[110] 이들 초기 사전은 어떤 이념적 성향을 드러내지는 않았지만 당시에 자유주의를 자유방임주의나 자본주의사상으로 이해하고 있었음을 보여준다.

6) 사회주의의 도전

자유주의적 자본주의 경제체제가 제도적으로 성립되어 갔지만, 자유주의라는 용어는 1920년대 초까지도 한국에서 거의 사용되지 않았다.[111] 개화기이래 시작된 자유주의사상과 제도에 대한 긍정적 관심과 수용의 노력에도 불구하고 '자유'에 내포된 부정적 뉘앙스로 인해 일본의 사조가 자유주의를 표방하기보다 개인주의를 적극 계몽했고, 한국도 그 영향을 받았다.[112] 한국에서 '자유주의'가 빈번하게 사용되기 시작한 것은 1920년대에 사회주의사상이만연하면서 나타난 현상이다.[113]

---

110) 『신어사전』은 '자유무역'에 대해 국제무역에 있어서 관세의 철폐, 국가 간 산업의 분업화, 자유경쟁, 국내 소비자의 보호 등을 말하며 현재는 각국이 보호관세정책을 채용하고 있다고 설명하고 있다.

111) 앞에서 서술했듯이 한국에서 '자유'는 배척받지 않고 수용되는 모습을 보였지만, '자유주의'라는 말은 거의 사용되지 않았다.

112) 일본에서 '자유주의'라는 어휘는 메이지 중기부터 나타났지만 liberalism의 역어로 쓰이기보다 '자유'라는 이상을 지향하는 사고방식이라는 일반적 의미로 사용되었다. 1888년 발표된 열여덟 가지의 주요 주의에도 자유주의는 포함되지 않았다(石田雄, 『日本の政治と言葉上: 「自由」と「福祉」』, p.69).

113) 1910년 이전에 자유주의라는 용어는 《대한매일신보》에서 모스크바의 사정을 소개한 1905년 2월 22일 자 '외보'에 나타난 것이 최초로 보인다. 그 이후 루소식 자유주의교육을 언급한 류근 역술의 「교육학원리」에도 등장했고, 구미 사조를 수입한 일본의 사조를 언급한 우양생의 「일본문명관」에 "…… 각 방면에 개인성이 점점 발전 향상하여 자유주의를 절규"라고 한 사례도 있다. 그리고 《대한매일신보》는 1910년 2월 23일 자 사설에서 '이세계는 자유주의를 힘쓰는 세계'라며 자유주의를 제국주의 및 민족주의와 더불어 논했다. 1908년을 전후하여 '자유주의'라는 용어가 낯설지 않게 되었던 것으로 보인다.

≪개벽≫에서는 1호에 「개인주의의 약의(略義)」, 2호에 「'데모크라시'의 약의」, 3호에 「사회주의의 약의」를 게재했다. 당시 가장 큰 관심의 대상이었던 세 가지 주의에 대해 소개한 글들인데, 1호에 게재된 「개인주의의 약의」가 분량과 내용 면에서 가장 길고 상세하다. 개인주의라는 용어를 사용하고 있지만, 당시 "자본주의는 개인주의다. 개인주의는 자유주의다"[114]라는 표현도 있듯이 자유주의는 개인주의의 정치적 표현이라 할 수 있었으므로 이 글은 자유주의에 대한 것이다.[115] ≪개벽≫지는 '민주주의와 사회주의는 개인주의의 쌍생아'이며 '개인주의는 정신이며 민주주의는 그 정신의 운용'을 말하고, '개인주의가 목적이오 민주주의는 그 종극의 목적을 실현하는 방법의 하나에 불과한 것'이라 했다.[116] 그러나 자유주의, 민주주의와 사회주의의 상호 관계에 관한 이와 같이 균형 잡힌 이해방식은 곧 도전을 받게 되었다.

1918년 러시아에서의 볼셰비키혁명 성공 이후 연해주에 한인사회당, 상하이에 고려공산당을 비롯한 다수의 공산주의단체가 결성되면서 1920년대 초 조선에도 공산주의사조가 급속히 확산되었다. 국내에서 막 창간된 동아일보와 조선일보에는 1922년 이래 개인주의와 사회주의를 비교하는 글들이 자주 실렸으며,[117] 공산주의를 민족의 진로로 설정하고 그 수용을 주장하기도 했다. 한편에서는 아나키즘의 영향으로 1920년에 결성된 조선노동공제회 등 노동자들의 전국적 조직이 만들어지기 시작했고, 1923년 신사상연구회, 1924년

---

114) 허영호, 「자유인과 노예」, ≪신민(新民)≫, 8(1925), 152쪽.
115) 당시 『현대신어석의』에서는 '개인주의'를 '개인의 독립자유를 존중하여 자기를 기초로 일체의 행동을 규정하고 국가는 이에 대해 방임하여 간섭하지 않는 것', '사회와 관계가 없고 다만 개성을 발달하게 하는 것으로서 교육의 목적을 위한 것'이라 설명했다.
116) 고접, 「개인주의의 약의」, ≪개벽≫, 2(1920). 이러한 의견은 중국의 자유주의 선구자 옌푸가 "자유는 체, 민주는 용"이라 파악한 것과 상통한다.
117) 예컨대 ≪동아일보≫에는 1922년 2월 24일부터 4월 5일 사이에 「개인주의와 사회주의」가 1면에 11회에 걸쳐 연재되었고, 1924년 2월 26일에는 서재필이 쓴 「개인주의와 협동주의」가 게재되었다.

화요회, 1924년 북풍회 등 주요 사회주의서클이 결성되었으며 1925년에 조선공산당이 창건되었다. 식민지 및 반식민지 국가에 대한 독립운동을 지원하는 코민테른의 세계혁명전략 구도 속에서 조선의 사회주의운동이 민족해방운동 성격으로 전개됨에 따라 공산당의 조직화가 조속히 이루어졌음은 주지의 사실이다.

이러한 사회주의 지향의 분위기 속에서 무산계급의 관점에서 본 자유주의에 대한 부정적 기술이 나타나기 시작했고, 자유주의는 사회주의에 의해 극복될 수밖에 없는 이념으로 서술되었다. 자본가계급을 타도 대상으로 제기한 사회주의사상은 자본주의의 병폐로 호소력을 상실했다고 인식된 자유주의를 대신할 신시대의 신사상으로 각광받았다. 사회주의사상이 확산되면서 자유주의는 자본가계급 내지 중산계급의 이념이자 이미 철 지난 이념으로 간주되었다. "이기심 ― 이것을 자유라 했다 ― 을 기초로 한 아담 스미스의 경제론은 지나갔다. 지금은 칼 맑쓰의 자본론의 극성시대"라는 것이다.[118] '자유주의는 반동의 지주로서 맑쓰주의와 상극하기 시작했다'며 '자유주의에 대한 비판의 시대'를 지나 '자유주의의 비극'의 시대로 옮아갔다는 인식이 구미에서도 만연했고, 동아시아도 그 영향을 받았다.

자유주의란 주지하는 바와 같이 산업상의 자유경쟁과 이념상의 합리주의를 토대로 하여 절대적 지배양식이었던 봉건체제를 대신하기 위해 발생한 부르주아의 사상적 무기였지만, 유산계급 내지 중산계급만 자유민으로서 배타적으로 자유권을 향유하고 노동계급의 자유권은 사실상 '노예계약의 자유'에 그치게 했다는 인식이 확산되었다.

프랑스혁명에서 자유주의를 지지하던 제3계급은 봉건적 귀족, 승려와 전제왕

---

118) 허영호, 「자유인과 노예」, 154쪽.

국을 타파한 후 …… 승리의 수확을 제3계급이 독점하고 배타적 반동을 감행했으니, 이는 일반적 자유가 아니었고 자본가계급의 자유일 뿐이었다. …… 사회적으로는 모든 개인의 권리가 옹호되며 계약의 자유는 신성하다 하나, 빈부의 차가 현격해질수록 부의 소유자 앞에 빈민의 권리는 옹호될 수 없었고 그 계약의 자유란 결국 그 개인의 자유의사라는 미명하에 새로운 노예적 계약의 성립이었다.[119]

자유주의 시민혁명의 결과가 자본가계급의 자유와 노동계급의 노예상태로 귀결된 것은 제도적으로 국가운영이나 법률제정권 등 '입헌적 자유'가 실상 '유산계급을 위한 입헌적 자유로서 무산계급을 노예화할 수 있는 자유화에 불과한 것'이었기 때문이라고 보았다. "자유는 결국 특권계급으로 화한 자본주의의 독점한 바 되었으며, 근로인민의 자유와는 근본적으로 상반되는 것이며 …… 그 자유가 구가하는 바 모든 개인의 '인간해방'이라는 것도 실제 근로인민은 그대로 노예의 지위에 방치한 것"[120]이라는 논리였다.

프롤레타리아가 근대에 이르러 신흥계급으로서의 존립을 주장함에 이르게 되자 부르주아지는 봉건세력의 일부와 결탁하여 경제위기의 타개를 목적으로 한 경제상의 독점주의에 따라서 정치의 절대주의로 전화하기도 하고, 또는 실제상 부르주아지의 정치상 절대적 우위권을 금력으로써 확립한 후에는 부르주아지 자유주의는 사실상 사멸된 셈이다.[121]

19세기 후반 서구의 자유주의체제는 두 방면에서 모순과 위기에 직면했다.

119) 고접, 「개인주의의 약의」.
120) 오기영, 「새 자유주의의 이념: 독재와 착취 없는 건국을 위하여」, ≪신천지≫, 24(1948).
121) 홍양명, 「자유주의의 부흥」, ≪삼천리≫, 8-12(1936).

그 하나는 노동자계급의 성장과 사회주의의 확산이고, 다른 하나는 자유경쟁적 경제자유의 결과로 초래된 독점자본의 발전이었다. "종래 자유주의를 주장하던 자는 중산계급인데 …… 무제한 자본집중의 결과 오직 대자본만 존속하게 되어 …… 중산자는 자유주의를 고창했으나 중산계급은 몰락하고, 자본적 자유주의도 몰락"122)하는 실정이 되었다는 것이다. '산업상 자유주의의 해독'만 남았다는 인식이 만연했다.

자본주의가 발전한 결과 자본의 집중현상이 나타났고, 자유경쟁이라는 자유주의의 기본 원리에 반하는 독점자본과 금융독점자본의 탄생, 제국주의의 전개라는 결과를 초래했다. 그로 인해 자유주의의 진정한 기초였던 경제적 자유, 즉 상품생산과 유통 과정에 있어서의 자유경쟁은 결코 영구불변의 자연법칙이 아니라고 인식하게 되었다. 제국주의 단계는 이미 자유경쟁의 자유주의 이념이 붕괴되어 자유주의가 설 자리가 없어진 상태였고, 이에 자유주의가 '사멸', '몰락'했다는 표현도 등장했다. "자유주의는 자기가 낳은 자본주의임에도 불구하고 이와 대립하기에 이르렀고 …… 자본주의에서 발전한 제국주의는 자유주의를 적의 위치로 몰아 억압하고 있다"123)라고 보았다. 자본주의에 대한 비판은 곧 자유주의에 대한 비판을 의미했다.

그러나 '자유주의의 위기나 자유주의의 비극'이라 하는 것은 자본주의를 적으로 삼는 공산주의가 자유주의를 경멸하여 그 역사적 제약성을 말하며 반동적이라 적대시하는 것이라거나, "소위 자유방임주의는 경제상 자유를 실현하려는 사회사상인데 …… 공산주의자가 이것을 자유주의의 전 내용으로 규정하는 것은 옳지 못하다. 경제상 자유는 자유의 한 종목에 불과하며, 자유방임주의는 자유주의의 한 분파인 까닭이다"라는 비판은 해방 후에나 등장했

---

122) 오기영, 「새 자유주의의 이념: 독재와 착취 없는 건국을 위하여」.
123) 오기영, 위의 글.

다.[124) 이렇듯 '자유주의'라는 용어는 사회주의자·공산주의자들이 공격을 위해 적극 사용하기 시작하며 '개인주의'를 대체했다. 따라서 조선에서 자유주의라는 용어는 등장하자마자 바로 배척된 운명에 처한 부정적 개념이었던 것이다.[125)

또한 식민지 지배하에서 경제적 측면의 자본주의체제가 초보적으로 실행되면서 방임적 자유경쟁으로 이해된 경제적 자유주의를 중심으로 자유주의를 파악하는 경향이 있었고, 이것은 사회주의와 대립되는 '자본주의=자유주의'의 등식을 성립시켜 자유주의를 배척하는 결과로 나타났다.

그러나 사회주의사조가 이미 만연한 가운데 극히 드물지만 경제자유주의를 주장한 글에서는 사회주의의 이론적 오류를 전반적으로 제기하고 있다. 사회주의의 사유재산 폐지와 사회적 소유 및 평등분배 주장 그리고 그 이론적 기초인 사회유기체론을 비판하고, 나아가 유물론과 계급투쟁론은 독단에 불과하다고 비판했다. 요컨대 경제적 자유가 없으면 사회는 진보하지 못한다며 다음과 같이 주장했다.

무릇 살아 있는 인간에는 자유가 있고 살아 있는 사회에는 진보가 있으니, 자유와 진보는 실로 인간생활의 제1의의인 경제자유주의가 있는 결과에 다름 아니한 것이다. …… 개인의 자유는 인류생존의 요소이고 경제적 자유경쟁은 사회진보의 근본이다. …… 경제적 자유를 환언하자면 …… 노동자 측에서 말하면 단체 가입과 조건승낙 여부 등의 자유이고 자본가 측으로서 말하면 기업의

---

124) 신녕만, 「사상빈곤의 조선현실과 신자유주의론」, 《신천지》, 25(1948).
125) 앞에서도 살펴보았듯이 이러한 상황은 중국에서도 유사하게 나타났다. 사상계가 사회주의 진영과 자유주의진영으로 다시 삼민주의진영으로 분화된 후인 1930년대가 되어서야 '중국적 자유주의'라는 이름이 나타났고, 명명과 동시에 관 뚜껑이 닫힌 식이었다. 그 이전의 자유주의운동은 실상 자유주의라는 이름으로 불리지 않다가 사회주의자들에 의해 명명되었다는 것이다(章请, 「1940年代: 自由主义由背景走向前台」, pp.40~43).

자유와 재산사유권 등을 지시하는 것이라 …… 이러한 권능을 자유로 행사하게 되어야만 사회의 진보와 인문의 발달을 기할 수가 있다.[126]

또한 '국가의 법률로 개인 간 자유경쟁을 제어코자 한 사례는 실패의 역사'라며 자유를 발휘하여 재산을 축적하여 자손에게 전하는 것은 인간 천부의 품성을 충족하는 바이니 사유재산제도는 인간의 3대 욕구인 소유욕, 생식욕, 자유욕에 입각했으므로 철폐될 수 없고, 철폐된다면 진보도 어렵다는 논리이다. 또 사유재산제도를 부정코자 하면 대신할 것은 국가사회주의 외에는 없다며 그 폐단을 다음과 같이 지적했다.

가령 국가가 개인에 대신하여 재산을 소유하고 제 사업을 경영한다 하면 …… 그 핵심 브레인이 자기 맘대로 횡포한 처치를 행하게 됨은 면치 못할 것이니 …… 국가사회주의가 일변하여 전제관료주의로 조변석개하는 것은 은감불원(殷鑑不遠)이라 …… 과격주의 볼셰비즘은 일종의 공포주의 테러리즘에 다름 아님은 러시아혁명사가 충분히 증명하고 있다.[127]

따라서 인류의 진실한 발달과 사회의 진보는 경제적 자유주의에 말미암지 아니하면 불가하다고 주장했다. 인간의 평등은 법률, 종교, 도덕에만 적용해야지 경제 문제에까지 이를 추급하는 것은 망론이라며 소득균일제를 비판하기도 했다. 또 다른 필자는 사회주의가 표방하는 노동자의 해방에 대해서도 역시 비관하며, 국가가 존재하는 한 결국 다수 노동자는 소수의 지배자를 위해 노예화될 것이라고 예측했다. '다수의 지배'라는 선전이 허구일 뿐 아니라

126) 박화세, 「경제 자유주의소고」, ≪신민≫, 43(1928), 77~78쪽.
127) 박화세, 위의 글, 83쪽.

'다수의 소유' 자체도 불가능하며, 국가사회주의 국가에서 자본, 토지, 노동의 국유와 노동가치를 만들어 내는 노예적 국민상태가 결국 '자본주의의 절정'이 되는 패러독스가 성립된다고 규정했다. 국가자본주의에 의한 노예화의 완성이라는 것이다.[128]

사회주의국가에 내재한 이러한 자멸의 소인으로 말미암아 그 국가는 무너지고 말 것이라는 비판적 경고가 있었음에도 약자를 보호하며 다수 민중의 정치적·경제적 자유와 평등을 실현할 수 있다고 주장한 사회주의사상은 불우한 식민지 조선의 노동자보다 먼저 지식인과 청년층을 사로잡았다. '20세기는 사회주의의 세기'라는 인식은 곧바로 '자유주의는 19세기의 사상이며 그 시대는 지나갔다'는 믿음으로 고착되고 있었다.

사회주의자들은 식민지 조선의 민족운동에 대해서도 계급의식으로 파악했다. "민족운동은 정치적 독립운동에 지나지 않는다"라며 계급혁명론의 입장에서 "중산계급의 경제적 세력 획득 운동일 뿐 경제적·정치적으로 근본적 해방을 요구하는 무산계급의 사회운동은 아니다"라고 자유주의적 민족운동의 한계를 지적했다.[129] 1920~1930년대의 자치운동에 대해서도 같은 논리로 비판했다.

민족 부르주아지들에 대해서는 '민족경제의 주체'가 되어야 할 뿐 아니라 민족독립운동의 주체가 되어야 한다는 기대가 있었다. 조선의 부르주아지는 일본과의 관계상 결국 무산자계급에 속할 수밖에 없다고 보았기 때문이다.[130] 그러나 "3·1운동 이후 민족 부르주아지들이 해방투쟁을 배반하여 …… 자유주의는 쌀 틔울 겨를도 없이 그 역사적 지지자를 상실했다. …… 부르주

---

128) 허영호, 「자유인과 노예」, 152~154쪽.
129) ST, 「자유권과 생존권」, 《개벽》, 56(1925).
130) 안외순, 「백남운과 자유주의: '식민지 자유주의'에 대한 '조선적 맑스주의자'의 비판적 인식을 중심으로」, 78쪽.

아지의 이데올로기로서 자유주의는 해방투쟁의 무기로서 …… 발전의 조건
이 없었다". 즉 '조선에서의 중산적(中産的) 운동이란 한갓 말로만 시도하는 것
일 뿐 실제적 표현이 있지 못한'[131] 실정이었던 것이다. 식민통치하 전 민족
이 노예와 같은 상태에 놓여 있던 상황에서 자유주의운동이 보다 치열하게 전
개되지 못했던 주요 요인으로 부르주아계급의 미성숙을 들 수 있다. 이들이
해방투쟁을 배반했다기보다 그 주력군이 될 실력이 없었고, 결국 세력을 결집
하지 못했던 것이다.

7) 언론, 출판, 집회, 결사의 자유를 위한 투쟁

3·1운동 후 기만적 문화통치와 파쇼체제하에서 국내에서의 민족해방투쟁
은 상대적으로 사회주의세력이 주도하는 형편이었고, 자유주의'운동'이라 칭
할 만한 것은 문화운동 외에는 거의 없었다 해도 과언이 아니다. 국내에서 전
개된 자유주의적 운동이라 할 수 있는 것은 1920년대 후반 이후 1930년대에
걸쳐 전개된 언론, 집회, 출판, 결사의 자유 획득을 위한 식민 당국에 대한 투
쟁이었다. 언론자유의 중요성은 한말 계몽기 이래 일찍이 인식하고 있었다.
양심과 사상의 자유, 언론·출판의 자유, 집회·결사의 자유는 자유주의 민주
사회의 성립에서 가장 관건이 되는 자유라고 파악했던 것이다.

언론의 자유와 정견의 발휘를 제지하면 반비밀결사와 사당을 발생시켜 국가
의 폐해와 위험을 셀 수 없이 많으니 …… 동서고금에 미개 국가가 공당의 자유
를 방지하고 사당의 폐해를 양성한 자가 얼마나 많으며 …… 문명 각국은 ……
공당을 인허하야 공명정대 행동으로써 정견의 언론을 자유케 하니 이는 사당

---

131) 김병덕, 「자유·자유주의·자유주의자」, 52쪽.

의 위험을 예방함이오. ……132)

1920년 창간한 이래 《동아일보》에는 「원고검열을 폐지하라, 언론자유의 일단을 논함」(1920년 4월 19일 자), 「언론자유, 정치적과 사회적 자유」(1920년 5월 29일 자), 「언론은 원래 자유: 언론을 압박함은 사람의 목숨을 빼앗음과 같다」(1920년 7월 15일 자), 「언론자유에 철저하라」(1920년 1월 17일 자), 「사상자유와 진보」(1922년 2월 4일 자) 등의 기사가 게재되었다. 총독정치하에서 자유를 압박당하고 있던 현실을 개선해 보고자 노력한 모습을 확인할 수 있다.

일제 강점기에 자유를 박탈당한 식민지 백성이 민족차별을 가장 절실하게 피부로 느끼는 분야가 바로 재판 과정과 사상·언론 계통이었다. 이른바 문화통치하에서 다수의 신문, 잡지류가 출간되고 이를 통해 민족의 요구를 표출하고자 했으나, 자유로운 의견개진은 식민통치 당국으로부터 완전히 통제, 금지당했기 때문에 언론·출판·집회·결사의 자유를 쟁취하기 위한 운동이 시작되었다. 1924년 '언론집회압박탄핵회'의 결성이 그 시발점이었다. "언론과 출판의 자유가 없는 곳에 문화의 향상이 없다. …… 집회와 결사의 자유가 없는 곳에 대중의 힘이 말살된다. …… 조선의 신문화 건설의 길은 막히었고 대중은 분산된 속에서 헤매고 있다. 이것의 큰 원인의 하나는 조선에 언론, 출판, 집회, 결사의 자유 없는 것에서 찾을 수가 있다."133) 언론·출판의 자유를 확보해야 할 당위성을 문화의 향상 내지 신문화 건설로 제시하면서 정치적 목적을 이면에 숨겼다.

신태악은 유럽과 미국, 소련 등 다른 나라의 헌법에 보장하고 있는 언론·집회의 자유에 관한 비교연구의 형식으로, 각국에서 제정된 헌법의 근본정신

---

132) 윤효정, 「아회의 본령 십이월통상회」, 《대한협회회보》 9(1908).
133) 《혜성》, 1권 7호, 26쪽. 《혜성》은 천도교 청년회에서 발행한 잡지 중 하나이다.

과 현실적 문제점을 지적한 후 조선에서 이 중요한 자유가 부재한 현실에 관해 주의를 환기하는 글을 ≪학지광≫에 실었다.

일본헌법 제29조에 '일본신민은 법률의 범위 내에서 언론, 저작, 인행, 집회와 결사의 자유를 유(有)함'이라는 단 1조뿐으로 자유권 보장에 관한 규정이 되어 있다. …… 조선에 적용하면서, 일본법률에 따르며 총독이 임의로 어떠한 명령을 발포하면 이것이 법률과 같은 효력을 나타내는 제령(制令)이 있다. 뿐만 아니라, 메이지 43년 9월 칙령 제276호에 의하여 조선총독부 경무총장도 어떤 범위 내의 명령을 공포하여 일반에게 구속력을 미치게 할 수 있도록 되어 있다. …… 일국의 의회를 통과한 법안이 주권자의 재가를 얻어 …… 발표한 뒤에 시행하는 법률도 오히려 모든 미비와 편파한 결정이 적지 아니하거늘, 일개 총독의 제령이나 경무총감의 부령(部令)이 어찌 그 정곡을 실함이 없기를 기할 수 있을까? 더구나 집회자유는 우리 인권의 발동임에도 불구하고 일개 경령 (警令), 즉 '당분간 정치에 관한 집회 또는 다중의 옥외집합은 금지함. 본령에 위반하는 자는 구류, 또는 과료에 처함'이라는 간단한 조문으로써 이를 취체함은 너무 부당한 감이 없지 아니하다.[134]

이 글에서는 언론과 집회의 자유에 대한 취체의 부당함을 온건하게 제기하고 있지만, 신태악은 일제의 고문과 언론탄압에 저항하는 법조인 단체 조직에 앞장선 인사였다.[135] 당시 '신문은 압수를 항다반으로 하고 발행금지는 연 1차의 항례'였으니 '이러한 정세 밑에 있는 우리는 이 언론·출판·집회·결사의 자유 획득에 대한 운동이 우리의 급선무의 하나인 것을 미리부터 알고 있는데'

134) 신태악, 「언론집회자유에 관한 각국 헌법의 비교연구」, ≪학지광≫, 27(1926), 572~574쪽.
135) 김효전, 「자유·평등·박애와 근대 한국」, 246~257쪽.

문제는 어떻게 싸워 그것을 획득하는가였다. 이에 ≪혜성≫에서는 그 '구체적 방안'을 사회의 명사들에게 설문하여 게재했다(≪혜성≫, 1권 7호, 27~30쪽).

지금 이렇다 할 구체안이 없습니다. 가령 있다고 하더라도 그 수단을 쓸 수가 없겠지요. 그저 ××××을 해야 합니다. 그러노라면 당국에서 어쩔 수 없이 그런 자유를 주게 될 것이니까요. …… ×××× …… 조선사람이 정치적으로 그만큼 각성이 되었다는 표시이니까요(「정치적으로 각성」, 동광사 주요한).
언론집회출판결사의 자유를 획득하자는 것은 그것으로써 대중의 역(力)의 집중과 발산을 유효하게 하자는 것 …… 역시 대중적 투쟁으로 그것을 획득하는 것밖에는 없겠습니다(「대중적 투쟁으로」, 조영근).

언론집회출판결사 자유확장운동은 과거에도 있었다. 노농청 3총운동도 그 하나요. 출판협회 조선기자대회 등을 통한 …… 결의 발표, 당국자 방문, 지상의 결의나 선전에 그쳐 아무 효과가 없었다. …… 이제 그 언론집회출판결사자유 확장에 있어서도 대중적 성장이 강대한 역(力)의 표현이 아니고는 도모하여 얻지 못한다(「대중의 강대한 생장」, 김경재).

구체안이란 …… 곧 역(力)의 표현. …… 개성의 자유, 인권의 자유평등은 부르주아민주주의의 가장 크고 중요한 요소 …… 우리는 대중적으로 역량을 기르고 그 실력 발동이 긴급한 일이다(「역(力)의 발동에서」, 어구영).

…… 정당 이상의 정당성인 그것이 우리에게 부여되지 않았다는 것 …… 이제는 계급적(으로) 각성한 대중의 단결과 함께 …… 희생을 각오하면서 분투노력이 긴요할 것이다(「계급적 각성」, 서병하).

위의 인용 이외에도 몇몇 인사들의 설문응답 내용을 분석해 보면 ① 대중 투쟁의 필요성, ② 계급적 각성, ③ 단결 또는 세력[力]의 양성과 집중, ④ 합법 적 투쟁 또는 법의 개정으로 요약할 수 있다. 당국에 대해 아무리 문서로 요 청해 보아야 소용없고 각성된 대중의 단합된 힘으로 압박을 가해야 한다는 것 이었다. 사실 이렇다 할 묘수가 없다면 없는 상황이었다 하겠다.

위의 설문조사 결과와 이주연(李周淵)의 「오인(吾人)과 집회결사급언론」이 라는 글은 매우 유사한 내용이지만, 이주연은 더욱 적극적으로 대중투쟁 내지 계급투쟁의 방법으로 단결하고 투쟁하여 법률적 근거를 확보하고 단결할 수 있는 권리를 획득해야 한다고 주장했다.[136) 현대 부르주아국가에서 언론, 출 판, 집회, 결사의 자유를 유보한 국가는 없다며 전개한 자유 획득 운동이지만, 계급의식과 계급투쟁을 통해 단결된 힘으로 압제에 대항할 것을 고취하고 있 는 것이다. 자유주의적 민주주의의 목표를 공산주의의 계급투쟁방식으로 쟁 취하고자 한 것으로, 자유주의가 성장하기도 전에 공산주의 투쟁으로 전환된 당시 모순적 상황을 읽을 수 있다.

한편 식민당국이 조선 사람을 죄 없이 잡아 가두어 고문하는데, 주로 처벌 하는 죄목이 집회, 결사를 했거나 보안법을 어겼다는 이유였다. 변호사들은 재판 과정에서의 고문과 민족차별을 직접 목도하고 '자유법조단'과 '신흥법조 단' 등을 조직하여 계급투쟁방식이 아닌 합법적 투쟁을 통한 인권보장과 자유 쟁취운동의 주력군이 되었다. 앞에서 각국의 헌법을 우리와 비교하며 언론과 집회의 자유에 대한 취체의 부당함을 온건하게 제기한 글을 쓴 신태악도 일제 의 고문과 언론탄압에 저항하는 법조인 단체 조직에 앞장선 인사였다. 권력 의 횡포로부터 시민의 인권을 보호하기 위해 가장 절실한 과제인 공정한 재판 을 위해 투쟁했던 것이다. 조선인 변호사들은 변호사대회에서 '법률전선에서

---

136) 이주연, 「오인과 집회결사급언론」, ≪삼천리≫, 3(1931).

의 최소한의 요구'로서 언론 및 집회의 자유에 관한 제도의 완화와 보안법 및 보안규칙의 철폐를 제기했다.[137)

1930년대 초 군국주의 시대에 접어들며 언론·출판·집회·결사의 자유를 요구하는 이러한 운동은 식민당국의 극심한 통제로 위축되고 소멸되다시피 했다. 일제의 철저한 압박하에서 ≪삼천리(三千里)≫ 잡지는 검열의 눈을 피해 다른 나라의 자유운동을 소개하며 '중압이 있는 곳에 자유운동은 필연적으로 일어난다'는 자유와 독립의식의 메시지를 전했다.[138) 파시스트적 분위기 속에서 공산주의와 함께 배척의 대상이 된 자유주의에 대한 관심이 역설적으로 높아진 경향도 나타났다.

18세기 이후 시민계급의 이데올로기가, 자본주의가 바야흐로 포화상태에 있고 계급대립이 격화된 오늘날에 와서 새삼스러이 다시 높이 평가된다는 것은 기괴한 감동이 없는 바 아니다. …… 최근 지식계급의 일부가 새삼스러이 자유주의를 재평가하는 심리상태는 요컨대 파시스트적 조류에 대한 대척적(對蹠的)인 의식으로써 발현된 것이오, 물론 그 계급적 근거는 극히 박약한 것이다.[139)

일제 강점기 김병로(金炳魯)는 국가성립의 총괄적 기초는 개인의 자유활동이고 개인의 본질은 자유활동의 주체라며 개인의 자유의 중요성을 환기하면서도 '책임감 있는 자유'를 제시하여 자유의 보장이 초래할 혼란의 우려를 부식하고자 했다.[140) 해방 후에도 한편에서는 자유가 과도한 상황을 비판하고

---

137) 이인, 「법률전선에서의 우리의 최소 요구, 변호사대회의 제안해설」, ≪동광≫, 29(1931).
138) 「대만의 자유운동」(8호), 「애란운동의 특질」(8호), 「안남운동의 현세」(6권 5호), 「내몽고 독립운동」(7호), 「자유주의와 각국 의회관」(7권 6호) 등의 글이 1930~1934년 사이에 ≪삼천리≫에 게재되었다.
139) 홍양명, 「자유주의의 부흥」.

다른 한편에서는 미군정에 대해 '자유보장이 기대 이하'라면서 우선적으로 언론·보도의 자유와 집회와 결사의 자유의 보장을 민생 문제에 책임 있는 행정과 함께 제기하고 있다.[141] 언론의 자유에 대한 운동은 20세기 후반에 걸쳐 줄기차게 전개된 한국의 자유주의적 민주화운동의 표상이 되었을 만큼 중차대한 난제였음을 확인할 수 있다.

제2차 세계대전 기간의 전시통제정책, 파시즘의 전체주의, 소련의 계획경제 등을 보고 겪으며 전후에도 국가의 역할에 대한 기대가 높았다. 그러한 가운데서도 다른 한편으로는 세계적으로 반파시스트 정서가 만연하여 자유주의사조가 부흥하는 흐름이 있었다. 자유주의가 부상하고 중간노선이 등장했던 중국과 미군정하의 일본에서 자유주의사조가 전에 없이 긍정적 기대를 불러일으킨 것이다. 이러한 배경하에서 해방을 맞은 한국의 자유주의는 어떻게 전개되었을까?

5. 해방 후 자유주의의 흥기와 좌절

1) 자유민주주의와 자유민족주의

해방 후 한국의 지식계는 갑자기 자유주의에 관해 활발한 논의를 시작했다. '자유주의'라는 용어가 해방 전에는 거의 사용되지 않았다 해도 과언이 아닌 상황으로부터 큰 변화라 아니할 수 없다. 지식인들은 '자유란 원래 비판이 공공연히 허여되지 않는 곳에서는 있을 수 없는 것이 아닌가?'라고 반문하며,

---

140) 김병로, 「국가의 근본의와 민중의 자유」, ≪동광≫, 29(1931).
141) 함석훈, 「언론과 사상의 자유」, ≪민주조선(民主朝鮮)≫, 1(1947), 57쪽; 이종모, 「군정에 대한 진언(미국의 자유를 이땅에도)」, ≪신천지≫, 13(1947).

일제 강점기의 반봉건적 환경과 주권이 없고 독립국가체제를 갖추지 못한 반노예적 상태의 약소민족에게 사상의 자유와 감정의 자유와 결사의 자유가 가능했을 리 만무했다고 인정했다. 조선에는 자유주의 발전의 사회적 조건이 결여되어 있어서 자유주의론이 사상체계로서 수입된 데 그쳤다는 것이다.

일제 강점기에는 기질적으로 자유로운 심성을 가지고 일상생활에서의 태도가 종래의 인습적 관념에 사로잡히지 않고 활달한 생활분위기를 향유하는 사람을 자유주의자로 지칭하면서 자유주의가 통속적 개념으로 사용될 뿐이었다. 자유주의자가 사회적 세력으로 나타나는 경우는 극히 적었다. 그들은 반동세력에 반발하면서 동시에 진보세력의 조직규율도 혐오했기 때문에 그 존재가 뚜렷하게 나타날 수 없었다. 자유주의를 사회적·역사적 맥락을 떠난 심리적·기질적 인간 타입으로서만 인식함으로써 지식인이나 소시민층이 관념적으로 도입한 데 그쳤다는 것이다.

한말에 시작된 자유주의에 대한 관심이 일제 강점기 동안 제대로 개화하지 못한 것은 사실이지만, 식민통치를 겪는 동안 자유주의사상은 보이지 않게 전통문화의 봉건적 구습이나 유교적 사회문화질서를 상당 정도 약화시키고 지배계급인 양반의 권위를 동요시키는 데 기여했다. 유교윤리 같은 기존 질서의 권위를 동요시키며 새로운 질서를 수립하는 사상적·제도적 모델을 찾으려면 구미와 일본을 학습할 수밖에 없었기 때문이다.

한국민들은 한말에 수용한 자유주의와 공화주의, 나아가 민주주의사상을 전제로 3·1운동 후 민주공화정을 표방하는 임시정부를 수립했다. 또 일제 강점기 동안 신문화·신문명 건설, 민족문화의 연구와 보급, 언론·사상의 자유를 위한 투쟁 과정을 거치며 신사상이 꾸준히 숙성되고 있었다. 대한민국임시정부도 민족연합의 독립투쟁을 해나가며 정식으로 건립할 나라의 청사진을 그리기 위해 공화주의적 자유민주주의를 토대로 하고 여기에 사회주의 요소를 가미한 삼균주의를 이념적으로 내세웠다.

중간세력의 존재를 논하는 것이 자유주의의 역사적 제약성을 몰각한 오류라며 '조선에서 …… 자유주의세력의 소재는 찾아보기 어렵다'고 한 평가도 지나치다고 할 수는 없다. 그러나 '자유주의세력의 정치작용이 소극적이라 해도 조선 현실에서 뚜렷이 사회적 존재로 나타나고 있으므로 …… 정치적 관심사가 아닐 수 없다'[142]는 시각도 1940년대 한국사회에 관한 통찰력을 제공해 준다.

해방 후 미국식 자유민주주의가 실행될 것을 예상하며 정치, 사상, 철학, 교육 방면에서 자유주의 문제를 토론하기 시작했지만, 단순히 미군정의 주도로 외래 사상과 제도의 도입이 추진되었다고 볼 수는 없다. 일제 강점기 동안 국내외에서 진행된 이러한 사회문화적 변화와 정치적 노력이 해방 후 한국민의 새로운 질서 수립과 근대국가 건설을 위한 정치체제 모색의 배경이 되었던 것이다.

해방정국에서 '자유'라는 단어에는 한편으로 해방감, 다른 한편으로는 자유주의적 제도의 모색이라는 서로 다른 두 개의 차원이 뒤엉켜 있었다. 극도로 권위주의적이었던 식민통치, 특히 전시통제체제가 종식된 상황은 봇물 터지는 것 같은 해방감을 불러일으켰음은 말할 필요도 없다. 압박으로부터 해방된 사람들의 넘치는 해방감으로 인해 '내 맘대로'라는 식의 풍조가 만연했기 때문에 "내 맘대로 내 멋대로가 자유(가) 아님은 두말할 것도 없으나, 사실 오늘 현실은 이러한 의미의 자유 즉 방약무인의 방종만이 횡행되고 있는 것"이라거나, "남조선에는 자유 아닌 방종만 횡행하고, 38선 이북에선 자유라는 어구가 완전히 말살된 감이 있다"라는 우려는 당시 현실을 단적으로 표현하고 있다.[143]

---

142) 김병덕, 앞의 글.
143) 이헌구, 「자유의 옹호: 자유주의 비판에 대하야」, ≪신천지≫, 22(1948).

이에 완전한 자유를 획득하기 위해서는 항쟁과 노력이 필요하며 고난의 경험과 시간을 거쳐야 진정한 자유를 이룰 수 있다고 강조하기 시작했다. 1945년 12월 12일 서울중앙방송국에서의 연설에서 이승만은 '법 없는 사회에는 자유가 있을 수 없다. 자유를 귀중히 아는 국민은 법을 준수한다. …… 진실한 자유를 모르는 국민은 노예의 지위를 면치 못할 것이다. …… 진실한 자유의 국민은 자기의 동포를 사랑하고 자기의 직책을 지키는 데 생명도 주저 않고 법률을 잘 지킨다'고 천명했다.[144] 식민지상태로부터 해방되어 민족자결의 국가 건설을 추구하면서 개인의 자유보다 민족과 국가의 자유를 강조하는 것은 당연하기도 했다. "현재 세상에서 상등 자유권을 누리는 민족들은 다 땀과 피로 귀중한 값을 갚고 얻은 것이니, 우리 한족도 이것을 얻으려면 분투 노력해서 …… 상당한 가격을 갚은 후에야 될 것"[145]이라며 자유해방감을 진정시키고 민족과 국가를 위한 '진실한 자유'를 강조하는 연설을 행한 것이다.

해방 후 미군정이 실시되었던 38선 이남에서는 상당히 자유로운 이념적 모색과 정치적 활동이 폭발하고 있었음은 주지의 사실인데, 그 속에서 자유주의에 대한 문자적 표명과 그 이념 및 제도에 대한 모색과 비판, 반비판이 전개되고 있었다. 사실상 처음으로 자유주의란 무엇이며 자유란 무엇인가에 관한 본격적 논의가 시작되었지만, 자유가 무엇인지 규정하는 것은 어려운 일이었다. 그러나 이 시기 자유에 관한 논의는 분명 자유주의에서 말하는 자유를 규명하기 위한 시도였다.

자유란 무엇인지 규정하기는 쉬워 보이지만 실상 어려운 일이고, 자유 그 자체가 막연하고 부정확한 점이 특색이기에 자유를 종종 구속, 예종, 노예, 억압의 반대상태로 상정한다. 타인의 구속을 받지 않는 것이 자유인데, 구속은

---

144) 우남실록편찬회, 『우남실록』(열화당, 1976), 322, 348쪽.
145) 우남실록편찬회, 위의 책, 385쪽.

자기의 의사에 따른 행위를 할 수 없게 막힌 것을 의미한다. 따라서 자유는 사회생활 속 자타의 관계에 있어서 사상적으로나 행위상, 신체상으로 구속이 없는 상태를 말한다. 해방 후 한국인들도 자유주의가 규정하는 자유의 개념이 이러한 구속 없는 상태를 말한다고 이해했다.

그렇다면 자유주의란 무엇인가? 자유주의는 사회적 자유를 실현하려는 사회사조이며, 자유주의라는 개념은 역사적인 것으로서, '자유'에 대한 요구로 이해해서는 안 되고 결코 '자유일반'이 아니라는 사실을 강조할 필요가 있었다. 당시인들은 자유주의에 대해 막연하게 인식하고 있었다. 자유는 좋은 것이고 확대되어야 하며, 그것을 가능하게 하는 제도가 구미 국가들의 자유민주주의 정치제도라는 정도로 이해하는 것이 일반적이었던 것이다.

건국기에 발간된 잡지 ≪신천지(新天地)≫에 발표된 자유주의사상과 제도의 역사적 발전 과정에 관한 논설들은 사회주의적 비판의 시각도 반영되었지만 대체적으로 바른 이해를 보여준다. 요약해 보면 자유주의는 사회적 기초인 생산력 발전에 응한 사회관계의 이념으로서, 18세기 이후 자본가적 생산방법과 관련되어 구봉건지배체제에 대한 항쟁 과정에서 빚어져 나왔다는 구체적 역사를 가지고 있다. 봉건세력에 대한 항쟁 과정에서 나타난 새로운 사회적 계급인 자본가계급의 세계관에 기초를 둔 자본가계급의 발전 및 정권장악의 철학이며, 중세기적 신분사회를 부정한 사회관이 자유주의라는 것이다.

유럽에서 자본가계급은 자본활동의 경제적 자유를 확보한 후 이를 기초로 정치적 자유와 신앙의 자유를 중시하는 사상체계를 형성했다. 자본가계급의 지향으로서 자유경쟁을 전제로 하는 상품생산의 자유, 상품유통의 자유, 자유로운 근대적 소유권제도와 자유계약이 법제화되었으며, 주권재민의 의회정치와 법률 앞에서의 시민의 평등을 보장하는 입헌정치가 요구되었고 실현되었다.

해방 후 한국의 국가 건설 과정에서도 대의제 입헌정치를 확립하려는 노력이 구체적으로 진행되었다. 입헌정치나 의회제도를 민주주의제도로 인식하는 경향이 있었지만 유럽에서는 자유주의제도로서 발전해 왔음은 주지의 사실이다. "현대 민주국가에서 누구나 요구하는 정치상 자유는 우선 정치사회에 소속하는 구성원은 자기의 대표자로 하여금 정치에 참여시킬 수 있는 상태를 말하며 …… 대표자의 의사는 자기의 의사로 인식하고 대표자의 결정은 자기의 결정으로 만족하여 그 대표자의 결정에 의하여 구속을 받지 아니할 때 정치적 자유가 있는 것"146)이라고 쓴 글을 통해 당시에 의회제도를 통해서 정치적 자유를 실현하고자 하는 인식이 있었음을 알 수 있다.

전 민족이 압박받던 상황으로부터 해방을 맞이하자 민족의 자유와 독립의 확립이 첫 번째 과제로 떠올랐고, 이를 어떻게 수행할 것인가에 관한 다종다기한 정치적 모색이 진행되었다. 김구(金九)는 『백범일지(白凡逸志)』(1947)를 펴내며 그 부록으로 쓴 「나의 소원」이라는 글에서, '독재의 나라가 되기를 원하지 않는다'면서 '자유의 나라'를 세우자고 호소했다. 김구가 말한 자유의 나라란 어떤 나라인가? 개인의 자유를 속박하는 '법'의 근원이 국민의 자유로운 의사에서 나오는 나라는 자유의 나라이고, 국민 중 어떤 한 개인 또는 한 계급에서 나오는 나라는 계급독재나 파쇼국가라고 했다. 특히 독재 중 무서운 것이 어떤 '주의'에 기초한 계급독재라며 '조심하라'고 경고했다. 그는 '소련식 민주주의란 것은 이러한 독재정치 중에서도 가장 철저한 것이어서 독재정치의 모든 특징을 극단으로 발휘하고 있다'고 비판했다.

김구는 '우리 동포 각 개인이 언론의 자유를 누리면서 국민 전체의 의견대로 정치하는 나라를 건설하자'고 주장했지만 '이기적 개인주의자'가 아니고 공동체에 기여할 수 있는 자유가 되어야 한다는 단서를 놓치지 않았다. 김구는 이 시대 대부분의 지식인과 마찬가지로 자유를 중시했지만 자유주의자라고

---

146) 신녕만, 「사상빈곤의 조선현실과 신자유주의론」.

보기에는 어려움이 있다. 개인의 자유라는 가치를 다른 가치보다 더 중시했다거나 그것을 확보하는 제도의 건립을 위해 노력하지는 않았다. 그러나 삼균주의를 지지한 임시정부의 정강에 나타나 있듯이 그 역시 균등한 자유권의 확립을 중시했고, 해방 후에도 개인의 자유를 보장하는 법과 언론의 자유를 중시하는 자주자립의 민주주의적 민족국가 건립을 위해 헌신한 모습을 보였기에 자유민족주의자라 칭할 수 있을 것이다.[147]

그러나 해방과 동시에 전개된 이념적 대립은 치열한 정치적 투쟁과 충돌로 표출되어 정국은 극한 혼란과 갈등의 소용돌이 속으로 치달았다. 어떤 국가를 건설할 것인가 하는 이념적 지향과 관련하여 '사회주의와 민족주의에 대한 관심과 지식이 높은 수준에 오른 반면, 자유주의는 도외시당하여 그 자체조차 허물어지는 형편'이라고 당시의 사조를 우려한 지적은 적확했다. 앞장에서 보았듯이 일제 강점기 동안 자유주의는 사회주의에 밀려 '철 지난 19세기 이념', '부르주아사상'으로 배척되고 있었다. 신녕만(辛寧滿)은 자유주의의 이론적 근거로서 루소의 사회계약론과 공리주의를 거론하며, 자유주의를 배척하는 당시 경향을 다음과 같이 비판했다.

> 자유주의는 사회사상의 역사적 주류로 흘러내려 왔을 뿐 아니라 현대사회의
> 핵심이 사회주의보다도 자유주의에 의해 형성되고 있는 것이 사실인데, 양대
> 사조 즉 사회주의와 민족주의 지도자들이 자유주의를 위험한 시대착오의 사
> 회사상으로 낙인하여 조선사회에서 추방하게 하는 기이한 현상 …… 현대사
> 회의 핵심을 형성하는 언론·저작·결사의 자유를 비롯하여 신앙·직업·소유권

---

147) 김구는 민주주의가 국민의 의사를 알아보는 하나의 절차 또는 방식일 뿐 그 내용은 아니라고 이해했다. 독립운동가들은 모두 민주공화정 수립을 공감대로 가지고 있었지만, 이들을 자유민주주의를 지향하는가 아니면 사회주의적 인민민주주의를 지향하는가로 구분한다면 김구는 자유민주주의적 민족주의자라 할 수 있을 것이다. 인용 부분은 김구, 「나의 소원」, 『백범일지』(1997), 368~374쪽 참조.

계약의 자유 그리고 의회제도의 확립은 모두 사회적 자유의 실현을 위해 악전 고투한 결과물인 자유주의제도이다. …… 좌우 막론, 민족에 외치고 연합국에 호소하는 것은 모두 …… '자유'라는 두 글자에 환원할 수 있지 않은가? 언론, 집회, 결사, 시위, 파업 등의 자유를 요구하는 실제 운동은 남북에 차이가 있어도 모두 자유를 요구하는 공통점(이 있다) …… 보수파든 혁명파든 자기의 사회사상이 사실 자유주의에 근거하면서도 그것을 의식치 않고 도리어 자유주의를 위험한 사회사상으로 취급하는 자가당착의 정치이념을 보인다. 사상빈곤의 조선현실에 있어서 자유주의의 입론이야 실로 선결 문제라고 아니할 수 없다. 148)

자유주의사상은 20세기에 한국은 물론 다른 동아시아 국가에서도 지지받지 못했다. 자유주의에 기초를 두고 형성, 발전한 제도를 적극적으로 수용하고자 노력했지만 그것은 민주주의의 제도로 인식되었다. 앞에서도 서술했듯이 19세기 후반 구미의 자유주의는 민주주의와 결합된 후 동아시아에 전파되고 수용되었기 때문에 그러한 제도가 민주주의제도로 이해된 것이 근거가 없지는 않다. 그러나 자유주의에 대한 거부감이 있었기 때문에 자유주의나 자유민주주의로 받아들이지 않았고, 민주주의를 선호하며 그쪽으로 경도되어 민주주의를 궁극적 가치이자 목적으로 생각하게 되었다. '자유는 본체이고, 민주는 그것을 실현하는 그릇'이라는 자유주의의 본질은 한국에서는 단 한 번도 주목받지 못했다.

---

148) 신녕만, 「사상빈곤의 조선현실과 신자유주의론」.

2) 자유주의에 대한 비판과 중간노선의 추구

해방 후 한국인의 논설에 나타나는 자유주의에 관한 부정적 이해를 분석해보면 대체로 세 가지 이유에서 거부감이 형성되었다고 보인다. 첫째 자본주의 또는 자유방임주의와 동일시되었던 점, 둘째 부르주아사상으로서 인간의 보편적 해방과 자유를 설파했지만 자본가들만의 자유권 확보에 그치고 노동자와 무산계급을 노예상태에 빠뜨렸다는 것, 셋째 제국주의와 연계된 점이 그것이다.

'자유 개념 중 가장 시비를 논하는 것은 경제상의 자유는 경제적 행위에 관한 구속 없는 상태를 말하나 보통 사유재산의 인정 또는 경제상 무역을 국가의 간섭 없이 방임하는 상태를 의미한다. 자유방임주의 이것은 자유주의의 한 부분에 불과하나 공산주의자는 이것을 자유주의의 전 내용으로 규정하며 비판'하고 있다는 반비판을 통해서 사회주의자나 공산주의자의 비판은 경제적 자유주의 내지 자유방임주의에 향해 있었고, 그것이 자본주의에 대한 비판과 구별되지 않은 채 자유주의에 대한 부정적 인식을 형성하여 영향을 미치고 있었음을 알 수 있다. 20세기에는 자유방임주의를 주장하는 이론가나 그것을 실행하는 국가가 없었음에도 자유주의는 시대가 지난 이념이라는 인식과 어우러져 그러한 비판이 잘 받아들여졌던 것이다.

게다가 애초에 소수의 횡포에 대항하면서 다수의 자유를 획득하려는 사상으로서 발생된 이 사회이론이 '일단 승리한 이후에는 …… (봉건시대) 귀족을 자본가가 대치했을 따름으로 …… 마찬가지 특권계급이 된 실정'이었다. 자유주의는 모든 개인의 '인간해방'과 자유를 구가하고자 하지만 실은 근로인민을 그대로 노예의 지위에 방치한 것이다. 또한 계약의 자유는 신성한가? 사실상 노예적 계약이 성립될 뿐이 아니냐고 반문할 수 있다. '입헌적 자유라는 것도 실상 유산계급을 위한 자유보장에 그치고 무산계급을 노예화하는 것 아닌가? 자유는 결국 특권계급화한 자본주의세력이 독점한 바 되어 …… 근로인민의 자유와는 근본 상반된다'는 것이다.[149] 경제적 자유주의가 승리한 결과 봉건사회의 전제정치가 자본주의사회의 독재정치로 대치되었을 뿐 아니냐는 부르주아자유주의에 대한 이러한 비판은 사회주의자와 공산주의자들에 의해 효과적으로 제기되었고 공감을 불러일으켰다.

영국노동당의 이론가인 래스키는 산업자본이 발전한 19세기는 자유주의에 대한 비판의 시대라 했다. 자본가들은 자본제 생산양식하에서 생산수단을 수탈당한 노동자계급의 노동력을 자유로운 교환법칙으로 구매하여 착취해서 자본을 축적하고 이에 반해 노동대중은 빈궁화되었다며 '인간해방'은 부르주아지의 인권 획득에 불과하다고 주장했다. 자유주의에서 주장하는 자유가 근로인민의 자유와 기본적으로 상반되는 부르주아의 자유였음이 드러났다는 것이다.[150] 래스키는 페이비언협회에서 활동한 정치학자인데, 그의 민주주의적 사회주의 성향의 논설은 20세가 전반 동아시아 지식인들에게 큰 영향력을 발휘했다.[151]

자유주의가 자본가의 자유만 보장함으로써 이와 같이 불완전한 이론이라 여겨지기는 해도 독점단계에 들어가기 전에는 자유경쟁을 전제로 하는 자본주의의 이데올로기로서 봉건세력을 타도하는 혁명적 역할을 수행했다는 의의는 인정하지 않을 수 없다. 그런 측면에서 조선의 현실을 보면 여전히 봉건

---

149) 오기영, 「새 자유주의의 이념: 독재와 착취 없는 건국을 위하여」.
150) 김병덕, 「자유·자유주의·자유주의자」.
151) 래스키는 자유주의의 토대 위에서 도덕적 자각에 기초한 민주주의적 방법으로 사회주의를 실현해야 한다고 주장했다. 그의 이러한 생각은 정치적 자유주의와 경제적 사회주의를 결합시키는 중간노선을 추구한 동아시아 지식인들에게 큰 영향을 미쳤다. 실제로 래스키가 집행위원장으로 활동하던 영국노동당이 1945년 선거에서 다수당으로 집권하자 의회주의 방법으로 사회주의를 실현할 수 있을 것이라는 가능성으로 받아들여졌다. 자본주의의 나라였던 영국도 사회주의적 영국으로 바뀌었는데, 자유주의가 무혈로 화평혁신을 이루었다는 것이다. 여기서 인용한 김병덕뿐 아니라 앞에서 인용한 오기영도 '래스키 교수'를 인용하고 있다.

세력을 청산할 필요가 있는데, 자유주의가 그러한 역할을 담당할 수 있는가 하는 문제가 남는다.

또한 자유자본주의가 고도의 독점단계로 진입한 제국주의적 금융자본의 지배하에서 자유경쟁에 의해 민족자본이 자유롭게 발전할 수 있는 여지가 없어졌다는 것이 신생국의 문제였다. 부르주아지 이데올로기로서의 자유주의는 해방투쟁의 무기로서 발전의 조건을 결여하게 된 것이다. 경제적 자유주의하에서 자본주의의 발전과 경제적 자유경쟁을 보장한 결과 독점자본이 형성되었고, 경제적 자유의 반대물인 경제적 통제와 규제를 초래하게 되었다. 자유경쟁이 대규모 생산을 이끌어내어 소경영을 몰아내고 대경영으로 전개되면서 독점, 즉 카르텔, 신디케이트, 트러스트를 형성했고, 은행자본에 의한 독점이 발생하여 생산과 자본을 집중한 독점으로 전화되었다. 이는 자유경쟁에 정반대되는 결과로서, 제국주의 열강의 독점적 지배와 금융자본의 독점과 통제로 인해 중소자본이 파멸되고 만성적 대중 실업, 대공황, 전쟁에 이르는 자유주의의 비극의 역사가 20세기 전반기 구미에 초래되었다. '자유주의는 자기가 낳은 자본주의임에도 불구하고 이와 대립하기에 이르렀고 …… 자본주의에서 발전한 제국주의는 자유주의를 적의 위치로 몰아 억압하고 있다'는 표현이 당시 자유주의와 자본주의 또는 제국주의에 대한 인식을 단적으로 드러내준다.

독점자본은 자기 자유를 위해 무산계급의 자유를 금력으로 매수하려 한다. …… 계약의 자유는 경제적 독재에 유리하며 …… 인신매매까지 악용하여 …… 공장 노동자는 무산계급으로 전락했다. …… 경제적 자유방임은 자산을 소유한 소수의 복리는 되지만, 일반 대중의 복리를 희생시킴을 부정할 수 없다. 자유주의자는 특권계급의 자유를 대변하는 주구가 되거나, 몰락하거나 …… 투쟁하거나 …… 하고 있다. …… 제국주의적 독점실태는 자유경쟁의 정반대 상황이며 ……

통제경제체제를 확립한 결과 자유경쟁을 소멸시켰고(소탕), 정치제도 면에서
도 …… 민주주의조차 말살시키고, 팟쇼체제가 등장했다. …… 독점자본과 자
신을 대변하는 이론 이외 모든 것을 파괴, 소각하며 …… 폭력정치를 반대하는
자유의 이념이나 인권주장이 허용될 수 없는 것이었다. …… 일제파씨스트도
유럽파씨즘도 자유주의와 맑스주의를 배격했다.[152]

그렇다면 자본주의가 난숙한 결과로 자유주의가 몰락했다는 말인가? 해방
후 논자들은 자유주의의 본연의 정신인 인간해방과 대중의 자유를 위해 싸울
수 있는 힘을 회복하여 보편적 자유를 실현할 것을 추구했다. "자본주의적 경
제독점과 이로 인한 인간억압으로부터 인간해방을 위한 새로운 투쟁을 개시
해야 한다. 대중의 균등한 자유를 위하여 독점된 자유를 타파함에 용감할 수
있고 꾸준히 싸울 수 있다"라는 것이다.[153]

그렇다면 자본주의적 자유방임주의 경제체제, 독점자본주의, 제국주의에
심각한 문제가 있다고 사회주의 내지 공산주의를 받아들일 것인가? 물론 이
에 동조하는 세력이 앞 장에서 간략히 언급한 바와 같이 크고 강했지만 그들
의 논리를 전체적으로 분석하는 것은 이 책의 범위에서 벗어나는 문제이므로,
단지 자유주의적 입장에서 이에 대한 비판의 논리는 무엇이었는지 살펴보기
로 한다. 해방 후 한국인은 비로소 우리가 원하는 체제를 설계할 수 있게 되
었다는 기대감에서 한편으로 정치적 갈등도 심했지만, 다른 한편으로 대립을
극복하고 보다 이상적인 체제를 건립하기 위해 노력했다. 당시 지식인들은
제국주의적 자유주의와 자본주의에 대한 비판에 그치지 않고, 유물사관과 소
련 공산사회에 대해서도 기탄없는 의견을 내놓았다.

---

152) 오기영, 「새 자유주의의 이념: 독재와 착취 없는 건국을 위하여」.
153) 오기영, 위의 글.

무산계급의 경제적·정치적 자유를 보장??한다는 거짓을 타파해야 한다. 독재적 집권자일 뿐, 무산계급 독재는 무엇이며? 다수의 독재는 어디 있으며? 무엇이 진보적인가? 근로계급인 무산대중도 독재의 대상이지 독재자는 아니다. 자본주의가 인민의 자유를 금력으로 매점하는 것이나, 공산주의가 인민의 자유를 권력으로 뺏는 것이나 인민에게 자유가 없기는 마찬가지이다. …… 자유는 언제나 진실을 공언할 용기가 있는 정치를 요구한다. …… 어떤 승인된 공식 이론을 인민에게 강제하는 것은 개인의 자유의사를 침범하는 것이며 …… 인민의 자유로운 창의를 말살하는 …… 독재이다. …… 자유는 선, 억압은 악이다. …… 억압에 반대하고 독재를 혐오하는 자유사상은, 공산주의 정치적 독재를 수긍할 수 없는 것이다.[154]

당시 남북의 상황에 대해서는 정치적 자유를 내세운 남한은 사실 자본주의 경제독재이고, 북한은 경제적 민주과업의 혁명을 과시하나 실상은 정치독재라고 규정하면서 수정이 필요하다고 보았다. 빈부의 격차가 현격한 상태에서 민족의 통일을 바랄 수는 없으므로 자유경제의 방임주의는 수정되어야 하되 자유와 평등의 가치를 조화시키는 방법을 고심했다. 남북이 갈등하는 가운데, 억압에 저항하며 인간해방을 추구하는 이념적 무기로서 자유주의를 향한 기대를 버리지 않고 민족의 해방과 독립을 위한 투쟁무기로 상정한 것이다.

자유와 평등은 …… 상반이 아니라, 유기적으로 협조되어야 하는 것이니…… 자유 없는 곳에 평등이 있다는 (곳은) …… 공상적·획일적·기계적 사회이다. …… 절실한 자유가 요구된 곳에서 진실한 균형을 갖춘 평등이 다루어질 것이다. 개인으로서 개성의 자유 획득에 매진해야 하고, 민족의 일원으로서 완

---

154) 오기영, 앞의 글.

전 해방과 독립을 위해 일체 타협을 거부하고, 부단히 열렬한 항쟁과 노력을!155)

당시 치열한 좌우의 대립을 극복하고 민족의 자유와 독립을 확보한 새 나라를 건설하기 위해서는 우선 좌우의 고집과 편견, 상호 비난을 중단하고 이성적·합리적으로 '인민 전체가 자유로운, 인민 전체의' 새 나라를 건설해야 했다. 해방정국의 좌우 대립은 사실 1920년대 이래 독립운동세력 간 좌우 대립의 연장선상에 놓여 있었지만 문제를 더욱 어렵게 만든 것은 미국과 소련의 대립이었다. 여기서 신탁통치 문제를 다루지는 않겠지만 이 문제를 해결하기 위해 개최된 미소공동위원회는 당시 한반도 안팎을 둘러싼 이념 대립을 극명하게 노정했다.

"공동위원회는 남북한 양측의 '민주적' 정당 및 사회단체와 협의한다"라는 모스크바 외상회담의 한국 관련 조항에 근거하여 미국과 소련은 모두 한국의 민주적 정당 및 사회단체와 협의해야 했다. 주지하듯이 소련은 모스크바 회담의 결정에 반대한 정당이나 단체, 인물들은 협의대상에서 제외해야 한다고 주장했다. 그러나 미국은 한국의 정당 및 지도자들이 언론, 출판과 이동의 자유가 없으면 그들과 자유로이 협의할 수 없으며 한국인들이 원하는 바를 알 수 없다고 했다. 미국은 자유민주주의 입장에서 민주적이고자 했다면 소련은 당의 결정에 대해 이의제기를 허용하지 않는 '민주집중제'적 입장의 민주를 관철하고자 했던 것이다.156) 회의는 결국 결렬되고, 한국 문제가 유엔으로 이관되는 결과로 귀착되었다.

미국은 한국 정치 세력들의 합의를 통한 정부수립을 지원하려는 자유주의

<hr />

155) 이헌구, 「자유의 옹호: 자유주의 비판에 대하야」.
156) 구대열, 「'자유주의' 열강과 해방 한국(1945~1950)」, 《국제정치논총》, 45-4(2005).

적 원칙에서 민정장관으로 중도우파 입장의 안재홍(安在鴻)을 세우고 좌우합작위원회를 후원하여 좌우세력이 연합하도록 유도했다. 그 합의사항으로 '좌우합작 7원칙'을 발표한 것은 당시의 대립상황을 고려하면 커다란 성취였음에 틀림없다. 막대한 대가를 치르고 승리한 미국이 적국 일본의 지배에서 해방시킨 한반도에 자신들이 원하는 자유민주주의체제가 건립되기를 원하고 지원하는 것은 당연했고, 소련도 마찬가지로 38선 이북에서 공산주의체제의 수립을 지원했다.

언론, 출판과 집회의 자유가 통제된 38선 이북에서는 정부수립 과정이 일사분란하게 진행될 수 있었던 데 비해, 자유가 허용된 38선 이남에서는 격렬한 혼란과 충돌이 지속되었다. 진정한 독립과 자유평등이 보장될 수 있는 방도를 찾아야 했고, 이러한 역사적 과제를 위해 자유주의적 관용의 정신과 사상, 언론, 결사의 자유가 무엇보다 필요했다. "누구나 어떤 개인이나 국가권력에 대해 비판자가 될 수 있어야 한다. …… 개인의 사상의 자유나 언론의 자유는 억압 불가이며 …… 소수파 의견도 경청하고, 결사의 자유를 보장해야 한다. …… (이를 위해) 사상을 통제하지 않는 권력이 요청된다"[157]라는 문장은 시대적 요구를 잘 표현하고 있다. 그러나 현실 정치에서는 여전히 공산주의와 민족주의 간의 좌우 대립이 극으로 치달으며 권력에 대한 비판과 상호용인을 중시하는 자유주의는 지지세력을 얻지 못하는 실정이었다.

해방공간에서 모색된 근대적 국가 건설의 방향은 삼균주의 등 정치적 민주주의와 경제적 비자본주의 지향이 결합된 중간노선의 경향이 강했다.[158] 이러한 지향은 민족해방운동 과정에서 이미 광범한 공감대를 형성한 이념노선이었다. 중국에서 활동했던 독립운동세력들이 세운 민족유일당과 한국독립

---

157) 오기영, 「새 자유주의의 이념: 독재와 착취 없는 건국을 위하여」.
158) 강명희, 「1940년대 한중 중간노선의 '신민주'적 국가건설 지향」, ≪중국근현대사연구≫, 36(2007).

당의 정강, 임시정부가 준비한 「건국대강」 등등에도 공통적으로 정치·경제·교육의 균등 실현(삼균주의), 토지와 대생산기관의 국유와 중소기업의 사영, 빈농 우선의 토지분급 같은 내용이 제시되고 있다.159) 1945년 중국에서 환국하기 직전에 한국독립당이 발표한 당강을 보면160) '계획경제 실시와 민주공화국 건설'을 기본 원칙으로 하고 있으며, 토지와 대생산기관의 국유화를 구체적인 실천방책으로 제시했다.161)

1946년 2월의 방송연설 '모범적 독립국을 건설하자'에서 이승만은 '과도정부 당면 정책 33항'을 제시했다. 그의 새 나라 건설 구상에는 다음과 같은 사항들이 열거되었다.162)

① 모든 사람의 법 앞에서의 평등, 18세 이상 시민에 대한 선거권과 피선거권 부여

② 언론, 집회, 종교 및 출판과 정치운동의 자유 보호

③ 중요 광공업체, 삼림, 은행, 철도, 통신 등 모든 공익사업기관의 국유화, 상거래 통제, 생필품 최고가격제

④ 일제 잔재 청산, (일제의 적산) 재산 몰수

---

159) 『대한민국임시정부자료집』 34권, 국사편찬위원회(한국사데이터베이스).

160) 대한민국 임시정부의 중심 정당이었던 한국독립당이 제2차 세계대전 종전 직후 1945년 8월 28일 발표한 5개조의 당강은 '국가의 독립보위와 민족문화발양', '민주공화국가체제 완성', '계획경제 확립', '국비교육시설 완비', '기본 지식과 필수기능 보급', '평등호혜의 세계일가 실현'이었는데, 조소앙(趙素昻)이 기초했다.

161) 조소앙은 삼균주의 중 경제적 균등의 실현을 위해 국가와 사회의 지도 및 계획, 조정 그리고 분배의 합리성을 기본 원칙으로 제시했다. 중소기업은 사영으로 하고 대생산기관은 국영을 하도록 천명했는데, 당시 산업의 미발달 상황을 반영하여 국유화의 대상이라고 제시한 기업 분야는 매우 포괄적이다. 대규모 농공상기업과 광산, 수리, 은행, 전신, 교통, 전기, 국제무역뿐 아니라 상수도, 인쇄, 출판, 영화, 극장까지 국영의 대상으로 제시한 것이다.

162) 우남실록편찬회, 『우남실록』, 382~384쪽. 1946년 2월 14일 이승만이 의장, 김구와 김규식이 부의장을 맡고 총 26명의 의원으로 구성된 남조선 대한민국대표민주의원이 출범한 직후의 방송연설이다.

⑤ 몰수 토지는 농민에게 분배하며, 유상 매입, 유상 분배를 통한 농지개혁

⑥ 화폐제도와 공평한 납세제 구상

⑦ 고리대금 금지, 궁민과 영세농의 세금 면제, 의무교육, 직업보장, 최저임금제, 8시간 근무제, 부녀자와 아동 학대 금지, 임산부 복지 등등

새 나라의 기본적 정책으로 제시된 조항들을 보면 법적 평등과 정치적 민주주의원칙에 입각한 선거권 및 일제 잔재 청산을 제기한 것 외에 나머지 사항들은 경제와 사회 부문에 관한 구체적인 정책이었다. 사회·경제적 문제를 그만큼 중시하여 경제 부문에 대한 국가의 통제 내지 국유화를 실시하고 경제적 약자에 대한 보호정책을 강구함으로써 그 구체적 실현을 추구했음을 읽을 수 있다. "중요한 공업과 광업과 삼림과 은행과 철도와 운수와 모든 공익기관 등 사업을 국유로 만들어 발전시킬 것"에 대해 당시 이의를 제기하는 목소리는 없다시피 했다. 더 나아가 "모든 상업을 정부검열하에 둔다"라며 상업에 대한 강력한 통제를 제안했다. 부의 편중은 개인의 자유로운 활동에 유해하므로 그것을 조정할 필요가 있다는 인식이 보편적이었다.

1947년 좌우 정치 세력 간 협상회의를 통해 결정된 '좌우합작 7원칙'에도 ① 임시정부 수립, ② 미소공동위원회 속개, ③ 친일파 처벌, ④ 정치범 석방, ⑤ 입법기구 구성 등 정치현안에 관련된 다섯 개 원칙 이외에 토지개혁과 중요 산업의 국유화, 언론·집회·결사 등 모든 자유의 보장이라는 두 가지 원칙이 천명되었다. 언론·집회·결사의 자유라는 자유민주주의의 기본 자유에 대한 요구와 더불어 토지개혁과 중요 산업의 국유화가 좌우 정치 세력 간 기본 합의로 제시될 만큼 공감대를 형성하고 있었음을 확인할 수 있다.

일제 강점기 동안 식민당국의 봉건지주세력 온존정책으로 인해 농민이 경작지에 대한 소유권을 가져야 한다는 요구가 실현되지 못했으며 소작쟁의가 정치투쟁으로 발전하지도 못했다. 자본가계급이 크게 발전하지 못한 것이 해

방 전후 한국의 현실이었지만, 자유주의사상이 확산되는 흐름 속에서 농민을 토지에 묶어두고 현물형태로 착취하는 농노제적·봉건적 대토지소유를 철폐하고 토지를 농민의 자유로운 소유로 돌리자는 요구가 나타났다. 유럽에서도 농민의 자유로운 토지소유는 자기노동에 의한 생산물을 자유로이 자기가 영유한다는 근대적 소유권제도로 발전했으며, 농민의 자유로운 토지소유와 모든 정치적 자유에 대한 요구는 고전적 부르주아 민주혁명에서 요구되는 자유의 영역과 합치되는 것이었다. 또한 농촌경제를 상품경제 영역에 편입함으로써 국내 시장을 확대해야 했던 부르주아적 지향에도 부합했다.

해방 이후 건국기 동안 토지개혁에 대한 사회적 공감대는 광범했는데, 당시 자유민주주의 세력이든 사회주의 내지 공산주의 세력이든 범위와 방법에서 차이는 있어도 토지개혁을 거스를 수 없는 시대적 요구로 인식했다. 공산주의식 토지혁명에 찬성하지 않는다 해도 토지개혁에 동조할 수밖에 없는 사회적 분위기는 지주제를 청산해야 할 봉건적 제도로 파악한 것으로서, 다분히 자유주의의 영향이라 볼 수 있다.[163] 우파로 분류되는 한민당도 토지개혁을 주요 정강으로 제기했으며, 이승만정부의 농림장관 조봉암(曺奉岩)이 농지개혁을 추진하여 그 법안과 시행령이 1949~1950년 국회에서 통과되었다. 토지개혁과 중요 산업의 국유화, 계획경제의 실시는 당대의 평등주의적 인식과 경제 부문에 대한 국가의 적극적 역할을 요구하는 사조를 반영한다.

민족공동체를 강조하며 공동선을 추구하여 민족균등사회를 건설하고자 한 해방 후 사조는 평등주의와 민족주의가 결합된 혼합경제체제를 통해 사회정

---

163) 주지하듯이 북한에서는 무상 몰수, 무상 분배 형식의 토지개혁을 '민주과업'의 이름으로 완성했는데, 대한민국에서는 농지개혁의 당위성은 인정했지만 방법에 있어서 논란이 많았다. 결국 유상 매수와 유상 분배 형식으로 이루어지면서 농민에게 부담이 되었지만, 농지개혁이 기정사실화되고 있어서 지가가 크게 하락해 있었기에 지주제가 청산되는 토지개혁의 효과가 있었다.

의와 균등사회의 실현을 추구했고, 그러한 목적을 달성하기 위한 국가의 통제적 역할을 인정했다. 경제적 민주와 평등의 성취를 중요하게 여겼을 뿐 아니라 혼합경제체제하의 정책을 통해 달성할 수 있다고 인식했던 것이다. 만민평등을 구현하기 위해 기본권 보장을 유보할 수 있으며, 사회경제적 평등을 강조하고, 국가 전체의 이익과 공공복리를 위해 개인의 자유와 권리는 제한될 수 있다는 사조를 민족주의적 자유주의(자유민족주의) 또는 평등주의적 자유주의 내지 사회민주주의 지향의 자유주의라고 불러도 무방하다고 본다.

3) 제헌헌법에 반영된 자유주의

이러한 사조를 배경으로 온 국민의 염원을 담아 국가 건설의 기본 지향을 설계한 제헌헌법은 다분히 자유주의의 요소를 내포하고 있다. 1948년 제정된 대한민국헌법은 실제로 어떤 내용을 담고 있었는지 살펴보자.

제헌헌법은 기본적으로 자유민주주의체제의 국가 건립을 지향했다. 제1조에서 "대한민국은 민주공화국이다"라고 민주공화국의 국가형태를 천명했고, 제2조에서 "대한민국의 주권은 국민에게 있고 모든 권력은 국민으로부터 나온다"라고 규정했다. 사회계약설에 입각한 주권재민 원칙과 정부와 법의 수립연원이 국민의 의사임을 명시한 것이다. 그리고 주권재민에 기초한 보통선거제, 의회제, 삼권분립도 제시되었다. 또한 제5조는 "대한민국은 정치, 경제, 사회, 문화의 모든 영역에 있어서 각인의 자유, 평등과 창의를 존중하고 보장하며, 공공복리의 향상을 위하여 이를 보호하고 조정하는 의무를 진다"라고 규정했다. 개인의 자유, 평등과 창의라는 자유주의이념을 법의 최고 이념으로 삼아 이를 보장하는 장치를 만들어 놓은 것이다.

헌법 제2장은 자유권 등 기본권 보장에 관한 규정을 담고 있다. 제8조에서 평등권, 제9조에서 자유권적 기본권(인권)으로 신체와 정신의 자유권 및 경제적 자유권, 제17조에서 직업의 자유, 제21조에서 결사의 자유, 제23조에서 재산권 보장을 명시했다.

헌법 전문에서 '각인의 기회를 균등히' 할 것을 명시한 대로 일반적 평등원칙에 기초한 기회균등을 보장하고 자유, 평등, 창의를 존중할 것을 각 항에서 규정했으며, 제2장에서 다시 사회권 보장을 강조하며 교육의 의무와 노동에 관한 기본권(제16조, 제17조)을 명시함으로써 평등주의적 지향을 표명했다. 기본권으로서의 자유권과 생존권으로서의 경제적 자유·경제적 민주가 상호 보완적으로 기능하도록 했다.

제헌헌법의 성격이 잘 드러나 있는 부분은 재산권에 관한 조항들이다. 제5조 1항에서는 자유주의적 시장경제원리를 명시했고, 제2장 제15조는 "재산권은 보장된다. 그 내용과 한계는 법률로서 정한다"라고 했으며, 제15조 2항에서는 "재산권 행사는 공공복리에 적합하도록 한다"라고 했다. 제84조 1항도 경제적 자유를 천명하며 그 다음 항에서 규제를 선언하고 있다.[164]

자유, 평등, 창의와 재산권 등 기본권을 존중하면서도 헌법 제5조 2항에서는 "공공복리의 향상을 위해 이를 보호 조정하는 의무를 진다"라고 명시했다. 사유재산권과 경제적 자유에 대해서 규제와 조정을 선언하여 경제적 민주화를 중시한 사회정의를 추구한 것이다. 재산권 보장과 영업의 자유, 결사의 자

---

164) 이와 같이 재산권에 관한 광범한 규제에 관해서 조한백(趙漢栢) 의원은 헌법 제정 과정에서 "국민경제와 재산권의 행사에 대해서 너무 인민의 자유를 구속한 감이 있어 국민경제발전과 기업발달을 방해할 염려가 있습니다"라며 비판했다. 또한 공공복리에 적합하도록 재산권을 행사해야 한다거나 사영기업을 국유나 공유로 이전할 수 있도록 한 조항을 지적하면서 '국방상 또는 국민생활상 긴절한 필요에 의하여'라 했는데 국민생활상 긴절치 않은 게 무엇이 있겠느냐며 자유주의관점에서 비판한 것이다. 그러나 이청천(李靑天) 의원은 "국가권력으로서 철두철미 민족주의로 나가야 되겠습니다. 그리고 경제면에 들어가서는 사회주의로 나가야 되겠습니다. 이것은 다시 말하자면 민족사회주의입니다"라고 하여 당시 민족사회주의 정서를 대변했다(대한민국국회, 『제헌국회속기록』(선인문화사, 1999), 331, 436~437쪽 참조).

유를 통해 시장경제체제를 기본 틀로 설정했지만, 제헌헌법 제84조는 "대한민국 경제질서는 모든 국민에게 생활의 기본적 수요를 충족할 수 있게 하는 사회정의의 실현과 균형 있는 국민경제의 발전을 기함을 기본으로 삼는다. 각인의 경제상 자유는 이 한계 안에서 보장된다"라고 명시했다. 광범한 규제와 조정이 가능하도록 하여 사회정의를 추구한 것이다. "필요한 범위 안에서 경제에 관한 규제와 조정"을 할 수 있다는 원칙에 따라 중요한 국가적 자원에 대한 국유화, 사회화 원칙도 규정했다(제85조). '필요한 범위'는 매우 신축적이어서 경제적 자유를 심각하게 위축시킬 수도 있는데, 제헌헌법에서는 일단 제85~88조에 다음과 같이 규정했다.

"광물 기타 중요한 지하자원, 수력과 경제상 이용할 수 있는 자연력은 국유로 한다"(제85조 1항)라고 했고, "농지는 농민에게 분배함을 원칙으로 하며 그 분배의 방법, 소유의 한도, 소유권의 내용과 한계는 법률로써 정한다"(제86조)라며 농지제도의 원칙을 규정했다. 또 중요 생산수단에 대한 특별제한도 가능하도록 명시했다. 즉 "중요한 운수, 통신, 금융, 보험, 전기, 수도, 가스 및 공공성을 가진 기업은 국영 또는 공영으로 한다"(제87조)라고 했고 대외무역도 국가의 적극적 통제가 가능하도록 했다. 또한 "국방상 또는 국민생활상 긴절한 필요에 의하여 사영기업을 국유 또는 공유로 이전하거나 또는 그 경영을 통제 관리함은 법률의 정하는 바에 의하여 행한다"(제88조)라고 명시함으로써 사유재산의 국유 또는 공유도 규정했다.

농지제도에 대한 개혁은 자유주의적 의미를 가진 것이었지만 이념을 떠나 당시 폭넓은 사회적 공감대가 형성되어 있었고, 이에 농지개혁법이 제정되었다. 나아가 사영기업의 국·공유화나 대외무역에 대한 국가통제 등 사회조정적이고 계획적인 시장경제의 특징과 사회주의 경제질서에 가까운 요소를 대량 포함하여 헌법을 제정했다. 전체 국가경제에 대한 완전한 사회화는 아니지만, 특정 재산에 대한 사회화를 천명한 것이다.

또한 기업활동의 자유를 보장하면서 근로대중의 생존권 문제를 헌법에 반영하여 자본주의의 폐해를 배제하고 경제적 약자를 보호하고자 했다. 특히 노동자의 권익보호를 위해서 노동의 권리와 의무(제17조), 노동3권의 규정과 기업이익균점권(제18조), 노동능력이 없는 자에 대한 국가의 보호(제19조)를 규정했다. 토지개혁과 함께 노동자와 농민의 생존권을 보장하기 위한 취지라 할 수 있다. 특히 이익균점권은 반자유주의적이라고도 할 수 있는 요소로서, 사회민주주의 계열의 진보파 입장을 수용한 것이다. 기업의 이익을 노자 협조로 나눈다는 이 조항은 사실은 적산불하를 둘러싼 문제에 관한 조항이었다. 누가 적산을 불하받든 근로자도 경영 참가나 이익균점을 통해 이익을 공유해야 한다는 것이었다.[165]

제헌헌법은 사유재산권이나 시장의 절대성을 보장하는 자유자본주의체제를 지지했다기보다 사회정의와 경제적 평등을 위해 절대적 재산권을 부인하고 제한하며 분배의 정의나 균점을 중시한 사회적 자유주의,[166] 즉 진보적 현대자유주의의 성격을 가진 헌법이었다고 할 수 있다. 또한 개인의 자유를 유보하며 민족공동체의 공동선을 추구하는 평등주의 지향이 강했는데, 그것은 기본적 인권 보장과 같은 정치적 자유 및 평등의 선언과 함께 경제적 민주주의의 요소를 강하게 반영한 데에서 드러난다. 자유주의적 시장경제를 기본

---

165) 강정민, 「자치론과 식민지 자유주의」, ≪한국철학논집≫, 16(2005a), 97~99쪽.
166) 사회적 시장경제를 추구한 「바이마르헌법」(1919)이 현대국가의 모델로서 우리 제헌헌법에 영향을 미쳤다. 개인주의적·자유주의적 법치질서와 경제질서를 고취하는 입장과 사회주의적 경제민주주의를 추구하는 세력 간 타협의 산물로서, 개인주의적 요청과 사회주의적 요구가 합쳐져 사회적 정의를 위해 개인의 경제적 자유를 제한하는 틀이 제시되었던 것이다. 또한 「본(Bonn)기본법」의 사회적 시장경제도 자유경쟁원리를 보장하고 국가의 간섭에 엄격한 한계를 두지만, 국가가 광범위한 경쟁의 확보와 유지를 보장하고 사회적 평등을 위해 개인적 자유를 제한하는 정도의 국가간섭은 인정하는 사회적 법치국가의 기본법에 근거한다. 경쟁경제의 기초 위에 개인자유를 최대한 보장하면서 사회적 필요성도 고려하는 것이다[강정민, 「제헌헌법의 자유주의 이념적 성격」, ≪정치사상연구≫, 11-2(2005) 참고].

틀로 하되 국가의 경제적 역할을 강화한 혼합경제를 추구한 것이다.

전 민족이 노예와 같이 억압받던 식민지 상황으로부터 해방된 직후의 국가 건설 과정이었으므로, 모두가 함께 인간다운 삶을 살 수 있는 나라의 건설을 꿈꾸었기에 민족공동체의 재건을 지향한 민족주의적 정서가 정치제도와 경제체제 구상에 강하게 반영되었다. 그리하여 정치적으로는 자유민주주의체제, 경제적으로는 혼합경제체제로서 현대자유주의의 사회민주주의 추세에 부합하는 제헌헌법을 제정하게 되었고, '사회국가' 건설을 지향한 것은 개인의 사회적 책임을 강조하는 한국인의 정서에 부합했다.[167]

국가건설기인 1945~1953년은 사회 전반에 퍼져 있던 민족주의에 내장된 평등주의적 압력이 고조된 시기여서, 자유주의자들조차 개인의 사적 이해 추구를 '자본독재'로 표현할 만큼 공동체 전체의 이해를 우선시하며 내부 구성원 간의 평등을 보장하려는 지향이 강했다. 민족주의적 자유주의인 동시에 사회적 약자를 보호하는 사회주의적 자유주의, 즉 진보적 현대자유주의는 민주주의로 출발하려는 신생국가의 이데올로기 특질로서 강한 지지를 받았다.[168]

제헌 시기에 이와 같이 평등의 가치에 압도되어 경제적 자유보다 경제적 평등을 더 중시함으로써 '비자유'의 경향을 내포하게 된 한국자유주의는 이후 민주화투쟁으로 전개되었다. 정치적 민주주의와 동시에 경제적 민주주의를 지향하며 법치, 삼권분립, 대의제 의회, 사상·언론·출판·결사의 자유 등을 모두 민주주의제도로 인식했다. 자유주의사상을 근거로 탄생되고 발전한 제도가 19세기 말 민주주의의 옷을 입고 20세기 한국에 들어온 결과, 이러한 제

---

167) 장동진, 「대한민국 제헌과정에 나타난 자유주의: 정부형태, 기본권, 경제제도를 중심으로」, ≪정치사상연구≫, 11-2(2005a), 69~79쪽; 강정민, 「제헌헌법의 자유주의 이념적 성격」, 95~99쪽; 정용화, 「근대적 개인의 형성과 민족: 일제하 한국자유주의의 두 유형」, 21쪽.

168) 윤상현, 「『사상계』의 근대 국민 주체 형성 기획: 자유주의적 민족주의 담론을 중심으로」, ≪한림대학교 개념과 소통≫, 11(2013). 이하 1950년 전후 ≪사상계(思想界)≫ 지식인들의 자유주의에 관한 내용은 윤상현의 이 논문의 도움을 받았다.

도를 모두 민주주의의 결과물로 인식하게 되면서 자유주의의 가치에 대해서
는 중시하지 않았던 것이다.

김성식(金成植)이 개인의 자유의사에 기반을 두되 사회정의를 실현하는 민
주주의적 자유주의에 기반한 민족주의를 제기한 것은 당시 시대적 분위기를
잘 대변한다.169) 사회정의를 실현하는 국가의 역할을 상정함에 있어서 국가
가 개인을 제약하고 억압할 가능성 내지 위험을 고려하지 않고 국가를 공동선
을 이루어 가는 주체로 생각했던 것이다.

19세기 후반 구미 자유민주주의 국가에서의 현대자유주의는 그 정부가 민
주주의 방식으로 구성되어 민의에 반하는 전제정치를 하지 않는다는 신뢰에
기초한 이론이다. 반면 아시아 국가들의 20세기 상황은 설사 민주주의 형식
으로 성립된 정부라 하더라도 개인의 자유를 무시하고 탄압할 가능성이 상존
하고 있었다. 그러나 국가에 의한 사회정의의 실현뿐 아니라 국가가 주도적
역할을 하는 계획경제에 의해 경제를 속히 발전시켜야 한다는 것에 사회가 전
반적으로 합의하는 분위기였다고 할 수 있다.

사회주의적 지향이 강했던 배성룡(裵成龍)도 청빈·자족·검약의 생활태도
는 '경제 천시의 말폐'에 빠지기 쉽다며 부를 추구하고 경제를 중시할 것과 경
제발전과 과학화를 추구할 것, 그리고 종합개발계획을 수립할 것을 주장했다.
또 국가가 개입하고 주도하는 계획적 개발을 통해 자본주의의 무계획성을 극
복하도록 제시했다. 부의 추구를 긍정하는 자유주의적 입장이었지만 국가가
주도하는 계획경제를 경제개발방안으로 제시했던 것이다.170)

시민계급이 견고하지 못한 사회적 배경을 바탕으로, 국가가 주도하는 계획

---

169) 김성식, 「한국적 민족주의」, ≪사상계≫, 1958-9.
170) 배성룡, 「한민족의 경제사상: 동양식 정체성과 빈락경제관」, ≪사상계≫, 1952-9; 「후진국
  경제개발방안: 아시아제국의 전력·관개문제 등 동시해결안을 논한」, ≪사상계≫, 1956-5.
  배성룡은 화요회 계열의 공산주의자였으나 우경화하여 자유주의자가 된 사회민주의 민
  족주의자이다.

적 경제성장을 지지하는 추세 속에서 시민계급을 육성해야 한다는 주장의 등장은 자유민주주의의 주체가 형성되지 않았다면 자유주의나 민주주의도 뿌리내릴 수 없음을 인지한 결과이다. 한태연(韓泰淵)은 남한사회에서라도 재벌을 중심으로 하더라도 산업성장을 달성해야 한다고 주장하면서 '관용'의 가치를 갖춘 시민의 육성을 강조했다.171) 김성식은 특권계급에 반대하며 '중소상공인·시민·농민'을 계급기반으로 하여 이들이 '자유의지에 의한 동지적 결합체를 이루는 시민사회의 형성'을 역설했다.172) 해방 후 자유주의자들은 대체로 자유민주주의 지향을 가지고 있었지만 경제발전에 대한 국가의 역할과 사회정의 실현을 함께 중시하는 경향을 공유하고 있었던 것이다.

한국전쟁 시기 공산 치하의 경험은 전후 반공주의에 대한 지지를 확고히 했다. '민주주의는 사회주의와 결부되어야만 그 진가를 발휘할 수 있다'고 주장했던 신상초(申相楚)는 휴전 후 전시체제 시기인 1954년 이후 생각을 바꾸었다. 그는 반봉건투쟁이 우선인 한국사회에서는 자유주의를 거치는 것이 현실적 의의가 있다고 주장했다.173) 반봉건이라는 과제를 추구함에 있어서 자유주의가 실천적 의미가 있다고 보았던 것이다. 건국기 사회민주주의 내지 민주사회주의적 지향으로부터 생각을 바꾸어 휴전 후 냉전체제하에서 반봉건을 위한 자유주의를 제기했다고 볼 수 있다.

그러나 남북대치 상황이 지속되는 가운데 민주주의의 구호는 드높았지만 자유주의를 표방하는 세력은 형성되지 못했고, 인권 문제에 있어서 현실과 규범의 괴리가 두드러졌지만 사회는 반자유주의적 요소를 묵인했다. 20세기 후반기 동안 계획적 경제발전정책의 실행과 경제헌법하에서 경제적 자유주의

---

171) 한태연, 「한국자유민주주의의 위기」, 《사상계》, 1959-2.
172) 김성식, 「한국적 민족주의」.
173) 신상초, 「정당과 계급」, 《사상계》, 1953-8; 「자유주의의 현대적 고찰」, 《사상계》, 1955-8.

는 상당 부분 유보되었다. 이 시기 '민주화'투쟁은 헌법에 명시된 민주주의 제도의 수호와 아울러 인권의 보호와 언론·출판·결사·집회의 자유 보장 등이 그 투쟁목표였지만, 누구도 그것을 '자유화'투쟁이라 부르지 않았다. 오랜 민주화투쟁을 거치며 '민주화'가 달성된 이후 민주주의와 분리된 본래의 '자유'의 가치를 회복하려는 지향이 나타났으나, 여전히 민족주의와 연계된 긴장관계에서 벗어나지 못하고 있는 상황이라 하겠다.

| 제6장 |

동아시아 자유주의의 좌절과 성취

인간은 자유롭게 태어났지만, 도처에서 사슬에 얽매여 있다. 스스로 다른 사람들의 주인이라고 믿는 사람조차 그 사람들보다 더 노예다. 어떻게 이러한 변화가 발생했을까? 나는 알 도리가 없다. 무엇이 이러한 변화를 정당화하는가? 나는 이 문제는 답할 수 있다고 믿는다.

루소의 『사회계약론』 1권 1장의 첫 구절은 프랑스혁명 시기의 혁명가들은 물론이고 그 이후 변혁을 원하는 모든 사람들의 심장을 뜨겁게 만들었다. 그러나 이 책에서 루소는 '일반의지는 항상 올바르고 항상 공익을 목표로 한다'고 썼고 '일반의지에 복종하기를 거부하는 사람은 자유로워지도록 강제당할 것이다'와 같은 전체주의를 연상시키는 주장도 피력했다. 보편의지를 도출하는 과정은 전 구성원이 참여하는 자유토론을 통해야 한다는데 과연 그것이 현대사회에서 가능한 일인가? 로베스피에르(Robespierre)를 가리켜 '루소의 피로 물든 손'이라 불렀듯이, 일반의지의 이름으로 독재정치를 행할 수 있는 가능성은 농후하다. '자유롭게 만드는 강제(on le forcera à être libre)'가 의미하는 바를 '주권'의 행사가 아니라 '양심'의 발로(發露)로 이해하더라도 '어떻게 개개인에게 안전을 보장하면서 동시에 타인이 아닌 스스로에게만 복종하는 자율성도 보장할 수 있는지'의 문제는 여전히 남는다.

지금까지 자유롭고 공평한 세상에서 살기를 소망하는 인류의 염원을 이루기 위한 노력과 투쟁을 사상적·제도적으로 정립해 온 17세기 이래 구미 자유주의의 역사를 개괄적으로 살펴보고, 19세기 후반 한·중·일 동아시아 삼국이 서양의 이 사상과 제도를 학습, 수용하고 적용한 과정을 고찰했다. 앞에서 살펴보았듯이 19세기 후반 이후 서양 자유주의는 민주주의와 결합했을 뿐 아니라 사회주의 요소도 채용한 상태에서 이전의 고전자유주의로부터 상당히 변용된 신자유주의의 모습으로 동아시아에 전해졌다. 그런데 자유주의의 핵심 개념인 liberty, rights, liberalism, freedom은 동아시아인들에게 너무나 생소했다. 이것을 이해하고 자신들의 언어와 문자로 표현하여 각 사회에 소개, 전파한 동아시아 자유주의의 100년 역사의 특징과 한계를 한·중·일 삼국의 경험을 비교하면서 정리해 보자.

1. 동서양의 문화전통의 차이

동아시아인들은 개인이 스스로의 주인으로서 권리를 가진다는 의미에서 자유를 자주, 자주지권 같은 용어로 번역했지만, '권리'는 무엇인지 이해하기가 어려웠다. 나아가 개개인이 스스로 주인으로서 권리를 가진다는 발상은 19세기 후반 동아시아에서는 발칙하고 위험하여 용납하기 어려운 것이었다. 그럼에도 진화론 내지 사회진화론의 영향으로 부강한 나라를 만들지 않고는 살아남을 수 없는 세계에서, 부강해질 수 있는 사상체계로서 자유주의가 이해되고 소개되어 중국, 일본, 한국에 진입했다.

동아시아의 초기 자유주의를 살펴봄에 있어서 국가의 부강을 위한 수단으로 자유가 도입되었다는 비판이 있지만, 단순한 수단과 목적의 관계는 아니라 해도 관련이 깊은 것은 부정할 수 없다. 그러나 자유가 국가의 부강을 가져오는가? 부강한 국가의 역사를 보면 자본가들을 필두로 한 국민들이 자유권을 요구하고 혁명을 거치면서 자유권이 법적인 정치제도로 확립되었고, 이 과정에서 자유주의사상이 그 이론적 근거가 되었다. 다른 한편 16~17세기의 네덜란드는 자유와 관용을 바탕으로 정책을 실행함으로써 학문의 발전과 경제의 번영을 성취한 것도 사실이다. 네덜란드는 정치적·종교적·경제적 관용정책을 통해 유럽 여러 지역에서 생산된 결실을 수렴하고 누릴 수 있었던 것이다.

19세기 말 동아시아에서 자유와 부강의 선후관계를 오해했다고 해도, 어쨌든 자유주의의 사상과 제도는 그것을 수용하면 부강한 국가를 건설할 수 있다는 낙관적 기대로 인해 환영을 받았다. 그러나 동아시아에서 자유주의는 구미의 자유주의가 변용된 내용으로 정착했으며, 신사회 건설을 모색하는 여러 사상조류 가운데 줄곧 좌절하며 곤경에서 벗어나지 못했다. 그 이유를 몇 가지 측면에서 설명할 수 있는데 문화전통의 차이, 사회주의의 흥기, 국내외 정치혼란과 위기, 변혁의 주축이 될 신흥자산계급의 미성숙 등의 요인이 복합적으로 작용했다고 본다. 이에 동아시아 자유주의의 특성은 개인보다 집단이 우선되었으며 '국가에 의한 자유'를 추구하며 자유민족주의로 귀결되는 경향이 현저해진 것이다.

새로운 개념의 도입과 그에 따른 어휘의 탄생과 변용 과정은 실로 새로운 문명의 형성 과정을 실제 역사생활에서 확인할 수 있는 현상이라 할 수 있다. 천부인권, 인민주권, 자유와 권리 같은 개념은 동아시아 근대문명을 형성할 수 있도록 이끈 주축이요 핵심이라 할 수 있다. 동아시아세계가 전근대로부터 근대로 이행하도록 이끈 체제와 생활, 사회와 문화의 모든 측면이 평등한 자유권 또는 인민주권사상의 영향 속에서 진전되는 양상이었다. 천부인권론에 기초한 인민주권론의 수용뿐 아니라 그에 대한 비판 내지 전향도 포함해서 모두 자유주의사상의 영향권이며 근대문명권의 형성 과정이라 할 수 있다.

서양의 문화전통에서는 개인적 가치와 개인의 생존권리를 매우 중시하며, 이를 천부의 것이라 인식했다. 개인을 기본 입자로 보는 경향은 고대 그리스 철학에서 성장했다. 고대 그리스문명의 세계에서 개체는 자연 앞에 서 있는 인간의 능동적 정신을 가지고, 사회 속에서는 자유롭고 독립적인 신분이었다고 볼 수 있다. 이러한 인간의 주체성, 즉 자유정신이 과학과 민주를 발전시켰다. 과학과 민주는 결과이지 원인이 아니었던 것이다.[1] 루터의 종교개혁으로 개인이 신의 진리와 더욱 직접적으로 상통할 수 있게 되고 자기의 내심에 따라 자기방식의 신앙에 의해 신을 해석할 권한을 가졌다. 서양의 문화정신은 선명한 개체의식을 가졌던 것이다. 그러한 개체들에 이성이 내장되어 있다고 믿은 전통을 계몽사상가들이 계승하고 발전시켜서 근대 유럽의 자유주의가 전개되어 갔다.

인권사상은 부르주아계급이 봉건특권과 신권에 대해 투쟁하는 데 사용했던 사상무기로서 역사상 중요한 진보작용을 수행했다. 인권이론은 사람들의 마음속에 인간과 자연 및 사람과 사람의 관계, 자연과 사회의 이미지를 철저히 변화시켰다. 신과 군주 중심의 세계관이 시민 개체 위주의 자유론으로 변화되어 인간이 사회, 역사의 중심 위치에 놓이게 되었다. 인간의 주체의식이 강화되기 시작한 것으로서, 이러한 새로운 세계관 내지 인생관은 경제적 자유 평등뿐 아니라 정치적·문화적 자유 평등을 요구하게 되었다.

한편 중국 내지 동아시아의 문화전통은 기본적으로 사회와 개인을 이중관계로 처리하며 사회를 본위로 삼았다. 따라서 사람의 가치와 사람의 권리는 분리되었다. 공자는 인정(仁政)을 제창했는데 그 기초는 인(人)이라면서 정면으로 사람의 가치를 긍정했고, 맹자도 민(民)은 귀하고 군(君)은 가볍다[輕]라

---

1) 장광자오는 5·4시기 중국에서 과학과 민주를 기치로 계몽이 전개된 것은 그 근원인 자유의 가치를 놓쳤다고 보았다(张广照, 「自由: 現代文明的 基石」).

했다. 도가에서 말한 무위는 인간의 자연성과 인간 자신의 천부가치를 근거로 한 이론이라 할 수 있다. 정신가치를 추구한 이러한 사상은 인간을 중시하는 인문주의 요소를 어느 정도 포함하고 있다. 그러나 누구도 인간 자신의 권리 문제를 제기하지 않았고, 할 수도 없었다.

전통 시대 중국에도 사람의 가치를 중시하는 전통은 있었으나 권리관념은 형성되지 않았다 해도 과언이 아니다. 중국사회에는 유장한 종법전통이 있어서 항상 집단에서 출발하는 사회사상을 구상할 수밖에 없었다. 종법전통으로 인해 한 사람의 개인을 중시하는 관념이 발전하지 못한 것은 한국을 포함한 동아시아 유교문명권에 공통된 현상이라 할 수 있다. 사람, 인간같이 셀 수 있는 대상이 아니라 자유롭고 평등한 추상적 인격이라는 개념의 '개인'을 말하는 'individual'의 번역에 애로가 많았던 것은 이러한 개념이 동아시아에는 없었기 때문이었다. 자유롭고 평등한 개인의 존재를 전제로 하는 자유주의사상을 이해하는 데 한계가 있을 수밖에 없었다.

또한 중국의 전통문화는 오랫동안 중국인의 일원론 심성(멘탈리티, 집단적 심리상태)을 배양하고 사상적 통일과 가치관념의 일원화를 추구했는데, 자유주의학설은 사상의 다원화와 관용과 가치의 다양화를 제창했다. 사유방식의 관성, 사상관념의 정형, 고유문화의 유산들이 모두 자유주의 이론이 중국 전통문화의 천연장벽을 넘지 못하게 방해했다. 국가가 존망의 위기에 처하게 되면서 중국인의 일원론심태는 더 강화되었고, 국가는 구심적·일원적으로 사상의 방향을 정해 인심을 안정시키고 국민을 단결시켜 통일하고자 했다. 자유주의적이고 다원적인 가치와 관용(용인)의 정신은 시의에 적합하지 않게 느껴졌던 것이다.

서양의 인권사상은 인간의 가치에 관한 인식인데, 타 지역으로 전파된 경우 그곳의 문화전통에 관한 자각이 그러한 인식을 해석하고 선택하는 데 영향을 미쳤다. 근대 한·중·일의 지식인들도 전통문화의 영향하에서 성장했기에 집단 개념에서 벗어나지 못했고, 또 당시에는 자유주의를 지지할 만한 신흥계급의 성장이 충분하지 못했던 데다가 국가존망이 위태로운 상황에서 민족진흥의 목적을 강력히 추구해야 했기 때문에 개인과 사회의 관계에 있어서 집단의 가치를 중시하는 경향이 현저했다. 이것이 동아시아 자유주의의 가장 두드러진 특징이라 할 수 있다.

2. 사회주의의 공격으로 인한 자유주의의 곤경

인권의식은 유럽 상품경제의 산물로서 부르주아계급의 적극적이고도 진취적인 경쟁을 촉진하여 자본주의의 발전을 촉진했다. 유럽에서 부르주아계급이 제기한 인권론은 원론적으로 모든 사람을 포괄하는 보편적인 것이지만 실제로는 부르주아계급의 권리를 시민권으로서 헌법에 보장하는 데 그치고 말았다. 그러나 부르주아계급의 인권론은 결국 무산계급의 각성도 불러일으켜서 무산계급은 자본주의사회의 거대한 불평등현상에 대해 반대하고 진정한 자유와 평등의 실현을 주장하게 되었다.

사회주의자들은 자본주의사회의 생산, 소비, 분배 과정에 대해 전면적으로 비판하면서 개인이 경제상 압박을 받지 않을 자유와 경제상 약자가 경제상 강자를 향해 평등을 쟁취할 것을 부르짖었다. 마르크스 시대 사회주의자들의 불만은 방임적이고 무절제적이며 부르주아계급을 위해서만 작동하는 자유주의에서의 착취에 집중되었다. 그러나 이러한 방임자유주의는 늦어도 19세기 즈음에는 결코 유럽 자유주의사조의 주류가 아니었다. 구미의 주류 사조인 자유주의는 민주주의적 보통선거권을 수용하여 자유민주주의로 나아갔고, 사회경제적 자유와 평등의 요소를 발전시켜 신자유주의 또는 사회적 자유주의 내지는 자유사회주의로 변모했다.[2] 자유주의의 인권론은 모든 인민에게 적용되기 때문에, 무산계급도 현실적으로는 제한을 받고 있었지만 결국 이러한 이론을 이용하여 차츰 인권의식을 확립하게 되었고 현실적으로 권리를 쟁취해 나간 것이다.

동아시아가 자유주의를 수용한 19세기 말에 이미 구미에서는 노동자계급에까지 선거권이 확장되어 있었지만 사회주의사상이 확산되면서 자유주의는 부르주아사상이며 구미 자유주의혁명의 과실을 부르주아가 독점적으로 누리는 계급독재를 정립시켰다는 비판이 제기되어 공감을 얻었다. 한국과 중국, 그리고 일본에 사회주의와 공산주의가 본격적으로 영향을 확대한 1920년대 이후 자유주의는 '19세기의 이념'으로서 그 시대가 이미 지나간 것으로 공격받았다. 1930~1940년대에는 자유주의라 해도 다분히 사회주의적 공감대를 가진 '진짜 자유주의'를 추구해야 한다거나 더 나아가서 사회주의 내지 공산주의가 진정한 '민주'라고 하는 주장에 동조하는 세력도 적지 않았다. 한·중·일에서 자유주의가 꽃을 피우기도 전에 철지난 사상으로 배척당하게 된 가장 중요한 요인은 사회주의진영의 공격이 주효했기 때문이었다. 거기에 문화전통의 영향과 국가의 위기상황 등이 복합적으로 작용하면서, 다양성을 존중하며 온건한 변화를 주장하는 자유주의는 뿌리내릴 토양을 발견하기 어려웠다.

1930년대의 동아시아 지식인들은 소비에트러시아에 자유가 없다는 사실을 이미 잘 알고 있었다. 그러나 중국인들은 '자유'가 없다는 문제보다 소련의 계획경제의 성취에 더욱 매료되었다. 또 혁명정당이 무산계급의 이해를 대변한다는 혁명적 전위이론(revolutionary vanguard)은 국민당과 공산당의 일당(독재)체제를 합리화해 주었다. 1940년대 후반의 국공갈등 속에서 경제적 민

---

2) 제2차 세계대전 이후에도 자유시장경제와 중앙계획경제를 결합시키려는 노력이 동유럽 국가들에서 나타났다. 또한 존 메이너드 케인스(John Maynard Keynes) 등이 주장한 수정자본주의이론은 시장의 효율을 맹신할 수 없으므로 국가가 경제활동에 적극 개입할 것을 주장하여 대공황 극복과 나아가 유럽의 경제부흥과 복지국가 성립에 영향을 미쳤다.

주와 평등을 주장하는 공산주의혁명에 지식인들이 동조하며 협력한 것도 개
인의 자유보다 경제적 평등과 국가의 발전이 더 중요하다는 공감대가 넓었기
때문이었다.

한국의 많은 독립운동가는 제국주의 일본의 식민지배로부터 해방과 독립
을 지원해 준다는 공산주의의 세계혁명전략에 동조했다. 피압박민족으로서
제국주의 일본에 대한 저항과 사회주의적 투쟁은 상통한다고 인식되었다. 실
제로 국내에서 일어난 일본인 자본가와 지주에 대한 노동운동과 소작투쟁은
민족투쟁의 성격과 계급투쟁의 성격을 같이 갖고 있었다. 해방 후 자유주의
적 민족주의세력과 사회주의세력 간의 갈등이 폭발한 것은 막기 어려운 역사
적 현실이었다.

일본에서 전후 공산당에 입당한 지식인인 아라 마사히토(荒正人)는 일본과
같은 "후진국의 비극은 개인주의가 확립될 겨를도 없는 사이에 사회주의를
맞이하지 않으면 안 되었던 것"이라며,[3] 개인주의를 확립하고 부르주아 민주
주의혁명을 거쳐 사회주의로 나아갈 것을 구상했다. 사회주의에 의해 압도된
개인주의와 자유주의의 운명을 단적으로 표현하고 있다.

3. 국가주의적으로 변용된 자유주의

옌푸는 사람은 태어나면서 천부의 자유를 가지며 타인의 자유를 침범하는
것은 천리를 위반하는 것이라 천명했다. 천부의 자유권이 계서제적 강상윤리
보다 높은 지위로 제고된 것이다. 무술변법 실패 후 량치차오도 서양의 인권
사상을 선양하면서 사람은 태어나면서부터 평등한 권리를 가지며 자유를 향

---

3) 오구마 에이지, 『민주와 애국』, 276쪽.

유한다고 주장했다. 하지만 개인주의 지향이 예외적으로 표출된 기간인 5·4 시기에도 중국의 인권관념은 봉건윤리관념의 대립물 역할에 그쳤다. 봉건윤리는 '노예성'의 근원이라고 공격받았고 자유평등은 '심리에 근거한 천연의 도덕'이라고 인식되어, 결과적으로 인권관념을 윤리도덕 수준으로 끌어내린 셈이 되었다.

중국의 5·4시기 계몽은 서양 근대의 계몽과 반대노선을 걸었다. 서양에서 계몽은 내적 자각이며 개체로서 인간 개인의 해방을 목적으로 하여 '개성주의', '천부인권', '평등자유'로부터 사유재산제, 민주정체, 언론자유, 법치원칙, 경쟁원칙으로 진전했다. 그런데 반대로 5·4시기의 계몽은 민족진흥을 목적으로 민주정체에 대한 관심과 수용에서 시작하여 자연권인 인권으로 진입했다. 중국뿐 아니라 한국에서도 매우 유사한 경향이 나타났다. 자유와 권리를 논하지 않은 것은 아니지만 어떻게 하면 전제적 군주제를 개혁해서 군민공치 제도를 수립할지, 나아가 민주공화정을 실현할지, 그리하여 어떻게 자주독립 국가를 세울지에 관심의 중심이 놓여 있었던 것이다.

이런 면에서 일본도 세계 속에서 독립자존의 국가를 수립하기 위해 문명개화를 추구했지만, 학습대상이었던 서구의 철학과 사상을 열심히 연구한 후에 신속하게 제도적 개혁을 추진해 나갔던 점이 중국이나 한국과 다르다. 문명의 중압감이 중국처럼 크지 않았던 일본은 서양을 학습하지 않으면 살아남을 수 없음을 빨리 간파하고 적극적으로 서양의 학문과 사상을 받아들여 개화를 추구할 수 있었다. 그러나 일본에서도 역시 1870년대에 서양화에 매몰된 문명개화식 근대화 시기를 거친 후 1880년대에 일종의 '반동'이 일어나 일본적인 것과 유교적 가치를 강조하며 민권보다 국권이 우선이라는 논리가 성행하기도 했다.

유럽의 자유주의에 대한 심도 깊은 학습에도 불구하고 일본의 자유주의는 영국식 자유주의보다 국가주의적 성격을 더욱 내포한 프랑스식 자유주의의 성격을 가졌으며, 이상을 실현할 수 있는 체제(또는 정권)의 확립에 치중했다. 1889년 반포된 메이지헌법은 일본의 주권은 천황에게 있다고 선포했다. 그 이후 일본에서 개인의 자유를 중시하는 자유주의는 줄곧 주류 사조의 변두리에 머물렀을 뿐이다. 1920년대 다이쇼 데모크라시 시기에도 자유보다는 민주를 추구했다. 쇼와 시기 일본은 국가주의적 자유주의를 넘어 극단적 국가주의, 초국가주의, 천황절대주의, 군이 주도한 전체주의인 군국주의 등의 어휘로 표현되는 반자유주의 시대를 거쳤다.

중국에서도 자유주의이론은 시종 중국의 문화 분위기 밖에서 유리된 채, 중국의 전통문화에 저촉되어서 사상계의 중심으로 진입하기 어려웠다. 사상의 통일을 중시한 종법사회의 문화전통의 무게에 눌리고 신흥계급은 발달하지 않은 상황에서 중국의 지식분자들이 서양의 인권관념을 수용하기란 사실 어려운 일이었다. 선진적 5·4신문화의 제창자들도 집단을 중시하고 개체를 경시하는 관념에서 탈피하지 못하고, 오히려 잠재의식적으로 이러한 전통을 민주사상의 중요한 이론적 근거로 삼았다. 5·4시기에 제기된 인권 역시 뺏을 수도 없고 양도할 수도 없는 내재적인 독립가치가 아니라 단지 일종의 수단이 되었을 뿐 궁극적 가치로서의 실체가 되지 못했다.

일찍이 옌푸는 서양사회가 '자유를 체(體)로, 민주를 용(用)'으로 삼아 발전했다며 근대 서구 정치사상의 핵심을 짚어냈지만 중국뿐 아니라 동아시아에서 자유는 결코 본체가 되지 못했고, 오히려 민주가 본체가 되었다. 여기에는 민족존망의 긴박감이 작용한 것도 사실이다. 5·4시기의 인권이 민족진흥을 목적으로 출발한 결과, 개인과 사회의 관계에 관한 입론이 루소의 사상이나 '인권선언' 같이 개인에 내재된 천부적인 불가결, 불가양의 자연권 논의로 진전되지 못했던 것이다.

청 말의 전쟁과 내란 및 혁명운동, 그리고 민국 시대의 세계대전, 군벌할거, 내전과 외침 등 계속된 혁명과 전쟁의 소용돌이 속에서 중국은 구망도존의 위기를 계속 맞이했다. 이러한 상황 속에서 장기간에 걸쳐 이성적이며 평화적 방법으로 사회와 정치를 변혁시키고자 했던 자유주의이론은 민중 속에 파고들지 못했다. 자유주의자는 자유와 권위, 민주와 전제 사이의 모순을 해결하지 못했고, 자유와 민주를 주장했지만 현실 정치생활 속에서는 상황에 따라 권위 또는 전제와 타협함으로써 이론의 일관성을 유지하지 못했다. 외침을 당해 '유능한 독재'를 선택하는 모습은 현대판 '내성외왕'에 대한 기대와 신뢰에 다름 아니었다. 권력이 집중된 독재자에 의한 자유의 억압을 우려하기보다 유능하고 자애로운 부모 같은 권력에 의해 보호되는 자유와 질서를 기대했던 것이다.

그럼에도 인권 문제는 5·4시기 이래 역사적 격동을 겪으며 중국사회의 현대화 과정에서 인간의 해방에 관해 고심하게 한 주제였다. 국민정부 시기의 인권논쟁, 일본 침략하에서의 민주와 독재 논쟁, 중일전쟁과 국공내전 시기의 헌정운동을 거치며 인권과 법치 확립에 대한 절박한 요구는 성장했다.

4. 자유민족주의

한국의 경우는 국권상실이라는 절박한 위기 속에서 자유주의사상을 접하게 되었고, 자연히 국가와 민족을 위해 개인의 자유와 권리는 유보해도 좋다는 생각이 지배했다. 일제 강점기야말로 자유를 위해 투쟁해야 할 시기였고, 실제로 많은 사람이 목숨을 걸고 투쟁했다. 그러나 이때도 '나 개인의 자유와 권리'를 위해서였다기보다 '나라의 자유와 권리'를 위한 투쟁이 이루어졌다. 물론 내 나라가 독립해야 그 나라 안에서 나의 권리를 가장 잘 보호받을 수 있다. 더욱이 내 나라가 망하고 없어진 상황에서 그 나라를 되찾는 일보다 급한 것이 어디 있겠는가?

1910년대 일본에서 자유주의 또는 문화계의 개인주의가 활발했던 영향으로 조선의 지식인들도 전통의 타파를 주장하고 유교문화를 벗어난 '신문화'를 건설하려는 지향을 드러냈다. 일제의 강압정치와 부당한 고문과 불공정한 재판에 저항하며 개인을 보호하고자 한 운동이 없지 않았지만, 일제 강점기와 해방 이후에도 항상 개인보다는 민족과 국가가 우선되었다. 독립된 근대민족국가를 건립해야 한다는 민족주의의식이 자유주의를 압도했기 때문이다.

　한국의 자유주의는 민족주의적 목표와 결합되어 수용되고 추진되었다. 주권을 상실하기 전이나 그 후에도 자주독립된 나라를 세우기 위한 목적에서 자유주의의 가치와 제도를 이해하고 실현하고자 했다. 박영효와 유길준은 물론 심지어 서재필도 근대 민족국가의 건설을 위해 개인의 자유와 권리의식을 고취했다. 안창호의 자유민족주의 성향이 대표적인 경우로, 일제 강점기 지식인들은 대부분 자유자주적 개인이 주인이 되는 평등한 민족민주국가를 지향했던 것이다. 해방 후에도 외세의 압력에서 자유로울 수 없었기에 더욱 민족공동체를 강조하면서 자유롭고 평등한 민주공화국을 수립하기 위한 방안을 모색했다. 민족이 공동체의 형식을 제공했다면, 주권재민의 원칙 위에 선 자유민주주의라는 내용을 가진 공동체를 추구한 것이다. 따라서 한국자유주의는 자유민족주의로 특정지을 수 있다.

　민족주의와 자유주의는 모두 근대성과 관련한 문제로서, 가치관념뿐 아니라 사회제도의 조직방식에도 근대성을 체현하고자 한다. 근대에 진입하면서 어떠한 공동체를 건립할까, 무엇을 가지고 공동체의 공공정체성과 유대와 연계를 형성할까 하는 문제가 대두했다. 근대 이전에는 기독교공동체나 동아시아의 유교문화를 핵심으로 한 천하공동체가 모두 궁극적 가치관념과 정신적 정당성을 공유한 문화질서를 구축하고 있었으나 그것이 붕괴하자 그다음에는 무엇이 새로운 공동체의 이념적 기본 틀을 제공할지에 대한 문제가 발생한 것이다. 이러한 상황에서 새로운 합법성의 근원으로 민족주의가 탄생하여 민족국가가 종교나 천하왕조공동체 관념을 대체하면서 보편적이며 효과적인 공동체의 틀을 제공했다.

민족주의는 계몽의 대립적인 개념이 아니고 그 산물이다. 계몽사상의 핵심은 인간의 자주적 이성능력을 긍정하고 인간의 주체성을 건립하는 것이다. 세계의 주체는 초월적 신이나 하늘의 뜻으로부터 인간 자신에게 돌아왔다. 인류공동체의 합법성은 외재적·초월적인 존재로부터 나오는 것이 아니므로 오직 인간 자신의 이성 또는 역사와 문화전통 중에서 그것을 찾아야 했다. 민족국가의 자주성은 개인의 자주성원칙이 집체 범위로 확대, 응용된 것이었다.

근대적 개인의 형성 과정과 근대국민국가(민족, nation)의 형성 과정은 상호 연계되어 전개되었다. individualism이 국가 단위에서 집단적으로 이루어진 것이 nation이라 할 수 있다.4) 프랑스혁명에서 개인의 해방과 자유의 획득 과정이 근대국민국가(nation-state)의 창출 과정이 되었던 것이 전형적 사례라 볼 수 있다. 자유주의는 개인의 자유와 민족의 자유를 동시에 추구한다. 봉건적 억압으로부터 정치적·사회적·문화적으로 해방되어 개인의 주체성이 확립되는 과정과 피압박 민족이 해방과 자유를 성취하는 과정은 모두 자유주의사상의 지원을 받았다.

근현대 국민(민족)국가는 민족공동체와 정치공동체라는 두 종류의 공동체를 포함한다. 민족의 범위 내에 정치적 국가를 조직한 것인데, 이 정치국가는 계몽적 개인의 자주성이라는 이상에 따라 전제군주적 왕조국가가 아닌 인민주권을 핵심으로 하는 민주공화국이어야 했다. 현대적 민족국가공동체에 민족이 공동체의 독특한 형식을 제공했다면 민주는 공동체의 정치내용을 제공

---

4) Calhoun, Craig. "Nationalism and the Public Sphere", Jeff Weintraub and Krishan Kumar(ed). *Public and Private in Thought and Practice*(The University of Chicago Press, 1997), p.93[정용화, 「근대적 개인의 형성과 민족: 일제하 한국자유주의의 두 유형」, 8쪽 재인용].

했으며, 그 바탕에 공화주의가 놓여 있었다. 민족국가는 서양 근대성의 산물이며, 민족주의는 자유민주와 동등한 정치적 정당성 원칙인 것이다.

민족국가의 아이덴티티는 정치국가의 보편적 시민(국민) 자격과 각 개인이 처한 특수한 민족과 문화에 귀속하는 문제와 관련된다. 계몽사상은 인간을 이성적 주체로 추상했고, 자유주의는 인간을 권리의 주체로 확인했다. 프랑스혁명 중 민족주의와 민주주의가 결합하여 시민공동체인 근대민족국가를 창조했고, 미국혁명 중 자유주의와 공화주의 세력이 결합하여 새로운 정치민족단체를 건립했다. 민족주의와 자유주의는 모순이 아닐 뿐 아니라 하나가 된 것이었다.

자유주의와 민족주의는 궤를 같이하며 공동의 목표를 성취할 수 있지만, 민족국가는 구성원인 개인의 자유에 대한 제약이 될 수 있다. 특히 식민통치라는 상황에서 민족을 절대화하기 쉽고, 이는 개인의 자유의 희생을 요구할 수 있다. 하지만 민족이 자유로운 공동체가 아니고 개인의 자유를 침해한다면, 민족주의도 자유주의도 아닌 전제정이거나 파시즘이 될 것이다.

5. 자유, 공화, 민주

한말이든 해방 이후든, 한국에서든 중국에서든, 자유주의와 공화주의와 민주주의가 구분되어 수용되었다기보다 서양의 여러 가지 사상과 제도가 결합된 채 받아들여졌다고 할 수 있다. 자유주의와 민주주의가 결합된 모습으로 동아시아에 전해졌고, 공화주 역시 민주주의와 결합된 채 관심을 끌었다. 공화제는 군주나 소수의 통치권에 반대하며 국민에 의해 국가와 정부가 구성되는 정치체제이다. 민주제는 국민주권에 기초한 권력의 창출과 행사로 특징지을 수 있으므로 공화제와 조응하기 쉽다. 역사적으로 미국 독립혁명과 프랑스혁명은 자유주의·공화주의·민주주의 사상이 결합되어 진행되었고, 영국의 입헌군주정과 의회민주주의에 대해서도 '왕정의 탈을 쓴 공화정'이라고 몽테스키외가 말하지 않았던가.

공화주의적 민주는 공동체를 강조하며 시민(국민)의 적극적 정치 참여를 통해 정치공동체의 공동선을 이루기 때문에 국민의 미덕을 배양하는 것을 중시한다. 도덕과 정치의 분리는 불가하다고 보며 주권은 보편의지의 실현이므로 대의제에 찬성하지 않는다. 이에 비해 자유주의적 민주는 개인의 권리보장을 국가의 주요 임무로 보며, 대의제와 투표를 통해 획득한 정치적 정당성을 통해 민주가 체현된다고 보는 입장이다. 두 사상 계통이 모두 군주전제정에 반대하며 법치를 중시했고 민주주의의 옷을 입고 있었다. 따라서 특별히 전체 인민의 의지를 강조하는 루소류의 공화주의를 추구하지 않는 한 동아시아에 전래된 후 구분이 모호한 측면이 있었다.

한말 이래 한국은 개인의 자유와 권리를 중시하며 대의제 민주주의 방식으로 군주의 전제를 방지하고자 한 점에서 이념적으로 자유주의적 민주를 지향했다고 할 수 있다. 그러나 전제군주제가 폐지되자 곧바로 공화정을 추구하는 시도가 나타났으며, 해방 후 도덕적 민족공동체를 수립하려는 의지를 강하게 내포했다는 점에서 결국은 공화주의적 지향으로 귀결되었다고 볼 수 있다. 또 프랑스의 공화주의적 민주주의자들이 추구하던 인민주권론과 보통선거권이 모두 반영되었다. 대한민국은 헌법을 제정하면서 국가의 정체를 민주공화국으로 하고 주권은 국민에게 있다고 규정했다. 군주나 소수의 과두정치가 아닌 공화정으로써 도덕적 민족공동체를 수립하고자 했고, 주권재민이 천명되고 민주주의의 여러 제도적 장치가 구비된 민주주의체제를 수립했다.

앞에서 살펴보았듯이 제헌헌법은 주권재민을 천명하고, 개인의 자유권과 사유재산권을 규정하고 그것을 보장했으며, 헌정과 법치를 중시하는 자유민주주의 헌법이다. 동시에 정부가 적극적 역할을 수행하는 혼합경제체제로써 경제적 평등을 구현하고자 하는 민족공동체의 목표를 반영한 점에서 자유민족주의 지향을 가지고 있다. 그리고 어떤 개인이나 집단의 독재도 용납하지 않는 점에서 공화주의적이다. 그러나 주권재민을 천명했지만 시민참여에 의한 공동체의 (일반)의지의 형성을 제도적으로 설정하지 않았다. 오히려 대의제인 의회민주주의제와 권력분립을 비롯한 자유주의의 제도적 장치가 확립되었다. 따라서 민주공화정이지만 자유주의적 민주주의체제가 아닌 공화주의적 민주주의라고 강조할 수는 없다 하겠다.

중국에서도 공화주의에 대한 공감대가 넓었다. 자유주의나 사회주의가 민주주의나 공화주의와 대립되지 않는 것으로 이해되었다. 중국과 한국에서는 갈등하는 개인들 사이에서, 또는 개인과 사회 내지 국가 사이에서 이해가 대립할 가능성을 크게 상관하지 않는 경향이 있었다. 개인의 독립성이나 개인주의에 대한 충분한 인식이 부족했기 때문이기도 하거니와, 동아시아의 전통적 내성외왕관념, 공사관념, 대아 - 소아관념, 조화[調適] 사상 등의 낙관주의 인식론이 모두 영향을 미쳤던 것으로 보인다.

이러한 경향은 결과적으로 권력의 남용을 방지하는 제도나 권력으로부터 구성원을 보호하는 장치의 설치를 등한시하는 결과를 초래했다. 고대 그리스에서의 자유민은 종법혈연관계가 없었고 외재적 법률에 의해 인과 인, 개인과 사회가 연결되었다. 인권을 보장하는 것은 내재적이고 도덕적인 자각이 아닌 법률적 기초였다. 반면 전통 시대 중국에서는 도덕에 기초한 인치(人治, 내성외왕의 인치)가 중시되었고, 법치는 중시되지 않았다.

동아시아에서의 법은 인민을 보호하기보다 사회질서를 유지하기 위해 범법자를 처벌하는 데 중점을 두고 있었다고 말할 수 있다. 전통 정치철학에서 개인은 어떠한 독립적·법적 지위도 가지지 못하기에 중국뿐 아니라 동아시아 사회에서는 시민의 권리의식이 성장되기 어려운 측면이 있었다. 인권의 계몽이 진행되었지만 5·4시기 중국의 계몽도 법률의식의 계몽으로 진전되지 못해 법치관념의 보장을 확립하지 못하고 말았다. 근대적 법체계가 수립되어도 그것이 실질적으로 작동하지 않는다면 법치라 말할 수 없다는 맹점이 21세기 까지도 해소되지 못한 측면이 있다 하겠다.

6. 동아시아 자유주의의 성취

중국, 일본, 한국 모두에서 예외 없이 대부분의 국민들에게 개인의 자유는 피 흘리며 투쟁해서 얻은 것이라기보다 정치적 제도의 변혁을 통해 '주어진' 측면이 있어서 목숨과도 바꿀 수 없을 만큼 중시되지 않았다. 공권력에 의해 자기 자신의 자유가 무참히 짓밟히는 상황에 마주쳐야 그 부당함을 피부로 느끼고 자유를 보장하는 제도를 확립하여 그 제도를 실효성 있게 지키지 않으면 안 된다는 것을 깨닫게 된다.

20세기 후반기 국민정부 지배하의 대만에서도, 공산당 지배하의 대륙에서도 사실상 일당독재체제가 이루어지는 가운데 개인의 자유와 권리에 대한 보장은 요원한 것이 현실이었다. 문화대혁명 후 중국인들은 비로소 '법에 의한 보호'의 필요성을 절감하게 되었다. 일본에서도 미노베 다쓰키치의 천황기관설 사건 이후에 사상과 언론의 자유를 법으로 보호받지 못하는 현실의 심각성을 깨달았다. 북한은 말할 필요도 없거니와 한국도 북한과 대치하는 상황으로 인해서, 또 정권이 장기집권을 하기 위해서 인권을 탄압하는 반(反)자유민주주의 시기를 겪었다.

그렇다면 한·중·일의 자유주의는 실패한 것인가? 줄곧 곤경에 처해 좌절을 겪었지만 실패하지는 않았다는 것이 필자의 생각이다. 누구도 '자유화'를 주장하지 않았지만 20세기 동안 자유주의사상은 동아시아인의 머리와 가슴속에 깊이 자리 잡았다. 19세기 후반 또는 세기말에 전해진, '하늘이 모든 사람에게 균등하게 준 자유와 권리'라는 천지개벽과도 같은 구호는 단번에 세 나라에 살고 있는 보통사람들의 생각 속으로 들어왔다. 그것을 지키기 위해 조직적으로 투쟁하지는 못했으나 다른 이념과 주의에 매료된 시기에도 그 생각은 사라지지 않았다. 하늘이 준 것(천부)이 아니고 나라의 법이 준 권리며 자유라 가르쳐도 사람은 평등하다는 신념은 흔들리지 않았다.

한번도 '자유주의'라는 이름으로 찬양받지 못했지만, 중국에서 공화혁명 후의 제도변혁과 일본에서 메이지헌법과 다이쇼 데모크라시 시대를 거치며 자유주의의 가치는 민주주의의 옷을 입고 소리 없이 확산되었다. 20세기 전반기 동안 중국은 허울뿐인 민주공화정체제가 군벌 시대의 분열과 국민당 일당 훈정체제라는 파행을 겪었다. 일본에서는 천황주권설에 입각한 국체명징운동 세력이 천황기관설을 주장한 저술의 판매를 금지하고 헌법학자를 공격하는 전체주의 시대가 나타났다. 한국인들은 나라를 잃고 해외에 망명정부를 둔 처절한 상황 속에서 국가주권의 회복을 위한 독립투쟁에 집중해야 했다. 국내에서는 식민통치정부하에서 부당한 압박과 고문을 수반한 불공정한 재판에 저항하며 언론, 출판, 결사의 자유를 위한 투쟁도 전개했다.

이 시기 동안 국민 개개인의 자유와 인권을 보장하는 문제를 우선시하는 정권이나 정치 세력을 거의 찾아볼 수 없었지만, 세 나라 모두에서 자유와 평등을 법으로 보장받을 수 있는 시스템을 확립하고자 하는 자유주의 지향은 포기되지 않았다. 일본은 20세기 전반기만 해도 중국이나 조선에 비해 경제적으로 자유경쟁과 사유재산제를 존중하며 자본주의적 발전을 지향한다는 점에서 '자유주의 나라'라고 간주되었다. 그러나 일본에서도 자유주의는 항상 몰락하며 전락해 가는 이념으로서 한 번도 제대로 꽃 피운 적 없는 주의로 인식되었고, 극소수의 지식인 외에는 아무도 관심을 가지지 않은 이념일 뿐이었다. 오히려 군국주의 세력뿐 아니라 일반 여론에 의해서도 공산주의와 함께 배척당하는 처지를 벗어나지 못했다.

그러나 1945년을 전후로 중국에서는 국공대립의 와중에 중간노선으로서 자유주의 세력이 부상했고, 식민지 시대 특히 태평양전쟁기의 전시통제체제를 거친 후 해방된 나라 한국에서도 한때 자유주의에 대한 기대가 흥기했다. 일본에서도 패전 후 미군정의 주도하에 제정된 평화헌법을 통해 국민주권론에 입각한 자유와 권리가 확장되었다. 보이지 않는 가운데 자유주의의 정신 가치가 퍼져 나갔다가 정치사회적 여건이 호전됨에 따라 수면 위로 올라온 것이다.

물론 1940년대에도 자유주의는 '진정한 자유주의' 또는 '현대 자유주의', '사회적 자유주의'라는 여러 이름으로 토가 달려서 선양되었지만, 더 이상 거부와 배척의 대상은 아니었다. 한국에서든 중국에서든 자유는 보통선거권으로 상징되는 평등한 정치적 자유와 결부되어 인식되었고 경제적 평등(균등) 내지 경제적 민주와 짝을 이루어 제시되었다. 한국에서는 민족공동체의 이상이 정치적 자유와 사회경제적 균등의 실현을 지향했고, 중국에서는 정치적 자유주의와 경제적 사회주의를 결합시키려는 중간노선이 지지를 넓혔다. 그러나 이상주의적 중간노선은 어디서도 정치적으로 성공하지는 못했다.

한국과 중국 등 동아시아에서 나타난 중간노선의 자유주의는 사회주의적 정책을 통해 리버럴한 가치의 실현을 구하는 자유주의로서, 국가를 통해 자유를 보장하는 성격이라 볼 수 있다. 독일의 관료자유주의와도 유사하다. 일본에서는 중간노선이 크게 세력화되지 못했지만 사회정책주의나 1930년대의 신자유주의에 대한 관심이 모두 국가의 역할을 긍정하는 노선이었다. 국가의 역할에 대한 낙관적 기대는 사상과 신념의 자유 등 기본적 인권인 소극적 자유에 대한 억압에 협력하는 결과를 초래했다.

해방 후 한국에서도 자유주의가 흥기하는 듯했으나 이념 간 절제되지 않는 갈등을 겪어야 했고, 6·25전쟁을 거치면서 반공주의가 확고히 자리 잡았다. 1950년대 이후에는 공산세력과 대치하고 있는 상황과 경제개발을 촉진해야 한다는 명분하에 개인의 자유가 탄압당하고 인권이 유린되었는데, 이에 저항해 보아도 사회 전반이 지지하던 반공과 경제개발이라는 대의명분에 묻혀 버렸다. 그럼에도 남한사회에서는 경제개발의 성취와 교육의 확대로 '비민주적' 억압을 용인하지 않는 자유민주주의 지향의 목소리가 점점 더 커졌다. '민주화'운동이 거스를 수 없는 대세를 이루었지만 사실 그 내면을 들여다보면 자유와 인권을 보호받아야 한다는 자유주의사상이 중심이 되고 있다.

1950년대 이후에도 동아시아에서 자유주의는 존숭의 대상이 아니었고 '자유주의자'라고 자임하는 사람도, 자유주의를 정치 세력으로 규합하려는 시도도 찾기 힘들다. 이승만의 자유당은 전쟁 중 헌법개정을 위한 정치 세력을 규합하기 위해 창당되었는데, 자유민주주의의 보루인 헌법을 자의적으로 개정하여 독재체제구축에 이용함으로써 결과적으로 반자유주의적 세력이 되고 말았다. 정치가 자유와 민주를 탄압하는 상황에서 대만의 ≪자유중국≫, 한국의 ≪사상계≫ 등의 잡지가 자유주의 지향을 가지고 지성계와 청년층을 고무하는 저항과 계몽을 수행했다.

이 책의 고찰 범위를 벗어나지만 한국에서는 20세기 후반기 동안 인권탄압에 저항하다가 적지 않은 지식인, 학생, 노동자들이 제재를 받았다. 권력의 정당성에 이의를 제기하고 삼권분립을 통해 권력에 대한 견제와 균형을 추구한 것은 생명과 자유, 재산과 양심을 지키고자 부당한 권력과 권위에 항거한 자유주의투쟁이었다. 다만 인권을 탄압하는 정권이 헌법을 개정하여 장기집권을 행하는 '비민주'에 입각해 있었기에 민주화운동이라는 이름을 통해 그것을 시정하려 했던 것이다. 민주주의가 보통선거권과 의회제도나 삼권분립 같은 제도를 넘어 법 안에서 모든 사람이 평등하고 자유로운 관계를 맺는 것을 의미하는 원칙이자 정신을 말하는 것으로 그 뜻이 확장되었기 때문에 이것을 지키려는 움직임을 '민주화'라 지칭하는 것도 무리는 아니다.

외면적으로 공정한 선거를 통해 결집된 민의에 입각한 정권의 창출을 민주주의의 척도로 생각하는 경향이 있지만, 이렇게 민주주의 방식으로 세워진 정부라도 자유와 인권을 보장하지 않을 수 있다. 그럴 경우에 시민은 그러한 정부에 저항하고 또 그러한 정부가 정권연장을 위해 민주주의절차를 훼손할 때 들고 일어나 투쟁했다. 국민의 생명과 재산을 보호하고 자유와 평등을 지키는 정부의 임무를 바르게 수행하고 있는지 감시하고 필요시 이의를 제기하는 것은 자유주의의 정신이다. 중국 대륙의 공산당과 대만 국민당의 일당체제하에서도 독재에 저항한 지식인들의 투쟁은 장기적으로 자유와 인권의식을 고취하여 부당한 지배를 견제하고 변혁하는 힘을 발휘했다. 또한 4·19혁명 이후 한국의 학생운동과 이후 길게 이어진 민주화투쟁은 자유주의사상을 바탕에 깔고 있었다. 국가권력의 정당성 문제에 지속적으로 이의를 제기하고 비판하는 자유주의의 사명을 수행해 온 것이다.

반면 전후 일본에서는 정치계는 보수 성향, 지식계는 다분히 좌파 성향의 구도가 지속되는 가운데 기본적으로 자본주의적 시장경제체제를 토대로 한 자유민주주 체제가 견지되어 왔다. 전후의 개인주의적이고 근대적인 인간을 확립해야 한다는 논의는 '일본에는 진정한 의미에서의 근대도 개인주의도 없었다'는 자성에서 시작되었다. 그러나 개체의 자각이 없었기에 봉건사회의 종적연결구조가 현대 일본 사회에 드리운 보이지 않는 그림자가 걷히지 않았고, 개체(개인)의 확립과 사회적 연대가 모순되지 않는다는 것을 이해하기 어려웠다. 개인주의는 곧 이기주의로 이해될 뿐이어서 일본의 사회주의자들은 개인주의를 혐오했고, 일본의 사회주의운동 속에는 종적연결이 현저하게 되었다.

외래사상은 역사적 전통과 결합되지 않는 한 정착되기 어려운데, 일본에서 자유주의가 정착되기 어려웠던 주요 요인은 무엇이었나? 그것은 다름 아닌 천황제였고, 이와 결부된 '국체(國體)'였다. 일본 입헌군주정체의 독특한 절대화이다. 천황기관설로 곤욕을 치렀던 헌법학자 미노베도 전후에도 메이지헌법을 개정할 필요가 없다며 천황제를 묵인했다. 합리주의자라고 자처하는 자유주의자들도 천황제 문제에 대해서는 갑자기 태도를 바꾸며 애착을 드러내는 것이었다. 1952년에 잡지 ≪개조(改造)≫에서 주최한 한 좌담회는 "일본의 리버럴리즘이 천황제 폐지를 하지 않았던 것 …… 에 관하여 후세의 역사가는 오늘날의 리버럴리스트에게 책임을 물을 것이다"라고 마무리 지었다.[5] 정치적으로는 일본형 공동체주의가, 문화적으로는 서양식 개성주의가 병존하는 현상은 '대결하는 두 개의 일본'이라 말할 수 있다.

근대사회에 있어서 자유에 대한 사회적 억압(규제)을 행하는 여론의 횡포 문제는 일찍이 토크빌과 밀이 주목했다. '자유'에 내포된 다양성 및 평등성과 관련하여, 예컨대 미국에서는 평등과 결부된 면은 급속히 전개되었는데 다양성을 존중하는 측면의 자유는 충분히 뿌리내리지 못했다. 밀도 소수나 개인의 의견이 다수의 압제에 압도되는 현상을 우려하여 여론에 대한 저항이 전제군주에 대항하는 것보다 더 위험하다는 사실에 대해 경고했다. 그러나 동아시아에서는 '사회적 압력'에 대한 경계가 충분히 인지되지 못했고 소수의 의견을 듣는 전통도 형성되지 못했다. 21세기에도 여전히 동아시아에서는 자유와 다양성을 존중하기보다 평등과 사회적 공정을 중시하는 경향이 있다. 경제적 평등과 복지를 실현하기 위한 국가의 간섭을 정당화하는 '국가에 의한 자유'를 지향하는 것이다. 그 결과 국가가 수행하는 평등이나 복지 관련 정책을 비롯한 교육, 경제 등 모든 분야의 정책에 대해서 건전한 토론이나 이의제기가 위축되었다.

자유와 평등의 관계를 수립해야 하는 과제는 유럽의 자유주의가 민주주의와 부딪치고 결합되는 과정에서 노정되었고, 동아시아의 자유주의도 자유사회주의나 사회민주주의로 발전하는 양상을 보였다. 하지만 중요한 것은 '개인

---

5) 石田雄, 『日本の政治と言葉 上: 「自由」と「福祉」』, p.191.

의 자유'를 존중하는 토대 위에 사회주의적 평등의 요소와 민주주의 제도가 구축되는지의 여부이다. 권력을 집중한 '큰 정부'는 언제든지 시민을 통제하고 구속할 가능성이 농후하기 때문이다. 어떤 명분이든 '통제'를 능사로 하는 정부는 항상 위험하다는 것을 역사는 확증해 주고 있다. 자유주의적 비판정신을 가지고 모든 시민이 깨어 있는 상태에서 감시하고 이의를 제기해야 하며, 그러한 활동이 보장되어야 하는 이유이다.

참고문헌

국사편찬위원회. 1971. 『윤치호일기』.

대한민국국회. 1999. 『제헌국회속기록』. 선인문화사.

우남실록편찬회. 1976. 『우남실록』. 열화당.

유길준전서편찬위원회. 1995. 『유길준전서』. 일조각.

한국언론재단. 2000. ≪독립신문≫(화상 DB).

한국사데이터베이스.

고접(孤蝶). 1920. 「개인주의의 약의」. ≪개벽≫, 2.

김동석(金東錫). 1946. 「민족의 자유」. ≪신천지≫, 7.

김병덕(金秉德). 1948. 「자유·자유주의·자유주의자」. ≪신천지≫, 22.

김병로(金炳魯). 1931. 「국가의 근본의와 민중의 자유」. ≪동광≫, 29.

김상연(金祥演). 1908. 『헌법』.

김성식. 1958. 「한국적 민족주의」. ≪사상계≫, 1958-9.

김윤경. 1927a. 「개인과 사회(소아에서 대아로 부분심에서 전체심)」. ≪동광≫, 9.

_____. 1927b. 「자유에 대한 일고」. ≪동광≫, 13.

김익용(金翼瑢). 1908. 「금일 오인의 국가에 대한 의무급권리」. ≪서북학회월보≫, 1.

김준연(金俊淵). 1920. 「세계개조와 오인의 각오」. ≪학지광≫, 20.

나산(拏山). 1926. 「자유주의와 중산계급」. ≪개벽≫, 67.

남궁식(南宮湜). 1907. 「비쇄신이면 문명을 부가치요, 비문명이면 인류를 부가보라」. ≪대한자
　　　강회월보≫, 10.

당남인(塘南人). 1919. 「우리 사회의 란파」. ≪학지광≫, 17.

류근(柳瑾) 역술. 1907. 「교육학원리」. ≪대한자강회월보≫, 10.

문일평(文一平). 1906. 「자유론」. ≪태극학보≫, 3.

박영효(朴泳孝). 1920. 「개벽의 창간을 문하고」. ≪개벽≫, 1.

박화세(朴和世). 1928. 「경제 자유주의소고」. ≪신민≫, 43.

배성룡. 1952. 「한민족의 경제사상: 동양식 정체성과 빈락경제관」. ≪사상계≫, 1952-9.

_____. 1956. 「후진국경제개발방안: 아시아제국의 전력·관개문제 등 동시해결안을 논함」. ≪사상계≫, 1956-5.

법학소년(法學少年). 1909. 「헌법상 팔대자유에 취하야」. ≪서북학회월보≫, 14.

북여동곡(北旅東谷). 1922a. 「동서의 문화를 비관하야 우리의 문화운동을 논함」. ≪개벽≫, 29.

_____. 1922b. 「현중국의 구사상, 구문학의 개혁으로부터 신동양문화의 수립에 타산의 석으로 현중국의 신문학건설운동을 이약이함」. ≪개벽≫, 30.

설태희(薛泰熙). 1906. 「포기자유자위세계지죄인」. ≪대한자강회월보≫, 6.

_____. 1907. 「법률상 인의 권의」. ≪대한자강회월보≫, 12.

_____. 1908. 「헌법」. ≪대한협회회보≫, 5·6.

소성[玄相允]. 1917. 「동서 문명의 차이급기장래」, ≪청춘≫, 11.

_____. 1918. 「문예부흥과 종교개혁의 사적 가치를 논하야 조선당면의 풍기문제에 급함」. ≪청춘≫, 12.

송진우(宋鎭禹). 1915. 「사상개혁론」. ≪학지광≫, 5.

신녕만(辛寧滿). 1948. 「사상빈곤의 조선현실과 신자유주의론」. ≪신천지≫, 25.

신상초. 1953. 「정당과 계급」. ≪사상계≫, 1953-8.

_____. 1955. 「자유주의의 현대적 고찰」. ≪사상계≫, 1955-8.

신태악(辛泰嶽). 1926. 「언론집회자유에 관한 각국 헌법의 비교」. ≪학지광≫, 27.

양명(梁明). 1924. 「우리의 사상혁명과 과학적 태도」. ≪개벽≫, 43.

여병현(呂炳鉉). 1908. 「국민자존성의 배양」. ≪대한협회회보≫, 9.

오기영(吳基永). 1948. 「새 자유주의의 이념(독재와 착취 없는 건국을 위하여)」. ≪신천지≫, 24.

오태환(吳台煥). 1920. 「급변하여 가는 신구사상의 충돌」. ≪개벽≫, 1.

옥동규(玉東奎). 1907. 「인민자유의 한계」. ≪서우≫, 2.

우고생(友古生). 1907. 「갑을자유문답」. ≪대한유학생회학보≫, 1.

우양생(友洋生). 1908. 「일본문명관」. ≪대한학회월보≫, 8.

원영희(元泳羲). 1908. 「정체개론」. ≪대한협회회보≫, 3.

윤상현(尹商鉉). 1909. 「자유성」. ≪대한협회회보≫, 10.

윤익선(尹益善). 1921. 「세계아의 위지에 립하야써, 온갖 사업에 하수하라」. ≪개벽≫, 7.

윤효정(尹孝定). 1908. 「아회의 본령 십이월통상회」. ≪대한협회회보≫, 9.

이인(李仁). 1931. 「법률전선에서의 우리의 최소 요구, 변호사대회의 제안해설」. ≪동광≫, 29.

이종모(李鍾模). 1947. 「군정에 대한 진언(미국의 자유를 이땅에도)」. ≪신천지≫, 13.

이주연(李周淵). 1931. 「오인과 집회결사급언론」. ≪삼천리≫, 13.

이진하(李珍河). 1906. 「인생의 대죄악은 자유을 기함에 재함」. ≪태극학보≫, 5.

이춘원(李春園). 1922. 「민족개조론」. ≪개벽≫, 23.

이헌구(李軒求). 1948. 「자유의 옹호(자유주의 비판에 대하야)」. ≪신천지≫, 22.

설산張德秀]. 1917. 「사회와 개인」. ≪학지광≫, 13.

장응진(張膺震). 1906. 「인생의 의무」. ≪태극학보≫, 2.

전재억(全載億). 1907. 「국가의 신민된 권리 급 의무」. ≪법정학계≫, 6.

창해거사(滄海居士). 1920. 「가족제도의 측면관」. ≪개벽≫, 3.

한태연. 1959. 「한국자유민주주의의 위기」. ≪사상계≫, 1959-2.

함석훈(咸大勳). 1947. 「언론과 사상의 자유」. ≪민주조선≫, 1.

허영호(許永鎬). 1925. 「자유인과 노예」. ≪신민≫, 8.

홍양명(洪陽明). 1936. 「자유주의의 부흥」. ≪삼천리≫, 8-12.

ST. 1925. 「자유권과 생존권」. ≪개벽≫, 56.

강명희. 2003. 「1940년대 중국 민주당파 지식인의 혼합경제 구상」. ≪동양사학연구≫, 84.

_____. 2007. 「1940년대 한중 중간노선의 '신민주'적 국가건설 지향」. ≪중국근현대사연구≫, 36.

_____. 2008. 「근대 중국에서 '자본주의' 개념의 형성과 변화」. ≪중국학보≫, 58.

_____. 2014. 「20세기 전반기 한국 자유주의의 형성과 굴절」. ≪인문논총≫, 71-4.

강의화(姜義華). 2007. 『이성이 설 곳 없는 계몽』. 손승회 옮김. 신서원.

강정민. 2003. 「독립협회와 제도적 자유주의」. ≪한국사상과 문화≫, 21.

_____. 2005a. 「자치론과 식민지 자유주의」. ≪한국철학논집≫, 16.

_____. 2005b. 「제헌헌법의 자유주의 이념적 성격」. ≪정치사상연구≫, 11-2.

강정인 외. 2002. 『민주주의의 한국적 수용』. 책세상.

고쿠분 노리코(國分典子). 2013. 「근대 일본에서의 진화론과 국법학의 관련성」. 이예안 옮김. 한림과학원 편. 『두 시점의 개념사: 현지성과 동시성으로 보는 동아시아 근대』. 푸른역사.

구대열. 2004. 「'자유주의' 열강과 식민지 한국(1910~1945)」. ≪정치사상연구≫, 10-2.

_____. 2005. 「'자유주의' 열강과 해방 한국(1945~1950)」. ≪국제정치논총≫, 45-4.

권희영. 1999. 「근대적 공간으로서의 한국 자유주의: 한국의 자유주의 연구 서설」. ≪한국사학≫, 17.

김갑천. 1990. 「박영효의 건백서: 내정개혁에 대한 1888년 상소문」. ≪한국정치연구≫, 2

김도형. 1999. 「근대 초기 자유주의의 수용과 발전: 유길준과 유치호를 중심으로」. ≪한국사학≫, 17.

_____. 2007. 「가토 히로유키 사회진화론의 수용과 번역양상에 관한 일고찰: 『인권신설』과 『강자의 권리경쟁론』을 중심으로」. ≪대동문화연구≫, 57.

김석근. 2000. 「福澤諭吉의 '自由'와 '通義': '獨立不羈'의 정치학」. ≪정치사상연구≫, 2.

_____. 2002. 「19세기말 'Individual(個人)' 개념의 수용과정에 대하여」. ≪서울대학교 세계정치≫, 24.

_____. 2011. 「개화기 '자유주의' 수용과 기능 그리고 정치적 함의」. ≪동양정치사상사≫, 10-1.

김용구. 2008. 『만국공법』. 소화.

김용직. 2009. 「근대한국의 민주주의 개념: 독립신문을 중심으로」. 하영선 외 지음. 『근대한국의 사회과학 개념 형성사』. 창비.

김주성. 2000. 「김옥균·박영효의 자유주의정신」. ≪정치사상연구≫, 2.

김효전. 2009. 『헌법』. 소화.

_____. 2009a. 「자유·평등·박애와 근대 한국」. ≪헌법학연구≫, 15-2.

_____. 2009b. 「근대 한국의 자유민권 관념: 당시의 신문잡지의 논설분석을 중심으로」. ≪공법연구≫, 37-4.

김흥수. 2018. 「임오군란 시기 유길준 윤치호 연명 상서」. ≪개념과 소통≫, 21.

노대환. 2010. 『문명』. 소화.

노명식. 1994. 『자유주의의 원리와 역사』. 민음사.

노상균. 2015. 「한말 '자유주의'의 수용과 분화: 일본유학생을 중심으로」. ≪역사와 현실≫, 97.

도중만. 2007. 「학전·번역과 계몽: 청 말의 마군무가 옮긴 『자유원리』를 중심으로」. ≪동양사학연구≫, 101.

듀이, 존 (John Dewey). 2011. 『자유주의와 사회적 실천』. 김진희 옮김. 책세상.

량치차오(梁啓超). 2017. 『음빙실자유서』. 강중기 외 옮김. 푸른역사.

마루야마 마사오(丸山眞男)·가토 슈이치(加藤周一). (2000)2009. 『번역과 일본의 근대』. 임성모 옮김. 이산.

문지영. 2004. 「'자유'의 자유주의적 맥락: 로크와 로크를 넘어」. ≪정치사상연구 , 10-1.

_____. 2005. 「한국의 근대국가 형성과 자유주의: 민주화의 기원과 전망에 대한 재고찰」. ≪한국정치학회보≫, 39-1.

_____. 2011. 「자유주의와 근대 민주주의 국가: 명예혁명의 정치사상」. ≪한국정치학회보≫, 45-1.

민두기. 1985. 『중국 근대개혁운동의 연구』. 일조각.

_____. 1996. 『中國에서의 자유주의의 실험: 胡適의 사상과 활동』. 지식산업사.

박만규. 1999. 「안창호 민족주의에서의 자유주의」. ≪한국사학≫, 17.

박명규. 2009. 『국민·인민·시민: 개념사로 본 한국의 정치주체』. 소화.

박주원. 2004. 「독립신문과 근대적 개인 사회개념의 탄생」. 고미숙 외 지음. 『근대 계몽기 지식

개념의 수용과 그 변용」.

박찬승. 1999.「식민지시기 조선의 자유주의와 이광수」.《한국사학》, 17.

_____. 2010.『민족·민족주의』. 소화.

_____. 2016.「공화」. 이경구 외 지음.『한국의 근현대, 개념으로 읽다』. 푸른역사.

보비오, 노르베르토(Norberto Bobbio). 1999.『자유주의와 민주주의』. 황주홍 옮김. 문학과지
　　성사.

사쿠타 게이이치(作田啓一). 2012.『한 단어사전, 개인』. 김석근 옮김. 푸른역사.

서병훈. 1996.「공동선 자유주의: 토마스 힐 그린의 정치사상」.《한국정치학회보》, 29-4.

_____. 1996.「사회적 자유주의: 홉하우스의 '사회적 조화론'.《사회비평》, 16호.

_____. 2011.「토크빌의 '새로운 자유주의'」.《한국정치학회보》, 45.

서울대 정치학과 독립신문강독회 편. 2004.『독립신문 다시읽기』. 푸른역사.

서정훈. 2013.「19세기말 영국의 사회진화론들」. 한림과학원 편.『두 시점의 개념사: 현지성과
　　동시성으로 보는 동아시아 근대』. 푸른역사.

스키아시 다스히코(月脚達彦). 2012.「朝鮮開化派와 후쿠자와 유키치(福澤諭吉)」.《한국학연
　　구》, 26.

시어도어 드 배리. 1998.『중국의 '자유' 전통』. 표정훈 옮김. 이산.

신용하. 1976.『독립협회 연구』. 일조각.

_____. 2010.『한국 개화사상과 개화운동의 지성사』. 지식산업사.

안외순. 2005.「백남운과 자유주의: '식민지 자유주의'에 대한 '조선적 맑스주의자'의 비판적 인
　　식을 중심으로」.《한국철학논집》, 16.

야나부 아키라(柳父章). 2003.『번역어 성립 사정』. 서해영 옮김. 일빛.

양동휴. 2009.『대공황시대』. 살림출판사.

양일모. 2007.「동아시아의 사회진화론 재고: 중국과 한국의 '진화' 개념 형성」. 서정훈·양일모
　　등 지음.『두 시점의 개념사: 현지성과 동시성으로 보는 동아시아근대』. 푸른역사.

_____. 2012.「근대 중국의 서양학문 수용과 번역」. 박노자 외 지음.『개념의 번역과 창조』. 돌
　　베개.

오구마 에이지(小熊英二). 2019.『민주와 애국』. 조성은 옮김. 돌베개.

와타나베 히로시(渡邊浩). 2017.「Right와 일본어」. 노병호 옮김,《개념과 소통》, 20.

우정열. 2004.「윤치호의 문명개화론의 심리와 논리: 근대 자유주의 수용과 노예로의 길」.《역
　　사와 사회》, 33.

윤상현. 2013.「『사상계』의 근대 국민 주체 형성 기획: 자유주의적 민족주의 담론을 중심으로」.
　　《개념과 소통》, 11.

_____. 2014.「1920년대 초반 식민지 조선의 자유주의와 문화주의 담론의 인간관·민족관」.

≪역사문제연구≫, 31.

이경구 외. 2016. 『한국의 근현대, 개념으로 읽다』. 푸른역사.

이근식. 2009. 『존 스튜어트 밀의 진보적 자유주의』. 기파랑.

이근식·황경식 편저. 2003. 『자유주의의 원류』. 철학과현실사.

이기용. 2000. 「兪吉濬과 福澤諭吉의 정치론 비교 연구」. ≪한일관계사연구≫, 13.

이나미. 2001. 『한국 자유주의의 기원』. 책세상.

이승휘. 2018. 『손문의 혁명』. 한울아카데미.

이용재. 2009. 「자유주의와 공화주의 사이: 토크빌 다시 읽기」. ≪서양사연구≫, 40

이정식. 2003. 『구한말의 개혁 독립투사 서재필』. 서울대학교 출판부.

이태진. 1997. 「서양 근대 정치제도 수용의 역사적 성찰」. ≪진단학보≫, 84.

이헌창. 2015. 『경제·경제학』. 소화.

장동진. 2003. 「초기 개화파의 자유주의 관념형성의 특질: 도덕적 반성과 정치적 자율성」. ≪한
국사상과 문화≫, 21.

_____. 2005a. 「대한민국 제헌과정에 나타난 자유주의: 정부형태, 기본권, 경제제도를 중심으로」.
≪정치사상연구≫, 11-2.

_____. 2005b. 「식민지에서의 '개인', '사회', '민족'의 관념과 자유주의: 안창호의 정치적 민족주
의와 이광수의 문화적 민족주의」. ≪한국철학논집≫, 16.

장명학. 2004. 「독립신문과 근대적 정치권력의 등장」. ≪역사와 사회≫, 33.

_____. 2009. 「해방정국과 민주공화주의의 분열」. ≪동양정치사상사≫, 8-1.

정미량. 2007. 「1920년대 재일조선유학생의 자유주의적 문화운동론 연구: 『학지광(學之光)』의
분석을 중심으로」. ≪사회와 역사≫, 74.

_____. 2012. 『1920년대 재일조선유학생의 문화운동』. 지식산업사.

정용화. 2000. 「유교와 자유주의: 유길준의 자유주의 개념 수용」. ≪정치사상연구≫, 2.

_____. 2003. 「서구 인권 사상의 수용과 전개: 〈독립신문〉을 중심으로」. ≪한국정치학회보≫,
37-2.

_____. 2006. 「근대적 개인의 형성과 민족: 일제하 한국자유주의의 두 유형」. ≪한국정치학회
보≫, 40-1.

정재각. 2019. 『왜 다시 자유여야 하는가? 밀의 자유론: 사유와비판』. 박영사.

정지희. 2020. 「전후 민주주의와 그 적들: 미군 점령기 일본의 진상 폭로 미디어와 냉전자유주
의」. ≪동양사학연구≫, 52.

정태욱. 2015. 「손문 평균지권의 자유주의적 기원과 중국 공화혁명에서의 전개과정」. ≪법철학
연구≫, 18-2.

조맹기. 2014. 「이승만의 공화주의 제헌헌법정신」. ≪한국출판학연구≫, 40-1.

진관타오(金觀濤)·류칭펑(劉青峰). 2010. 『관념사란 무엇인가 1·2』. 양일모 외 옮김. 푸른역사.

채오병. 2012. 「제국의 사이클과 지역 정치문화: 전간기 동아일보의 '민주주의'와 '자유주의'」. ≪사회와 역사≫, 94.

최선웅. 2015. 「1910년대 조선에서 자유주의의 두 가지 유형과 성격」. ≪역사와 담론≫, 75.

최수일. 2008. 『≪개벽≫연구』. 소명출판.

피어하우스, 루돌프(Rudolf Vierhaus). 2014. 『코젤렉의 개념사 사전 7, 자유주의』. 공진성 옮김. 푸른역사.

하영선 외. 2009. 『근대한국의 사회과학 개념 형성사』. 창비.

한림과학원 편. 2010. 『한국근대신어사전』. 선인.

한림대학교 한림과학원 편. 2013. 『두 시점의 개념사: 현지성과 동시성으로 보는 동아시아 근대』. 푸른역사.

한정선. 2004. 「다이쇼 민본주의의 재평가: 요시노 사쿠조(吉野作造)와 신자유주의를 중심으로」. ≪동양사학연구≫, 87.

허수. 2012. 「제1차 세계대전 종전 후 개조론의 확산과 한국 지식인」. 박노자 외 지음. 『개념의 번역과 창조』. 돌베개.

호사카 유지(保坂祐二). 1995. 「福澤諭吉과 甲申政變」. ≪한일관계사연구≫, 4.

히구치 요이치(樋口陽一). 2012. 송석원 옮김. 『한 단어사전, 인권』. 푸른역사.

姜明喜. 2013. 「民国时期中国的新自由主义指向: 胡适派与研究系自由主义比较研究」. ≪民国研究≫, 24.

姜义华. 1998. 「论平社昙花一现的自由主义运动」. ≪江海学刊≫, 1998-1.

高瑞泉. 2007. 「进化论与自由主义」. 『中国近代社会思潮』. 上海人民出版社.

高玉. 2005. 「从个体自由到群体自由: 梁启超自由主义思想的中国化」. ≪学海≫, 2005-1.

董国强. 2003. 「论1910-1930 年代中国自由主义知识分子的发展流变: 以≪新青年≫同人群体, "新月派"和"独立派"的结构分析为视角」. ≪民国档案≫, 2003-2.

刘擎·關小春. 2002. 『自由主義與中國現代性的思考』. 中文大學出版社.

刘军宁. 1998. 『共和·民主·宪政: 自由主义思想研究』. 上海三聯書店.

谢泳. 1999. 『逝去的年代: 中国自由知识分子的命运』. 文化艺术出版社.

石毕帆. 2004. 『近代中国自由主义宪政思潮研究』. 山东人民出版社.

成庆. 2005. 「自由主义与共和主义: 现代中国思想史中的两种民主观」. ≪天津社会科学≫, 2005-4.

顏德如. 2005. 「理解的可能: ≪卢梭学案≫与≪社会契约论≫」. 李喜所 主编. 『梁启超与近代中国社会文化』. 天津古籍出版社.

梁启超. 1989. 『饮冰室合集』. 中华书局.

_____. 2010. 『梁啓超集』. 花城出版社.

嚴復. 1986. 『嚴復集』. 王栻 編. 中華書局.

闫润鱼. 2007. 『自由主义与近代中国』. 新星出版社.

_____. 2008. 「试论有『中国特色的自由主义(1890~1949)』」. 郑大和·邹小站 编. 『中国近代史上的自由主义』. 社会科学文献出版社.

王艳勤. 2011. 「近代中国自由主义人权思想的理论基础」. ≪湖北大学学报≫, 38-6.

俞祖华·赵慧峰. 2008. 「放任与干预: 近代中国经济自由主义的发生与变调」. ≪河北学刊≫, 28-2.

_____. 2009. 「近代中国自由主义的类型及演变格局」. ≪烟台大学学报≫, 22-3.

张连国. 2006. 「20世纪30年代中国统制经济思潮与自由主义者的反应」. ≪历史教学≫, 2006-2.

张广照. 1989.4.6. 「自由: 现代文明的 基石」. ≪经济学周报≫(北京).

章请. 2012. 「1940年代: 自由主义由背景走向前台」. 高瑞泉 主编. 『自由主义诸问题』. 上海古籍出版社.

_____. 2015. 『'胡适派学人群' 现代中国自由主义』. 上海三联书店.

張灝. 1993. 『梁啓超與中國思想的過渡』. 江蘇人民出版社.

郑匡民. 2003. 『梁启超启蒙思想的东学背景』. 上海书店出版社.

郑大和·邹小站 编. 2008. 『中国近代史上的自由主义』. 社会科学文献出版社.

朱高正. 1999. 「自由主义与社会主义的对立与互动」. ≪中国社会科学≫, 1999-6.

邹小站. 2000. 「章士钊≪甲寅≫时期自由主义政治思想评析」. ≪近代史研究≫, 2000-1.

馮天瑜. 2003. 「经济·社会·自由: 近代汉字术语考释」. ≪江海学刊≫, 2003-1.

皮后锋. 2006. 『严复评传』. 南京大学出版会.

夏良才. 1992. 「孙中山的国家观与欧洲'主权国家'学派」. ≪近代史研究≫, 1992-5.

許紀霖. 1991. 「中國自由主義知識分子的参政, 1945-1949」. ≪二十一世紀≫(香港), 6.

許紀霖. 2001. 「在自由与公正之间: 现代中国的自由主义思潮」. ≪思想与文化≫, 1.

_____. 2005. 「现代中国的自由民族主义思潮」. ≪社会科学杂志≫, 2005-1.

_____. 2006. 「共和爱国主义与文化民族主义」. 『华东师范大学学报』(哲社版), 38-4.

_____. 2008. 「个人主义的起源: "五四"时期的自我观研究」. ≪天津社会科学≫, 2008-6.

_____. 2008. 「近代中国政治正当性的价值冲突和紧张」. ≪华东师范大学学报≫(哲社版), 2008-1.

_____. 2011. 『当代中国的启蒙与反启蒙』. 社会科学文献出版社.

許纪霖·宋宏 编. 2011. 『现代中国思想的观念』. 上海人民出版社.

胡伟希 高瑞泉 张利民. 1991. 『十字架头与塔』. 上海人民出版社.

黄克武. 1998. 『自由的所以然-嚴復對約翰彌爾自由思想的認識與批判』. 允晨文化.

_____. 2008. 「近代中国自由主义: 缘起与衍变」. 郑大和·邹小站 编. 『中国近代史上的自由主义』. 社会科学文献出版社.

高柳信夫. 2013. 「中村正直と厳復におけるJ. Sミル『自由論』翻訳の意味」. 石川禎浩・狹間直樹 編. 『近代東アジアにおける飜譯概念の研究』. 京都大学人文科学研究所.

宮村治雄. 2005. 『日本政治思想史: ‘自由’の觀念を軸にして』. 放送大学教育振興会.

石田雄. 1976. 『近代日本思想における法と政治』. 岩波書店.

_____. 2000. 『日本の政治と言葉 上: 「自由」と「福祉」』. 東京大学出版会.

石川禎浩・狹間直樹 編. 2013. 『近代東アジアにおける飜譯概念の研究』. 京都大学人文科学研究所.

小堀桂一郎. 2010. 『日本人の自由の歴史: 「大宝律令」から「明六雑誌」まで』. 文藝春秋.

水羽信男. 2007. 『中国近代のリベラリズム』. 東方書店.

梁一模. 1998. 「自由と公私: 清末における日本經由の自由論以前の自由論」. ≪中国哲学研究≫, 12.

_____. 2011. 「清末における自由の條件: 『原富』・『群己權界論』・『政治講義』を中心に」. 村田雄二郎 編 『リベラリズムの中国』. 有志舍.

楊貞德. 2011. 「自由, 自治そして歴史: 近代中國政治思潮における‘個人’論」. 村田雄二郎 編 『リベラリズムの中国』. 有志舍.

井上哲次郎 等 編. 1884. 『哲學字滙』. 東洋館.

佐藤慎一. 1996. 「梁啓超と社会進化論」. ≪法学≫, 59-6.

川尻文彦. 2011. 「自由と功利: 梁啓超の功利主義を中心に」. 村田雄二郎 編 『リベラリズムの中国』. 有志舍.

村田雄二郎 編. 2011. 『リベラリズムの中国』. 有志舍.

土屋英雄. 1999. 「梁啓超の‘西洋’攝取と權利・自由論」. 狹間直樹 編. 『梁啓超: 西洋近代思想收容と明治日本』(共同研究). みすず書房.

狹間直樹 編. 1999. 『梁啓超: 西洋近代思想收容と明治日本』(共同研究). みすず書房.

_____. 2013. 「中江兆民『民約訳解』の歴史的意義について」. 石川禎浩・狹間直樹 編. 『近代東アジアにおける飜譯概念の研究』. 京都大学人文科学研究所.

Min, Tu-ki. 1985. "Late Ch'ing Reformists(1895~1898) and Rousseau: Min-Ch'uan versus Popular Sovereignty". ≪淸華學報≫, 17, pp.1~2.

Sachwartz, B. 1969. *In Search of Wealth and Power: Yen Fu and the West*. New York: Harper & Row.

Tamir, Yael. 1993. *Liberal Nationalism*. Princeton University Press.

찾아보기

[인명]

ㄱ

가 노리유키(何禮之) 99
가와이 에이지로(河合榮治郞) 142~143
가토 히로유키(加藤弘之) 100~101, 130~131, 134, 172, 195, 300
궈충다오(郭崇燾) 155
그린, 토머스(Thomas Green) 87~88, 143, 327
글래드스턴, 윌리엄(William Gladstone) 80
김구(金九) 352
김병덕(金秉德) 307
김병로(金炳魯) 346
김성식(金成植) 370
김옥균(金玉均) 243, 245
김준연(金俊淵) 309

ㄴ

나카무라 마사나오(中村正直) 99, 101, 111
나카에 조민(中江兆民) 99~100, 109, 114, 117, 121, 123~124, 181, 183~184
나카지마 시게루(中島重) 147
노자 29

ㄴ

니시 아마네(西周) 99, 101, 109, 119, 134

ㄷ

다윈, 찰스(Charles Darwin) 130
데카르트, 르네(René Descartes) 67, 69
듀이, 존(John Dewey) 89
드배리, 시어도어(Theodore de Bary) 34, 37
딩원장(丁文江) 224

ㄹ

래스키, 해럴드(Harold Laski) 139, 218, 233~235, 356
량치차오(梁啓超) 97, 158~159, 161, 169, 171~173, 177, 179~183, 186~187, 189~193, 198, 203, 223, 226~228, 268, 380
로베스피에르(Robespierre) 75, 373
로브샤이드, 빌헬름(Wilhelm Lobscheid) 43, 102, 109
로크, 존(John Locke) 48, 53, 57, 59~62, 64, 67, 71, 77, 132, 273
루소, 장 자크(Jean Jacques Rousseau) 48,

58~59, 70, 72~74, 95, 114, 168, 171~
172, 179, 184, 196, 213, 321, 373
루쉰(魯迅) 221
루터, 마르틴(Martin Luther) 54
뤄룽지(羅隆基) 218
리이민(李亦民) 179
리처드, 티모시(Timothy Richard) 156

ㅁ
마르크스, 카를(Karl Marx) 92
마쓰시마 고(松島剛) 100
마쥔우(馬君武) 169
마틴, 윌리엄(William Martin, 丁韙良) 108,
156
매더스트, 월터(Walter Medhurst) 42
모리슨, 로버트(Robert Morrison) 42, 44,
101
모토오리 노리나가(本居宜長) 32
몽테뉴, 미셸(Michel Montaigne) 69
몽테스키외, 샤를 드(Charles de
Montesquieu) 48, 64, 70, 99, 101, 197
미노베 다쓰키치(美濃部達吉) 144
밀, 제임스(James Mill) 68
밀, 존 스튜어트(John Stuart Mill) 68, 80,
83~85, 111, 113, 119~120, 168, 176~177,
186, 188, 213, 273, 301

ㅂ
박영효(朴泳孝) 243~244, 248, 251, 253,
272, 315
박은식(朴殷植) 289
배성룡(裵成龍) 370
백남운(白南雲) 302, 329

버크, 에드먼드(Edmund Burke) 66
벌린, 아이자이어(Isaiah Berlin) 76
베이컨, 프랜시스(Francis Bacon) 69
벤담, 제러미(Jeremy Bentham) 68, 84~85,
100, 111, 119~120, 168, 176~177
볼테르(Voltaire) 64, 70~71
볼프, 로버트(Robert Paul Wolff) 88
브리지먼, E.C.(E.C. Bridgeman) 155
블룬칠리, 요한(Johann Bluntschli) 95~96,
97, 131, 133, 171, 194~196, 214, 301
비스마르크, 오토 폰(Otto von Bismark)
93~94

ㅅ
샤오궁취안(蕭公權) 235~236
서재필(徐載弼) 242, 266, 269, 276, 280,
284
송진우(宋鎭禹) 310~311, 312, 330
쉐푸청(薛福成) 155
슈몰러, 구스타프(Gustav Schmoller) 94
스미스, 애덤 64~65, 169, 175, 185, 335
스탈린, 이오시프(Iosif Stalin) 219
스펜서, 허버트(Herbert Spencer) 80, 86,
100, 111, 119, 134, 163~164, 168~169
스푸량(施復亮) 237
스피노자, 바뤼흐(Baruch Spinoza) 50
신녕만(辛寧滿) 353
신상초(申相楚) 371
신태악 342
실러, 프리드리히(Friedrich Schiller) 90
쑨원(孫文) 97, 200~201, 212~213, 215, 224
쑹칭링(宋慶齡) 222

ㅁ

아리가 나가오(有賀長雄) 129, 172

아즈마 헤이지(吾妻兵治) 172

아퀴나스, 토머스 47

안재홍(安在鴻) 360

안창호 319~321

양런 (楊人梗) 229

양팅둥(楊廷棟) 181

에드킨, 조지프(Joseph Edkins) 157

엥겔스, 프리드리히(Friedrich Engels) 92

옌푸(嚴復) 36, 157~159, 163~164, 169~
    170, 175, 184~186, 188, 198, 380

오쿠마 시게노부(大隈重信) 117, 122, 137

왕징웨이(汪精衛) 218

왕짜오스(王造時) 218

요시노 사쿠조(吉野作造) 112

우언위(吳恩裕) 235

우에다 데이지로(上田貞次郎) 141

우에스기 신기치(上杉愼吉) 144

우에키 에모리(植木枝盛) 124

우치다 마사오(內田正雄) 99

위안스카이(袁世凱) 212

유길준(兪吉濬) 244

윤치호(尹致昊) 242, 244, 280, 283~284,
    322, 324

이광수(李光秀) 312, 322~323

이바이샤(易白沙) 179

이승만(李承晩) 283, 350, 362

이시바시 단잔(石橋湛山) 138

이자겸 26

이타가키 다이스케(板垣退助) 121~122

ㅈ

장덕수(張德秀) 327

장둥쑨(張東蓀) 232~223, 239

장빙린(章炳麟) 192

장스자오(章士釗) 205

장자(莊子) 29, 36

장제스(蔣介石) 218~219, 222, 224

장쥔마이(張君勱) 223, 225~227, 232, 238

장즈둥(張之洞) 162~164

제퍼슨, 토머스(Thomas Jefferson) 77, 104

조봉암(曺奉岩) 364

조지, 헨리(Henry George) 215

좀바르트, 베르너(Werner Sombart) 94~95

즈강(志剛) 154

쩌우룽(鄒容) 158, 200

ㅊ

차이위안페이(蔡元培) 222

천두슈(陳獨秀) 179, 207~208

천치(陳熾) 159, 161

천톈화(陳天華) 158, 200

첸돤성(錢端昇) 224

취추바이(瞿秋白) 221

치앙팅푸(蔣廷黻) 224

ㅋ

칸트, 이마누엘(Immanuel Kant) 90

캉유웨이 158, 160~161, 167, 180~181

콜, 조지(George Cole) 224

콩도르세(Condorcet) 82

콩스탕, 뱅자맹(Benjamin Constant) 82

콩트, 오귀스트(Auguste Comte) 111

키드, 벤저민(Benjamin Kidd) 173~174

ㅌ

탄쓰퉁(譚嗣同) 162

토크빌, 알렉시 드(Alexis de Tocqueville) 78, 82~83

ㅍ

펑쯔유(馮自由) 158

페인, 토머스(Thomas Paine) 66

폭스, 찰스(Charles James Fox) 66

푸쓰녠(傅斯年) 229, 233

푸예, 알프레드(Alfred Fouilee) 172

프라이어, 존(John Fryer) 156

프란시스코, 수아레스(Francisco Suárez) 47

필머, 로버트(Robert Filmer) 61, 132

ㅎ

하이에크, 프리드리히(Friedrich Hayek) 125

한태연(韓泰淵) 371

핫토리 도쿠(腹部德) 99

허치(何啓) 157

헉슬리, 토머스(Thomas Huxley) 169~170, 189

헤겔, 게오르크(Georg Hegel) 74, 95, 138

현상윤(玄相允) 313, 330

홉스, 토머스(Thomas Hobbes) 48, 50, 56~57, 67, 176

홉하우스, 레너드(Leonard Hobhaus) 87, 138, 327~328

황쭌셴(黃遵憲) 154

후스(胡適) 89, 208, 210~211, 217~218, 221~223, 226, 232~233, 241

후쿠자와 유키치(福澤諭吉) 99~100, 103, 106~108, 110~111, 119~120, 123, 134, 183, 244~245, 251, 260~261, 263

홈볼트, 빌헬름 폰(Wilhelm von Humboldt) 90

휘튼, 헨리(Henry Wheaton) 111

흄, 데이비드(David Hume) 64, 68

히로타 고키(廣田弘毅) 146

[용어]

ㄱ

가족 본위 209

가족제도 310, 315, 318

가족주의 207

가톨릭교회 51, 56

간섭주의 65, 86, 173, 194

갑신정변 246

갑오개혁 263, 265

강권론 195

강권파(强權派) 192~193

개명자영 188

개명전제론(開明專制論), -론 131, 196

개성, -주의 175, 179, 232, 394

개인독재 219

개인 본위 209

개인의 자유 208

개인주의 20, 22, 36, 48~50, 54~55, 59~60,
　63, 69, 72, 74~75, 86, 117, 138, 143, 145,
　173, 179, 189~190, 208~209, 201, 211,
　232, 299, 307, 309, 313~316, 320, 324,
　327, 330, 334, 380~381, 286
　－ 자유주의 50, 77, 134, 201, 299, 301,
　312, 318, 326
　－ 자유주의자 286
개조론 317, 323
개조당 117~118
개진(론)파 117~118
(입헌)개진당 117, 120, 122
개체의식 376
개체자유 170~171
개혁개방정책 239
개혁교회 56
개화, 파 244, 246, 263, 265~266, 278~
　279
경제민주 235
경제상 자유 337
경제(적) 자유, 주의 62, 136, 188, 221,
　237, 302~304, 329, 332, 337~338, 355,
　365~366
경제(적) 평등 234~236, 238, 368
경험론 49, 69, 72
경험주의 49, 66
계급독재 352, 379
계급투쟁 140, 345
계몽 280
　관료 91
　사상 22, 59, 64, 96~97, 119, 263, 386
　사상가 70, 376
　운동 208~209

주의 48
철학 69
계획경제 87, 219, 224, 231, 238, 362, 364,
　370, 379
고대적 자유 20~21, 114
공공선 53, 60, 179
공덕(公德) 198, 190
공동선 327~328, 364, 368, 370, 387
공동체주의 394
공론당 162
공리주의 52, 67~68, 84~85, 111, 115, 119,
　135, 168, 175~179, 185, 205, 220, 233,
　263, 272, 288
　적 개인주의 84, 120, 179, 233
　적인 자유관 171
공산주의 149, 236, 334, 337, 358, 361
　운동 221
　자 150
　혁명운동 210
공의 250
공화정 51, 205
　체 204
　정치 105, 114, 117, 131
공화제 212, 246
공화주의 77, 117, 301, 348, 386~388
　적 민주 387
　적 자유 22
공화혁명사상 200
과학과 현학 논쟁 226
과학정신 208
과학주의 208
관료적 자유주의 91
관리경제 232

관민공동회 280
관용 37, 52, 54~55, 70
교양주의 137, 139~140, 143, 149, 308
구가 가쓰난(陸羯南) 118, 125, 127, 197
국가간섭 173
국가계획 224
국가법인설 144
국가본위적(étatiste) 자유주의 90, 128
국가사회당 223
국가사회주의 223~224, 231, 339~340
국가유기체론, -설 96, 129, 133, 205, 295
국가의 간섭 88, 94
국가의 자유 22, 105, 117, 123, 192, 201,
　208, 213~215, 265
국가주권, -설 95~96, 133, 214
국가주의 90, 96, 123, 128, 143~144, 172,
　187, 191~192, 194~196, 198, 221, 295,
　298~299, 308, 381
　-자유론 168
　-적 자유주의 76, 97, 246, 300, 382
국가지상이론 96
국가학설 194
국교(성공회) 선언 55
국권 238
　-론 128
　-파 116~117
　-확장주의 135
국민국가 385
국민당 217~219, 240
국민정부 212, 221, 223
국민주권 63
국민주의 191
국민참정회(國民參政會) 236

국부파 116~117
국체론 149
국체명징(國體明澄) 144
국체명징운동 144, 390
국회개설운동 191
국회설립운동 167, 264
군국기무처 265
군국주의 145, 324, 346, 382
군권제한 265
군민공치 120, 162, 250, 264, 381
　-제 282
군민동치, -제 243, 264
군주주권론 278
군체(群體) 166
권력견제 202
권력분립 17, 63, 92, 249~250, 388
권력관념 377
권력통의 104, 108
권위정치론 198
권위주의 201, 313
그리스도교 31
금융독점자본 337
급진적 민주주의 92, 114, 120, 138
급진적 자유주의자 66
급진적주의 209, 214
기조 82

ㄴ
나치즘 149, 234
나폴레옹 제정 75
낙리주의(樂利主義) 176, 388
난학자(蘭學者) 41, 98
내면적 자유 137, 139

내성외왕(內聖外王) 35, 227, 383
내적 자유 139~140
네덜란드 51~55, 375
　-독립전쟁 55
노동당 89, 232
노장사상 29, 36
농지개혁 364
뉴딜정책 229, 232

ㄷ
다수의 독재 78, 82~83
다수의 압제 82, 84, 113
다수의 횡포 86
다이쇼 데모크라시운동 137
단결권 87
단일세 216
단체의 자유 182
당권국가 217
당천하(黨天下) 239
당화교육 217
대공주의(大公主義) 319, 321
대아 189, 327
대의제 84, 165, 388
　-민주주의 118
　-도 92
대중민주주의 86, 78
　-제도 78
덕치 34~35, 259
도가사상 36
도덕공동체 191
도덕이상주의 224, 227
도덕적 자유 68, 73, 115, 257
도덕정치 261

독립불기(獨立不羈) 109, 119
독립협회 266, 277, 280~281, 307
독재정치 356, 373
독재주의 220
독점자본 337, 357
　-주의 143, 151, 358
듀티(duty) 292

ㄹ
라가시(Lagash)의 문서 20
라이트 250~251, 269, 292
로마법 22
로크의 경험론 69
로크주의적(휘그적) 자유주의 128
르네상스 48~49
리버랄리테트(liberalität) 91
리버티 38, 41~42, 44, 102~104, 106, 120,
　155, 157, 159, 162~164, 250, 265

ㅁ
마르크스주의, -자 140~143, 151, 231, 233
만국공법 262, 270
만민공동회 280
만인제사장설 54
메이로쿠샤(明六社) 119
메이지헌법 133, 382
명예혁명 52, 57, 61
무산계급 378
무술변법 162, 165, 167
무위 36
　-정치 29
무정부주의 221
문명개화 119, 263, 287, 381

-론 260
　-사상 280
문명(의) 자유 110, 182~183, 192, 253
문명의 정치 105
문예부흥 313
문화대혁명 239
문화(적) 민족주의 225, 228
　-자 323
문화적 자유주의 239
문화주의 308, 317
　-개조론 309
물질주의 313, 326, 329~330
미국헌법 78
미소공동위원회 360
민권당 204
민권론 128, 160, 165
민권사상 172
민권주의 215
민권파 116
민생주의 215
민족 부르주아지 340
민족공동체 364
민족국가 190, 198, 206~207, 225
　-공동체 225, 227
민족문화 227
민족민주국가 384
민족의 개조 323
민족자본 357
민족제국주의 193
민족주의 94, 190~191, 193~194, 198, 206,
　209~210, 215, 225, 227, 231, 353, 364,
　369~370, 384~386
　-적 자유주의 207, 365

　-적 자유주의자 320
민족지상주의 319, 321
민주공화국 362, 384
민주공화(이)론 201
민주공화정, -치 121, 207, 214, 307, 348,
　381
민주국가 230
민주사회주의 232, 238, 371
민주연합정부 237
민주와 과학 207~208
민주와 독재 논쟁 224, 227
민주정단동맹 236
민주정치 227
민주주의 54, 66, 68, 71, 75~78, 80, 82~84,
　86, 88, 92, 105, 137, 149, 151, 219, 225,
　227, 234, 284, 334, 361, 374, 386
　-적 민족국가 353
　-적 사회주의 232
　-적 자유주의 77, 88, 200, 370
　-자유주의자 80
민주집중제 214, 360
민주헌정국가 226

ㅂ
반개인주의 210
반우파투쟁 239
반자본주의 86, 95, 221, 235, 382
방임주의 136, 158, 173, 230
법(률)실증주의 97, 178, 259, 293~294
법의 지배 90
법정국가 95
법치 71, 84, 133, 199, 222, 259, 274, 277
　-국가 94

-주의 249~250, 277

변법운동 153, 171

 -파(변법파) 160, 162

보수적 자유주의 77, 120

보수주의자 66, 152

보수주의적 자유주의자 80

보통선거권 80~82, 84, 137, 378, 391

보통선거제 78, 365

보편의지 74, 373, 387

보호간섭주의 141

보호무역 304, 331

 -론 305

보호주의 86, 94, 143, 304

복지국가 89

복지정책 87, 94

부르주아 공화국 52

분배의 정의 86, 368

불간섭주의 129

불기독립(不羈獨立) 106

불기자립(不羈自立) 101

비자본주의 361

ㅅ

사법권의 독립 249

사법독립제도 202

사법부의 독립 63

사상개조 207

사상계몽 207, 223

사상과 언론의 자유 239

사상의 자유 183, 217

사상해방 209

사상혁명 318~319

사유재산 21, 49, 62~63

-권 49, 53, 216, 272

사적(私的) 소유 21

사회개조 211

 -론 308

사회개혁 87~88

사회경제적 민주주의 89

사회계약 50, 58, 62, 73, 77

 -론 58, 72, 95~96, 118, 121, 171

 -론과 공리주의 353

 -설 48, 181, 365

 -이론 56

사회다원주의 172~173

사회민주주의 88, 211, 232, 236, 238, 365,
 368~369, 371

 -자 87, 233

사회불후론(社會不朽論) 211

사회실재론 126, 128

사회유기체 174, 207, 328

 -론 87~88, 130, 134~135, 185, 211, 295

사회입법 328

사회적 자유(civil liberty) 60, 73, 85, 115,
 132, 189, 252, 309, 326~328, 351

 -주의 327, 368, 378

사회정의 221, 367~368, 370

사회정책 212

 -사상 136

 -주의 328

사회주의 80, 94, 136, 138, 141, 152, 173,
 210~211, 223, 230~231, 234, 236, 335,
 337~338, 348, 353, 358, 374, 380

 -적 시장경제 239

 -적 자유주의 84, 369

사회진화론 100, 111, 129~131, 134~135,

172, 178, 260, 284, 287~289, 374

삼권분립 71, 120, 365

삼균주의 348, 353, 361

삼민주의 217, 222

30년전쟁 55

샌프란시스코강화조약 151

생존경쟁 129, 169, 171, 173~174, 193, 289, 327

생존권 328, 366, 368

소극적 자유 20, 22, 50, 72, 76, 84, 86, 115

소비에트 러시아 214

소유권 22, 57, 73

쇼셜 리버티 113

수정자유주의 84, 119

수정민주론 224

수정민주주의 224

스콜라철학 49

　-자 47

스토아철학 21, 47

스토아학자 21

시민 280

　-공동체 386

　-권 270, 280, 378

　-사회 371

　-의 권리 74~75

　-자유 132

　-적 자유 63, 85, 118, 149

시빌 리버티(civil liberty) 102, 113

신명의 자유 257

신문화 207

신문화운동 208, 211, 311

신민(新民), -설 189, 190~191, 197~198

신민주주의 237

신민회(新民會) 303

신앙의 자유 50, 54~55, 62~63

신유학 35, 38

신자유주의 84, 87~89, 97, 138, 141, 173, 210~211, 233, 237, 246, 300, 327~328, 378

　-사상 328

　-자 88, 233

　-적 민주주의 236

신체제운동 145~147

신흥법조단 345

신흥자산계급 375

심물이원론(心物二元論) 225

심사의 자유 115, 183

심(心)의 자유 31

심학(心學) 35

ㅇ

아나키즘 192, 334

야만의 자유 252~253

야만의 정치 285

약법 218

양심과 사상의 자유 341

양주(楊朱)의 위아(爲我)설 36

양주 36

언론·출판의 자유 341

언론의 자유 147, 241, 352

여론의 압제 83

역사주의 94

역사학파 96

연구계 223

영국의 경험론 53

영주제 51, 56

영혼의 자유 31
예교질서 207
예수회(Jesuit) 30, 32, 60
5·4시기 179, 209, 230, 381
5·4신문화운동 221, 227
5·4애국운동 209
용인(관용) 110
우리주의 323
우승열패 289
위그노전쟁 55
유교 310
윤리철학 67
의원 278
 -내각제 62
의정소 247
의정원 281
 - 설립운동 282
의회개설론 279
의회론 165
의회민주제 237
의회민주주의 63, 70
 -제 388
의회정치 166, 351
의회제, -도 17, 165~167, 201~202, 237, 243, 352, 365
이군(利群) 190, 198
이당치국 214, 218
이익균점권 368
2월혁명 81, 93
익찬의회(翼贊議会) 146
익찬체제 146
인격주의 308~309
인권 논쟁 218

인권론 218, 378
인권사상 377
인권운동 218, 220
인문주의 48, 209, 377
인민구국회 237
인민의 주권 72
인민저항권 61
인민주권 57, 59, 61, 72, 75, 80, 82, 105, 117~118, 278~279, 287
인민집합체 56, 59
인민참정권 287
인신보호율 63
인하이광(殷海光) 234
일당(독재)체제 217, 379, 389
일당전정 219
일당체제 240~241
일반의지 58~59, 72, 74~75, 96, 321, 373
입법권 60
입법기구 282
입센주의(Ibsenism) 211
입헌개혁파 201
입헌군주정 92, 246, 250, 264
입헌군주(정)제 62, 201, 261, 264, 281~282, 393
입헌론 191
입헌왕정 81
입헌정체 121, 131, 204, 243
입헌정치 52, 166, 351
입헌제 17
입헌주의 51~52, 61, 63, 147, 277
입헌파 203, 227

ㅈ

자강기 289, 307
자기입법 90
자력갱생 224
자본제 51
자본주의 49, 54, 94, 96, 143, 145, 147,
   152, 173, 207, 210, 221, 230~231, 234,
   236, 238, 254, 261, 272, 302~ 303, 326,
   329~330, 334, 336~337, 355~358, 378
   -적 경제 49
   -적 경제체제 332
   -적 멘탈리티 48
자연권 21, 47~48, 50, 57, 60, 62, 64, 67,
   77, 256
   -사상 108
자연법 21~22, 47, 50, 57~58, 60, 67, 130
   -사상 127, 134
자연적 자유(천연자유) 73
자유경쟁 53, 64, 71, 136, 330, 337~338,
   351, 356~357
자유경제 329
   -체제 304
자유교육 140
   -운동 140
자유권 사상 101
자유권 22, 366
자유당 79, 86, 89, 118, 121~122, 162
자유대의 127~128
자유론파 118
자유무역 80
   -론 95
자유민권운동 102, 117, 121~123, 126, 264
자유민족주의 191, 225~228, 365, 375, 384,

388
   -자 353
자유민주주의 16, 119, 214, 227, 238, 246,
   284, 348, 360, 365, 378, 384, 387
   -자 223
자유민주주의체제 361, 369
자유방임주의 65, 337, 355, 358
자유법조단 140, 345
자유보수 133
자유사회주의 378
자유신민(自由臣民) 53
자유의 대의 127, 148~149
자유의 위기 78, 83, 151
자유자본주의 357
자유자재 23, 29~30, 32~33, 35, 103~104,
   107
자유적 사회주의 210~211
자유정신 15, 35, 37, 39, 209, 229, 376
자유제국주의 135
자유주의 75, 386
   -적 개인주의 311
   -적 민족주의 322
   -적 민족주의자 320, 323
   -적 민주 387
   -적 민주주의 160, 324
   -적 민주주의정치 70
   -적 사회주의 143
   -적 자본주의 331, 333
   -적 제국주의 323
자유지권(自由之權) 244, 248, 250
자유파 117
자유편리 33
자유헌정 225~226

자주의 권 156
자주임의 105
자주자립 155
자주자존 32
자주지권 157, 159~160, 171, 250
자주지리 42, 101~102, 106, 159
자주지설 162
자치운동 324
자치의회 325
재산권 22, 51, 53, 57, 62, 66, 77, 271, 329, 366
재산소유권 53
재산의 사회성 327
재산평등론 75
재생파 223~224, 226, 238
재유(在有) 관념 36
저항권 105, 254
적극적 자유 22, 72, 76, 85, 114, 179, 239, 327
전민적 민주주의 237
전민주의 218
전시체제 224
전시통제 231
전제주의 158, 160, 196, 207
전체주의 145~146, 149, 152, 231, 321, 373
  -적 민주주의 75
절대적 재산권 368
절제자본론 215, 224
절차의 정의 203
정교분리 63, 229
정당내각 214
정신자유 36
정신주의 137

정신주의적 문화적 자유주의 308
정의[公]의 원칙(원리) 163~164, 188
정치공동체 190, 204
정치민족단체 386
정치민족주의 227
정치(적) 민주 235, 237~238
정치사회(커뮤니티) 57~59, 74
제3의 길 94, 236
제국주의 196, 211, 288, 298, 300, 337, 355, 357~358
제수이트파 57
제한정부 249
제헌헌법 365, 387
조선공산당 335
종교개혁 49, 54~55, 313, 376
종교의 자유 63
종교적 관용 51, 61
종법전통 377
종법주의 209
좌우합작 7원칙 361, 363
좌우합작위원회 360
주권(자) 56, 59
주권재민 201~202, 351, 365, 384, 387
주자학 35
중간노선 231, 234, 236~238, 361, 391
중국 공화혁명 307
중국민권보장동맹 222
중산계급 51
중상주의(mercantilism) 64
중세사회 51
중추원 281
중화혁명당 212
지리대의(至理大義) 116

진보적 자유주의 232, 300
진화론 168~171, 330
집단의식 232
집단주의 206, 210
집단행동 85
집체주의 201
집회·결사의 자유 341

ㅊ

차티스트운동 80
참정권 21, 79, 278~280, 282, 292
책임내각제 202
처세의 자유 252
천부권리 87, 268
천부인권 56~57, 62, 95, 89, 95, 119, 130,
    155, 170, 181, 184, 201, 213, 256, 267,
    269
천부의 자유 116, 127, 170, 252, 380
천생권리 276
천성(天性) 127
천연의 자유 73, 115
천지(天地)의 성(性) 127
천지의 이치 257
천황기관설 390
천황절대주의 382
천황주권설 144, 390
청교도혁명 52, 55~56, 61, 63
초국가주의 382
총체의 자유 200
출판의 자유 63
7월왕정 75, 81
7월혁명 80, 93

ㅋ·ㅌ

칸트철학 140
토지개혁 363~364
토지혁명 364
통의(通義) 104, 108~109, 243, 250~251,
    253, 256
통제경제 231
통제정책 219

ㅍ

파시즘 144, 219~220, 234
페이비언(식) 사회주의 141, 219, 233
평권파(平權派) 192~193
평균지권 215
    -론 216
평등권 64
평등사상 54
평등주의 75, 88, 364, 366, 368~369
    -적 자유주의 365
프랑스의 계몽사상 53
프랑스혁명 66
프로이센 91
프리덤(freedom) 20, 38, 41~42, 44, 103,
    106, 154~155, 158~159, 163, 250, 265

ㅎ

한국독립당 362
합군 190
합리주의 22, 59, 69, 96, 184
헌정문화 207
헌정연구회 291
헌정운동 92
혁명권 58, 61, 77, 105, 117, 254, 280

혁명적 민주주의 122
혁명적 자유주의 202
혁명정당 214, 218, 379
혁명파 184, 201, 203~205, 227
혁신운동 145
현대인의 자유 114
현대자유주의 369
현세주의 49
협동주의 145
협성회 284
혼합경제 232, 368~369

혼합경제체제 224, 364~365, 387
회의정신 110
훈정 218
훈정체제 212, 217, 220
휘그당(Whig) 53~54, 59, 61~62, 64, 66, 79
휘그적 자유주의 63, 77
휴머니즘 48~49

기타
liberties 125
Liberty 125

책

『갑신일록(甲申日錄)』 245
『강자의 권리 경쟁(强者の權利の競爭)』 135
『공리주의(Utilitarianism)』 119
『국가론(國家論)』(아즈마 헤이지) 172
『국가론(國家論)』 171
『국가론』 195
『국법범론(国法泛論)』 131, 133, 172
『국부론(An Inquiry into the Nature and Causes of the Wealth of Nations)』 64, 169, 175, 185
『국체신론(国体新論)』 130
『국체신론(國體新論)』 100~101
『군기권계론(群己權界論)』 164, 169
『군기권계설』 189
『권리제강(權利提綱)』 100
『권학편(勸學編)』 162
『도덕감정론(The Theory of Moral Sentiment)』 65
『루소민약론(路索民約論)』 181

『만국공법(萬國公法)』 101, 107~108, 111, 156, 160
『문명론의 개략(文明論之槪略)』 103, 123
『미국의 민주주의(Démocratie en Amérique)』 82
『민약론(民約論)』 99
『민약역해(民約譯解)』 100, 109, 181
『민약통의(民約通義)』 181
『밀의 공리학(彌耳氏利學)』 119
『법의 정신(De l'esprit des lois)』 70, 99
『비변사등록(備邊司謄錄)』 27
『사회계약론(Du contrat social)』 58, 99, 109
『사회계약론』(루소) 373
『사회진화론(社会進化論)』 129
『사회진화론』(아리가 나가오) 172
『사회진화론』(키드) 173
『사회평권론(社會平權論)』 100, 129
『사회학원론(The Principles of Sociology)』

169

『상인과 영웅(Händler und Helden)』 95

『서국입지편(西國立志編)』 99, 111

『서양사정(西洋事情)』 99~100, 103, 105

『서유견문』 260, 262

『서학계몽16종(西學啓蒙十六種)』 157

『신정진전(新政眞銓)』 157

『여지지략(輿地誌略)』 99

『연방지략(聯邦志略)』 42, 155

『영한자전(英漢字典)』 42

『영화대역수진사서(英和對譯袖珍辭書)』
  44, 109

『영화자전(英華字典)』 43~45, 101, 109

『원강(原强)』 169, 188

『원부(原富)』 169

『원부』 175

『음빙실자유서(飮氷室自由書)』 179

『이학연혁사(利學沿革史)』 171~172, 176

『인권신설(人權新說)』 131

『일본국지(日本國志)』 154

『입헌정체략(立憲政體略)』 101

『자유론(自由論)』 111, 113

『자유서(自由書)』 159

『자유원리(自由原理)』 169

『자유주의(Liberalism)』 138

『자유지리(自由之理)』 99, 101, 111, 120

『자유혼(自由魂)』 200

『정치전범(政治典範)』 233

『정치학강요(A Grammar of Politics)』 233

『조선왕조실록(朝鮮王朝實錄)』 26

『종의 기원(The Origin of Species)』 130

『좌치추언(佐治芻言)』 156~157

『진정대의(眞政大意)』 101

『진화와 윤리(Evolution and Ethics)』 169~
  170, 189

『천연론(天演論)』 169, 171, 174, 189

『철학사(Histoire de la Philosophie)』 172

『철학자회(哲學字滙)』 103

『초사태서기(初使泰西記)』 154

『태서신사람요(泰西新史攬要)』 156

『학문의 권장(學問のすすめ)』 104, 106

『헌정요의(憲政要義)』 291

『혁명군(革命軍)』 200

법·글

「네덜란드헌법」 98

「독립선언」 100, 103~104, 108, 268

「민선의원설립건백서」 121, 131

「신민의 도(臣民の道)」 148

「임시약법(臨時約法)」 202, 207

「자유편」 169

「조칙오조(詔勅五條)」 281

「중국의 출로」 237

「파괴활동방지법」 151

「헌의6조(獻議六條)」 281

「혁명방략(革命方略)」 217

신문·잡지

≪갑인(甲寅)≫ 205

≪개벽≫ 315~317, 334

≪노력주보(努力周報)≫ 218, 220

≪대한매일신보(大韓每日申報)≫ 289, 292, 298

≪대한자강회월보(大韓自强會月報)≫ 289

≪대한협회월보(大韓協會月報)≫ 289

≪독립신문(獨立新聞)≫ 266

≪동아일보(東亞日報)≫ 324, 328, 342

≪동양경제신보(東洋經済新報)≫ 137~138

≪만국공보(萬國公報)≫ 156, 159, 169, 171, 173

≪부흥(復興)≫ 219

≪사상계≫ 392

≪서우(西友)≫ 289

≪시사신보(時事新報)≫ 223

≪신민총보≫ 173, 179, 196

≪신월(新月)≫ 218, 220

≪신조(新潮)≫ 179

≪신천지(新天地)≫ 351

≪신청년≫ 179, 207

≪자유간담회(自由懇談会)≫ 149

≪자유언론(自由言論)≫ 219

≪자유중국≫ 241, 392

≪재생(再生)≫ 223

≪전도(前途)≫ 219

≪제국신문(帝國新聞)≫ 268, 270

≪주장과비평(主張與批評)≫ 218

≪청의보(淸議報)≫ 171, 179, 195

≪학지광(學之光)≫ 310, 329

≪한성순보(漢城旬報)≫ 243

≪해방과 개조(解放與改造)≫ 223

≪황성신문(皇城新聞)≫ 268

지은이 **강명희**

서울대학교 동양사학과 졸업(1977)하고 시카고 대학(University of Chicago)에서 석사학위(1981)를, 서울대학교 동양사학과에서 박사학위(1995)를 취득했다.
1998~2018년 한세대학교 인문사회학부 교수를 지냈으며, 동양사학회 회장, 중국학회 부회장, 국사편찬위원회 위원을 역임했다. 저서로『강좌 중국사』(공저, 1989),『近現代中國의 제3의길 모색: 비자본주의적 국가건설』(2003),『중국 근현대사 강의』(공저, 2019)가 있다.

한울아카데미 2295
중국근현대사학회 연구총서 07
동아시아에서 자유주의는 무엇인가

ⓒ 강명희, 2021

지은이 | 강명희
펴낸이 | 김종수
펴낸곳 | 한울엠플러스(주)
편집책임 | 최진희

초판 1쇄 인쇄 | 2021년 4월 20일
초판 1쇄 발행 | 2021년 5월 7일

주소 | 10881 경기도 파주시 광인사길 153 한울시소빌딩 3층
전화 | 031-955-0655
팩스 | 031-955-0656
홈페이지 | www.hanulmplus.kr
등록번호 | 제406-2015-000143호

Printed in Korea.
ISBN 978-89-460-7295-4 93910(양장)
       978-89-460-8063-8 93910(무선)

※ 책값은 겉표지에 표시되어 있습니다.
※ 이 책은 강의를 위한 학생용 교재를 따로 준비했습니다.
  강의 교재로 사용하실 때는 본사로 연락해 주시기 바랍니다.